LOS NEGOCIOS PENDIENTES DE TRUMP

10 PROFECÍAS PARA SALVAR LA NACIÓN

STEVE CIOCCOLANTI

ELOGIOS DE LIDERES

He disfrutado mucho leyendo este libro de Steve Cioccolanti. Como antiguo Comisionado de la Comisión de Reforma Legislativa de Australia Occidental y Profesor de Derecho Constitucional, permítanme decir que el libro de Cioccolanti *"Negocios Pendientes de Trump"*: es realmente excelente. Cada capítulo añade nuevas ideas a la sustancia de conocimientos. Su análisis de la ley es realmente impresionante y aprecio especialmente sus propuestas para mejorar el sistema legal y el tribunal de derecho de familia que ha sido quebrado. Con mucho gusto pasaré este libro a mis amigos y estimados colegas. Lo recomiendo encarecidamente.

Dr. Augusto Zimmermann, PhD
Comisario de la Reforma Jurídica Comisión de Western Australia, Profesor y Director de Derecho, Universidad de Sheridan, Perth

Steve Cioccolanti ha identificado las doctrinas negligentes del cristianismo que incluyen la Justicia de Dios, así como la Misericordia de Dios. Reinstalando las doctrinas negligentes en nuestras creencias, puede llevar al avivamiento de nuestras iglesias y a la restauración de nuestra nación. Hemos olvidado que la Ley es una maestra, y que la rectitud y la justicia son el fundamento del trono de Dios (Salmos 87 y 89). Necesitamos que los pastores y predicadores lean este libro *"Negocios Pendientes de Trump"* y apliquen la Ley de Dios correctamente, y la prediquen de nuevo a Estados Unidos y al mundo.

Allan Parker
Presidente de la Fundación para la Justicia, Abogado principal de

Norma McCorvey, anteriormente la "Roe" de Roe *v.* Wade, y
Sandra Cano, anteriormente la "Doe" de Doe *v.* Bolton

Steve Cioccolanti ha abordado un tema que creo que es una novedad. Sus ideas y soluciones te retarán a ti. Sus escritos provocan a la reflexión, son creativos y visionarios.

Lo que hace que este estudio sea tan atractivo es que Cioccolanti aborda con audacia el padecimiento del gobierno estadounidense con respuestas basadas en los Diez Mandamientos. Algunas de las sugerencias son tan increíbles que tendría que haber un Tercer Gran Despertar para que los políticos estuvieran dispuestos a considerarlas. Me imagino que las leyes de este libro estarán muy cerca de las que Yeshua establecerá para el mundo cuando venga a reinar. Estas soluciones basadas en la Biblia ciertamente inspiran el pensar fuera de lo común y a tomar acción.

Steve Cioccolanti obviamente ha puesto mucha reflexión e investigación en este libro tan necesario que ha llegado en el momento en que la República de los Estados Unidos está luchando por su vida.

Shira Sorko Ram
Editora de Maoz Israel Report
Pionera del Movimiento Mesiánico Judío desde 1967

Cuando las cosas dejan de funcionar como deberían, una persona prudente vuelve a la forma en que funcionaban antes. En este libro, Steve Cioccolanti expone lo que ha ido mal y recomienda ideas sólidas sobre cómo enderezarlas... volviendo a lo que se enseña en la Biblia.

Rich Marsh
Ex Marino, Empresario en Serie, Desarrollador de Software,
Consultor de Carrera

El trillo de Dios estaba situado en la cima del monte Moriah, en Jerusalén, donde se construyó el Templo de Salomón (2 Crónicas 3:1). ¿Por qué el lugar de trillar era también el lugar de culto? ¿Y por qué permitió Dios que este lugar de culto fuera destruido? Se trata de vincular el culto con la justicia, y de conectar el amor con la disciplina. "Sólo a ustedes los he elegido de entre todas las familias de la tierra. Por lo tanto, yo los castigaré por todas sus maldades." dice Amos 3:2 RVC. Por el gran amor de Dios hacia sus hijos Él nos da esa montaña como una imagen eterna. Él no puede dejar que los hijos que ama continúen como hijos impunes.

Esto es cierto hoy en día con América. El piso de trilla es donde se separa el grano de la paja. Dios le está diciendo a América que se separe de la paja del mundo. Dios no puede permitir que los Estados Unidos continúe sus caminos pecaminosos y quede impune. De seguir así, habría un culto profanado, alejado de la justicia.

Juan el Bautista se refirió a Jesús como el que separaría el buen grano de la paja con una horquilla de aventar, recogiendo el grano en su granero y quemando la paja con "fuego inextinguible" (Mateo 3:12). La horquilla de aventar es la palabra penetrante de Dios. La Ley de Dios es lo que separa lo bueno de lo malo.

Steve Cioccolanti confronta a sus lectores con el desafío del amor de Dios por los Estados Unidos, utilizando al presidente Donald Trump como su piedra de trillar para separar lo bueno de la paja, y aplicando la Ley de Dios como la horquilla de aventar en las manos de los líderes presentes y futuros de la nación. Las ideas de este libro proporcionarán esperanza para el futuro de Estados Unidos y preservarán su llamado como faro para las naciones durante nuestros tiempos turbulentos.

Dr. Dennis Lindsay
Presidente y Director General de
Cristo para las Naciones

Steve Cioccolanti ha sido exacto con "*Los Negocios Pendientes de Trump*". Como asistente legal calificada con 20 años de experiencia, incluyendo haber sido asistente del Jefe del Consejo Disciplinario en Baton Rouge, me encontré colocando grandes exclamaciones junto a los párrafos que describen algunas de las cosas que he presenciado detrás de puertas cerradas y que pocos líderes cristianos conocen o tienen la capacidad de articular.

En su capítulo esencial sobre la reforma de los tribunales, por ejemplo, me sorprendió ver la misma palabra que el autor utilizó y que me vino a la mente durante mi último trabajo legal: "¡INCESTUOSO!" Vi a los abogados y a los tribunales juntos en cama. No pude soportar la injusticia y me alejé de la industria legal torcida. Steve Cioccolanti está marchando en el pantano, con este libro, y nos muestra cómo drenarlo.

Julie Diez
Antigua Asistente Jurídico

El libro de Steve Cioccolanti sobre los "*Negocios Pendientes de Trump*" me pareció que es una investigación fresca y perspicaz sobre las actuales divisiones culturales y los dilemas a los que se enfrenta no sólo Estados Unidos, sino también el mundo occidental. Me impresiona el análisis convincente del autor sobre los orígenes y resultados de muchos de nuestros sistemas actuales y sobre cómo puede producirse la reforma.

Por ejemplo, al estudiar el capítulo sobre la reforma de la educación, aprenderemos estrategias para revertir la devolución actual de nuestra herencia judeocristiana por parte de académicos ateos y humanistas. Durante demasiado tiempo, la Biblia ha sido marginada en la educación debido a una aplicación errónea del principio de "Separación de la Iglesia y el Estado."

Ha llegado el momento de un cambio valiente, de desafiar los experimentos sociales fallidos en nuestra juventud y los sistemas de valores rotos que han llevado a nuestros líderes por el mal camino. Es responsabilidad de ambos, de la iglesia y de los padres cristianos, entender cómo impartir a la próxima generación una cosmovisión bíblica sobre temas serios.

El libro de Cioccolanti es claramente visionario, está bien documentado y será un recurso valioso para cualquier persona que busque producir un cambio positivo y duradero en nuestro mundo.

Dr. John McElroy
Fundador y director de la Asociación de
Iglesias de Southern Cross

La visión contenida en el libro de Steve Cioccolanti, "Los Negocios Ianacabados de Trump," contiene visión al futuro, es de amplio alcance y es convincente. Sus vídeos en YouTube me convencieron en 2016 de la necesidad de elegir a Donald Trump como nuestro presidente. En ese momento, muchos no entendían lo que estaba diciendo y cómo sería posible que un hombre de negocios sin experiencia política ganara el cargo más alto de la tierra. Pero Cioccolanti es el ejemplo de un líder que tiene el don divino de la percepción.

Su nuevo libro va mucho más allá de una o dos elecciones. Cada capítulo contiene un plan de lo que debe hacerse para salvar a Estados Unidos a largo plazo. Aprecio profundamente sus reflexiones sobre el tema de la educación.

Sobre todo, me sentí personalmente convencida por su capítulo sobre el Cuarto Mandamiento. Durante años, trabajé siete días a la semana. Tuvo que ser un cáncer de mama en última fase, que me hiciera ver que Dios quería que descansara un día a la semana. Así que un día a la semana, ya no transcribo para las cadenas de televisión internacionales. Durante mucho tiempo, me sentí culpable por ello. Las mentiras de las que nos convencemos son increíbles. Nos acostumbramos a patrones que no nos damos cuenta de que están carcomiendo nuestra vida y nuestro futuro. Las ideas de Cioccolanti me reafirmaron que seguir el modelo bíblico me devolvió la salud. Pero más allá de eso, también puedo ver que el modelo bíblico tendría un enorme impacto en nuestro país para mejorar.

Algunas personas no entenderán de entrada todo lo que dice Cioccolanti. Yo no entendía lo que un día de descanso significaría para mi salud. Otros pueden tergiversar sus ideas para suprimir su influencia en nuestros futuros líderes. Otros, en cambio, estarán dispuestos a aceptarlas poco a poco, pues hay mucho que comprender.

En resumen, Cioccolanti anima a los estadounidenses a acoger nuestra herencia cristiana sin cambiar nuestra dividida república en una teocracia. No necesitamos otra revolución, pero sí un avivamiento de nuestras almas y de nuestra identidad nacional. En mi opinión, Cioccolanti ofrece al Cuerpo de Cristo el camino más claro para emplear el modelo bíblico para unirnos como nación y evitar una guerra civil.

Lorilyn Roberts
Autora premiada,
Fundadora de la Red de Marketing Juan 3:16

El libro *"Negocios Pendientes de Trump"* servirá de modelo para todos los líderes, ya sean de Estados Unidos, Australia o Corea. Me gustaría que se pusiera a disposición de los votantes antes de las elecciones importantes. Estoy realmente asombrado por la visión de Steve Cioccolanti sobre la guerra cultural estadounidense. Su cobertura de muchos temas es muy profunda. Me parece que las técnicas que utilizan los izquierdistas estadounidenses para distorsionar los hechos y la verdad también se utilizan aquí en Corea del Sur. Como profesional de la industria financiera durante unos 30 años, y como profesor de una universidad coreana durante 9 años, tengo una nueva comprensión de la política mundial en su relación con el Reino de Dios. Este libro es una gran oportunidad para que los solucionadores de problemas aprendan cómo funcionan los principios de Dios en la sociedad humana y cómo la maldad intenta distorsionar y detener las soluciones que podrían mejorar las vidas humanas.

Profesor Asociado I-Soo Joe
Handong Global Universty Colegio de Administración y Economía, Corea del Sur

DEDICACIÓN

*A mi estimado **lector**. Probablemente está leyendo esto porque comparte mi premonición de que se avecina un gran reajuste. Cuando la crisis parece aparecer de repente, habrá una oportunidad para mejorar las cosas. Puede que este libro no sea ampliamente aceptado sino hasta que ese reajuste ocurra. Nos estamos preparando pacientemente para el Tercer Gran Despertar.*

~Steve Cioccolanti

LOS NEGOCIOS PENDIENTES DE TRUMP:

10 Profecías para Salvar la Nación

Publicado por USA Press, Florida, USA.

www.USAChurch.Online

Diseño portada de frente: Esther Euinoo Jun y Selena Sok

ISBN libro digital: 978-1-962907-01-9

ISBN tapa blanda: 978-1-962907-00-2

Imprimido en los Estados Unidos

Traducción hecha por: Norma Caldwell y Elmer Batres

ÍNDICE

AGRADECIMIENTOS

La mano de Dios estuvo en este libro de principio a fin. Comencé a escribir este libro el día de la toma de posesión del presidente Trump (20 de enero de 2017 y lo terminé el día de la absolución del presidente en el juicio de destitución del Senado (5 de febrero de 2020). Tardé exactamente 1111 días en completar este proyecto. Muchas veces pensé que debía haberlo terminado antes. Pero tras muchas ediciones, revisiones y circunstancias ajenas a mi voluntad, mi capítulo final "aterrizó" en un día propicio.

Aquellos que han leído mis libros anteriores más vendidos *El CÓDIGO DIVINO: Una Enciclopedia Profética de Números, Vol. 1 &* 2, saben que al pastor Steve le encantan los códigos divinos, los patrones y los números. El 11 es el número del caos. 1111 es el caos largo o 11 x 101 (otro once). El 5 de febrero de 2020, el caos terminó. El avivamiento está comenzando.

Me gustaría dar las gracias a las personas clave que se tomaron el tiempo para darme comentarios útiles sobre mi manuscrito: Rich Marsh, Marla Nistico, Daniel Tachyun, Allan Parker de la Fundación de Justicia [Justice Foundation], Lorilyn Roberts y Ser Pin Sim. El Salmo 37:23 nos promete: "El Señor dirige los caminos del hombre cuando se complace en su modo de vida...." A menudo he visto cómo se cumplía este versículo, incluso con este proyecto. Gracias, Querido Señor.

PREFACIO

Donald Trump esta en la portada con su mirada hacia la derecha viendo a cuatro de los mejores presidentes de los Estados Unidos: George Washington, Andrew Jackson, Abraham Lincoln, y Ronald Reagan.

George Washington fue el general que llevo a las tropas Americanas a la victoria en la guerra de independencia (1775–1783) y fue elegido como el primer presidente de los Estados Unidos (1789–1797). Su rostro se encuentra en el billete de $1 dolares.

Andrew Jackson fue el general qua llevo a las tropas Americanas a la victoria en la guerra de 1812. El fundo el Partido Demócrata y fue elegido como el séptimo presidente de los Estados Unidos (1829–1837). Fue un populista como Trump, y conocido como el "presidente del pueblo."

Su manera fuerte y practica de manejar la Crisis de la Anulación (1832–33) ayudo a que Carolina del Sur no se separara. Jackson mantuvo unido al país y evito una guerra civil. El sobrevivió el primer atentado de asesinato de un presidente en ejercicio. Su rostro se encuentra en el billete de $20 dólares .

Abraham Lincoln fue el décimo sexto presidente de los Estados Unidos. Como el primer presidente republicano, Lincoln acabo con la esclavitud, pronuncio uno de los discursos was famosos de la historia - el discurso de Gettysburg, y guió a la nación en medio de su guerra mas sangrienta - la guerra civil (1861–1865). El fue el primer presidente que fue asesinado. Su rostro se encuentra en el billete de $5 dólares.

Ronald Reagan fue un actor de Hollywood, gobernador de California (1967–1975), y el presidente numero cuarenta de los Estados Unidos (1981–1989).

Reagan fue un orador muy elocuente y gracioso por lo que fue llamado "el gran comunicador." Su política de exterior estaba basada en una moral clara: que Dios creo al humano para que sea libre y el comunismo es maligno. Su posición fuerte en contra de los tiranos globalistas y su política llamada "paz por medio de la fuerza" llevo a la caída del muro de Berlin en 1990, la reunificación del este y oeste de Alemania en 1990, el colapso de la Unión Soviética en 1991 y el fin de la guerra fría (1946–1991). Todo esto hizo de los Estados Unidos la única potencia mundial.

Su modelo conservador de economía fue llamado "Reaganomics." Este mostró que la reducción de impuestos y desregulación podían estimular la economía y aumentar los ingresos fiscales. Reaganomics abrió el camino para el auge económico de los 1990s.

Ronald Reagan sobrevivió un atentado contra su vida durante sus primeros cuatro anos el 30 de marzo de 1980. Si la historia nos sirve como precedente y patron de guía entonces su rostro debería de estar en alguno de los billetes de la reserva federal de los Estados Unidos.

Estos son los cuatro presidentes mas grandes en la historia de los Estados Unidos. Se unirá Donald J. Trump a ellos como el quinto?

HACER A ESTADOS UNIDOS PIADOSO OTRA VEZ

Negocios Pendientes de Trump presenta la agenda de Dios expresada en 10 reformas, 10 políticas o 10 profecías que, si son seguidas, se salvará Estados Unidos.

Si el Presidente Trump sigue las diez mayores agendas en su segundo período, no solo él será grande en las páginas de la historia, el será grande en los ojos de nuestro Dios Creador. Su lugar será designado para siempre en el Pasillo de Fama eterno, a la par de hombres cuya fe inspiró al mundo: Abraham, Isaac, Jacobo José, El Rey David, Pedro y Pablo. No cabe duda: quienquiera que persiga el modelo para justicia de Dios sobre la tierra está complaciendo el corazón de Dios y recibiendo las recompensas de Dios.

Estos diez pasos son inspirados por principios Bíblicos. Estas acciones son prácticas, pero también idealistas. Este modelo de un buen gobierno y una sociedad justa socialmente requerirá a alguien más que Trump para completarlo. Trump por sí solo no lo terminará. La Iglesia debe despertar a las dos: rectitud y justicia. A su debido tiempo, otro foráneo quién se ha rendido completamente a ser usado como vasija de Dios será levantado para el trabajo—tal vez un Kanye West u otro miembro de la familia Trump. Últimamente, es Jesús quien completará el trabajo.

La visión es enorme: salvar a los Estados Unidos. En el Salmo 2, aprendemos que el objetivo principal de Dios es de salvar a las naciones. "Pídeme, y *te* daré las naciones[f] como herencia tuya, y como posesión tuya los confines de la tierra." Jesús reitera la misión en Mateo 28, "Toda autoridad me ha sido dada en el cielo y en la tierra. Vayan, pues, y hagan discípulos de TODAS LAS NACIONES ..."

Este es el mandato Bíblico que la Iglesia enormemente abandonó hace décadas cuando se desligó de política y otras esferas de la sociedad, por lo que Dios levantó a Trump para recordarle a la Iglesia de su misión inacabada. La Iglesia ha sido llamada no solo para predicar salvación personal, sino también salvación nacional.

La profecía de Isaías acerca de Jesús falta de ser cumplida, "Porque nos ha nacido un niño, se nos ha dado un hijo y él tendrá el gobierno sobre sus hombros."[1]

Esta es la *misión inconclusa*. Nuestro Señor la completará. Lo hace llamando a hombres y mujeres a un movimiento. ¿Serás tú parte de ello?

Nota Sobre el Contenido

Puedes leer los capítulos en cualquier orden. Excepto por los dos primeros capítulos; todos los capítulos pueden ser libros por sí mismos. Ve a tu tema favorito. Comienza donde tu quieras. Regresa a estos capítulos de nuevo. Te estarán añadiendo valor a tu vida y tu liderazgo para siempre.

Para tu referencia fácil, el titulo de cualquier capítulo que se relaciona a un mandamiento de Dios comienza con el número del mandamiento. Por ejemplo, "6 Protección de la Vida Infantil" significa que este capítulo aplica al Sexto de los Diez Mandamientos a situaciones modernas. Se trata del derramamiento de sangre inocente y la abolición del aborto.

Nota Sobre el Estilo

El idioma y puntuación usados a través de la [traducción] de este libro es el [Español Hispanoamericano.] Sin embargo, preferencia se le ha dado a la escritura internacional de fecha, ya que ofrece dos ventajas: es lógica, escribiendo de pequeño a grande—día, mes, año; es fácil para los ojos, alternando entre "número, palabra, número," en vez de la escritura de fecha estadounidense que es "palabra, número, número, separados por una coma." 21 junio 1788 es un poco más fácil para los ojos del lector en vez de junio 21, 1788.[2]

EL MANDATO

Él te ha declarado, oh hombre, lo que es bueno.
¿Y qué es lo que demanda el Señor de ti,
sino solo practicar la justicia, amar la misericordia,
y andar humildemente con tu Dios?

— MIQUEAS 6:8 (LBLA)

CAPÍTULO 1
LA VERDAD ACERCA DE TRUMP

L A VENTAJA LIBERAL

CREO que los demócratas tienen razón. Los demócratas entienden la supremacía de la ley mejor que los republicanos. No están aturdidos ni se dejan llevar por cuestiones extrañas. Saben que si consiguen las leyes que quieren, pueden cambiarlo todo. Si pueden controlar la ley, pueden hasta cambiar el pensar de los niños. Pueden cambiar el tipo de baños que las personan usan. Pueden cambiar el tipo de matrimonio que tendremos el día de mañana. Si solamente pueden controlar la ley, si pueden llenar todos los tribunales con jueces que son activistas y que apoyan la agenda de la izquierda, conquistarán todo.

Y creo que tienen razón sobre sus prioridades y estrategias principales. Esta es su ventaja ganadora.

DONALD TRUMP—ES COMPLICADO

Inesperadamente, el tren de la izquierda se descarriló con la elección de Donald Trump. Al igual que Ronald Reagan (que anteriormente era demócrata antes de convertirse en republicano en

1962), Trump fue demócrata entre 2001 y 2009 antes de volver a registrarse como republicano. Ha hecho donaciones y se ha asociado con políticos de la izquierda y de la derecha.

Muchos de los candidatos presidenciales demócratas de 2019-2020 -Joe Biden, Cory Booker, Kamala Harris y Kirsten Gillibrand- han recibido donaciones de la familia Trump, una vergüenza para ellos mientras intentan distanciarse de Trump. Haber estado en ambos lados, le da a Trump una gran ventaja sobre sus oponentes, y es una de las razones por las que Dios lo puso en el poder.

Creo que Trump tenía razón cuando dijo en una entrevista de 2004 con Wolf Blitzer de CNN

> *""Parece que la economía va mejor con los demócratas que con los republicanos. Ahora bien, no debería ser así. Pero si nos remontamos, quiero decir que parece que la economía va mejor con los demócratas... Pero ciertamente, hemos tenido algunas economías muy buenas con los demócratas, así como con los republicanos. Pero hemos tenido algunos desastres bastante malos bajo los republicanos".*[1]

Cuando Trump admitió: "*Ahora, no debería ser así*", la suposición fue que, dado que los republicanos hacen campaña sobre los tipos de impuestos y los tipos de interés, la economía debería funcionar mejor bajo su mandato. La paradoja es que no siempre ha sido así. Por qué debería ser así es un misterio para la mayoría de los conservadores y cristianos, pero no debería ser un misterio para Trump.

La economía de la superpotencia estadounidense nunca se construyó sobre la base de la teoría económica. Recordemos que el libro de Adam Smith "La Riqueza de las Naciones" no se publicó hasta 1776. Cien años más tarde, todavía no había una clase de "economía," sólo había "economía política" -el énfasis estaba en la política y la ley, no en las matemáticas y los gráficos. El propio Adam Smith definió la economía política como *"una rama de la ciencia de un estadista o legislador"*. La historia está de acuerdo: la paz y la prosperidad son los subproductos de buenas leyes, no de un buen departamento de economía en una universidad.

El presidente Trump, y los presidentes sucesivos, deben tomar en serio la cuestión del poder judicial. No basta con ocuparse de la economía y las regulaciones. Todo eso puede ser revocado con una elección.

La economía es el fruto de una buena sociedad, no la raíz. La raíz de la paz y la prosperidad son las leyes de la nación. Tiene que venir desde arriba un esfuerzo concertado y concienzudo en lo que yo llamo "**Reforma de la Transparencia y la Responsabilidad Judicial".**

Este es el propósito número uno de Trump. Esta es la *Tarea Incompleta de Trump.* Comenzó cuando fue elegido en 2016, principalmente porque los cristianos y los conservadores creyeron que sus nominaciones a la Corte Suprema podrían salvar a la nación de la podredumbre moral.

Los cristianos oraron para que se le diera la oportunidad de nombrar nuevos jueces y corregir las injusticias dentro de la nación, especialmente las que fluyen desde el Poder Judicial—la tercera rama del gobierno compuesta por la Corte Suprema de los Estados Unidos y los tribunales inferiores. Pero Dios tiene mucho más que decir a los líderes además del nombramiento de jueces conservadores.

Muchos pastores y líderes de la iglesia no tienen clara la supremacía de la ley, aunque la Palabra de Dios es clara. Así que Dios levantó a Donald Trump como lo hizo con Ciro cuando el pueblo de Dios estaba desesperado.[2] Dios tiene una agenda para el mundo a la que Donald Trump está llamado a formar parte, en gran parte porque ningún líder de la iglesia se levantó para hacer lo que él hizo. Dios no llamó a Trump para ser un pastor, sino un vengador —un agente de justicia—en el plan final de Dios.

El papel de Trump es ejecutar justicia. Cuando lo hace, el favor de Dios está sobre él, y tiene éxito. Cuando confía en las personas equivocadas y en sus consejos, la injusticia y los problemas se acumulan.

En su primer término, Trump confió en las personas equivocadas cuando se trataba de justicia. Fue traicionado por su abogado personal, Michael Cohen, quien colaboró en el escrutinio sucio de su antiguo jefe.

Desde su primer día en el cargo, Trump podría haber sustituido a todos los nombramientos de la era de Obama en el poder ejecutivo; nadie le habría cuestionado, pero no lo hizo. Esperó demasiado tiempo para despedir a la fiscal general Sally Yates (quien ordenó a todo el Departamento de Justicia que no aplicara la orden ejecutiva del presidente sobre inmigración), al director del FBI James Comey (quien socavó activamente al presidente y fue la fuente de las filtraciones del FBI a la prensa) y al Vice-Fiscal General Rod Rosenstein (quien nombró a Robert Mueller, un exdirector del FBI nombrado por Obama, como abogado especial para investigar la supuesta colusión rusa).

Cuando Trump sustituyó a Sally Yates por Jeff Sessions, se arrepintió de su elección. El nuevo fiscal general se recusó de la investigación de la colusión rusa. Esto condujo a una "cacería de brujas" de veinte y dos (22) meses (como la llamó Trump) y a una serie de más injusticias.

LA INJUSTICIA LEGAL

La mayoría de los problemas del presidente Trump se derivan de asuntos de justicia. La mayoría de sus victorias surgirán por ir a la ofensiva cuando haya oportunidades de hacer justicia. Aunque este libro no es sobre el pasado de Trump, sino sobre el futuro de

Estados Unidos y las profecías que la Iglesia debe cumplir, es necesario un poco de antecedentes para el contexto.

Recapitulemos desde el inicio de las elecciones de 2016. Cuando fui uno de los pocos líderes cristianos que predijo en 2015 que Donald Trump sería el próximo presidente de Estados Unidos, él fue el blanco de las bromas de los programas nocturnos y los cristianos pensaron que el senador tejano Ted Cruz se convertiría en el candidato republicano. Yo también deseaba que un cristiano se convirtiera en el nominado, pero eso no era lo que decía el Espíritu Santo. Era una época de justicia, y Trump era la elección de Dios, no para ser amable, sino para ser "*un vengador que lleve a cabo la ira de Dios sobre el malhechor*," como dice el Nuevo Testamento.[3]

Varios de mis vídeos de YouTube sobre Trump superaron el millón de visitas cuando Trump era simplemente un tema de entretenimiento, no de política seria. Las redes sociales de las grandes empresas tecnológicas aún no habían entrado en modo de censura total, como han hecho recientemente con muchos otros canales conservadores. Cuando Trump se convirtió en el candidato republicano, todos los medios de comunicación de élite trabajaron contra la elección de Trump fabricando noticias falsas de que sólo tenía un 1% de posibilidades de ganar hasta el día de las elecciones, el 8 de noviembre.

Una vez que Trump fue elegido presidente, eso debería haber terminado el debate. Cuando alguien ha ganado una elección, uno pensaría que se ha acabado el problema. Pero no se acabó, porque los poderosos de la izquierda entienden que mientras se controle la ley, se puede controlar incluso la Presidencia.

Así, la Izquierda comenzó la investigación de Mueller, una investigación legal que realmente causó injusticia. Durante veintidós meses que se extendieron entre 2017 y 2019, Mueller y su equipo gastaron casi 32 millones de dólares en investigar una posible colusión entre la campaña de Trump y el gobierno ruso para influir en las elecciones del 2016. Después de dos años, Mueller no encontró pruebas.

El 18 de abril de 2019, cuando el Informe de Mueller se dio a conocer al público, los demócratas se dieron cuenta de que Mueller no entregaría las pruebas necesarias para el juicio político (anulando efectivamente las elecciones de 2016). Aunque el presidente Trump fue reivindicado, eso no significaba que hubiera terminado esta odisea. Al día siguiente, comenzaron con nuevas acusaciones de encubrimiento.

Trump hizo todo lo contrario a encubrir: el 23 de mayo de 2019, Trump desclasificó documentos de inteligencia de la era de Obama para demostrar que el FBI había estado espiando a ciudadanos estadounidenses. Quizá por primera vez en la historia, el acto de desclasificar secretos de inteligencia fue calificado por los periodistas como encubrimiento. Desafía el sentido común, pero en eso consiste el "*gaslighting*"—en manipular psicológicamente al público hasta que dude de su propia cordura.

La injusticia se basa en el engaño de palabras y la manipulación verbal. "*La elección reproductiva de las mujeres*" es un código para "*la muerte de bebés*". Antes de la Guerra Civil Estadounidense, "*derechos de los estados*" era un código para "*esclavitud*". Cualquiera que se opusiera a la esclavitud debía sentirse culpable por socavar la Unión y cuestionar los "*derechos de los estados*" a "*elegir*" la esclavitud. La inmoralidad criminal se planteaba como una cuestión de elección. Es una habilidad que domina la profesión jurídica y el periodismo moderno. Cuanto mejor sepan elaborar y redefinir las palabras, más fácil les resultará convertir la ley en un arma. De la misma manera, son los fariseos modernos con los que Jesús se enfrentaba constantemente.

Los oponentes de Trump pasaron de la colusión rusa y las acusaciones de encubrimiento, a la investigación de sus negocios e impuestos. Se ensañaron a obtener sus declaraciones de impuestos fechados desde hace treinta años, así como las de sus amigos. ¿Se imaginan ser uno de los amigos de Trump? Todo el mundo corría el riesgo de ser acosado legalmente y señalado políticamente.

Esto se llama "Guerra Jurídica" [**"lawfare"**], una forma de guerra en la que el sistema legal se convierte en un arma contra el enemigo.

Un obstáculo para la Izquierda era que las declaraciones de impuestos de Trump estaban protegidas por la ley federal. Así que los legisladores de Nueva York propusieron un proyecto de ley para que las declaraciones de impuestos estatales de Trump estuvieran disponibles para el Congreso, si se solicitaban. El 8 de julio de 2019, el gobernador demócrata de Nueva York, Andrew Cuomo, firmó ese proyecto como ley. Los políticos de Nueva York estaban dispuestos a cambiar las leyes estatales solo para ir tras un hombre que odiaban: Trump.

Imagínese, si pueden hacer eso a Trump, ¡qué pueden hacer con usted! Trump es el hombre más poderoso de la Tierra, y un billonario que tiene recursos para luchar en los tribunales. El ciudadano ordinario no tiene ninguna posibilidad, si los poderosos del gobierno deciden oponerse a ellos.

Por eso la lucha de **Trump es la lucha del pueblo.** Si él pierde, todos los que nos preocupamos por la justicia también perdemos.

El funcionario del gobierno, autorizado a solicitar las declaraciones de impuestos estatales de Trump al Departamento de Impuestos y Finanzas de Nueva York, es el presidente del Comité de Medios y Arbitrios de la Cámara de Representantes, el representante Richard Neal de Massachusetts. A pesar de que Neal es un demócrata, no dio ninguna indicación de que fuera a hacer tal solicitud bajo la ley de Nueva York. Se podría pensar que la "cacería de brujas" habría terminado.

No.

En lo que debería ser una crisis constitucional, California amenazó con no permitir el nombre de Donald Trump en las papeletas de voto del 2020, a menos que revelara cinco años de declaraciones de impuestos, al menos 98 días antes de las elecciones primarias. El gobernador demócrata Gavin Newsom firmó esa ley del Senado el último día de julio de 2019.

Para el 6 de agosto de 2019, la campaña política de Trump, el Comité Nacional Republicano y Observación Judicial demandaron por separado a California, por la ley estatal, alegando que establecía un requisito inconstitucional para la presidencia.

Nos da la impresión de que, una vez más, los conservadores están de espaldas mientras los demócratas están a la ofensiva. Parecen más inteligentes y proactivos más que los conservadores en sus tácticas legales.

ESTUDIA A TU OPONENTE

De hecho, veo tres estrategias claras de los demócratas para asumir los tres poderes del Estado sin depender de la voluntad de los votantes actuales. Todas son estrategias legales:

1. Bajar la edad para votar. Esto les dará el control del Congreso porque los votantes más jóvenes son más propensos a votar por los socialistas de izquierda. Hay un dicho que a menudo se atribuye a Winston Churchill, pero que es más probable que sea anónimo, "*si no eres socialista antes de los veinticinco años, no tienes corazón, si eres socialista después de los veinticinco no tienes cabeza*".

La última vez que se consiguió rebajar la edad para votar de 21 a 18 años fue el 1 de julio de 1971 mediante la 26ª Enmienda de la Constitución de los Estados Unidos.

2. Abolir el sistema de votación del Colegio Electoral ["*Electoral College*".] Esto dará a los demócratas el poder ejecutivo porque la población de Estados Unidos se concentra en las ciudades, donde los habitantes tienden a inclinarse a la izquierda.

Viviendo en Australia, he observado que los "verdes-izquierdistas" tienden a ser urbanos, producen la mayor huella de carbono y no se preocupan por las opiniones tradicionales de la gente rural del interior. El hecho es que las personas más conectadas con la naturaleza no tienden a votar por los Verdes, sino por los conservadores. El Partido Laborista de Australia perdió las elecciones nacionales de 2019 porque descuidó el voto rural, que es abrumadoramente tradicional y conservador.

El Colegio Electoral fue una solución genial para las elecciones injustas. Impide que los urbanos dominen el resto del país y silencien la voz de los ciudadanos rurales. Impide que los grandes estados controlen el país y perjudiquen a los estados más pequeños. También evita que Estados Unidos sufra un problema común a las elecciones parlamentarias, que se basan únicamente en los votos populares. Se forman muchas facciones políticas que compiten entre sí y se presentan un sinfín de candidatos, cada uno con la esperanza de ganar un número mínimo de votos requerido.

En las elecciones de abril de 2019 en Israel, por ejemplo, 40 facciones presentaron candidatos y 11 facciones obtuvieron asientos en la Knesset. [La Knesset es el órgano legislativo unicameral de Israel.] Los ganadores estaban tan amargamente opuestos entre sí que, Benjamín Netanyahu no pudo "formar gobierno" ni conseguir que la mayoría de ninguno de ellos aceptara trabajar con él. En ese caso, el voto popular hizo que quedara en cuestión la legitimidad del gobierno. Fue necesaria una nueva elección en septiembre de 2019 para decidir el asunto de nuevo, perdiendo el tiempo y el dinero de todos.

Cuando se celebraron las segundas elecciones nacionales el 17 de septiembre de 2019, más votos fueron para los partidos minoritarios y el resultado seguía sin decidirse semanas después. Nadie sabía quién sería el primer ministro. Ni el Partido "Likud" de Benjamin Natanyahu ni el Partido Azul y Blanco de Benny Gantz tenían las 61 plazas necesarias para formar gobierno. Como no se pudo formar una coalición, las discusiones pasaron a la formación de un "gobierno de unidad" formado por facciones opuestas y con alternancia de primeros ministros en un plazo de cuatro años. Una de las propuestas era que Netanyahu estuviera dos años y Gantz dos años. Pero los dos líderes no pudieron ponerse de acuerdo, por lo que es probable que los israelíes se dirijan a unas terceras elecciones nacionales sin precedentes en 2020. Unas elecciones basadas en simple mayoría de votos no simplifican en absoluto las cosas. Puede aumentar el rencor político y dejar en duda a toda una nación.

La legitimidad de un presidente estadounidense siempre se ha establecido de la misma manera: por una mayoría de votos electorales. Esto no debe cambiar, aunque los demócratas hagan lo posible por cambiarlo. Cuando no pueden ganar jugando según las reglas, manipulan las reglas. Eso es la "guerra legal" [**lawfare**] en pocas palabras.

Pero si no pueden cambiar el sistema del Colegio Electoral, que está en la Constitución, entonces buscarán otra táctica legal: el "proceso de destitución" "[impeachment"]. El Informe de Mueller no les dio suficiente evidencia para la "impugnación," así que cambiaron las reglas relacionadas con el "proceso de destitución" alrededor del momento en que un falso denunciante filtró la llamada telefónica de Trump con el presidente ucraniano Volodymyr Zelensky. El operador partidista, vinculado a un candidato a las elecciones de 2020, presentó una denuncia el 12 de agosto de 2019.

Entre mayo de 2018 y agosto de 2019, la comunidad de inteligencia revisó en secreto un requisito antiguo que exige que los denunciantes proporcionen solo conocimiento de primera mano de los presuntos delitos. [4] Los acusadores fueron entonces autorizados a presentar pruebas de habladurías para derribar al presidente. Era la preparación para un golpe de estado.

Los demócratas iniciaron la investigación del "proceso de destitución" ["impeachment"] tan pronto como surgió la noticia de la llamada telefónica filtrada del 25 de julio de 2019. Acosaron al presidente con una lluvia de citaciones sin acudir a la Cámara de Representantes para una votación completa. Con esta táctica, los demócratas negaron a Trump el debido proceso. No pudo enfrentarse a su acusador, ni citar a los demócratas, ni pedir transcripciones, ni tener derecho a un abogado. Fue una burla de un juicio justo. Era una cámara estelar, común en dictaduras y regímenes comunistas. Una votación completa en la Cámara de Representantes haría que los demócratas que voten a favor de la destitución rindan cuentas ante el público y daría al presidente su derecho al debido proceso.

La táctica del "proceso de destitución" ["impeachment"] no logro su objetivo de destituir a Trump, porque el Senado, controlado por los republicanos, no dio la mayoría de dos tercios de los votos para condenar a Trump. La vergüenza de todo esto es que los republicanos no usaron su poder constitucional de destitución cuando tuvieron la oportunidad—cuando eran mayoría y cuando era apropiado—para limpiar el gobierno y el poder judicial.

Los padres fundadores utilizaron el poder de "impugnación" principalmente para destituir a los jueces. En la historia de los 19 funcionarios federales sometidos a juicio político, 15 eran jueces federales (incluyendo un juez del tribunal de apelaciones y un juez asociado del Tribunal Supremo). El historiador David Barton señaló: "Estos Fundadores indicaron que el juicio político era un medio para hacer que los jueces rindieran cuentas al pueblo."[5]

Trump y los republicanos deberían hacer pleno uso de este poder para drenar el pantano de jueces que no pasan la prueba de buena conducta. La forma más fácil es iniciar una investigación de pedofilia sobre todos los jueces de los tribunales de distrito. Si son inocentes, entonces no deben tener miedo. El público exige justicia contra los pedófilos, especialmente si se sientan a juzgar a otros.

Los conservadores de todos los países no tienen una buena estrategia legal porque se centran demasiado en el dinero. Generalmente asumen que, si la economía va bien, serán automáticamente reelegidos. Eso simplemente no es cierto.

La gente también se preocupa por la justicia. Los cristianos tienen mucho que ofrecer a cualquier partido político porque, por naturaleza, nos preocupamos por algo más que el dinero. Nuestras creencias fundamentales nos enseñan a preocuparnos por cosas eternas como la moralidad, la imparcialidad, la igualdad, la equidad y la justicia.

Un líder piadoso debe desarrollar una estrategia legal proactiva, no sólo una estrategia proempresarial. Hillary Clinton resumió mejor la estrategia legal demócrata cuando tuiteó ["twitted"] en octubre de 2019: "*Si la disposición de destitución de la Constitución de los Estados Unidos no alcanza los delitos que se acusan aquí, ¡entonces tal vez esa Constitución del siglo XVIII deba ser abandonada a una trituradora de papel del siglo XX!*". Era ella citando una declaración hecha en 1974 por la representante Barbara Jordan de Texas. Las implicaciones eran claras:

a) Hillary Clinton cree en esta declaración, y b) si los demócratas no consiguen lo que quieren, no se detendrán ante nada, hasta e incluso una revisión o rechazo de la Constitución de los Estados Unidos.

3. Aumentar el número de jueces del Tribunal Supremo de nueve a quince. Esto se llama "empacar la corte" y anularía efectivamente los nombramientos de Trump al diluir sus voces. Esto sería posible siempre que los demócratas recuperen el control tanto de la Presidencia como del Senado.

La Constitución de Estados Unidos no limita el tamaño del Tribunal Supremo. La Ley Judicial de 1789 fijó el número de jueces en seis. En 1807, el Congreso aumentó el número a siete, luego a nueve en 1837 y después a diez en 1863. El Congreso volvió a reducir el número de jueces a siete en 1866. Tres años más tarde, la Ley Judicial de 1869 estableció que el Tribunal debía estar formado por nueve jueces, y este número se ha mantenido durante 150 años.

El intento de los demócratas de salirse con la suya en los tribunales, llenándolos de jueces izquierdistas no es nada nuevo. En 1937, el presidente demócrata Franklin D. Roosevelt ("FDR") trató de aumentar el número de jueces a 15, mediante el proyecto de ley de Reforma de los Procedimientos Judiciales. Esto fue una reacción a la decisión del Tribunal Supremo de que su legislación del "Nuevo Acuerdo" ["New Deal"] era inconstitucional. La iniciativa legislativa de FDR también sufrió un gran revés cuando su principal defensor, el líder de la mayoría demócrata en el Senado, Joseph Robinson, murió prematuramente el 14 de julio de 1937 a la edad de 64 años. Los demócratas conservadores, liderados por el vicepresidente, se rebelaron contra el proyecto de ley de FDR. El proyecto de ley fue derrotado en el Congreso.

Cuando un republicano pierde, vuelve a sus negocios. Cuando un demócrata pierde, vuelve a los tribunales hasta que gana. Cuando los jueces se retiraron, FDR finalmente estableció una mayoría en la Corte Suprema que era amigable con sus Programas del Nuevo Acuerdo.

¿Cuándo aprenderán los conservadores que Dios mismo estableció una nación centrándose en las leyes, no en las directivas económicas? La justicia, no el dinero, es la base de un buen gobierno al que Dios bendecirá y el pueblo reelegirá. El dinero puede evaporarse en un momento, pero la justicia es para siempre.

En lugar de tolerar las tácticas de los demócratas, Trump y los conservadores deberían aprender de ellos. En lugar de rechazar los llamamientos de los demócratas para su destitución, Trump debería abrazar esta vía legal de destitución proporcionada por los Padres Fundadores para rectificar muchas injusticias. (Trataremos más sobre esto en los capítulos sobre los tribunales y la justicia familiar).

PUNTOS CIEGOS DE LOS CONSERVADORES

Creo que la izquierda política está más en sintonía con los temas del final de los tiempos de la ley y la justicia, que la derecha política. Casi todas las causas que defienden tienen que ver con la igualdad y la justicia sociales. La izquierda, ya sea la que pertenece al Partido Demócrata en los Estados Unidos o al Partido Laborista en Australia o el Reino Unido, realiza campañas electorales basadas en crear un gobierno centralizado y con grandes programas sociales.

Los conservadores, ya sean los del Partido Republicano en los Estados Unidos, los del Partido Liberal en Australia o los del Partido Conservador (Tory Party) en el Reino Unido, hablan principalmente de temas económicos: menos impuestos, menos regulaciones, menos gobierno.

Si Ud. tuviera que escoger los temas principales de nuestro tiempo y determinar el más importante, ¿cuál sería: los negocios, las escuelas, los tribunales, las familias o el bienestar social?

Los conservadores tienden a responder que los negocios o la economía son los mas importantes. Mi pregunta es: "Cuando Dios quiso crear una nación modelo en la Tierra, ¿cómo lo hizo? Le dijo a Moisés: '*Aquí hay 10 leyes*'".

Dios no empezó con la educación; no empezó con la economía; no empezó con nada más. ¿Por qué? Porque todo lo demás fluye de la ley. Si usted tiene buenas leyes que no cambian y no pueden ser fácilmente malinterpretadas a discreción de un juez, puede tener justicia. Si tiene justicia, puede tener paz. Si tiene paz, entonces y sólo entonces puede tener prosperidad a largo plazo.

Si Ud. ha experimentado la injusticia en su vida, conoce a primera mano el efecto de la falta de paz. Cuando le falta la paz, no va a ser muy productivo –mental, emocional, económica, social o espiritualmente. Cuando le falta la paz, ya no es óptimo. Ya no puede resolver eficazmente los problemas, pensar en nuevos inventos o iniciar nuevos negocios. Sus relaciones familiares y personales también se verán afectadas. Todo lo bueno de una sociedad segura y fuerte fluye de la justicia.

La justicia es el fundamento.

Por esta razón, cuando Dios quiso formar una nación especial en la Tierra, el Israel Bíblico, les dio las mejores leyes.

EL TRIUNFO DE TRUMP

Así como los problemas de Trump se relacionan con la justicia, también sus mayores éxitos se relacionan con la justicia. Cuando nominó a los jueces provida, Neil Gorsuch y Brett Kavanaugh, reconoció a Jerusalén como la capital de Israel, perdonó a Dinesh D'Souza (el objetivo de la persecución política por parte de la administración Obama-Clinton), y conmutó la sentencia de cadena perpetua de una delincuente no violenta por drogas por primera vez, Alice Marie Johnson (que había cumplido más de 21 años en prisión), la luz de la justicia se abrió paso a través de una nube de oscuridad.

Muchos cristianos me han pedido mi lista de logros pro cristianos de Trump. Realmente está más allá del alcance y el enfoque de este libro, pero estará disponible como su propio libro que puede ser compartido en 2020. Todo cristiano debería conocer estos logros antes de confiar en cualquier cosa que los medios de comunicación dominantes tengan que decir.

Antes de cerrar esta introducción, creo que los cristianos tienen dos preocupaciones sobre el Presidente que ponen un signo de interrogación sobre su calificación como agente de justicia: ¿es Trump racista, y es el un dictador como Adolf Hitler?

¿ES TRUMP RACISTA?

Como hombre de negocios, Donald Trump estaba familiarizado con el papeleo de los burócratas locales y el lio de los pleitos legales. Pero no fue hasta que se convirtió en presidente que sintió toda la fuerza de la injusticia legal.

Cuando el 27 de enero de 2017 firmó una de sus primeras órdenes ejecutivas para examinar a los inmigrantes procedentes de siete países inestables (Irak, Irán, Libia, Somalia, Sudán, Siria y Yemen), su propia fiscal general, Sally Yates, los jueces federales de izquierda de Washington y Hawái, y los medios de comunicación hicieron uso de su poder para frenar sus órdenes. La principal acusación fue que estaba siendo "racista".

La inmigración, la ciudadanía y la seguridad nacional son incuestionablemente poderes del presidente. Todos los presidentes antes de Trump usaron su privilegio ejecutivo para detener y deportar a ciertos inmigrantes. El presidente Ronald Regan emitió cuatro prohibiciones de inmigración, Bill Clinton seis, George W. Bush seis y Barack Obama seis. Todos ellos citaron la misma ley que Trump: el artículo 212(f) de la Ley de Inmigración y Nacionalidad de 1952.

La restricción de viaje [a los Estados Unidos] de Trump no era una "prohibición a musulmanes", ya que la mayoría de las naciones musulmanas no estaban en la lista. De hecho, de los 10 países musulmanes más poblados del mundo, sólo se incluyó a Irán (el séptimo más grande). Estos siete países inestables también tenían restricciones de viaje bajo el mandato de Barack Obama. Irónicamente, seis de las siete naciones prohíben a los judíos entrar en sus países (Somalia es la única excepción). Libia aplica su propia prohibición a los visitantes iraníes, sirios y palestinos. Pero ¿dónde estaba la indignación?

Lo que se omitió en las noticias fue la cláusula 5(b) de la orden ejecutiva de Trump que mostraba su preocupación por los refugiados genuinos. Trump ordenó al Departamento de Justicia "*dar prioridad a las solicitudes de refugio presentadas por individuos sobre la base de la persecución por motivos religiosos, siempre que la religión del individuo sea una religión minoritaria en el país de nacionalidad del individuo.*" Esto no restringió a los refugiados. Al contrario, abrió una vía rápida para que los cristianos perseguidos emigraran a los Estados Unidos.

Por cuatro motivos diferentes podemos decir que Trump no estaba siendo racista. Primero, los musulmanes no son una raza, sino que forman parte de una religión.

En segundo lugar, los perseguidos, a los que Trump dio prioridad, forman parte de la misma raza árabe que sus cristianos homólogos musulmanes, por lo que el origen étnico no era un problema.

En tercer lugar, Trump no se dirigía a toda una religión. Los musulmanes de países estables eran libres de entrar. Incluso los imames musulmanes de Australia eran libres de entrar en Estados Unidos.

En cuarto lugar, Trump no estaba rechazando a los refugiados, simplemente estaba eligiendo dar prioridad a los refugiados que pertenecían a minorías perseguidas.

La ironía es que a nadie le gusta más prohibir a la gente que a la izquierda. No les importa utilizar el activismo judicial para prohibir la prohibición de Trump. No les importa utilizar tácticas de censura para prohibir a los oradores conservadores en los campuses universitarios y amordazar a los actores conservadores en Hollywood. No les importa crear códigos de expresión y "leyes de odio" que prohíben a la gente usar un lenguaje no aprobado.

Trump estaba justificado al ejercer su privilegio ejecutivo. El Tribunal Supremo anuló la orden del tribunal inferior y confirmó la Proclamación Presidencial 9645 de Trump el 26 de junio de 2018.

El presidente debe encontrar la manera de mantener en jaque a la tercera rama del gobierno federal, pues si esta rama puede acosar a un presidente billonario con desprecio e impunidad, ¿cómo quedamos los demás? No tenemos prácticamente ninguna posibilidad de enfrentarnos a los abogados corruptos y a los jueces activistas.

Muchos ciudadanos estadounidenses sufren de la injusticia legal. Son abusados legalmente y no tienen ningún poder para rectificarlo. Es algo que debe ser abordado por líderes piadosos: por Trump, por el próximo presidente después de él y por la Iglesia. Esto es parte de la *Tarea Incompleta de Trump*.

¿SE PUEDE COMPARAR A TRUMP CON UN DICTADOR NAZI COMO ADOLFO HITLER?

Citando a Mike Godwin, de la "Electronic Frontier Foundation," *"es generalmente aceptado que quien sea el primero en jugar la 'carta de Hitler' ha perdido la discusión, así como cualquier rastro de respeto, ya que tener que recurrir Comparar a tu adversario con el dictador asesino de masas más infame de la historia suele significar que te has quedado sin un argumento mejor".*[6] Este principio también se conoce como la "comparación gratuita de Hitler".

O como me dice a menudo mi padre: "Se requiere uno para conocer al otro" ["El que las usa se las imagina."] El carácter del acusador se revela por lo que proyecta sobre los demás. Los argumentos demócratas alegan que la retórica de Trump es odiosa y divisiva, pero las palabras "odio" y "dividir" se escuchan más comúnmente en boca de los demócratas que en la del presidente. Después de dos años de sus acusaciones de colusión rusa y un año de sus juicios de destitución, la verdadera colusión parece estar entre las élites de la izquierda que trabajan juntas para derribar a un presidente debidamente elegido.

Su serie de ataques constituye una injusticia legal. Según el Nuevo Testamento, ésta es una táctica del diablo, una que los fariseos utilizaron contra Jesucristo. Querían que el Rey de reyes muriera, pero tenían que justificarlo; tenían que hacerlo legalmente.

La injusticia más perversa, jamás perpetrada sobre la Persona más Inocente, fue hecha legalmente. El diablo no sólo quiere hacer el mal ilegalmente. No quiere parecer el malo de la película. Su método es inspirar a la gente a cometer los peores crímenes, pero hacerlos legalmente.

Esto es lo que hicieron Adolf Hitler y los nazis antes y durante la Segunda Guerra Mundial. Hitler se aseguró de que el exterminio de millones de judíos se hiciera legalmente. Las "Leyes de Nuremberg" fueron promulgadas por el Tercer Reich para legalizar la marginación, la persecución y finalmente el exterminio de los judíos.

Tras la derrota militar de Alemania, durante los juicios de Núremberg de 1945-1946, los oficiales nazis que asesinaron a los judíos alegaron en su defensa que estaban actuando legalmente. Dijeron, en efecto, *"Sólo obedecíamos órdenes. Seguimos las leyes de nuestra nación"*.

Los juicios de Nuremberg fueron la sentencia legal más importante de la civilización occidental porque establecieron que la "legalidad" no es una defensa contra los crímenes, y que la moral no proviene del gobierno.

Hay una Ley Superior que las leyes de una nación. Cuando uno sabe moralmente que la ley de su nación no debe ser obedecida, y sin embargo la sigue en contra de la moral justa y objetiva, entonces ya no tiene una defensa legal.

Este veredicto no se enseña mucho hoy en día, pero es algo que la administración de Trump debería estudiar porque los oponentes del Presidente, miembros del Estado Clandestino ["Deep State"], van por un camino totalitario similar. No es el presidente, sino sus oponentes, quienes están utilizando las tácticas históricas de los nazis y los fariseos.

Los burócratas atrincherados de Washington han cometido una injusticia al acosar a un presidente debidamente elegido, hasta el punto de cuestionar el sistema del Colegio Electoral y acusarlo falsamente de ser un agente ruso. Trump tiene la piel gruesa, ningún otro líder mundial podría aguantar el asalto que ha soportado, pero hay que hacer algo.

Pero ¿qué se debe hacer?

★ ★ ★

CAPÍTULO 2

EL DESPERTAR DE LOS ESTADOS UNIDOS

EL PRIMER GRAN DESPERTAR

EL PRIMER GRAN Despertar de los Estados Unidos, un avivamiento cristiano de gran alcance que dio forma al tejido de la cultura estadounidense, tuvo lugar entre las décadas de 1730 y 1740. Creó una identidad cristiana común entre los estadounidenses porque los predicadores cristianos buscaron el incluir a todos: no importaba si uno era rico o pobre, blanco o negro, hombre o mujer, todos podían arrepentirse, creer en Jesús y ser lavados de sus pecados. Sentó las bases de la igualdad racial y de género, mucho antes del movimiento por los derechos civiles de la década de 1960.

También trajo una unidad interdenominacional en América, por la que las diferentes denominaciones que discutían en Europa encontraron un terreno común en América a través del "nacer de nuevo". Los protestantes evangélicos estaban de acuerdo en que la asistencia física a una iglesia y el acuerdo intelectual con la doctrina de la iglesia no te convertían en cristiano. Había que "nacer de nuevo".

El Primer Gran Despertar tuvo un profundo impacto en la

educación estadounidense. Las universidades más prestigiosas (Ivy League) que hoy son principalmente seculares, como la Universidad de Princeton y el Colegio Dartmouth, fueron el resultado de este renacimiento protestante. El fundador de Princeton fue el teólogo **Jonathan Edwards** (1703-1758), que predicó uno de los más famosos sermones sobre el "nuevo nacimiento", "Pecadores en manos de un Dios furioso". (La primera vez fue el 8 de julio de 1741).

La primera poetisa negra publicada, **Phillis Wheatley** (1753-1784), fue producto del Primer Gran Despertar. Escribió sobre su viaje de África Occidental a América, del paganismo al cristianismo. George Washington elogió su obra. Sus poemas, abiertamente cristianos, le dieron fama tanto en Inglaterra como en América.

Otro producto del Primer Gran Despertar fue el ministro congregacional **Jonathan Mayhews** (1720-1766), cuyos sermones eran "leídos por todo el mundo", según John Adams, el segundo presidente de Estados Unidos. Su sermón "Discurso Respecto a la Sumisión Ilimitada y la No Resistencia a los Poderes Superiores" puede ser el sermón más importante que condujo a la Revolución Americana, ya que dio una justificación bíblica para rebelarse contra los tiranos impíos. No habría una América libre y unida sin el Primer Gran Despertar.

EL SEGUNDO GRAN DESPERTAR

El Segundo Gran Despertamiento fue un jubileo desde la década de 1790 hasta la de 1840. Al igual que en el Primer Gran Despertar, un gran número de convertidos se unieron a las iglesias cristianas, pero el Segundo Gran Despertamiento fue más allá del mensaje del "nacer de nuevo", que requería que los pecadores sólo se arrepintieran de sus pecados personales y creyeran en Jesús.

Los avivadores comenzaron a enseñar a los cristianos a aplicar su fe para resolver los problemas sociales. Este fue el comienzo del

Evangelio Social, el movimiento de la abolición, el movimiento de los derechos de la mujer y otras reformas políticas. Este fue el comienzo del Movimiento del Evangelio Social, el movimiento de la abolición, el movimiento antialcohólico, el movimiento de los derechos de la mujer y otras reformas políticas.

El Partido Republicano nació del Segundo Gran Despertamiento. Se formó en 1854 como un partido antiesclavista. **Abraham Lincoln**, un cristiano devoto, se convirtió en el primer presidente republicano.

La economía de Estados Unidos también se transformó en esta época. Un ejemplo del efecto de los avivadores fue el ministerio de **Charles Finney** (1792-1875), un abogado convertido en predicador. Dondequiera que Finney iba, los bares y tabernas cerraban porque los pecadores dejaban de beber alcohol. Los cristianos se tomaron en serio la erradicación del pecado y empezaron a considerar el trabajo como un servicio a Dios. Los cristianos estadounidenses se volvieron tan productivos que el economista alemán Max Weber acuñó la frase "ética del trabajo protestante" para describir la inusual productividad que define al trabajador estadounidense, incluso hasta hoy.

En 2003, el historiador escocés Niall Ferguson se refirió al concepto de Weber como explicación de por qué los Estados Unidos sigue superando a Europa: "Para decirlo sin rodeos, estamos siendo testigos del declive y la caída de la ética del trabajo protestante en Europa. Esto representa el asombroso triunfo de la secularización en Europa Occidental... "[1]

Durante este periodo, las cosas iban tan bien que había una expectativa entre los cristianos de que el Reino de Dios estaba siendo establecido, y Cristo volvería al mundo en cualquier momento. Aumentó el interés por estudiar el fin de los tiempos y comprender el Libro de Apocalipsis. William Miller predijo que Cristo regresaría el 22 de octubre de 1844. Dos organizaciones religiosas nacieron de la "Gran Desilusión" debido a la fallida predicción de Miller sobre el Segundo Advenimiento: los Adventistas del Séptimo Día (por la discípula de Miller, Ellen White), y los Testigos de Jehová (por Charles Taze Russell,) quien cambió la fecha de Miller a octubre de 1914. Cuando Jesús no regresó físicamente se afirmó que Jesús sí vino en una "presencia" invisible y que comenzó a gobernar como rey en ese año.

Estados Unidos emergió de este período como el líder industrial y manufacturero del mundo. No habría Partido Republicano, ni libertad de la esclavitud, ni economía en auge, sin el Segundo Despertar.

EL TERCER GRAN DESPERTAR

Se afirma que ha habido un tercer y cuarto avivamiento en los Estados Unidos. Por ejemplo, el historiador económico Robert Fogel considera que el ministerio de **Billy Graham** forma parte de un cuarto despertar espiritual.

El ministerio de Graham fue una época extraordinaria de alcance evangelístico. Sin embargo, no considero que dicho período sea "grande" en el sentido de que se sumara al Primer y Segundo Gran Despertar. Predicar el Evangelio fue un "avivamiento" en el sentido más estricto: revivió el mensaje del Primer Gran Despertar. No se añadió nada nuevo.

De hecho, el período comprendido entre los años 1960s y 1980s se caracterizó por la creciente secularización de la cultura estadounidense, la disminución de la asistencia a las iglesias principales y una serie de pérdidas cristianas, como la prohibición de la oración, la prohibición de la Biblia, la legalización del aborto y el impulso hacia la legalización del matrimonio homosexual. El crecimiento de las iglesias provino de las denominaciones que "añadieron" a la experiencia del nuevo nacimiento: las iglesias pentecostales y carismáticas. Estas agregaron a la experiencia cristiana una mayor relación con la persona del Espíritu Santo.

Hoy en día, las congregaciones más grandes del mundo son principalmente las que practican el hablar en otras lenguas y operan en los dones del Espíritu, sin embargo, no han luchado contra la corrupción o cambiado la cultura a favor de la vida en el vientre o del matrimonio tradicional. Mega iglesias como Lakewood en Estados Unidos, Hillsong en Australia y Yoido Full Góspel en Corea del Sur tienen una influencia marginal sobre la cultura, la educación, la política y el sistema legal de sus respectivas naciones. Un Tercer Gran Despertar cambiara todo eso.

No habrá un Gran Tercer Despertar hasta que la Iglesia llegue al clímax del evangelio de las buenas nuevas. La última fase del programa de Dios es la justicia. El Señor Jesús regresara para demostrar la justicia de Dios sobre la Tierra. Dios nos llama a añadir al mensaje de la salvación personal, el mensaje de la salvación nacional. Cristo es la solución no sólo al pecado personal, sino también a la injusticia social.

El propósito de las leyes de Dios es de convencer a los pecadores y predecir la justicia. Cuando se conoce la ley, se conoce el futuro. Esto es cierto tanto para las leyes científicas como para las espirituales. Una ley no es verdadera, a menos que sea profética: rómpela y habrá ciertas consecuencias. El Evangelio promete ambos, el perdón de los pecados a los creyentes, y juicio a los pecadores que no se arrepienten. El libro del Apocalipsis termina con la justicia aplicada a los gobernantes y naciones perversas. La ley lo predijo. Nos dirigimos hacia la justicia y nuestros amigos de la izquierda han sido más rápidos en captar esta cita espiritual que la mayoría de los cristianos y conservadores. Nuestra juventud está exigiendo "justicia social", los cristianos tienen la respuesta, sin embargo, hemos estado muy adormitados.

El problema que veo con los Grandes Despertares es que nos preparan para la guerra. El Primer Gran Despertar preparó a Estados Unidos para la Guerra de la Independencia. El Segundo Gran Despertar preparó a los Estados Unidos para la Guerra Civil. El Tercer Gran Despertar, me temo que preparará a los Estados Unidos para la Segunda Guerra Civil. Si una Segunda Guerra Civil puede ser evitada, entonces nos preparará para la

Tercera Guerra Mundial, la cual la Biblia llama la guerra de Gog-Magog[2] y Armagedón.[3]

POR QUÉ LOS ESTADOS UNIDOS NECESITA DESPERTARSE

Si no tenemos un Tercer Gran Despertar, los Estados Unidos no saldrá de la próxima guerra como una superpotencia. Habrá completado su ciclo de vida como Imperio, que el historiador militar británico Sir John Glubb estimó ser alrededor de 250 años.

1776 + 250 = 2026.

Mi libro desea definir claramente lo que la Biblia dice que el presidente Donald Trump y la Iglesia Cristiana deben hacer para cambiar el rumbo de los Estados Unidos y poner la nación de nuevo en el camino correcto.

Los cristianos de todo el mundo se preocupan por lo que le sucede a los Estados Unidos, porque como va los Estados Unidos, así va el resto del mundo. Esto se demostró vívidamente durante la Protesta de Hong Kong el 31 de marzo de 2019. Casi dos millones de manifestantes salieron a defender la justicia y la libertad religiosa, ¿y a quién apelaron? A los Estados Unidos. En las redes sociales, vimos a muchos manifestantes cantando canciones de culto cristiano ondeando banderas estadounidenses, y pidiendo a Trump que interviniera.

Lo mismo ocurre entre los norcoreanos y surcoreanos, divididos como pueblo desde 1945. Se busca el liderazgo estadounidense para lograr la paz, la estabilidad y, algún día, la reunificación de la península. En el Medio Oriente, especialmente en Israel, se espera que los Estados Unidos actúe como agente de paz en la región. Los países de Europa del Este, como Hungría y Polonia, los cuales fueron asolados por el comunismo, pero ahora cada vez más cristianos, buscan el liderazgo y la protección militar de los Estados Unidos. Entre los países latinoamericanos, El Salvador, que soportó crímenes e injusticias durante una guerra civil de 12 años entre 1979 y 1992, pero que luego experimentó un renacimiento cristiano, tiene una alta opinión de los Estados Unidos. Estados Unidos se mantiene firme porque es la nación más cristiana de la tierra, o al menos lo era hasta hace poco.

Mucha gente no tiene idea del peligro que corre los Estados Unidos y de lo cerca que estamos de perder nuestras libertades y valores. Estados Unidos, que una vez fue un faro de libertad, ahora se encuentra en un precipicio moral donde los códigos de expresión estrangulan la libertad de expresión, las noticias falsas envenenan la libertad de prensa, y la intolerancia de la Biblia se confunde con la libertad religiosa. Existe una manipulación psicológica extrema (gaslighting) a escala nacional. Nuestros jóvenes están perdidos, nuestros adultos deprimidos, nuestras familias rotas, nuestros veteranos olvidados, nuestros ancianos solos, y nuestros funcionarios civiles y líderes corruptos. Como dijo el presidente Trump en una reunión a puerta cerrada con 100 líderes cristianos el 27 de agosto de 2018, los estadounidenses están a solo "una elección de perder todo lo que tienen"[4]

Todo lo que necesitamos para resolver estos problemas está en la Biblia. El hecho de que podamos dudar esto, es la razón por la que todavía estamos aquí. Nuestro tiempo en la tierra es prueba de que nuestro Plan B, nuestras alternativas y nuestros desafíos a los caminos de Dios, no funcionarán. Pero la Biblia funciona.

Al final, los que sobreviven y entran en la Vida Eterna no sólo han elegido creer en Jesús como Salvador, sino que también serán llamados a interpretar y a aplicar la Biblia con rectitud y justicia. Tales responsabilidades distinguían a los grandes líderes de la antigüedad de lo ordinario.

¿Qué hizo al rey Salomón el hombre más sabio del mundo? El hecho de que era capaz de juzgar con justicia.[5]¿Qué hizo que Jesús fuera el Mesías? El hecho de que fue capaz de interpretar la Ley de Moisés y darle todo su significado.[6] Esta idea—que estamos siendo entrenados no sólo para entender la Biblia, sino para tener la capacidad, la flexibilidad y la sabiduría para interpretar la Biblia de tal manera que introduzcamos la justicia y la paz en nuestras vidas, nuestras familias, nuestro lugar de trabajo y, en última instancia, nuestra nación—es hacia lo que nos dirigimos cuando nos referimos al profético Fin de los Tiempos o a los Últimos Días. **La agenda de Dios para el final de los tiempos es la justicia.** Nos estamos moviendo hacia la idea de que los cristianos están siendo entrenados para convertirse en jueces de los pecadores y jueces de los ángeles.

1 CORINTIOS 6;2-3 LBLA
2 ¿O no sabéis que los santos han de juzgar al mundo? Y si el mundo es juzgado por vosotros, ¿no sois competentes para juzgar los casos más triviales[c]?
3 ¿No sabéis que hemos de juzgar a los ángeles? ¡Cuánto más asuntos de esta vida!

Esto puede parecer muy extraño para la mayoría de la gente, incluso para los cristianos, porque rara vez hablamos de ello. Ciertamente no escuchamos que se enseñe en nuestras iglesias, escuelas o medios de comunicación. Este libro va a cambiar eso.

LA FALLA DE LOS PADRES FUNDADORES DE LOS ESTADOS UNIDOS

Nuestros padres fundadores estadounidenses elaboraron una magnífica Constitución que sentó las bases para que los Estados Unidos se convirtiera en "la república constitucional más larga de la historia del mundo", según el historiador David Barton.[7] Por muy sabios que fueran los fundadores, no podían saber las cosas que sabemos ahora, cosas como nuestra necesidad de: asegurar los derechos digitales; proteger a los bebés de los abortos a término o de los abortos "post nacimiento" (infanticidio); proteger a los estudiantes de la sexualización temprana, del travestismo y de los baños para transexuales en las escuelas; proteger los derechos de los padres frente a evitar que el Estado les quite a sus hijos por motivos de divorcio o creencias religiosas; y asegurar la definición de matrimonio. Al vivir en el contexto de la época colonial con las actitudes cristianas imperantes, no pudieron prever ninguna de estas necesidades de hoy.

Pero no tuvieron que hacerlo.

Dios las previó y se adelantó a ellas con respuestas que habrían resuelto todos nuestros problemas en la Biblia. Un defecto de los Padres de la Nación es que asumieron que los valores cristianos prevalecerían y que algunos de los principios revelados por Dios en la Biblia serían innecesarios de detallar en la Constitución. Muchos problemas podrían haberse evitado si hubieran seguido fielmente el modelo de buen gobierno probado por el tiempo.

Sin embargo, no es demasiado tarde...

Si el presidente y la Iglesia creen que los caminos de Dios son más altos que los nuestros, la nación aún puede cambiar. Durante demasiado tiempo hemos permitido que los burlones callen nuestras voces y censuren la sabiduría de la Biblia. Citan mal la Biblia y engañan intencionadamente al público, afirmando cosas como: "Pero la Biblia apoya la esclavitud". La falsedad de tal acusación es obvia por el hecho de que el segundo libro de la Biblia se abre con el Señor liberando a tres millones de judíos de la esclavitud en Egipto.

Este acto de emancipación es la credencial de Dios más citada a lo largo del Antiguo Testamento: "Yo soy el Señor, tu Dios, que te sacó de la tierra de Egipto, de la casa de la esclavitud" (Éxodo 20:2 RVR, véase también Deuteronomio 5:6, 6:12, 8:14, Josué 24:17, Jeremías 2:6). Lo más básico que cualquier creyente sabe de Dios es que Dios ama la libertad.

Otra mentira común es que "los cristianos no deben hablar de política". Esta falsa afirmación era lo que los reyes malvados solían decir a los antiguos profetas.[8] Poco ha cambiado. La mayoría de las profecías bíblicas no eran personales, sino políticas. Es decir, no estaban dirigidas a guiar a los individuos, sino a salvar a las naciones. Si removemos la política de la Biblia, tendríamos que eliminar libros enteros llamados Jueces, 1 Reyes, 2 Reyes, 1 Crónicas, 2 Crónicas, Daniel, Nehemías y Esdras.

Jesús hablo de la política de su tiempo cuando se enfrentó a los saduceos, fariseos y herodianos. Estos grupos se parecían menos a nuestras denominaciones religiosas, pero si a nuestros partidos políticos principales. Los saduceos eran parecidos a los republicanos: se les consideraba el partido de los ricos, apoyaban a los asmoneos (descendientes nacionalistas de la revuelta macabea), tenían opiniones conservadoras de la Torá (creían que Dios sólo dio la Ley Escrita y que la Ley Oral no era confiable) y creían en los castigos estrictos.

Los fariseos eran afines a los demócratas: se les consideraba el partido de los plebeyos, querían restaurar el reino a un descendiente de David, tenían una visión liberal de la Biblia (creían que Dios dio tanto la Ley Escrita como la Ley Oral) y eran indulgentes en sus castigos.[9]

Los herodianos [pertenecientes a un partido político judío leales al Rey Herodes] son parecidos a las monarquistas de los actuales países de la Commonwealth, como el Reino Unido y Australia: querían restaurar el reino en manos de un descendiente de Herodes (un rey nombrado por Roma) y eran más favorables a una teocracia.

De estas tres facciones, los fariseos eran el grupo político más numeroso. Su interpretación liberal de la ley de Dios, parecida al concepto de la izquierda de una "Constitución viva", les ayudó a sobrevivir más allá de la destrucción del Segundo Templo, cuando la obediencia a la Ley de Dios sin un Templo y sin el Mesías se hizo imposible. Así, sus creencias liberales sustituyeron al antiguo judaísmo basado en la Biblia y se desarrollaron en la forma moderna de religión llamada judaísmo rabínico o talmúdico. Las similitudes entre los rabinos y los demócratas liberales son sorprendentes. (No es de extrañarse que muchos judíos estadounidenses apoyen hoy a los demócratas).

El hecho de que la palabra "fariseo" se haya convertido en sinónimo de hipócrita" en inglés, es más un comentario político que religioso. Los fariseos, los saduceos y los herodianos estaban en constante conflicto entre sí, pero estaban unidos por su opinión común de que la aparición de Jesús como Mesías y Rey era una amenaza política para el futuro de sus partidos. A medida que nos acercamos al final de los tiempos, Jesús va a hacer valer su derecho como Legislador, Juez y Rey sobre las naciones .[10] La Iglesia y toda persona en autoridad deben prepararse respectivamente.

SALMO 2:10-12
10 Y ahora, reyes, entended: Admitid corrección, jueces de la tierra.
11 Servid a Jehová con temor, Y alegraos con temblor.
12 Besad al Hijo, porque no se enoje, y perezcáis en el camino, Cuando se encendiere un poco su furor. Bienaventurados todos los que en él confían.

No hay duda de que de la Biblia:

1. La religión bíblica sirve de control y equilibrio a la política,
2. Las mejores leyes provienen de la religión bíblica, no de los políticos,
3. Los políticos malvados han odiado durante mucho tiempo ser corregidos por los profetas, y

4. Los buenos políticos han buscado durante mucho tiempo el consejo de los creyentes piadosos.

Aunque la Biblia no nos da una teocracia como modelo político para esta época, la Biblia no rehúye hablar de política. Dios no exenta a los políticos de la influencia de la moral y la profecía.

Dios proporciona el mejor modelo para el éxito político, si sólo los gobernantes escucharan. Al final, el Libro del Apocalipsis se atreve a proclamar el futuro de la política: los políticos malvados perderán su poder y serán castigados; el Mesías será la Persona que los juzgará y los sustituirá con mejores gobernantes.

Algunos gobernantes ven esto como una amenaza, pero deberían recibirlo como un consejo sabio. Lo mejor que pueden hacer China y Corea del Norte para ser grandes entre las naciones es dejar de perseguir a los cristianos. Cuántos regímenes han combatido históricamente a Jesucristo y a sus discípulos, sólo para derrumbarse mientras la Iglesia marcha hacia adelante: el Imperio Romano, el Imperio Otomano, el Imperio Soviético, sólo para nombrar algunos. ¡Besa al Hijo! Confía en sus leyes y ejecuta la justicia de Dios.

LA IGLESIA DORMIDA

La gente anhela la justicia en esta vida. Lo curioso es que los líderes más destacados de la Iglesia ya no la predican. La falta de justicia en la Iglesia significa que el mal corre desenfrenado en la sociedad.

Irónicamente, los únicos en la Tierra que hablan de justicia públicamente y en voz alta son la izquierda radical. Por izquierda, nos referimos a los ideólogos que son marxistas, comunistas y, por lo general, impíos: gente que quieren un gobierno centralizado que se entrometa en nuestras vidas, nos cobre impuestos y nos controle. ¿Cómo suena eso? No muy bien para los amantes de la libertad.

Los líderes eclesiásticos estadounidenses más influyentes han renunciado a cualquier papel en esta área porque no hablan de justicia desde sus púlpitos o sus plataformas televisivas. Sin embargo, es la misma cosa por la que Salomón y Jesús eran conocidos.

Los judíos que buscan al Mesías saben que una de las características del Mesías es que tendrá una capacidad especial para reinterpretar la Torá (La Ley). Esto se menciona una y otra vez en los comentarios judíos sobre la Biblia llamados Midrash.[11]

La Iglesia ha adoptado una política de "poner la otra mejilla" en todos los asuntos, en lugar de una mezcla de misericordia y un amor de tipo "azótalos en el mercado" que mostró Jesús. Jesús era equilibrado. Jesús dio a la gente ánimo y reprimenda, recompensa y castigo, perdón y justicia. Jesús es tanto el León como el Cordero de Dios.

La Iglesia moderna ha decidido que no necesita todo de Jesús y ha abdicado de su propio papel en la entrega de la justicia, por lo que Dios levantó un líder fuerte como Donald Trump, no sólo para dirigir políticamente, sino también para recordar a la Iglesia de este mandato olvidado.

Trump no siempre "pone la otra mejilla". Se enfrenta a los corruptos y llama la atención a los engañosos. Cuando Trump se enfrenta a los tramposos en casa y en el extranjero, se parece más a Jesús que los cristianos que han decidido hacer la paz con el mal.

La ironía de los cristianos que critican fuertemente a Trump es que no han ofrecido nada mejor que lleve a Estados Unidos a su destino-El Tercer Gran Despertar. Si la Iglesia despierta a la plenitud de Cristo y a la meta de justicia de los últimos tiempos, entonces el período que sigue serán los mejores años que los Estados Unidos haya visto.

EL ROL PROFÉTICO DE LOS ESTADOS UNIDOS

La profecía bíblica predice una serie de eventos que culminarán en victoria. Mientras que habrá una tribulación momentánea al final de esta era, nos estamos preparando para el triunfo de la justicia—personal, nacional, global y universalmente.

El papel profético de Estados Unidos es ser una nación conocida por resolver disputas. Estados Unidos solía ser un intermediario de la paz: puso fin a la Primera Guerra Mundial, a la Segunda Guerra Mundial y a la Guerra Fría. Hizo la paz con antiguos enemigos -como Alemania, Japón y Vietnam- y los convirtió en aliados cercanos. A veces la guerra fue necesaria para que los enemigos recalcitrantes depusieran las armas y aceptaran los términos de la paz. En otras ocasiones, Estados Unidos obtuvo victorias sin derramar sangre ni disparar un solo tiro, como la caída del Muro de Berlín en 1989 y el colapso de la Unión Soviética en 1991.

Como reconoció Alexis de Toqueville en 1835, "América es grande porque América es buena, y si América deja de ser buena, América dejará de ser grande". Esta bondad surgió de un pueblo que temía a Dios, leía la Biblia, asistía a la iglesia, se preocupaba por sus vecinos y llevaba el Evangelio al mundo.

LA REPUTACIÓN DE LOS ESTADOS UNIDOS

Últimamente, esas buenas cualidades han sido atacadas. La prosperidad genera complacencia. Los buenos tiempos engendran mal carácter. En cambio, los tiempos difíciles engendran sacrificio, resistencia y héroes. La reputación de los Estados Unidos para resolver disputas se ha visto empañada por la guerra interminable en Afganistán, el conflicto sin resolver en Siria, las hostilidades con Irán, una guerra comercial con China y posiblemente una segunda guerra civil en casa. Es hora de que Estados Unidos vuelva a su destino.

Hubo una antigua ciudad israelí que puede servir de modelo para los Estados Unidos, pues era famosa por resolver disputas.

2 SAMUEL 20:18 NBLA
Ella dijo: "Antes acostumbraban decir: "Ellos ciertamente pedirán consejo en Abel", y así terminaban la querella.

Abel era un lugar donde se podía ir a buscar justicia. Todo el mundo lo conocía. Abel estaba formado por personas que temían a Dios, leían la Biblia, cuidaban de sus vecinos y aplicaban sabiamente la Palabra de Dios en situaciones difíciles.

América debería volver a ser como Abel. Esta es la forma en que América puede ser salvada. Cuando la bondad de los ciudadanos estadounidenses y la sabiduría de sus líderes sean restauradas, entonces la justicia y la paz reinarán. La gente buena con líderes malos no salvará a América. Los líderes sabios sin buenos seguidores no llevarán a la nación a su destino.

En esta coyuntura crítica, Estados Unidos tiene la buena suerte de contar con un presidente conocido por su libro "El arte del negocio", un presidente cuya habilidad principal es la negociación. Ha demostrado sus habilidades al convertirse en el primer presidente de los Estados Unidos en negociar con el líder supremo de Corea del Norte el 12 de junio de 2018. ¡Probablemente se evitó una guerra nuclear!

El presidente también ha negociado la liberación de un número, sin precedentes, de rehenes estadounidenses en lugares donde el presidente anterior no pudo hacer nada. Los prisioneros que han regresado a casa incluyen: tres cristianos estadounidenses detenidos en Corea del Norte, el pastor Andrew Brunson en Turquía, un empresario en Yemen y el rapero ASAP Rocky en Suecia. Trump ha sido tan eficaz que el periódico "New Yorker" comentó: "Parece disfrutar liberando a los cautivos". [12]

Jesús dijo: "**El Espíritu del Señor está sobre mí, porque me ha ungido para anunciar el evangelio a los pobres. Me ha enviado para proclamar LIBERTAD a los CAUTIVOS, y la recuperación de la vista a los ciegos, para PONER EN LIBERTAD a los OPRIMIDOS"** (Lucas 4:18 NBLA)

Al menos dos de los propósitos de la venida del Espíritu Santo se relacionan con revertir la injusticia. El po-der sobrenatural de Dios está disponible para servir a la justicia.

Sin embargo, las habilidades de negociación no son suficientes para salvar a los Estados Unidos de descender a una Guerra Civil. El favor, la gracia y la sabiduría de Dios son requisitos para el éxito. Trump, al igual que otros líderes mundiales, está escuchando muchas voces. Aunque hay seguridad en la "multitud de consejeros"[13] ninguna voz puede mejorar el modelo bíblico para un buen gobierno y una sociedad justa.

"La fuente de la ley de una sociedad es el dios de la sociedad. La ley que obedece emana de su dios". ~Stephen McDowell[14]

Dios hace las leyes. El trabajo de un líder es descubrirlas. Un político no puede hacer una ley moral, al igual que un científico no puede expresar por decreto: "Hago una nueva ley científica de que el agua hierve a 52 grados Celsius el martes". No puede cambiar las leyes científicas, sólo puede descubrirlas. Cuando un político intenta hacer leyes que contradicen los caminos de Dios, está erigiéndose como un ídolo.

Las leyes que sigues indican al Dios o los dioses que sigues. Este es el fundamento de la advertencia del Señor en Deuteronomio 28:14 NBLA "*No te desvíes de ninguna de las palabras que te ordeno hoy, ni a la derecha ni a la izquierda, para ir tras otros dioses y servirles*". Esto implica que cuando la gente se aparta de las leyes de Dios, por definición, están sirviendo a otros dioses, lo cual es idolatría.

Esto también significa que todas las naciones son, en última instancia, religiosas. Las naciones cristianas se basan en principios bíblicos. Las naciones musulmanas se basan en los principios islámicos. Las naciones budistas se basan en principios budistas. Cada nación se construye sobre un conjunto de creencias y supuestos registrados y transmitidos en la fe religiosa de su pueblo.

Los éxitos y las luchas de esas naciones son un testimonio de la veracidad de sus principios religiosos. Hasta ahora en la historia de la humanidad, las naciones que se establecieron sobre una base cristiana han superado a todas las demás naciones en casi todas las matrices. Así es como los Estados Unidos, una vez la nación más cristiana de la tierra, creció hasta convertirse en la única superpotencia del mundo. Es una función natural de las leyes y legisladores originales de los Estados Unidos.

CÓMO SALVAR A AMÉRICA

La Biblia ha sido enseñada a los estadounidenses como un modelo para la buena familia e iglesia, pero no tanto para la buena política y la justicia. Los cristianos nos remitimos a la Biblia para ayudar a nuestras familias e iglesias a alinearse con la voluntad de Dios, pero rara vez nos remitimos a ella para mostrar cómo deben actuar los políticos y cómo deben gobernar los gobernantes. La Iglesia es negligente. Por eso, en gran medida, Donald Trump ha aparecido para poner en primer plano el tema de la justicia.

Siguiendo el modelo antiguo, presento al lector **diez profecías para salvar la nación:** diez palabras inspiradas que los siervos de Dios, tanto espirituales como civiles, deberían considerar implementar para dar un giro a los Estados Unidos y evitar que la nación sea corrupta por una sola administración, Congreso o tribunal. Cada uno de los diez caminos no proviene de la opinión humana; se originan o se inspiran en el modelo de Dios para un buen gobierno y una sociedad justa. Han sido probados por los antiguos hebreos y los líderes cristianos que buscaron la reforma bajo la dirección de Dios.

Los siguientes diez planes de acción son, en esencia, una clase maestra sobre el buen gobierno y la justicia. No es un mapa de ruta republicana, ni demócrata, ni libertaria, sino un mapa bíblico para la vida, la libertad y la búsqueda de la justicia.

CAPÍTULO 3

NO. 10 ELECCIONES, MIGRACION Y LIMITES DE MANDATO

EL DÉCIMO MANDAMIENTO

"No codiciarás la casa de tu prójimo; no codiciarás la mujer de tu prójimo, ni su siervo, ni su sierva, ni su buey, ni su asno, ni nada que sea de tu prójimo."
Éxodo 20:17 (LBLA)

TODOS LOS PROBLEMAS de Trump tienen que ver con la justicia (Michael Cohen su abogado personal, que lo traicionó, la investigación de Mueller sobre la inexistente colusión rusa, el intento de los demócratas de destituirlo, los jueces de los tribunales federales del distrito que anulan sus órdenes ejecutivas, sólo para nombrar algunos), y todos sus mayores éxitos se relacionan con la justicia (sus dos nominaciones a la Corte Suprema, Neil Gorsuch y Brett Kavanaugh, la liberación de rehenes estadounidenses de varias naciones, su lucha contra los pedófilos y su reforma de la justicia penal). Cada vez que Trump se ocupa de la justicia, experimenta el éxito. Es la agenda final de Dios antes de la Segunda Venida de Cristo.

> **MATEO 12:18, 20 LBLA**
> **18 "Mirad, mi Siervo, a quien he escogido; mi amado en quien se agrada mi alma; sobre Él pondré mi Espíritu, y a las naciones proclamarÁ justicia.**
> **20 No quebrarÁ la caña cascada, ni apagarÁ la mecha que humea,**
> **hasta que lleve a la victoria la justicia;**

Tanto la justicia como la profecía se basan en las leyes de Dios. Cuando se cumplen, traen justicia. Cuando se desobedecen, traen profecía, que no son necesariamente predicciones del futuro, sino una advertencia sobre el carácter justo de Dios. Nos confundimos con la profecía bíblica cuando pensamos que Dios está prediciendo eventos para competir con adivinos como Nostradamus. NO. La Ley de Dios exige justicia. El Amor de Dios permite que las profecías adviertan a la gente que la justicia no puede ser evitada y que la desobediencia debe ser enfrentada con Él, a menos que la gente se arrepienta. Los Diez Mandamientos son, entonces, la base no sólo de toda buena ley, sino también de la profecía. Una vez que conocemos una ley de Dios, el futuro es predecible.

Los Diez Mandamientos pueden traer justicia y un futuro mejor para los Estados Unidos. Traerán justicia y un mejor futuro para cualquier nación cuyos líderes estén dispuestos a enseñar la verdad a su pueblo. Vamos a empezar por el final, aplicando el

Décimo Mandamiento primero a Estados Unidos, y trabajaremos hacia arriba [el Primer Mandamiento.]

El Décimo Mandamiento es una prohibición contra la codicia, que es una palabra arcaica que significa desear lo que otras personas tienen. Es la única ley de las diez primeras que trata exclusivamente de algo que la mayoría de las leyes de la tierra ignoran: la actitud.

Muchas veces, cuando la gente es malvada, nuestros policías y jueces son incapaces de enfrentarse a su maldad por falta de pruebas. No es hasta que alguien resulta herido o se rompe algo, que nuestro sistema legal y de aplicación de la ley intenta tratar con el malhechor.

La genialidad de la ley de Dios es que incluye entre los "diez primeros" un mandamiento sobre la raíz de muchas injusticias sociales: los celos. Una persona celosa o codiciosa ansía las cosas de los demás.

[La actitud de] los inmigrantes ilegales indocumentados que actúan como inmigrantes legales se llama codicia. Los inmigrantes son bienvenidos a los Estados Unidos, pero votar ilegalmente en una elección es codicia, porque ves a tu vecino y quieres tomar sus cosas. Ves su país, ves su capacidad de votar, y quieres lo mismo. Esta actitud está prohibida por los Diez Mandamientos.

Muchos "Nunca-Trumpistas" son estadounidenses que tienen un familiar, un cónyuge o algún otro ser querido, que llegó a los Estados Unidos ilegalmente. Se sienten amenazados por la aplicación de la ley por parte de Trump. No importa cuánto haga Trump para ayudar a tales votantes, nunca amarán a Trump o se convertirán en amantes de Trump, porque están quebrando la ley del país y la Ley de Dios..

ELECCIONES 2020

Donald Trump debería emitir una orden ejecutiva o trabajar con el Congreso para aprobar una ley antes de las elecciones del 2020, que si usted es un inmigrante ilegal que vota en una elección federal, habrá dos consecuencias: número uno, nunca podrá convertirse en ciudadano de los Estados Unidos de América; número dos, será deportado inmediatamente y se le prohibirá volver a entrar.

Si eres un extranjero que entra en otro país, no se te permite actuar como si fueras un inmigrante legal hasta que no pases por los controles y procedimientos adecuados. Para quedarte, debes amar el país, compartir sus valores y hablar su idioma.

Además, cualquier ciudadano que se dedique a dirigir, organizar, arreglar, pagar o promover un intento de fraude electoral masivo debería ser juzgado por traición. El fraude electoral es nada menos que un intento de derrocar a un gobierno debidamente elegido invalidando la elección del pueblo, por lo tanto, es traición, un delito capital castigado con la muerte o con graves penas de prisión. El fraude electoral en la era de Internet debería incluir la piratería informática, la manipulación de los que buscan información en el internet y la manipulación de las máquinas de votación electrónicas, como se acusó a Smartmatic de hacer en las elecciones de Venezuela y Filipinas.[1] Los culpables de traición deberían perder permanentemente su derecho de votar o de ocupar cualquier cargo político.

INMIGRACIÓN ISRAELÍ

A menudo se les dice a los cristianos que tengan compasión de los inmigrantes, y esto es cierto sólo a condición de que nosotros y los inmigrantes no violemos el Décimo Mandamiento. El modelo bíblico de inmigración y asimilación en la envidiable nación de Israel es Rut. Rut era de Moab (dentro de la actual Jordania), pero quiso seguir a su suegra y establecerse en Israel. Se comprometió con Noemí:

> "**porque adonde tú vayas, iré yo, y donde tú mores, moraré. Tu pueblo será mi**

pueblo, y tu Dios mi Dios. 17 Donde tú mueras, allí moriré, y allí seré sepultada." —Rut 1:16-17 (LBLA)

En el antiguo Israel, se reconocían 4 clasificaciones de habitantes de Israel que tenían permiso legal para quedarse:

1. El ciudadano nativo (*ezrach* en hebreo)
2. El extranjero (*ger* en hebreo) que elige habitar en la tierra de Israel y no adorar a los ídolos.
3. El "extranjero de la puerta" o "extranjero residente" (*ger Toshav* en hebreo) que elige habitar en la tierra de Israel y vivir según las siete leyes de Noé, pero no quiere convertirse al judaísmo. También se le conoce como "extranjero residente" o "noéjida".[2]
4. El "extranjero justo" (*ger Tzedek* en hebreo) o un gentil que ha decidido hacer de Israel su hogar y se ha convertido completamente al judaísmo, incluyendo la circuncisión de un varón. Se le conoce como "gentil justo".

Obsérvese que en todos los casos se espera que el "extranjero" cumpla con las condiciones de asimilación: la mínima es que no haya idolatría y la máxima que se someta a la circuncisión masculina. Los gentiles tienden a citar fuera de contexto Levítico 19:34 RVA-2015, " Como a un natural de ustedes considerarán al extranjero que resida entre ustedes. Lo amarás como a ti mismo, porque extranjeros fueron ustedes en la tierra de Egipto..." El "extranjero que reside entre ustedes" sería como mínimo un *ger Toshav*, uno que cumple las siete leyes *de Noé*, pero la interpretación judía dice que este versículo se refiere al *ger Tzedek*, uno que se ha convertido completamente a la fe en el Dios de Abraham, Isaac y Jacobo.[3]

Rut, como antepasada del rey David y del rey Jesús, habría sido considerada un *ger Tzedek*. Rut entró en Israel como viuda desamparada, aprendió la cultura de Noemí, trabajó duro y se asimiló con éxito.

INMIGRACIÓN EN AUSTRALIA

Australia tiene un sistema de puntos para la inmigración. Los inmigrantes deben tener suficientes puntos para poder obtener la residencia permanente y la ciudadanía. Así que [los inmigrantes] no llegan en avalancha. Por supuesto, es difícil inundar Australia porque es una nación insular, mientras que es muy fácil inundar a Estados Unidos.

¿Qué pasa si se inundan los compradores en el mercado de la vivienda? Los precios suben. ¿Qué sucede si se inunda el mercado de trabajo con trabajadores? Los salarios bajan. Entonces, ¿qué pasa con usted si es un ciudadano legal en un país en el que los ilegales están inundando?

No podrás conseguir trabajo tan fácilmente. Los trabajos que consigas pagarán menos. Mientras tanto, tus costos siguen subiendo. Eso es lo que hace la inmigración ilegal indocumentada. Esas son varias razones por las que hay que contenerla. El otro problema es que algunos inmigrantes no vienen con el corazón dispuesto a ser asimilados y contribuir. Vienen a aprovecharse de la asistencia social del Estado. No importa que paguen impuestos directa o indirectamente. Están rompiendo el Décimo Mandamiento de Dios. En lugar de diversidad, su codicia crea división.

Los australianos son un pueblo que quiere mostrar compasión a los refugiados que huyen de países con problemas, así que ¿qué hace Australia? Australia tiene una inmigración cualificada. Australia utiliza un sistema de puntos. Esto es lo que no tiene los Estados Unidos.

El presidente Trump está tratando de cambiar el sistema. Lo llama inmigración por méritos. Creo que "inmigración cualificada" es un término más fácil de tragar: inmigración cualificada que funciona con un sistema de puntos, para que el gobierno pueda crear una cultura de mérito. Una cultura de derechos asumidos rompe el Décimo Mandamiento.

El Décimo Mandamiento resuelve el problema de los inmigrantes indocumentados porque, por parte de los ciudadanos, debemos mostrar compasión, y por parte de los inmigrantes, si vienen, no deben mostrar codicia.

LA INMIGRACIÓN SUIZA

Suiza, que de antaño fue tan cristiana que su bandera roja lleva una prominente cruz blanca en el centro, es un modelo de como cumplir el Décimo Mandamiento. Suiza ha prohibido durante mucho tiempo que los inmigrantes que cobran prestaciones sociales se conviertan en ciudadanos. En enero de 2018, entró en vigor una nueva ley que amplía la prohibición a los solicitantes de la ciudadanía que hayan aceptado prestaciones sociales en cualquier momento durante los tres años anteriores. Se hace una excepción si las prestaciones "se devuelven en su totalidad".[4] Esto, en efecto, filtra la codicia entre los solicitantes de la ciudadanía.

Para que nadie interprete erróneamente que Suiza es un país antiinmigrante, Suiza y Australia son las dos naciones con mayor proporción de inmigrantes del mundo occidental. Los residentes nacidos en el extranjero representan una cuarta parte de la población en ambos países, frente al 13,7% en Estados Unidos.

El modelo suizo aborda la codicia de otra manera: haciendo una distinción entre la participación en el sistema económico y en el sistema político. Como señala Ryan McMaken, del Instituto MISES, "Admitir a un inmigrante en la esfera económica suiza no significa necesariamente que haya personas dispuestas a contratar... conceder el acceso a la esfera política, sin embargo, abre una serie de otros problemas, como la ampliación del acceso a las urnas y el fomento del uso del poder político para enriquecerse a sí mismo o a su propio grupo... Por lo tanto, tiene sentido estar abiertos a la migración, mientras se es menos abierto con la ampliación de los privilegios de la ciudadanía".[5]

Los inmigrantes que quieren solicitar un permiso de residencia temporal (permiso B) o un permiso de establecimiento (permiso C) pretenden entrar en la esfera económica. Deben haber vivido en Suiza durante al menos cinco años. Los inmigrantes que quieren solicitar la ciudadanía quieren entrar en la esfera política. Tienen un permiso C, residen ininterrumpidamente en Suiza durante al menos 10 años y demuestran que se han integrado con éxito en la cultura suiza. Las pruebas incluyen una reputación intachable, el respeto de los valores constitucionales suizos, el dominio de una de las lenguas oficiales suizas (francés, alemán, italiano o romanche) y el empleo o la voluntad de trabajar o entrenar para un empleo.[6]

La Ley Federal de Extranjería e Integración revisada, que entró en vigor el 1ero de enero de 2019, define los conocimientos lingüísticos como parte de la integración en la cultura suiza. Los solicitantes que no hablen una de las lenguas oficiales suizas como lengua materna deben cursar tres años de enseñanza obligatoria del idioma. A partir del 1ero de enero de 2020, los solicitantes deberán obtener un certificado de idiomas únicamente en una institución acreditada. Los titulares del permiso B que no cumplan con los requisitos de integración pueden perder su privilegio de permanecer en Suiza. Los titulares de un permiso C que no cumplan la prueba de idioma y la obligación de integración pueden ver relegado su permiso C al estatus de permiso B.[7]

Suiza está considerada una de las naciones más atractivas, socialmente avanzadas y políticamente estables del planeta. U.S. News and World Report calificó a Suiza como "el mejor país" del mundo durante tres años consecutivos.[8] Su política de inmigración es una aplicación sensata de la prohibición divina contra la codicia.

CIUDADANOS CODICIOSOS

Para ser justos, debemos aplicar el Décimo Mandamiento no sólo a los inmigrantes. También debemos aplicarlo a los ciudadanos estadounidenses. No conozco mayor ejemplo de codicia entre los residentes legales y ciudadanos de un país que las personas que codician el poder político. Ningún otro privilegio en la vida corrompe más rápidamente a una persona humilde y aún tan absolutamente a una persona orgullosa.

No se debe alentar a los funcionarios públicos a codiciar el poder político para sí mismos. Al principio de la democracia griega y de la soberanía estadounidense, los líderes de la comunidad que habían tenido éxito en su propio oficio y tenían un interés en la comunidad (como la propiedad de la tierra), se ofrecían al servicio público, sin esperar nada que ganar y, a menudo, mucho que perder.

Los 56 firmantes de la Declaración de Independencia arriesgaron sus vidas y fortunas. Nueve lucharon y murieron en la Guerra de la Independencia. Dos perdieron a sus hijos en el ejército revolucionario. Francis Lewis perdió su casa y a su mujer, que murió a los pocos meses de ser capturada en una cárcel británica. Los británicos saquearon o confiscaron las propiedades de varios firmantes, entre ellos Thomas McKeam, que sirvió en el Congreso sin sueldo.[9] Estos hombres no entraron en política por codicia. ¿Cómo podemos volver a encontrar líderes tan cualificados?

Para cumplir con el Décimo Mandamiento, Estados Unidos debe tener una enmienda constitucional que ponga límites a los mandatos para todos los cargos políticos; "todos" incluye a los miembros del poder judicial.

Los Padres de la Patria eran sabios, pero no podían preverlo todo. El primer presidente de los Estados Unidos fue un hombre íntegro que no quería que los Estados Unidos fuera gobernado por un dictador. George Washington rechazó la oportunidad de ser elegido presidente para un tercer mandato, aunque era lo suficientemente popular como para conservar el poder.

Su límite de dos mandatos se convirtió en una norma no escrita para los presidentes posteriores, hasta que Franklin D. Roosevelt (FDR) rompió la tradición y permaneció en el cargo durante cuatro mandatos. El ex gobernador de Nueva York fue presidente desde 1933 hasta 1945, desde la Gran Depresión hasta casi el final de la Segunda Guerra Mundial.

A FDR no le importaban otras tradiciones. Intentó tomar control del Tribunal Supremo "llenando el tribunal" con 15 jueces. Su "Nuevo Tratado" ["New Deal"] era un socialismo radical revestido de un lenguaje heroico. Aumentó drásticamente el depender del estado, expandió la burocracia federal, limitó las libertades personales y cambió el espíritu estadounidense de individualismo por un colectivismo de estilo europeo y la dependencia del gobierno.

Le guste o no a uno FDR, en él, el Congreso vio una razón para limitar el poder presidencial a dos mandatos. Para ello, el Congreso aprobó la 22ª Enmienda en 1947. Fue ratificada en 1951.

Esto corrigió un error de los Padres de la Nación, que no previeron la importancia de la limitación de mandatos. El Congreso dio un paso en la dirección correcta; ahora debería ir más allá. Debería haber límites a los mandatos de los jueces y los congresistas para frenar su probabilidad de incumplir el Décimo Mandamiento.

A nadie, especialmente a los miembros del poder judicial y del Congreso, se le debería permitir mantener sus puestos de trabajo indefinidamente, independientemente de su desempeñó. Eso es contraproducente para el concepto de ser un "servidor" civil. Es una cuestión de justicia.

Si eres un buen gobernante, no puedes mantener el poder para siempre. Todo el mundo tiene que jubilarse en algún momento. Treinta estados de Estados Unidos tienen una edad de jubilación obligatoria para los jueces, normalmente entre 70 y 75 años. Una edad de jubilación obligatoria significa que, al llegar a una determinada edad, tu tiempo en el banquillo o en el Congreso ha terminado.

Sin embargo, la longevidad de las personas varía de una generación a otra, así que ¿cuál sería un buen límite superior? ¿Y será que un límite superior realmente logra el objetivo de frenar la codicia si un funcionario público está en el poder desde los 18 años hasta el límite superior de edad de 70?

Como siempre, la Biblia se adelanta a responder estas preguntas y proporciona soluciones más allá de los problemas a los que se ha enfrentado cada generación.

El modelo de Dios para el servicio es el de los levitas. Eran una de las 13 tribus de Israel, la única apartada para el servicio religioso. Esto incluía la construcción y el mantenimiento del Templo, la dirección de culto, el mantenimiento de las ciudades de refugio, [10] y el servicio como maestros de moral y jueces.

La primera lección que aprendemos de Dios es que nadie debe ser un político de carrera. Los jueces obtienen mejores resultados si tienen una vida en la comunidad, interactuando con la gente fuera de la sala del tribunal, y antes de juzgar a nadie, son los primeros responsables de enseñar la moral y la ley a la gente a la que algún día juzgarán. Dios mismo no juzga a nadie hasta que le enseña sus mandamientos. Los padres no pueden castigar a un niño hasta que le hayan enseñado primero lo que es necesario. La idea de que los jueces se sientan en un banco para no hacer nada más que juzgar es parte de la disfunción de nuestro sistema judicial moderno.

Es injusto para el juez, que a menudo está sobrecargado de trabajo y no tiene suficientes descansos de la tarea antinatural de juzgar constantemente a los demás. También es injusto para los ciudadanos. Buscan justicia en los tribunales, pero la sentencia que obtienen está influida por otros factores además del derecho, como el grado de agotamiento del juez y cuándo fue la última vez que se tomó un descanso o comió algo.

Como señaló Andreas Glöckner en un estudio titulado "El Efecto Revisitado del Hambre Irracional" [*The Irrational Hungry Effect Revisited*], "Se ha demostrado que los jueces muestran las mismas falacias y predisposiciones que los demás individuos... El realismo jurídico sostiene que, aparte de los materiales jurídicos oficiales, hay factores externos que influyen en las resoluciones judiciales, como la ideología o las preferencias políticas de los jueces, el orden de los casos tratados, el tiempo transcurrido desde el último descanso de la sesión, y lo que ha comido el juez. Se ha convertido en un chiste entre los realistas jurídicos que la justicia es "lo que el juez comió en el desayuno". [11]

Dios asignó sabiamente a los levitas un equilibrio de deberes, incluyendo el canto del coro, el trabajo físico, el trabajo social (para proteger a los acusados precipitadamente de homicidio) y el trabajo intelectual positivo de enseñar la ley. Una vida equilibrada hace mejores jueces y mejor justicia.

La segunda lección que aprendemos de los levitas es que Dios estableció un límite para su servicio de 20 a 50 años. Eso nos da una plantilla tanto para el límite del mandato como para la jubilación: 30 años de servicio público. Esto sirve como un límite razonable a largo plazo: 30 años como máximo, independientemente de la edad. Recuerde que la persona que escribió esto, Moisés, vivió hasta los 120 años. Su hermano mayor, Aarón, vivió hasta los 123, su hermana mayor, Miriam, vivió hasta los 126. Con nuestra medicina moderna, pero la dieta artificial y el medio ambiente tóxico, todavía no hemos alcanzado este nivel de longevidad, por lo que el límite de 30 años de servicio público es aplicable a nosotros.

Surge una pregunta lógica: ¿Qué hacían los levitas después de los 50 años? La respuesta revela la genialidad del límite de duración de Dios. En lugar de perseguir su propia ambición egoísta para proteger o promover su ministerio, los levitas sabían que su ministerio debía terminar a un tiempo determinado. Así que, a partir de los 50 años, los levitas maduros dedicaban su tiempo a enseñar, entrenar y preparar a la generación más joven de levitas para servir.

Los ancianos de cualquier profesión pueden acumular mucha sabiduría o mucho poder. ¿Cuál sirve más al interés público? Dios creó un control y un equilibrio para el poder levítico. Guio a los levitas para que se centraran en transmitir su sabiduría a la siguiente generación de líderes, en lugar de conservar el poder para sí mismos. Simplemente no podemos mejorar los métodos de Dios.

NACIONES CODICIOSAS

He mantenido cada capítulo lo suficientemente corto para que los líderes puedan leer e implementar rápidamente cada ley o profecía con el propósito de crear una nación segura, próspera y justa. En mi opinión, el Décimo Mandamiento tiene tres aplicaciones prácticas para los Estados Unidos: 1) limitar la codicia de los inmigrantes, 2) limitar la codicia de los funcionarios públicos, y 3) limitar la codicia de la nación.

Cualquier nación que haya implementado en la ley el Décimo Mandamiento habría detenido el comunismo o el socialismo en seco. El socialismo es codicia institucionalizada. Legaliza el robo por parte del gobierno. Engendra una actitud generalizada de derecho, egoísmo e ingratitud: todos los síntomas de una sociedad en decadencia.

El capitalismo de libre mercado exige una actitud de respeto a la propiedad privada, de servicio a los demás y de trabajo duro. La única forma de ganar dinero en un mercado libre es servir a los demás y resolver sus problemas. En una economía así, se crea una red de seguridad social gracias a la generosidad voluntaria de las familias y las iglesias. Por eso hay tantos mandamientos en la Biblia para que las personas individuales, y no el gobierno, se ocupen de los pobres, los enfermos, las viudas, los huérfanos y los falsamente acusados.

En una economía socialista, los políticos se otorgan a sí mismos el poder de robar del trabajo de los ciudadanos y redistribuir sus bienes de la forma que las élites consideren oportuna. Como no todo el mundo quiere que le quiten sus bienes, esto requiere el uso de la fuerza. Así es claro, que el socialismo amenaza la libertad en todos los lugares donde se ha intentado.

Venezuela, que fue el país más rico de América Latina, con las mayores reservas probadas de petróleo de la Tierra, es una catástrofe socialista. También es un desastre humanitario. Fue destruida por las políticas marxistas de sus presidentes Hugo Chávez (1999-2013) y Nicolás Maduro (2013- hasta la fecha). Ambos abogaron por una economía de mando central, la nacionalización de industrias clave, y la redistribución de la riqueza de la nación por la fuerza política. El intento de dirigir la economía por la fuerza redujo a sus ciudadanos a utilizar su moneda como papel higiénico, un producto que todo el mundo da por hecho en una economía de libre mercado.

La economía de Venezuela se derrumbó durante el primer término de Trump, pero los principales medios de comunicación mundiales no informan ampliamente de este evidente fracaso del socialismo. ¿Por qué? Porque también es la política de los demócratas, y los periodistas occidentales son abrumadoramente partidarios de los demócratas. La verdad es que Venezuela se derrumbó porque violó el Décimo Mandamiento: la prohibición contra la envidia o de querer tomar lo ajeno.

La misión incompleta de Trump es encontrar formas prácticas de aplicar el Décimo Mandamiento. Un día, Trump se irá. Mi oración es que antes de que eso ocurra, la Iglesia despierte a su mandato de predicar y aplicar el Décimo Mandamiento de nuevo.

Para los cristianos que han sido mal enseñados que la ley de Dios no se aplica a nosotros hoy, volvamos a la profecía de Jeremías sobre el propósito del pacto nuevo.

JEREMÍAS 31:31-33 NVI
31 "Vienen días —afirma el Señor— en que haré un nuevo pacto con el pueblo de Israel y con la tribu de Judá.
32 No será un pacto como el que hice con sus antepasados el día en que los tomé de la mano y los saqué de Egipto, ya que ellos lo quebrantaron a pesar de que yo era su esposo — afirma el Señor—.
33 »Este es el pacto que después de aquel tiempo haré con el pueblo de Israel —afirma el Señor—: Pondré MI LEY en su mente, y la escribiré en su corazón. Yo seré su Dios, y ellos serán mi pueblo."

Dios dio a Israel dos pactos. El primero puede llamarse el "Pacto de Matrimonio", por el que Dios se convirtió en un esposo para ellos. Un esposo provee y protege a su familia; en respuesta, la esposa da su fidelidad y lealtad al esposo. Dios culpó a Israel de romper este pacto con su idolatría.

Dios dio a Israel una segunda oportunidad, prometiendo un segundo pacto que sustituye al primero; uno que se abrió tanto a los judíos como a los gentiles. Por un nuevo acuerdo ratificado en la Cruz de Jesucristo, Dios promete escribir sus LEYES en nuestros corazones por el Espíritu Santo. Esto ocurre en el momento en que nacemos de nuevo por la fe en Jesucristo.

Nótese que cuando Dios predijo un nuevo pacto, no dijo que escribiría su amor, su gracia, o incluso su hijo en nuestros corazones. ¿Quién diría que Él quiere escribir Sus leyes en nuestros espíritus? ¡Sólo un juez lo haría! Por lo tanto, este nuevo y mejor pacto debería llamarse el "Pacto de Justicia".

Si los cristianos se niegan a aplicar las leyes de Dios como las normas de justicia para nuestras naciones, entonces ¿bajo las leyes de quién viviremos? La alternativa son las leyes imperfectas y a menudo auto contradictorias de los hombres que producen injusticia.

Los cristianos no pueden ni deben exigir que todo el mundo crea como ellos; la fe depende de la elección de cada uno. Pero los cristianos tienen el deber de proclamar el modelo de Dios de rectitud, justicia y buen gobierno.

Lo ideal es que cada ciudadano tenga una relación con Dios. Cuando le entregamos nuestras vidas a Dios, Él escribe sus leyes en nuestros corazones, tras lo cual comienza el proceso de toda la vida de aprender a aplicar la justicia de Dios. La santificación lleva tiempo.

Sin embargo, aunque algunos ciudadanos no tengan una relación con Dios, aunque las leyes de Dios se apliquen como normas meramente externas, sus leyes tienen el poder innato de crear una sociedad más justa para todas las personas que anhelan menos sufrimiento en esta vida. Uno no tiene que ser cristiano para ver el poderoso efecto de las leyes de Dios en una sociedad, aunque uno tiene que ser cristiano para volverse personalmente justo y ser gobernado internamente por las leyes de Dios.

¿ES TRUMP CODICIOSO?

¿Por qué eligió Dios a Trump para la tarea de la justicia? ¿Qué lo hace diferente de otros políticos?

Una vez escuché a un profesional de lucha libre convertido en gobernador de Minnesota, Jesse ["The Body"] Ventura, explicar en la televisión por qué su padre creía que la mayoría de los políticos son corruptos. "Mi padre me dijo una vez, cuando yo tenía 16 años, [él era] veterano de la Segunda Guerra Mundial: 'Sabes que todos los políticos son unos sinvergüenzas'. Y yo le dije: 'Vamos, papá. No puedes hacer una afirmación tan general. ¿Cómo lo sabes?' Me dijo: 'Fácil. Pagan un millón de dólares por un trabajo que sólo paga cien mil'". [12]

El hecho es que una campaña electoral presidencial cuesta ahora mucho más que un millón de dólares por un trabajo que paga 400.000 dólares al año. Barack Obama gastó 775 millones de dólares en su campaña electoral. Hillary Clinton gastó 768 millones de dólares en su candidatura perdedora a la Casa Blanca. Donald Trump gastó mucho menos que su oponente, 398 millones de dólares en 2016.[13]

Desde que anunció su candidatura presidencial en 2015, hasta que ganó las elecciones de 2016, el patrimonio neto de Trump se redujo en un 31%, es decir, 1,400 millones de dólares.[14] Desde que anunció su candidatura presidencial en 2015, hasta que ganó las elecciones de 2016, el patrimonio neto de Trump se redujo en un 31%, es decir, 1.4 billones de dólares.[14] Desde que está en el Despacho Oval, Trump ha donado cada uno de sus sueldos a los veteranos de guerra, a los parques nacionales y al departamento de educación, para nombrar algunos de sus beneficiarios.

Contrasta el descenso de la riqueza de Donald Trump con el aumento de su predecesor. El patrimonio neto de Barak Obama antes de entrar en la Casa Blanca era de 1.3 millones de dólares. Después de dejar la Casa Blanca, tenía un valor de 40 millones de dólares en 2018.

Muchos políticos de carrera y sus familiares se han beneficiado generosamente de sus conexiones políticas. La congresista demócrata Maxine Waters se crio en la pobreza como la quinta de trece hijos que crecieron en un hogar de madre soltera. Waters ha pasado toda su vida en la política, pero hoy es millonaria. El periodista Tucker Carlson señala: "Considera dónde vive. Es una mansión de 6,000 pies cuadrados, de 4.3 millones de dólares en uno de los vecindarios más ricos de Los Ángeles. ¿Cómo se ha podido costear un lugar así después de haber pasado los últimos 40 años trabajando en el gobierno?"[15]

Parece un misterio cómo muchos políticos de carrera se hicieron ricos. No inventaron un iPhone, ni construyeron un hotel. Las regalías de los libros y los discursos no suelen valer 40 millones de dólares.

Te guste o no Trump, una cosa es segura: él es diferente. Hizo su riqueza fuera de la política, no puede ser comprado por cabilderos [grupos de presión] y él, como el apóstol Pablo, puede decir: "No he codiciado la plata ni el oro ni la ropa de nadie" (Hechos 20:33 NVI).

En la transferencia de poder de Samuel (un juez de la tribu) a Saúl (un rey nacional), Samuel se dirigió al pueblo de Dios:

> **" Yo he andado delante de ustedes desde mi juventud hasta hoy. [3] Aquí estoy; testifiquen contra mí delante del Señor y delante de Su ungido. ¿A quién he quitado un buey, o a quién he quitado un asno, o a quién he defraudado? ¿A quién he oprimido, o de mano de quién he tomado soborno para cegar mis ojos con él? Testifiquen, y se lo restituiré."**
>
> **—1 Samuel 12:2-3 (NBLA)**

El significado es claro: ningún político debe enriquecerse de su posición en el servicio público. Nadie debe codiciar.

CAPÍTULO 4

NO. 9 DECLARACIÓN DE DERECHOS HUMANOS DIGITALES, LOS GIGANTES DE LA TECNOLOGIA Y NOTICIAS FALSAS

EL NOVENO MANDAMIENTO

"No darás falso testimonio contra tu prójimo."
Éxodo 20:16 (NBLA)

MUCHA GENTE cita erróneamente el Noveno Mandamiento como "no mentirás". Lo que Dios le dijo a Moisés fue en realidad: "No darás falso testimonio contra tu prójimo". Hay una gran diferencia.

Mentir, o hacer una afirmación falsa, no está bien en general. Apocalipsis 21:8 lo deja claro: "... todos los mentirosos tendrán su parte en el lago que arde con fuego y azufre." Pero la mentira no está en la lista corta de los 10 mandamientos principales. Dar falso testimonio sí. ¿Por qué?

No todas las formas de mentir son pecado. Todas las películas son una forma de fingir o mentir para entretenerse. La mayoría de los chistes involucran la mentira. Jugar o fingir con tus hijos a menudo implica no decirles la verdad de inmediato. Estas formas de mentir son benignas. Si la mentira estuviera entre los 10 principales mandamientos, entonces toda la ficción rompería uno de los principales mandamientos de Dios. Los cristianos que mintieron para proteger a los judíos del Holocausto alemán no estaban pecando ni rompiendo el noveno mandamiento. Incluso se podría decir que mintieron para hacer el bien.

EL REY DAVID VERSUS DOEG EL EDOMITA

Hubo un famoso episodio en la vida del rey David cuando huía del rey Saúl, y al no confiar en que Aquis, el rey de Gat, lo protegería, "se fingió loco" o fingió estar demente (1 Samuel 21:13 RV). David era un hombre justo y no dio falso testimonio contra nadie más, por lo que no estaba pecando.

Por el contrario, un edomita llamado Doeg le dijo al rey Saúl que había visto a David en Nob, y Doeg estaba pecando porque presentó la verdad para crear una falsa impresión. Dio falso testimonio al insinuar que David estaba traicionando a Saul, que los sacerdotes de Nob estaban cometiendo traición al ayudar a David, y que se estaba gestando una conspiración entre David y los sacerdotes.

Los sacerdotes, en su inocencia, habían alimentado a David y a sus hombres quienes tenían hambre. Doeg entonces buscó intencionalmente difamar a las partes inocentes. Sabemos esto porque Doeg añadió un detalle cuestionable a la verdad. Informó al rey Saúl: "Y él [el sacerdote Abiatar] consultó a Jehová por él [David], le dio provisiones y le entregó la espada de Goliat el filisteo" (1 Samuel 22:10)

Había tres detalles en su informe que parecían veraces, pero que daban falso testimonio de David y los sacerdotes. La verdad completa era que ninguno de ellos había hecho daño al rey Saúl. Doeg plantó tres semillas y dejó que Saúl decidiera cuál le molestaría más: la idea de que los sacerdotes oraron por David, que alimentaron a David o que le dieron una espada (que representaba su éxito militar pasado contra Goliat).

Resultó que a Saúl le molestó más la oración de los sacerdotes, que habría sido la más difícil de probar o refutar. ¿Los sacerdotes oraron o no oraron por él? Era su palabra contra la de Doeg. Fue contra esta acusación en particular que Abiatar trató de defenderse.

> **"¿Acaso comencé a preguntar a Dios por él? Lejos de mí; que el rey no impute nada a su siervo, ni a toda la casa de mi padre; porque su siervo no sabía nada de todo esto, ni menos ni más."**
> **—1 Samuel 22:15 (RVR)**

Saúl se enfureció tanto que ordenó a sus guardias reales que masacraran a todos los sacerdotes de Nob. Los sacerdotes eran una clase intocable sobre la que el rey no tenía ninguna autoridad. Sabiendo lo profano e injusto que hubiera sido cumplir las órdenes, los guardias bajaron sus armas. La Biblia registra su rectitud:

> **"Pero los oficiales del rey no se atrevieron a levantar la mano en contra de los sacerdotes del Señor. "**
> **—1 Samuel 22:17 (NVI)**

Saúl se dirigió al informante, el falso testigo, y le pidió que ejecutara su orden. Doeg atacó y mató a 85 sacerdotes inocentes.

Continuó su matanza por toda la ciudad de Nob, asesinando a hombres, mujeres, niños, bebés, bueyes, burros y ovejas.

El Códice Judaico registra bajo el año 2884 AM (*Anno Mundi*) o 877 AC que Saúl nombró a Doeg como un *Av Beit Din*, que en hebreo significa jefe de Justicia. [1] Este extranjero que violó el Sexto y el Noveno Mandamiento fue hecho el equivalente a un Juez de la Corte Suprema.

Este incidente nos da una idea de las muchas cosas que están mal en el gobierno cuando los Diez Mandamientos no se toman en serio. En primer lugar, aprendemos cómo las personas astutas a menudo se convierten en abogados y jueces, pero no están calificados para juzgar a nadie. Qué tragedia cuando los inmorales gobiernan sobre los justos.

En segundo lugar, aprendemos que uno de los peores pecados de todo el Antiguo Testamento tenía que ver con la violación de la separación de poderes. El rey y los sacerdotes representaban departamentos diferentes. El rey gobernaba los asuntos políticos y militares. Los sacerdotes gobernaban los asuntos religiosos y judiciales. Ambos tenían voz en los asuntos financieros en la medida en que ambos recaudaban sus propios impuestos, pero aparte de eso, cada parte nunca debía cruzar el límite y pisar el territorio del otro. La cortina sagrada que separaba los poderes se rompió porque un hombre violó el Noveno Mandamiento. Esto debería servir como advertencia de la seriedad con la que todo líder debe tomar el Noveno Mandamiento.

Tercero, aprendemos que Dios es sabio al enfatizar una prohibición estricta contra "dar falso testimonio" en lugar de "mentir". Se puede mentir y NO dar falso testimonio. Se puede decir la verdad y dar falso testimonio.

Por ejemplo, puedes decir con veracidad que Donald Trump considera a su hija Ivanka una mujer atractiva, pero puedes dar falso testimonio cuando insinúas que él cometió incesto con su hija.

Se puede decir con veracidad que un hombre cristiano se

divorció, pero omitir toda la verdad de que su exesposa era domésticamente violenta y abusiva con sus hijos. La primera verdad implica que él es inmoral y que está descalificado para trabajar en la iglesia. La segunda verdad da una impresión completamente diferente de la misma persona, y revela un intento pecaminoso de dar falso testimonio.

El énfasis en la Biblia no está en mentir, sino en dar falso testimonio. En el lenguaje moderno, cuando se intenta dañar o desacreditar a alguien mintiendo o diciendo una verdad parcial sobre él, se llama difamación. (La difamación verbal se llama calumnia. La difamación escrita se llama libelo. El perjurio es mentir bajo juramento, usualmente con el efecto de difamación, pero no siempre). La difamación es un pecado grave. En la Biblia, la difamación es ilegal. Por lo tanto, debería ser ilegal en línea, fuera de línea y en toda nación de bien. Pero no lo es.

TRIBUNAL DE FAMILIA

La difamación o el perjurio se producen con tanta frecuencia en el Tribunal de Familia (o Tribunal de Divorcio) que los falsos acusadores se salen con la suya al arruinar la reputación de alguien y los jueces no castigan el delito. Las falsas acusaciones son fomentadas por los abogados porque dan ventaja a su cliente tanto en la conciliación financiera, como en la batalla por la custodia. (En Australia, levantar la voz a tu cónyuge o no dejar que tu mujer use tu tarjeta de crédito podría ser considerado por el tribunal como "violencia doméstica").

Muchos casos sencillos se han complicado con estas falsas acusaciones, y cuando se demuestra que son falsas, siempre quedan impunes. Todos los implicados en esta farsa son culpables de infringir el Noveno Mandamiento de Dios. Esta injusticia afecta a más estadounidenses que el problema de la inmigración, y debe ser abordada. Es una plataforma ganadora para cualquier líder valiente. (Puedes ir a mi capítulo sobre el Quinto Mandamiento para saber más sobre este tema).

NOTICIAS FALSAS

Los medios de comunicación son capaces de difamar a cualquiera, editando selectivamente partes del discurso de esa persona. He visto a la CNN tergiversar el carácter de alguien al no permitirle terminar su frase. Esto fue hecho por su grupo de edición y presentado como verdad por sus presentadores de noticias. Yo sabía la verdad sólo porque había visto el discurso completo en su contexto apropiado en un canal diferente.

Un ejemplo de CNN engañando al público fue su cobertura del Congreso interrogando a Robert Mueller sobre su propio Informe Mueller el 24 de julio de 2019. Mueller habló a tientas de su propio informe como si no estuviera familiarizado con él.

La presentadora internacional británica-iraní de CNN, Christiane Amanpour, preparó un clip de la audiencia burlándose de la representante de la Cámara de Representantes de los Estados Unidos, Debbie Lesko, de Arizona: "No sé cuál era su objetivo, pero le preguntó a Mueller cuántas veces citó el 'New York Times' frente a 'Fox News' en su informe. Veamos esto de atrás hacia adelante". [2]

He aquí el contenido de la audiencia del Congreso en su contexto.[3]

CONGRESISTA LESKO: "Sr. Mueller, en lugar de basarse únicamente en las pruebas aportadas por los testigos y los documentos, creo que se ha apoyado mucho en los medios de comunicación. Me gustaría saber cuántas veces citó a "The Washington Post".

MUELLER: "¿Cuántas veces yo qué...?"

LESKO: "Citó al Washington Post en su informe".

MUELLER: "Yo, yo, no tengo conocimiento de esa cifra, pero yo, bueno, no tengo conocimiento de ese dato".

LESKO: "Conté unas 60 veces".

[CNN comenzó su videoclip aquí.]

LESKO: "¿Cuántas veces citó el New York Times?" Yo conté..."

MUELLER: "De nuevo, no tengo ni idea".

LESKO: "Conté unas 75 veces. ¿Cuántas veces citó a Fox News?"

MUELLER: "Al igual que con los otros dos, no tengo ni idea".

LESKO: "Unas 25 veces. Tengo que decir que parece que el volumen 2 es en su mayoría historias de prensa regurgitadas".

[La CNN terminó su videoclip aquí].

Amanpour y sus invitados procedieron a hacer girar la historia para que fuera sobre Fox News y cómo los republicanos se preocupaban por la frecuencia con la que se citaba a Fox News frente a otras fuentes de noticias. Eso no fue en absoluto en lo que la congresista se enfocó. Como en la mayoría de los buenos interrogatorios legales, el remate llegó al final. Aquí está la conclusión que Christiane Amanpour omitió:

LESKO: " Tengo que decir que parece ser que el volumen 2 es mayormente historias de la prensa regurgitadas. No hay nada en el volumen 2 que no había escuchado o sabido simplemente por tener la suscripción de $50 por noticieros en cable. Sin embargo, su investigación le costó a los contribuyentes estadounidenses $25 millones. Sr. Mueller, Ud. Cito reportes de los medios de comunicación aproximadamente 200 veces en su reporte."

Robert Mueller parecía visiblemente incómodo al ser expuesto con el prodigioso despilfarro que era su investigación. Ese era el punto de la Representante Lesko.

Al editar esta entrevista, Amanpour dio un falso testimonio de la representante republicana, que o bien se abrió paso a trompicones durante el corto tiempo de entrevista que se le asignó, haciendo preguntas irrelevantes al astuto Mueller, o bien estaba predispuesta a favor de Fox News y estaba interesada en saber por qué Mueller había citado al New York Times más a menudo que a Fox News.

El reportaje de Amanpour es un fraude total en periodismo, aun así, los espectadores de televisión en la mayoría de los países obtienen sus noticias exclusivamente de la CNN. No obtienen ninguna versión alternativa a menos que investiguen en el internet, aun entonces, los resultados de las búsquedas en Google también son notoriamente parciales. No he podido encontrar en la búsqueda de Google ni un solo fragmento o comentario sobre el reportaje televisado de Amanpour. Ni un solo sitio web de comprobación de hechos, que normalmente se lanzaría sobre Trump por el más mínimo desatino, comprobó los hechos de la periodista internacional Amanpour. Aparentemente, cuando estás del mismo lado que el verificador de hechos [fact-checker], tienes un pase.

Este tipo de programación televisiva no sólo representa parcialidad izquierdista en la información; son noticias falsas. Rompe el Noveno Mandamiento. Ahora imagínate que este tipo de noticias falsas se repiten 24 horas al día a los espectadores desprevenidos de todo el mundo. La gente que confía en la CNN para sus noticias, recibiría una versión lavada-de-cerebro de la realidad. Pocas empresas en la historia de la humanidad han tenido el poder de controlar la opinión mundial como la CNN. Este poder debería manejarse con mucha más integridad y responsabilidad.

DESCARGA DESHONROSA

Cualquier buen gobierno debería castigar a los difamadores, perjuros y proveedores de noticias falsas, de lo contrario no hay justicia. Hay varios incidentes en la Biblia que muestran que a Dios le desagrada especialmente una especie de difamación. Cuando uno da falso testimonio contra alguien cercano o alguien con alta autoridad, la ofensa se eleva a un nivel superior llamado "deshonra".

Dar falso testimonio contra tus padres se trata en el Quinto Mandamiento, que dice: "Honra a tu padre y a tu madre". Puedes hablar de los secretos que sólo tú conoces sobre tus padres; pueden ser verdaderos, pero si revelarlos los rebaja ante los ojos de los demás, es el pecado de "deshonra".

El mismo pecado se puede cometer contra tu cónyuge, ex-cónyuge, hijos y cualquier miembro de la familia. Ha sido un tema de largo debate cuando Noé maldijo a su nieto Canaán a través de su hijo Cam, ¿Como ocurrió esta maldición? El libro de Génesis lo explica.

GÉNESIS 9:21-22
Entonces él [Noé] bebió del vino y se emborrachó, y se descubrió en su tienda. Y HAM, el padre de Canaán, VIÓ la desnudez de su padre, y SE LO DIJO a sus dos hermanos fuera.

Independientemente de que si hubo o no más perversidad en este incidente, una cosa está clara: uno de los pecados de Cam fue que dijo a sus hermanos que Noé estaba borracho y desnudo. Dijo la verdad, pero deshonró a su padre.

Fíjate en la diferencia como respondieron los otros dos hijos a la situación. El contraste está insinuado por la primera palabra de la frase "pero".

GÉNESIS 9:23
PERO SEM y JAFET tomaron un manto, se lo pusieron a ambos sobre los hombros, y VOLVIERON A CUBRIR la desnudez de su padre. Sus rostros se apartaron, y no vieron la desnudez de su padre.

Entiéndase el contexto: Noé acababa de ser testigo de la extinción masiva del planeta Tierra y había sobrevivido al único diluvio universal de la historia de la humanidad. Noé hizo lo que muchas personas deprimidas harían: se emborrachó y se dejó llevar.

Sem y Jafet vieron lo mismo que vió Cam, pero cubrieron a su padre. Proverbios 10:12 dice: "El amor cubre todos los pecados". 1 Pedro 4:8 dice: "El amor cubrirá multitud de pecados". Sem y Jafet respondieron de manera diferente que Cam y su hijo Canaán. Canaán también debe estar implicado en esto porque cuando Noé despertó, maldijo a Canaán y bendijo a Sem y Jafet.

GÉNESIS 9:24-27
24 Entonces, Noé despertó de su embriaguez, y se enteró de lo que su HIJO MENOR [*Cam*] **le había hecho.**
25 Entonces dijo: "Maldito sea Canaán [*hijo de Cam*]**; siervo de los siervos será para sus hermanos".**
26 Y dijo: "Bendito sea el Señor, el Dios de Sem y que Canaán sea su siervo.
27 Que Dios engrandezca a Jafet, y que habite en las tiendas de Sem; y que Canaán sea su siervo".

El pecado de Cam y Canaán fue exponer la desnudez de Noé,

diciendo a otros que lo vieron desnudo y borracho. Decir la verdad con deshonra rompe tanto el Quinto como el Noveno Mandamiento. Lo peor de este pecado es que muchos de nosotros que vivimos en el Occidente estamos tan acostumbrados a hacerlo o a escucharlo, que ya no "sentimos" que es un pecado. La deshonra es un síntoma de una familia en disfunción, y por extensión, de una civilización en decadencia.

El fundador de Singapur, Lee Kuan Yew, utilizó las leyes de difamación de su país para demandar al menos a 21 personas por difamación. [4] Ganó los 21 casos. Por un lado, sus detractores sostienen que su celo creó un efecto amedrentador en los singapurenses, que tienden a ser circunspectos a la hora de criticar a su gobierno. Por otro lado, es difícil discutir el éxito de la estabilidad política y la prosperidad económica de Singapur.

Me crie en Tailandia, donde todo el mundo se ponía de pie para cantar el himno nacional y nadie se atrevía a faltar al respeto al Rey, y no vimos ningún abuso por parte de la monarquía. El sentimiento del público tailandés no era de miedo cobarde, sino de gran estima por un gobernante justo como el rey Bhumibol Adulyadej o Rama IX. Le honrábamos y él nos honraba. La mayoría de los extranjeros se sienten muy libres en Tailandia. Se puede comentar la política, pero no se puede difamar al Rey.

Es cierto que esto puede llevarse al extremo. El delito de *lese majeste* (majestad lesionada) fue castigado enérgicamente por el emperador romano Tiberio (14-37 d.C.) en la época de Jesús. A los dictadores no les gustan las críticas y abusan de las leyes de difamación, pero también abusan de muchas otras leyes. No es una falla de la ley en sí.

Las dictaduras son un síntoma de la negligencia generalizada de los caminos de Dios. Si bien las leyes de difamación deben contrarrestarse con la libertad de expresión, en el Occidente hemos tendido a tomar el Noveno Mandamiento demasiado a la ligera.

No se puede crear ni mantener una sociedad civil si los guardianes de la información, los editores y periodistas de las organizaciones de noticias, ocultan la verdad, tergiversan la verdad y publican mentiras descaradas para desacreditar a sus líderes debidamente elegidos.

Llamar al presidente Donald Trump "agente ruso" y "racista" rompe el Noveno Mandamiento. Es una deshonra contra el cargo más alto del país. Llamar a alguien con nombres que no son verdaderos debería ser castigado por la ley, porque Dios dijo que una de sus leyes superiores para el buen gobierno y una sociedad civil es: "no darás falso testimonio."

Si se puede demostrar que el denunciante no está seguro de que su información es cierta, y se niega a retractarse de su acusación una vez que se ha demostrado que es falsa, entonces no debería haber duda de que la persona violó el Noveno Mandamiento. Merece ser castigado.

COMO PARAR LAS NOTICIAS FALSAS

La Primera Enmienda garantiza la libertad de religión, la libertad de expresión y la libertad de prensa. Los cristianos protestantes lucharon con ahínco por todos estos derechos, ya que la Iglesia Católica les prohibió durante mucho tiempo vivir su fe y traducir la Biblia al lenguaje común. Algunos fueron torturados y asesinados por traducir la Biblia del latín y el griego al alemán y al inglés. Así que los cristianos valoran realmente la libertad de expresión.

Sin embargo, existe una tensión entre la libertad de expresión, por un lado, y las cosas que no se pueden decir, por otro. No está permitido incitar a la violencia. No está permitido gritar "¡fuego!" en un teatro lleno de gente cuando no hay fuego. No te está permitido reclutar terroristas. La Biblia no te permite difamar a la gente y arruinar el buen nombre de alguien inocente. ¿Cómo podemos equilibrar la libertad y la restricción, y luchar contra las noticias falsas? Tengo tres propuestas.

Como primer paso para derrotar a las noticias falsas, el presidente y el Congreso deberían anular toda la legislación relacionada con las licencias para los periódicos y las emisiones de radio y televisión. Las licencias se presentaron al público como una forma para que los políticos regularan las normas de la industria, pero en la práctica se convirtieron en una forma burocrática de obstaculizar la competencia y proteger un monopolio.

Por ejemplo, las licencias hicieron subir los precios de los taxis y dieron a las compañías de taxis un monopolio sobre el transporte. Esto terminó cuando Uber ofreció a los pasajeros un servicio de transporte compartido entre iguales. Al bajar los precios y dar más opciones a los clientes, Uber se ha expandido a un servicio de entrega de comida, algo que el taxi habría hecho, pero estaba demasiado protegido de la competencia como para sentir la necesidad de innovar para satisfacer a sus clientes.

Del mismo modo, los medios de comunicación corporativos se han convertido en gigantescos monopolios de propaganda protegidos de la competencia por el gobierno. Se convirtieron en los guardianes de la izquierda a través de licencias emitidas por el gobierno que mantenían a los creadores de opiniones y noticias conservadoras fuera de las salas de TV en las casas de los estadounidenses normales. Las licencias ya no son necesarias, puesto que los usuarios de internet han logrado eludir a los guardianes.

Recordemos que fue Matt Drudge quien, a la edad de 29 años y armado sólo con una computadora Packard Bell 486-Intel que le compró su padre en 1994, fundó el primer canal de noticias independiente y bien conocido establecido en la internet en 1995. El 17 de enero de 1998, Drudge Report [El Reporte de Drudge]dio a conocer la noticia de la aventura de Bill Clinton con la becaria de la Casa Blanca, Mónica Lewinsky, de 21 años. Newsweek había eliminado la historia para proteger al presidente demócrata, pero todos los medios de comunicación se vieron obligados a informar la noticia gracias a Matt Drudge.

UNA BREVE HISTORIA DE INTERNET QUE PONDRÁ LAS COSAS EN PERSPECTIVA:

- El primer nombre de dominio registrado fue en 1985 (symbolics.com);
- El World Wide Web (www) fue inventado por Tim Berners-Lee para el CERN (La Organización Europea para la Investigación Nuclear) [The European Organization for Nuclear Research] en 1989, pero no fue lanzada fuera del CERN sino hasta 1991;
- El primer navegador web popular—Internet Explorer de Microsoft—se lanzó en 1995;
- Hotmail ofreció uno de los primeros correos electrónicos gratuitos a través de Internet en 1996;
- En 1997, Drudge tenía 85,000 suscriptores que recibían sus noticias independientes por correo electrónico.

Si no fuera por un joven de escasos recursos que enviaba noticias por correo electrónico desde su computadora en 1998, Bill Clinton nunca se habría convertido en el segundo presidente en ser impugnado en la historia de los Estados Unidos (el primero fue Andrew Johnson 130 años antes, en 1868).

Tras ver el Drudge Report en 1995, el joven Andrew Breitbart de 26 años envió un correo electrónico a Matt Drudge y ambos se hicieron amigos. Drudge fue el mentor de Breitbart, que luego ayudó a crear el ahora izquierdista Huffington Post en 2005 y su propio Breitbart News, de tendencia derechista, en 2007, y ambos sobrevivieron su prematura muerte en 2012 a la edad de 43 años.

Estos pioneros de la Internet demuestran que el mundo es un lugar mejor, y que el periodismo es más honesto, cuando el gobierno no crea monopolios de medios de comunicación mediante licencias.

Por lo tanto, toda licencia de medios de comunicación debe ser derogada.

Como segundo paso en la lucha contra las noticias falsas, debería cesar toda financiación estatal de los medios de comunicación. No hay lugar para los medios de comunicación financiados por los contribuyentes de impuesto en el mundo actual, que incluye la internet. La mayoría de los estadounidenses y australianos prefieren un enfoque equilibrado de las noticias, pero en Australia, la ABC (Australian Broadcasting Corporation) de extrema izquierda es capaz de influir el país porque tiene más de mil millones de dólares que salen de los impuestos, para gastar sin tener que rendir ninguna cuenta. Difunden ingeniería social y propaganda parcializada, costeada por el público. En Estados Unidos, se destinan 445 millones de dólares al año para emisoras públicas como la PBS y la NPR.[5] Con "opciones casi ilimitadas para ver y escuchar",[6] ¿por qué necesitamos una emisora pública financiada por el gobierno federal? Un gobierno verdaderamente conservador pondría fin al despilfarro y dejaría que el mercado libre funcionara.

En tercer lugar, se debería enseñar a todos los estudiantes "**alfabetismo mediático.**" Conozco una escuela cristiana en Australia donde esto se enseña como parte del plan de estudios. También puede formar parte de los estudios sociales o de la ética tecnológica. En esta era de información, los estudiantes deben perfeccionar sus habilidades para identificar los prejuicios, las opiniones disfrazadas de hechos y las omisiones evidentes de hechos, como en el caso mencionado de Christiane Amanpour de la CNN.

Esta serie de clases puede concentrarse en un trimestre, o repartirse como una clase mensual para criticar los medios de comunicación locales. De este modo, los estudiantes se familiarizan con las técnicas que utilizan los periodistas para dar un carácter sensacionalista a una noticia, utilizar mal las estadísticas y manipular las emociones. Los estudiantes deben aprender cómo los guardianes de la información rompen el Noveno Mandamiento y como hacerlos responsables.

Como dijo el presidente Trump en su mitin en Luisiana el 11 de octubre de 2019: "Estamos directamente enfrentándonos a la alianza impía de los políticos demócratas corruptos, los burócratas del Estado de Sombra y los medios de comunicación de las noticias falsas; ahí están."

DIFAMACIÓN EN LÍNEA

Una vez que se entiende el Noveno Mandamiento, se resuelven muchos problemas. El acoso [bullying] en línea es un problema grave que ha hecho que algunos jóvenes se suiciden. Ningún padre debería perder a su hijo por algo tan fácil de corregir. El hecho de que el Noveno Mandamiento pueda romperse sin consecuencias es una injusticia.

Actualmente, si te difaman en el internet, no hay ningún recurso accesible en los Estados Unidos para la víctima difamada. Los sistemas de búsqueda en línea, como Google, tienen la capacidad de bajar de rango o incluso de suprimir contenidos, y lo utilizan para censurar puntos de vista conservadores. Pero rara vez la utilizan para eliminar de la lista el material difamatorio. Los motores de búsqueda dan, a los difamadores tóxicos que a menudo son anónimos en línea, el poder de ser vistos y escuchados de igual manera que los usuarios con nombre real. Eso debería ser un delito.

Como escribe Michael Roberts en Googliath.org "si alguien tarda sólo cinco minutos en difamar a otro en línea, ¿por qué debería la víctima tener que pagar decenas de miles de dólares en los tribunales para recuperar su buen nombre? Hay una barrera para entrar muy baja para que los malos actores difamen maliciosamente a personas inocentes en el internet. Tiene que haber una barrera proporcionalmente baja para el alivio de estas víctimas. Por ello, las Leyes de Difamación o la legislación similar en todas las jurisdicciones deberían ser enmendadas para incluir disposiciones que permitan un remedio legal rápido y económico".[7]

El Sr. Roberts sugiere que "los tribunales inferiores del país... deberían estar autorizados a conocer los casos de difamación en los que la víctima busque una indemnización modesta por daños y perjuicios, pero, lo que es más importante, es un desagravio rápido que ordene a los gigantes de los motores de búsqueda que retiren los resultados de búsqueda difamatorios de la vista del público".[8]

" Es necesario que exista un 'Formulario EZ de Notificación de Inquietudes' (EZ = Fácil) uniforme, que las víctimas de difamación o acoso en línea puedan completar, y luego entregar a los sitios web y otros proveedores de servicios de Internet, como los motores de búsqueda. Si la víctima opta por estas vías de reparación de bajo nivel, renunciará a los daños de alto nivel que, de otro modo, podrían obtenerse en los tribunales de alto nivel".[9]

Cuando la legislación de un país obliga a Google a eliminar contenidos difamatorios en sus propios sitios web, Google cumplirá legalmente sólo en ese país, pero no aplicará la lógica o el sentido común para eliminar el mismo contenido malo en todos los demás países. Por lo tanto, existe un problema de jurisdicción cuando un sitio web ofensivo está en el extranjero. ¿Qué se puede hacer?

Una litigante australiana llamada Janice Duffy ganó una demanda contra Google en 2017, sentando un precedente legal en los países de Derecho Común [Common Law] (como Australia, Gran Bretaña, Canadá, Hong Kong, etc.) Las víctimas de los países del Derecho Común [Common Law] pueden ahora responsabilizar a Google de la eliminación de los resultados de búsqueda difamatorios. Como señala el Sr. Roberts, "aun si el sitio web en el extranjero no retira los artículos difamatorios en disputa, también podrían no existir si los motores de búsqueda retiraran el material ofensivo de los resultados de búsqueda, porque nadie lo encontraría".[10]

¿Cómo pueden saber las grandes empresas tecnológicas si una

solicitud de remover material difamatorio es auténtica o no? Habría que suponer automáticamente que todos los ataques *ad hominem* por parte de entidades anónimas son susceptibles de ser eliminados del Internet en cuanto se denuncien. Podríamos ayudar fácilmente a cualquier persona que utilice su nombre real, incluyendo a los adolescentes que son acosados en el internet, a tener un recurso contra la difamación. No hace falta ser un cerebro jurídico para darse cuenta de que una persona conocida con un nombre real debería estar protegida contra una persona desconocida con una identificación anónima. La difamación en línea puede solucionarse reduciendo la barrera para remediar. Es algo tan básico y, sin embargo, no tenemos un procedimiento sencillo para proteger a la gente.

UNA DECLARACIÓN DE DERECHOS DIGITALES

Los Padres de la Nación de los Estados Unidos eran sabios, pero no podían prever la necesidad de proteger los datos digitales de las personas. No sabían que llegaría el internet y que la censura en línea, especialmente de conservadores y cristianos, se volvería tan eficiente y fácil de hacer.

Las grandes empresas tecnológicas se escudan en una ley llamada Sección 230 del Título 47, que forma parte de la Ley de Decencia en las Comunicaciones, aprobada en 1996. Esta ley da inmunidad a las plataformas, pero no a los editores, por lo que los gigantes tecnológicos como Google, Facebook y Twitter dicen que son simplemente plataformas, no editores. Pero sabemos que esto no es cierto.

Están escogiendo lo que la gente puede ver, hasta el punto de que muchas personas, incluyendo a Trump, han acusado a Google de tener un fuerte sesgo anti conservador en sus búsquedas.[11] Un profesor constitucionalista cristiano, Augusto Zimmermann, denunció que le habían bloqueado la publicidad en Facebook de su conferencia sobre "libertad religiosa" en Perth, Australia. Facebook alegó que lo hizo porque los anuncios podrían haber sido ofensivos desde el punto de vista religioso, lo cual es una ironía. [12]Cuando se buscan noticias en Google, a menudo sólo se obtienen sus sitios de noticias aprobados, que son casi todos de izquierda, por lo que en realidad son editores. No actúan como plataformas neutrales.

En un momento en el que la mayor parte de nuestras vidas y medios de vida se centran en la Internet, debemos tener una declaración de derechos humanos digitales.

En una "Carta abierta al presidente Donald Trump: 'Como Romper a Facebook, Twitter & Otros Gigantes de Tecnología' ['How to Break Up Google Facebook, Twitter & Other Tech Giants'] [13] publicada el 18 de septiembre de 2018, ofrecí un modelo para avanzar en los derechos digitales. No podemos confiar en las viejas suposiciones empresariales. Los expertos han comparado erróneamente a Google con Standard Oil y AT&T, que pudieron ser disueltas por la legislación antimonopolio. [14] Algunos han propuesto separar el motor de búsqueda de Google de su empresa matriz, Alphabet, o separar YouTube de Google, pero estas soluciones no aciertan el punto.

Google controla el 90% de las búsquedas en internet y decide lo que la gente ve. Los gigantes tecnológicos no son como los bancos, que fueron separados en bancos minoristas y de inversión por la Ley Bancaria Glass-Steagall de 1933. La interconcctividad en línea significa que estas empresas pueden coludir y manipular datos sin dejar un rastro de papel, incluso si se separan.

Facebook, YouTube, Spotify, Apple iTunes y Twitter fueron capaces de coordinar la retirada de las plataformas sociales de Alex Jones en unas veinticuatro horas. No son simplemente monopolios, sino un cartel de monopolios, y destinarán considerables recursos para asegurarse de mantener un dominio sobre la Internet.

En lugar de acabar con los gigantes tecnológicos, sugiero lo siguiente al presidente Trump y al Congreso[15]:

1. Consagrar los derechos de los datos, devolviendo a las personas el control sobre sus datos personales.
2. Dar a la gente la libertad de migrar fuera de cualquier medio social, al igual que se puede cambiar de compañía telefónica o de proveedor de servicios públicos.
3. Proteger la comunicación como una necesidad básica y un derecho humano fundamental,
4. Promover la libertad de expresión en línea.
5. Acabar con la censura de las compañías tecnológicas grandes. Ellos y sus sustitutos no están autorizados a determinar lo que es noticia falsa o noticia verdadera.
6. Impedir a las compañías tecnológicas grandes que se inmiscuyan en las elecciones nacionales.
7. Restaurar la privacidad de los datos.

EL DERECHO A SER OLVIDADO

En 2014, el Tribunal de Justicia Europeo dio un paso en la dirección de restaurar la privacidad de los datos, al dictaminar que los europeos tienen el "derecho al olvido". Los europeos pueden solicitar que se elimine un material en línea de los resultados de búsqueda de Google si se considera "inexacto, inadecuado, irrelevante o excesivo", a menos que pueda demostrarse que sirve a un interés público importante.[16]

John Simpson de Consumer Watch sostiene que los estadounidenses deberían tener el mismo derecho. Antes del internet, los jóvenes que cometían errores públicos, desde comentarios embarazosos hasta delitos menores, acababan beneficiándose de la "privacidad por oscuridad". "Esas cosas se escapaban de la conciencia general del público", dice el Sr. Simpson. Pero en una sociedad digital, una ofensa juvenil puede permanecer visible para el público indefinidamente. [17] Los ciudadanos que no causan daño a la sociedad, deberían recuperar el control sobre sus propios datos.

ABRIENDO CONTROL

No es factible que los políticos obliguen a las grandes empresas tecnológicas a limpiar sus datos o a ser imparciales. Ellas y sus algoritmos están impulsados financiera, ideológica y políticamente. Desde un punto de vista financiero, el contenido negativo obtiene más visitas y, por tanto, más ingresos por publicidad. Google tiene un incentivo para elevar el material repulsivo. Michael Roberts ha bautizado este sesgo como el "algoritmo de la humillación" de Google. [18] Desde el punto de vista político, los Gigantes de la Tecnología quieren que un marxista social gane las próximas elecciones presidenciales. Su ideal es promover valores globalistas y antiamericanos.

El primer paso debería ser ordenar a los gigantes de la tecnología que cumplan con las normas de la internet. Por ejemplo, la red eléctrica de corriente alterna está estandarizada; esto permite la competencia entre los proveedores de electricidad. La red de telefonía fija está estandarizada, lo que permite una gran competencia. Los SMS están estandarizados. La Internet está estandarizada con protocolos como el HTML. (Los protocolos son los lenguajes de comunicación de los servidores y los clientes.)

Las grandes empresas tecnológicas, por el contrario, rehúsan a operar con protocolos estándar. Pero la solución es sencilla. No se necesita redactar estándares nuevos. Ya fueron escritos por el IETF (Internet Engineering Task Force), el comité que estandariza los protocolos de internet. Las grandes compañías tecnológicas ignoran estos estándares para crear sus monopolios y, por extensión, su censura. Esto, más que su puro tamaño, es el porqué del problema.

Sugiero un plan de tres pasos al presidente y al Congreso. El primer paso es hacer cumplir las normas del IETF. Los gigantes de la tecnología [Big Tech] deben cumplir con los protocolos estándar. Esto desafiará su control monopolístico y desmantelará algunas de ellas a través de un aumento de competencia

Ordenar a las empresas de medios sociales que utilicen los mismos protocolos. De este modo, las empresas grandes de tecnología no podrán encerrar a los desarrolladores o a los usuarios en su esfera. Seremos libres de tener una interfaz para todas las comunicaciones sociales.

El segundo paso es devolver el control de los datos personales a los usuarios, a través de una "libreta de direcciones de internet" o "bóveda de datos personales". Silicon Valley ha operado durante mucho tiempo con la suposición de que "la privacidad personal ya es pasado". Esto es falso. Conozco a desarrolladores que pueden diseñar un sistema que devuelva la privacidad personal a todos, excepto a los delincuentes.

El tercer paso es apoyar los medios sociales limpios. No uso la palabra "alternativa". Mi plan es de construir el primer medio social limpio del mundo. Los terroristas no tendrán cabida en esos medios sociales. Con el apoyo de los líderes de muchos países, incluyendo a los Estados Unidos, este nuevo concepto podría tener éxito. El presidente Trump podría liderar esta iniciativa, porque ningún otro líder mundial actuará hasta que él tome la iniciativa y luche por nuestros derechos y libertades digitales.

CAPÍTULO 5

NO. 8 SOCIALISMO Y DRENAJE DEL PANTANO FINANCIERO

EL OCTAVO MANDAMIENTO

"No robarás."
Éxodo 20:15

SI NOSOTROS, como ciudadanos, creyéramos solamente en este verso, nunca habríamos pasado los horrores del comunismo. El comunismo es el robo legal por los que tienen poder y armas. Si la humanidad se hubiera apegado a la Palabra de Dios, 100 millones de personas no habrían sido asesinadas legalmente en el siglo XX por sus propios gobiernos comunistas en China, Rusia, Corea del Norte, Vietnam, Camboya, Angola y Cuba. Todos estos estados negaban a Dios y creían que el estado era Dios.

Si el estado es supremo y reconoce que no existe ninguna autoridad superior a sí mismo, entonces tiene el derecho de quitarle a alguien ciudadano el fruto de su trabajo y redistribuirlo a otro. Eso se llama robo. Por eso los cristianos se alegraron al escuchar al presidente Trump decir en su primer discurso sobre el Estado de la Unión el 30 de enero de 2018:

"En los Estados Unidos, sabemos que la fe y la familia, no el gobierno y la burocracia, son el centro de la vida americana. Nuestro lema es 'en Dios confiamos'."

Y de forma similar, afirmó en su envío del discurso del Estado de la Unión el 5 de febrero de 2019:

"Los Estados Unidos se fundó sobre la libertad y la independencia, no sobre la coerción, la dominación y el control del gobierno. Nacimos libres, y seguiremos siendo libres. Esta noche, renovamos nuestra determinación de que los Estados Unidos nunca será un país socialista."

Está mal que un individuo tome la posesión de otra persona por la fuerza o sin su permiso, sin importar el buen uso que el ladrón pretenda darle; por lo tanto, no se convierte en correcto cuando muchas personas poderosas se ponen de acuerdo para hacerlo juntas. Eso me recuerda un chiste.

Un niño que deseaba mucho tener 100 dólares oró a Dios durante dos semanas, pero no llegó ningún dinero. Entonces decidió escribir a Dios una carta solicitando $100 dólares. Cuando la oficina de correos recibió la carta dirigida a DIOS, EE.UU., decidieron enviarla al presidente.

El presidente quedó tan impresionado, conmovido y divertido que dio instrucciones a su secretaria para que enviara al chico $50 dólares. Pensó que sería mucho dinero para un niño tan pequeño.

El niño abrió la carta de respuesta que le llegó por correo y se alegró de encontrar 50 dólares. Inmediatamente se sentó a escribir una nota de agradecimiento a Dios que decía:

"Querido Dios, muchas gracias por enviar el dinero. Pero me he dado cuenta de que, por alguna razón, lo has enviado a través de Washington, D.C., y, como siempre, esos diablos se quedaron con la mitad."

Hay cuatro formas principales en las que los políticos roban legalmente al pueblo: deuda, inflación, licencias e ineficiencia burocrática. Veremos formas creativas de resolver cada problema y evitar que los políticos violen el Octavo Mandamiento de Dios.

LA BOMBA DE TIEMPO

La mayor amenaza para el estatus de reserva mundial del dólar estadounidense no es Rusia, China, el bitcoin o la moneda libra de Facebook. La mayor amenaza para el estatus de superpotencia de los Estados Unidos es su propio robo incontrolado. Este robo legal adopta varias formas y recibe varios nombres, así que empezaremos por entender cómo el gobierno de los Estados Unidos priva a su pueblo de sus riquezas.

"Impuestos sin Representación" fue una de las quejas de los colonialistas que se convirtió en el grito de guerra de la Revolución Estadounidense. En la Biblia, los impuestos exorbitantes recaudados por voluntad del rey Roboam (hijo de Salomón) provocaron la división entre los reinos del norte y del sur en Israel. Los hombres más viejos y sabios le dijeron a Roboam que aliviara la carga del pueblo; pero los amigos más jóvenes y cercanos a él le dijeron que sometiera al pueblo a su control. Siguió el insensato consejo de los jóvenes y perdió diez tribus, que se separaron y formaron su propia nación, llamada de diversas maneras, "Israel," "Efraín," o "Samaria." El territorio que se quedó con el nieto del rey David se llamó "Juda," lo que dio lugar al nombre de sus habitantes, los "judíos."

Los impuestos injustos han sido una de las principales causas de la caída de muchos imperios, incluyendo al romano. Los gobernantes astutos han aprendido a ser creativos a la hora de cobrar impuestos al pueblo sin que les corten la cabeza. Los impuestos solían aplicarse solo a las cosas, aduanas, el impuesto sobre bienes y servicios, y el valor añadido son impuestos a la producción y al consumo.

El llenar de impuestos a los seres humanos es una práctica muy cuestionable, parecida a la esclavitud. El impuesto más ingenioso de todos es el impuesto sobre la renta de las personas físicas, seguido por el impuesto de muerte. Un día, si se sigue ignorando el octavo mandamiento, podríamos ver un "impuesto por nacimiento".

¿Qué podría detener a los políticos en ese caso? Podrían querer gravarle antes de nacer con un "impuesto de concepción" y un "impuesto de gestión". ¿Qué impediría al gobierno imponer un impuesto sobre la respiración y la alimentación? Puede sonar ridículo sugerirlos, pero no son más ridículos que el "impuesto sobre el corte de panecillos" en Nueva York, el "impuesto sobre la fruta en las máquinas expendedoras" en California, el "impuesto sobre las tapas de café" en Colorado, el "impuesto sobre las diversiones" en Kansas, o el "impuesto sobre los malvaviscos" en Indiana. [1] ¿Hay límite a lo que los políticos pueden gravar?

Debería haberlo.

Tomar lo que no es tuyo está expresamente prohibido por Dios en los Diez Mandamientos. Los impuestos elevados han metido a los políticos en problemas a lo largo de la historia: robar suele hacerlo. La clave del robo es hacerlo a escondidas. El objetivo del ladrón es tomar sin que la víctima lo sienta mientras sucede.

Hay cuatro formas creativas en las que el gobierno toma el dinero de "nosotros el pueblo" sin nuestro consentimiento y a menudo sin que nos quejemos.

1. Endeudarse: gastar más de lo que se tiene.

La gente hace esto cargando la tarjeta de crédito sin tener una manera de como pagar en 30 días. Los individuos pueden ir a la cárcel por no pagar sus obligaciones financieras. Los políticos no. Es un doble estándar.

Como ciudadanos particulares, ninguno de nosotros puede gastar libremente el dinero que no tiene. En los Estados Unidos, muchas personas están sufriendo niveles récord de deuda personal, algunos de los cuales fueron forzados por la ley. Algunos maridos que deben la pensión alimenticia, a pesar de que ya no tienen el mismo trabajo o nivel de ingresos que tenían durante su matrimonio anterior, pueden ir a la cárcel, y de hecho lo hacen, por no pagar. Pues bien, el gobierno federal de los Estados Unidos de América debe una pensión alimenticia al pueblo estadounidense... y van a dejar de pagarla. ¿Irá alguien a la cárcel?

No es probable. De hecho, los políticos de izquierda dicen que es "por nuestro bien" que gasten más de lo que tienen, para que las ruedas de la economía sigan girando. Deberíamos agradecerles que tengan un "presupuesto en déficit", que es cuando los gastos públicos superan los ingresos fiscales. Una forma de ayudar a la gente a entender por qué esto es malo es recordarles que la deuda contraída por los políticos debe ser pagada por los contribuyentes. En otras palabras, cuando el gobierno se endeuda, no hay otra forma de evitar más que los impuestos suban... y suban... y suban.

La Biblia tiene muchas advertencias sobre la deuda. "El prestatario es siervo del prestamista," dice Proverbios 22:7. Moisés dijo de la nación bendecida: "Prestarás a muchas naciones, pero no pedirás prestado; reinarás sobre muchas naciones, pero ellas no reinarán sobre ti".[2]

ENMIENDA PARA BALANCEAR EL PRESUPUESTO.

Los Estados Unidos va a tener un reajuste financiero a menos que adopte una "Enmienda para Balancear el Presupuesto" (EBP). Una Enmienda para Balancear el Presupuesto requeriría que el Congreso y el presidente no gasten más dinero del que el gobierno federal puede devolver en un tiempo razonable. Las constituciones de Alemania, Hong Kong, Italia, España y Suiza contienen disposiciones para balancear el presupuesto. Una regla de balance presupuestario no significa que el gobierno nunca pueda gastar más de lo que tiene. La Biblia no está en contra de todos los préstamos; [3] la Biblia está en contra del robo.

Austria, Eslovenia y España limitan su deuda pública al 60% del producto interior bruto (PIB). La constitución suiza exige que el presupuesto esté balanceado a lo largo de un ciclo económico: es decir, los legisladores pueden tener un gasto en déficit durante las recesiones, siempre que tengan excedentes durante periodos de auge.

En la actualidad, todos los estados de la Unión, excepto uno, exigen un presupuesto balanceado. Cuarenta y tres estados tienen una disposición de presupuesto balanceado escrita en sus constituciones originales, dos la añadieron como enmiendas a sus constituciones, y cuatro de ellos la tienen como estatuto estatal. [4] Vermont es la única excepción.[5]

A nivel federal, se propuso por primera vez una Enmienda para Balancear el Presupuesto en 1936, y muchas veces desde entonces, pero nunca fue aprobada por ambas cámaras del Congreso.

El presidente Ronald Reagan ha sido reconocido como el "más responsable" de balancear el presupuesto en los tiempos modernos.[6] En 1982, bajo la presidencia de Reagan, el Senado votó a favor de una Enmienda para Balancear el Presupuesto, pero no fue aprobada por la cámara. En 1988, firmó un proyecto de ley que exigía un presupuesto balanceado para el año fiscal 1991, [7] pero no se consiguió sino hasta 1998.

La estrategia más eficaz de Reagan para balancear el presupuesto federal fue en realidad su política anticomunista. El discurso de Reagan en Berlín en 1987 "¡Derriben este muro!" señaló la inminente derrota de la Unión Soviética y la victoria de los Estados Unidos en la Guerra Fría. Esto creó un "dividendo de paz" de medio billón de dólares[8] que incluía una reducción del gasto militar y un auge económico durante las décadas de 1980 y 1990, marcado por los bajos impuestos, los bajos tipos de interés, una inflación baja durante 15 años y un mercado alcista [bull market] de alto empleo.

En 1995, la Cámara de Representantes votó a favor de una enmienda para balancear el presupuesto como parte del Contrato con América de los republicanos, la plataforma escrita por Newt Gingrich y Dick Armey que dio a los republicanos la mayoría en la Cámara por primera vez en 40 años. La enmienda propuesta no fue aprobada por el Senado. No obstante, se lograron avances.

En 1989 cayó el Muro de Berlín y se desintegró la Unión Soviética. Entre 1998 y 2001, Estados Unidos tuvo un presupuesto superávit con Clinton y Bush. Ninguno de los dos pudo atribuirse el mérito de la caída del Muro de Berlín, la derrota de la Unión Soviética o el superávit presupuestario federal. La política anticomunista de Reagan fue un éxito para los Estados Unidos.

Los líderes actuales harían bien en replicar la política exterior anticomunista de Reagan con una política interior igualmente fuerte, antisocialista y anti-control gubernamental extremo. Durante la presidencia de Reagan, la amenaza comunista era extranjera y provenía principalmente de la Unión Soviética. Hoy, la ideología socialista radical se ha infiltrado en el mundo académico nacional, en los medios de comunicación y en la cultura de la burocracia gubernamental. La propaganda socialista está siendo lanzada por profesores de escuela, animadores, funcionarios y periodistas de la izquierda.

El resultado es que un tercio de los milenarios aprueban el comunismo [9] y siete de cada diez votarían por un socialista.[10] Esto es a pesar del hecho de que, cuando se les pregunta ante las cámaras, pocos de ellos tienen una idea exacta de lo que esos términos significan realmente. Si esta tendencia continuara, garantizaría una victoria comunista en los Estados Unidos, junto con su vasta expansión del control estatal.

Es una miopía de los conservadores ver la mayoría de los problemas como si fueran exclusivamente económicos, e ignorar el aspecto de la justicia. Aquí es donde un enfoque bíblico es mejor y más holístico que un enfoque partidista. Independientemente de tu afiliación política en Alemania, no puedes usar símbolos nazis o comunistas como propaganda (están permitidos para el arte y la enseñanza). Alemania introdujo leyes antinazis y anticomunistas en su código penal después de la Segunda Guerra Mundial. En 1956, se prohibió el Partido Comunista de Alemania y fue declarado inconstitucional. Alemania se considera una nación libre y próspera y, sin embargo, no tiene problemas para condenar ideologías quc fueron responsables de la peor guerra de la historia de la humanidad.

Los conservadores estadounidenses prefieren abordar los problemas como empresarios, mientras que los liberales estadounidenses prefieren hacerlo como abogados. En la lucha contra el comunismo, los conservadores han ganado en el frente económico: han demostrado que los países capitalistas son más ricos y libres que los comunistas, pero no han conseguido ganarse el corazón de los milenarios y de muchos votantes.

Veo tres soluciones legales a la bomba de la deuda de los Estados Unidos.

En primer lugar, una ley de justicia social que prohíba la propaganda comunista y eduque a los estudiantes sobre la historia asesina del comunismo, sería una forma más moderna y eficaz de hacer frente a un gobierno centralizado y al gasto desbocado que, a la estrategia conservadora de hacer dinero, promover la prosperidad y esperar que la juventud "lo entienda".

La estrategia anticomunista de Ronald Reagan sirve de precedente: gastó dinero contra el comunismo, se burló de los comunistas y sus aliados, y educó al público mediante sus discursos en la radio y la televisión. La Biblia prohibiría el comunismo por sus violaciones del Octavo y Segundo Mandamiento, que prohíben respectivamente el robo y la idolatría. El comunismo hace del gobierno un dios; es idolatría con fuerza legal y con armas.

En segundo lugar, una Enmienda para Balancear el Presupuesto desde el principio de la República habría mantenido prácticamente bajo control el crecimiento del gobierno. Los Padres de la Nación deberían haber aprobado esto hace mucho tiempo, pero todos los intentos han fracasado.

Como resultado, la deuda nacional de los Estados Unidos supera ahora los 22 trillones de dólares, y eso no incluye otros 122 trillones de dólares en pasivos no financiados; lo que el gobierno ha prometido a sus ciudadanos, cumplir esas obligaciones sin fondos; para la Seguridad Social, Medicare y otros programas públicos.

Los Estados Unidos es ahora el país más endeudado del mundo por sus propios números. También tiene la mayor deuda externa, que es la deuda pública y privada combinada, con los prestamistas extranjeros. La "falsa prosperidad" temporal, patrocinada por la Reserva Federal imprimiendo dinero para "estimular" la economía, no puede durar para siempre. En algún momento habrá, lo que los funcionarios del Fondo Monetario Internacional han descrito como, un "reajuste" de la economía mundial. Habrá un día de ajuste de cuentas.

Si se produce este "reajuste", muchos expertos financieros dicen que el precio del oro, la plata y la criptomoneda se disparará, pero las cosas no tienen por qué acabar así. Los Estados Unidos no debería esperar a que el dólar se derrumbe; debería gestionar sus asuntos financieros de forma más inteligente y frenar la burocracia de Washington antes de que sea demasiado tarde (este será mi último punto en este capítulo).

Los Estados Unidos podría haberse salvado de esta bomba de tiempo económica si los Padres Fundadores hubieran aprobado una Enmienda para Balancear el Presupuesto. Con cada año que pasa y cada trillón de dólares de nueva deuda, parece cada vez más improbable que nuestros políticos aprueben una EBP. Utilizan el gasto público para ganar votos; sus vidas políticas están en juego. Incluso si tal propuesta pudiera ser aprobada hoy, con 22 trillones de dólares de deuda nacional, los políticos encontrarían una laguna o cláusula de escape incorporada para gastar durante la recesión, la depresión, la guerra, el desastre natural, el terrorismo, o alguna otra emergencia nacional.

La Biblia proporciona una tercera solución segura, pero nuestra cultura se ha alejado tanto de las normas bíblicas que puede no estar preparada para aceptar la solución. La Biblia no intenta hacer una "ley para balancear el presupuesto", aunque ciertamente está implícita en los mandamientos "no robarás" y "no pedirás prestado". Más bien, Dios dio a Israel una ingeniosa medida preventiva contra la deuda desbocada: el Jubileo.

EL JUBILEO

La palabra Jubileo viene del hebreo *yovel*, que significa "año de libertad" o "toque de trompeta de libertad". Se describe en Levítico 25:8-17. En resumen, cada 50 años, Dios ordena la cancelación total de las deudas para todo el mundo. Todas las deudas deben ser perdonadas y todos los esclavos quedan libres (lo que no los convierte en "esclavos" en el sentido moderno de la palabra, ya que deben quedar libres independientemente de lo que digan sus empleadores). El Jubileo es a la vez anti-deuda y anti-esclavitud.

El Jubileo también es antimonopolio, ya que la tierra debe ser devuelta a su propietario original o a sus herederos al cumplirse los 50 años. Esto evita que los individuos ricos y las grandes corporaciones adquieran tierras de forma oportunista cada vez que hay una recesión o una "venta rápida". Los ricos no pueden comprar tierras de los pobres para crear una clase dominante permanente. Ambas partes deben beneficiarse a largo plazo. El Jubileo es contrario a la concentración de la riqueza. La Biblia da a los izquierdistas la respuesta a la "injusta" disparidad de la riqueza: No es el comunismo o la coerción, es el descanso bíblico y la libertad.

Sin embargo, muchos izquierdistas se burlan de la solución antes de entenderla. Incluso algunos cristianos toleran a los líderes que rechazan la Biblia y la tratan como algo metafórico por su interpretación liberal y la llamada "crítica superior" alemana. Volviendo a una interpretación de la Biblia llena del Espíritu Santo, podemos ver soluciones fuera de lo común para nuestros problemas de hoy en día.

El concepto de Jubileo, tomado literalmente, nos dice que había más libertad financiera en el antiguo Israel que en los Estados Unidos moderno, donde muchos ciudadanos están encadenados a las deudas, pueden perder permanentemente su casa o su tierra, e incluso pueden ir a la cárcel por no pagar sus impuestos o dar ayuda financiera a sus hijos. Esto nunca podría suceder en el antiguo Israel, incluso si alguien estuviera bajo la llamada "esclavitud bíblica".

Si se declarara una ley de Jubileo en el 2020, entraría en vigor por primera vez en la historia de los Estados Unidos en el año 2070. Esto eliminaría efectivamente el incentivo para que las compañías de tarjetas de crédito y los bancos encadenen a las personas con deudas de consumo. También impediría a los agentes hipotecarios y a los bancos conceder malos préstamos en un plazo de 20 años, ya que la mayoría de los préstamos hipotecarios duran 30 años y empezarían a caducar en el 2070.

La Biblia puede aplicarse incluso cuando la mayoría de la gente no comprende del todo sus beneficios. En las culturas que no seguían la Biblia, los esclavos trabajaban todos los días hasta caer muertos. En la cultura bíblica, nadie puede trabajar continuamente sin descansar. Los científicos ahora entienden que este descanso periódico cada semana es biológicamente necesario e incluso ayuda a las personas a ser más productivas económicamente.

La semana de 7 días con un día de descanso es un regalo para el mundo que la mayoría de la gente no entiende. La semana de 7 días no corresponde a ningún movimiento de la tierra, la luna o el sol. No tiene su base en la astronomía, sino en la teología.

Dios declaró que creó el mundo en seis días, y en el séptimo descansó. Luego nos ordenó descansar. El Nuevo Testamento explica que este descanso es un tipo de fe en Cristo: es decir, para ser salvos de nuestros pecados debemos dejar de hacer nuestras propias labores y descansar en la obra final de Jesucristo en la Cruz. La fe en Dios como Salvador se evidencia en el descanso.

Todas las personas –ya sean creyentes o no—se benefician biológicamente del descanso del séptimo día; el Evangelio nos anima a beneficiarnos aún más espiritualmente al descansar en la obra perfecta de redención de Jesús. La semana de 7 días es un recordatorio constante de nuestra necesidad de Jesús. La semana universal de 7 días existe sólo porque la Biblia es verdadera.

Un fallo de los judíos es que exportaron con éxito la semana de 7 días al mundo, pero no el Jubileo. Pero el Jubileo no es menos inspirado que la semana de 7 días. Dios ordenó el descanso cada 7 días, cada 7 años, y cada 7x7 o 49 años.[11]Los gentiles sólo han reconocido la semana de 7 días, y sólo eso ha añadido años a la vida de las personas y una productividad incalculable a la economía. Imagínese si este pequeño descanso es magnífico, ¡cuánto más el descanso de la libertad llamado Jubileo!

EL GRAN DESPERTAR

Es poco probable que los Estados Unidos reconozca la genialidad del Jubileo de Dios hasta que haya un Gran Despertar o Avivamiento Espiritual. Los pastores tendrían que redescubrir lo que la Biblia dice sobre la economía y la política, y eso podría no ocurrir hasta que la generación actual de líderes cristianos haya pasado y haya sido reemplazada por nuevos líderes que tengan una visión del mundo bíblicamente equilibrada, una que no sea ni demasiado flexible ni demasiado legalista. Se necesitarán agallas y madurez.

Líderes como Donald Trump y Kanye West son el tipo de comodines que a Dios le gusta utilizar en los momentos cruciales de la historia. Los comodines parecen salir de la nada, parecen tontos para las élites, pero son imparables y logran mucho en un corto período de tiempo. Su protagonismo irrita a sus enemigos, pero su influencia en la cultura dura mucho más que sus vidas.

Trump y West representan la aparición de líderes que no se arrepienten de ser políticamente incorrectos y que participan en los medios de comunicación, las artes, el entretenimiento, la política, los negocios y la iglesia. Siempre y cuando esta nueva raza madure hasta convertirse en discípulos de pleno derecho, aprenda el modelo bíblico de gobierno y siga a los mentores bíblicos, podrán escapar de la rutina de repetir los errores que cometieron los líderes cristianos del pasado.

Incluso los buenos líderes cometen errores. Cuando hay un Gran Despertar, los líderes políticos piadosos se darán cuenta de que no tienen que manejar la presión solos y reconocerán que el cargo de profeta es una válvula de seguridad.

En la Biblia, los profetas tenían una especie de poder de veto en la línea de partida y podían incluso vetar las guerras. En 1 Reyes 12, Roboam iba a iniciar una guerra civil para evitar que Jeroboam formara una nación norteña separada, pero el profeta Semaías le dijo que dejara que la nación se dividiera en dos.

1 REYES 12:21-24

21 Cuando Roboam llegó a Jerusalén, reunió a toda la casa de Judá con la tribu de Benjamín, ciento ochenta mil hombres escogidos que eran guerreros, para luchar contra la casa de Israel, a fin de devolver el reino a Roboam, hijo de Salomón.

22 Pero la palabra de Dios vino a Semaías, hombre de Dios, diciendo

23 "Habla a Roboam hijo de Salomón, rey de Judá, a toda la casa de Judá y de Benjamín, y al resto del pueblo, diciendo

24 'Así dice el Señor: No subiréis ni lucharéis contra vuestros hermanos los hijos de Israel. Que cada uno se vuelva a su casa, porque esto viene de mí'". "Por tanto, obedecieron la palabra del Señor y se volvieron, según la palabra del Señor.

Se evitó una gran guerra gracias al veto de Dios. ¿Qué le habría pasado a los Estados Unidos en la década de 1860 si los líderes de la Unión y de la Confederación hubieran reconocido la oficina del profeta? ¿Podría la palabra de un profeta haber salvado las 620,000 vidas perdidas en la guerra más sangrienta de los Estados Unidos? Seguramente Dios trató de hablarle a los líderes de la nación durante el avivamiento de los años 1830 y 1840, cuando grandes predicadores como Charles Finney evangelizaron y transformaron nuestra cultura con la ética del trabajo protestante y la compasión cristiana.

Pero como en la mayoría de los avivamientos anteriores, la Iglesia descuidó ir mucho más allá de levantar evangelistas y pastores. La Iglesia no supo apreciar la necesidad de un liderazgo profético. Los pastores y los evangelistas no suelen ser buenos para la política, y cuando algunos se chapotean en ella, suelen fracasar en la política o tienen que dejar el ministerio. Aconsejar a los gobernantes nacionales es el dominio de los profetas bíblicos. ¡Imagínense si Dios pudiera vetar las malas decisiones, incluyendo las decisiones de ir a luchar en guerras malas, y si Dios pudiera recomendar caminos sabios a los políticos!

Un día, el Señor utilizará a líderes audaces y equilibrados para que se conviertan en defensores de una Enmienda para Balancear el Presupuesto o una declaración de Jubileo o incluso una Oficina de los Profetas. Una EBP, un Jubileo y una Oficina de los Profetas parecen poco probables de aprobar en un futuro próximo, por lo que es más práctico introducir legislación y enmiendas para combatir la propaganda comunista y educar a los estudiantes para que valoren la vida, la libertad y la responsabilidad.

Propondré más soluciones novedosas para la reducción de la deuda al final de este capítulo, pero tendremos que orar para que Dios levante más líderes como Trump y tal vez Kanye, para implementarlos. A Dios le encanta utilizar a personas con defectos. A Dios le encanta utilizar a los comodines. A Dios le encanta usar a los aparentemente tontos para confundir a los sabios. "Cuando los justos están en autoridad, el pueblo se alegra", dice Proverbios 29:2. Hasta que llegue ese día en que muchos justos gobiernen, propongo que los líderes actuales apliquen otras soluciones para reducir la deuda y obedecer el Octavo Mandamiento.

MENOS GOBIERNO

El modo principal actual para limitar el gasto gubernamental es limitar la actividad del gobierno. En general, se puede afirmar que cada nueva ley aprobada da poder a los políticos y restringe a los ciudadanos. Por lo tanto, los políticos tienden a medir su éxito por la cantidad de leyes nuevas que pueden agregar a los libros, mientras que los ciudadanos deberían medir el éxito de un político por la cantidad de menos leyes que agregan y la cantidad de leyes onerosas que revierten o eliminan.

Trump demostró su apreciación a este hecho con su Orden Ejecutiva 13771, aprobada el 30 de enero de 2017, que ordenaba a las agencias derogar dos regulaciones existentes por cada nueva regulación, y hacerlo de manera que el costo total de las regulaciones no aumentara. Trump superó su proporción de dos a uno al recortar 22 regulaciones antiguas por cada una nueva en 2017, y 14 antiguas por cada una nueva en 2018 [12]

Sin embargo, esta orden sólo afectaba a las regulaciones del Poder Ejecutivo. Las órdenes del Poder Ejecutivo pueden ser revocadas en cualquier momento por el sucesor en el poder Ejecutivo. Se necesita una reforma a largo plazo en el Poder Legislativo, que es el que maneja los hilos de la cartera.

Los legisladores federales deberían reunirse con menos frecuencia, ganar menos dinero, votar con menos frecuencia y, si se reúnen en una sesión especial, limitarse a votar sobre las cuestiones planteadas por el Poder Ejecutivo. Todas estas son normas actuales de la Legislatura del gran estado de Texas.

Los legisladores tejanos sólo deben reunirse durante 14 días (menos de 5 meses) en el transcurso de cada dos años. El Gobernador puede convocar sesiones especiales durante las cuales los legisladores sólo pueden votar sobre los temas presentados por el Gobernador. Las sesiones extraordinarias pueden durar un máximo de 30 días. Los legisladores cobran un estipendio y no un sueldo grueso, por lo que se espera que vayan a trabajar y se ganen la vida en otro sitio, como hace la gente normal. No viven del bolsillo de Austin o de los tejanos.

La Constitución de Texas tiene algunas características únicas: establece una oficina del gobernador que es débil, prohíbe el encarcelamiento por deudas, garantiza el derecho a la caza y la pesca, dificulta la recaudación o el gasto de dinero y hace casi imposible la creación de un impuesto sobre la renta. Los legisladores tendrían que proponer una enmienda constitucional para legalizar el impuesto sobre la renta, y tales enmiendas sólo pueden aprobarse por el consentimiento directo del pueblo.

Desde que se aprobó la Constitución de Texas en 1876, se han propuesto 690 enmiendas, de las cuales 507 han sido aprobadas por el pueblo. El modelo de Texas es uno de los que deben emular otros estados y el Congreso, porque está funcionando. Texas está en auge. Su producto estatal bruto (PEB) es el segundo más alto de los Estados Unidos y mayor que el PIB de Australia y Corea del Sur. A partir de 2019, Texas cuenta con tres de las diez mayores ciudades de los Estados Unidos por población: Houston (4), San Antonio (7) y Dallas (9). Austin y Fort Worth son la segunda y tercera ciudades de mayor crecimiento en los Estados Unidos. Con su actual Constitución, Texas siempre será un estado con pocos impuestos, pocos servicios y poco gobierno.

La actividad gubernamental limitada significa más libertad y más dinero para que los ciudadanos ahorren, inviertan, regalen o gasten como quieran y no como quieran los políticos.

El modelo ideal de legislación limitada es el modelo bíblico, en el que no se pueden escribir nuevas leyes. Dios dio a Moisés 613 mandamientos y nadie después de Moisés añadió una nueva ley hasta que Jesús apareció en escena. El hecho de que Jesús pudiera decir: "Un NUEVO mandamiento os doy: que os améis los unos a los otros, como yo os he amado", fue la prueba de que Jesús era Dios. Durante casi dos milenios, desde Moisés hasta Jesús, ningún sacerdote o profeta se atrevió a emitir una nueva ley de Dios.

La gente puede preguntarse: "¿No se necesitan nuevas leyes

para los nuevos inventos como el internet?". No necesariamente. La difamación en línea, por ejemplo, es una violación del noveno mandamiento, no dar falso testimonio.

La ley de Dios es suficiente, aunque puede ser necesario interpretarla y aplicarla en nuevos contextos. La idea es que no se debe hacer una nueva ley cuando ya existe una que es suficiente. El crecimiento de las leyes bajo los fariseos y rabinos resultó en el crecimiento de la hipocresía y la injusticia. El crecimiento del gobierno resulta en el crecimiento del gasto.

2. La inflación - esto ocurre cuando los políticos imprimen dinero de la nada.

En la Biblia el dinero era oro y plata. Los metales preciosos mantenían a los reyes honestos. Ningún rey, por muy corrupto que fuera, podía fabricar más oro o plata. Lo máximo que podían hacer era diluir el porcentaje de oro o plata real en una moneda de oro o plata, pero cuando la gente descubría la estafa, acumulaba y se negaba a gastar. Todas las economías dependen de la "velocidad del dinero", es decir, de la velocidad a la que el dinero cambia de manos. Cuando la circulación del dinero se lentifica, las empresas pasan apuros, los ingresos fiscales caen en picada y, a veces, el gobierno en función se derrumba.

El oro mantuvo a los reyes honrados. Una de las razones por las que Franklin D. Roosevelt (FDR) fue uno de los peores presidentes de la historia de los Estados Unidos fue su Orden Ejecutiva 6102, emitida el 5 de abril de 1933, que declaró ilegal que los ciudadanos privados tuvieran más de 100 dólares en monedas de oro, lingotes de oro y certificados de oro.

El gobierno confiscó el oro de propiedad privada pidiendo oro a un tipo de cambio de 20,67 dólares por onza. Seguidamente, elevó el precio del oro propiedad del gobierno a 35 dólares por onza. Este beneficio inesperado permitió al gobierno seguir imprimiendo más billetes de la reserva federal", que debían estar respaldados en un 40% por oro.

FDR utilizó el dinero que había robado a los ciudadanos de los

Estados Unidos para lanzar el programa de ingeniería social más radical de la historia de los Estados Unidos: el "Nuevo Acuerdo" (The New Deal) No sólo cambió la cultura estadounidense hacia el socialismo, sino que fue un robo legal a gran escala.

La orden ejecutiva de FDR fue derogada por el presidente Gerald Ford el 31 de diciembre de 1974. Desde entonces, la propiedad privada del oro, el verdadero dinero, ha vuelto a ser legal.

Muchos estadounidenses no se han enterado de que cuando el papel moneda se introdujo por primera vez, era una "promesa de pagar" el valor equivalente en oro o plata al canjear el billete. La gente aceptó esta convertibilidad en base a la confianza.

Durante la Segunda Guerra Mundial, los países europeos necesitaban financiar sus esfuerzos bélicos, por lo que compraron armas estadounidenses con oro. La transferencia de oro de Europa a los Estados Unidos aseguró la posición de esta última como superpotencia financiera.

Durante la Segunda Guerra Mundial, en 1944, en una reunión celebrada en Bretton Woods (New Hampshire), 44 naciones aliadas acordaron asumir un sistema de reserva fraccionaria, según el cual la moneda más fuerte del mundo sería la "moneda de reserva" que respaldaría a todas las demás monedas. Según este acuerdo de Bretton Wood, ahora se puede pagar cualquier cosa en dólares americanos, y se pueden cambiar todas las demás monedas por el dólar americano, y el dólar, prometió los Estados Unidos, siempre estará respaldado por oro.

Con el tiempo, los franceses pusieron a prueba a los Estados Unidos en su promesa. Francia comenzó a exigir lentamente oro a cambio de dólares de papel estadounidenses. Al darse cuenta de que los Estados Unidos nunca tendría suficiente oro para cumplir su promesa, otros países europeos pronto siguieron su ejemplo. Todo el sistema de reserva fraccionaria estaba en peligro.

Se culpa a Richard Nixon a menudo por haber sacado el dólar estadounidense del soporte de oro en 1971, pero en realidad no tenía otra opción. Si no hubiera puesto fin a las demandas europeas, se habría producido un seguimiento mundial del oro. Estados Unidos habría tenido que admitir que se había quedado sin oro, la confianza mundial en el dólar se habría destruido y el dólar se habría derrumbado. La melodía de la silla musical se detuvo, y Richard Nixon resultó ser el que se quedó sin asiento. Fue un presidente desafortunado en muchos sentidos.

Desligado de estar respaldado por oro desde 1971, el dólar estadounidense ha sido libre de circular en cualquier cantidad. Cuando los políticos de izquierda estuvieron en poder durante la década de 1990 quisieron resolver la "desigualdad de ingresos" y la "desigualdad en materia de vivienda," para lo que establecieron una asechanza de "ahorros y préstamos" por el que se permitía a los bancos prestar dinero a los compradores pobres deseando comprar una vivienda, que no podían permitirse comprarla. Se incentivó a los bancos a conceder malos préstamos. Los pobres se mudaron a casas que no podían pagar. Y los políticos socialistas aparentaban ser héroes.

Cuando quedó claro para algunos bancos que esas hipotecas nunca se iban a devolver, las empaquetaron como un "valor" y lo vendieron a Fannie Mae y Freddie Mac, que revendieron el paquete de hipotecas como un "derivado," una forma elegante de decir que el nuevo producto financiero derivaba su valor de otro activo a "mercados secundarios" como fondos de cobertura, fondos de pensiones, bancos de inversión e incluso el mismo gobierno.

Entonces se creó así un esquema-pirámide respaldado por el gobierno en el mercado de la vivienda, en nombre del socialismo y de la "ayuda a los pobres". El castillo de naipes se mantuvo en pie hasta que subieron los tipos de interés o bajaron los precios de la vivienda. Ambas cosas ocurrieron entre 2004 y 2008.

Personas que nunca deberían haber obtenido un préstamo bancario en primer lugar, comenzaron a incumplir sus préstamos hipotecarios. Estos "valores respaldados por hipotecas" quedaron expuestos como "derivados" sin valor y su caída dio lugar a la Crisis Financiera Global (CFG) del 2008.

Max Keiser ha comparado la CFG con el momento en que el Titánico chocó con el iceberg. Durante dos horas, todavía fue posible bombear parte del agua del mar. Pero al cabo de dos horas, el gigantesco barco sobrepasó el punto de no retorno y comenzó a hundirse en el fondo del mar. [13]

El equivalente financiero de "bombear el agua" ha sido:

1) Los "rescates bancarios" (que en realidad deberían llamarse "rescates internos," ya que el dinero de los contribuyentes se utilizó para sacar estos derivados feos de los libros de los bancos, para que éstos pudieran volver a prestar dinero) y

2) La "facilitación cuantitativa" (imprimir dinero para facilitar el gasto público de los políticos).

En ambos casos, el resultado es la inflación: hay más dinero en el mercado, por lo que el valor de tu dinero se reduce. La inflación es un impuesto ... sin que el contribuyente sepa que lo han hurtado con los impuestos sin representación. Al menos no de inmediato. Argentina, Venezuela y Zimbabue son tres países que han sufrido recientemente una inflación brusca. El Imperio Romano se derrumbó debido a la inflación brusca y a la consiguiente destrucción funcional de la clase media. La clase media era la única que pagaba impuestos y proporcionaba soldados profesionales al ejército.

Si los Estados Unidos no se arrepiente de su robo, de los impuestos sin representación a una escala desconocida antes en la historia de la humanidad, será juzgado por romper el Octavo Mandamiento. A partir del modelo bíblico del reino dividido de Roboam, parece que una manifestación de este juicio será una Segunda Guerra Civil Estadounidense. La división será la misma que antes: entre los que quieren aumentar los impuestos para pagar sus brillantes ideas y los que quieren que los dejen en paz y con su dinero en su posesión.

La verdad es que el socialismo no es un proveedor. El capitalismo es el padre; el socialismo es el hijo. Los socialistas necesitan a los capitalistas para pagar sus brillantes ideas. Si las ideas socialistas fueran tan brillantes, se pagarían solas.

El niño que no trabaja tiene que pedir limosna al padre que trabaja. El niño dice: "Pero es por una buena causa. No va a fallar. Te pagaré muy pronto". Si el padre accede a la extorsión, la dádiva se convierte en un "derecho," lo que lleva a la siguiente fase: en lugar de que el niño pida educadamente, la próxima vez exigirá "mi dinero". Esto es el socialismo en pocas palabras. Es un ladrón que pretende ser tu mejor amigo.

La solución es volver al dinero honesto: plata, oro, moneda respaldada por oro o criptodivisa respaldada por oro.

3. Licencias—permiso del gobierno para hacer lo que normalmente harías mejor sin licencias.

Los gobernantes han tenido que inventar formas creativas para imponer impuestos a la gente sin que se rebele, como hicieron contra el rey Roboam. Quizá ningún invento del Estado se ha vendido más como un "beneficio para el pueblo" que la institución de las "licencias". Cada licencia es otro impuesto.

Cuando comenzó la primera fiebre del oro en Australia, en mayo de 1851, muchos trabajadores vendieron sus medios de vida y se trasladaron para empezar a buscar oro. En cuestión de semanas, el 18 de agosto de 1851, el vicegobernador de la colonia de Victoria, Charles La Trobe, emitió una proclamación (equivalente a una orden ejecutiva en los Estados Unidos) que decía en parte.

> Cuando comenzó la primera fiebre del oro en Australia, en mayo de 1851, muchos trabajadores vendieron su medio de vida y se trasladaron para empezar a buscar oro. En cuestión de semanas, el 18 de agosto de 1851, el vicegobernador de la colonia de Victoria, Charles La Trobe, emitió una proclamación (equivalente a una orden ejecutiva en Estados Unidos) que decía en parte,

"Considerando que, por ley, todas las minas de Dios y todo el oro en su lugar natural de depósito, dentro de la Colonia de Victoria, ya sea en las tierras de la Reina o de cualquiera de los súbditos de Su Majestad, pertenecen a la Corona;

Y considerando que el Gobierno ha recibido información de que existe oro en el suelo de la Colonia, y que ciertas personas han comenzado, o están a punto de comenzar, la búsqueda y la excavación de la misma, para su propio uso, sin permiso o autoridad [licencia] de Su Majestad:

Ahora, yo Charles Joseph La Trobe, Abogado [Esquire], el Teniente Gobernador antes mencionado, en nombre de Su Majestad, por la presente notifico y declaro públicamente que todas las personas que se apropien de cualquier tierra dentro de la mencionada colonia, cualquier oro, metal o mena que contenga oro... [o] que excaven para perturbar el suelo en busca de dicho oro, metal o mineral sin haber sido debidamente autorizados [con licencia]... por el Gobierno Colonial de Su Majestad, serán perseguidos, tanto criminal como civilmente... " [14]

Antes de que los trabajadores ganaran dinero, el gobierno impuso tasas de licencia para la "prospección de oro". La gente empezó a quejarse de la injusticia. El 23 de agosto de 1851, un corresponsal de "Geelong" escribió,

"El Gobierno no se da cuenta de lo que está sucediendo, no da la más mínima pista de que cualquier restricción sobre la excavación de oro se emitirá apresuradamente, hasta que unas cuatrocientas o quinientas personas estén trabajando ... El Gobierno debería al menos, permitir a las partes que han hecho un sacrificio para probar sus fortunas en el campo de oro, un poco de tiempo, y no exigir una licencia antes de que hayan ganado un chelín tal vez de un desembolso de 10 libras."[15]

El "Geelong Advertiser" publicó el 26 de agosto de 1851,

> "Una vez más, digo, ¿de dónde surge el derecho de fijar un impuesto de dieciocho libras al buscador de oro? No me digan que es una 'prerrogativa', porque eso es simplemente una subversión de nuestro presumido derecho a la representación, un mero acto de un zar de Rusia.
>
> No puedo comprender este decreto de Su Excelencia... Su Excelencia y el Ejecutivo, son el cementerio de los 'Gold Diggins' -una empresa funeraria que hizo que la industria cavara su propia tumba- [con la] inscripción, 'Aquí yace la industria asesinada por los impuestos injustos'". [16]

Cuando crecí en Nueva York, cualquier niño podía exprimir jugo de limón, mezclarlo con agua y azúcar y venderlo en un puesto de limonada. Esto fomentaba la capacidad empresarial de los niños, calmaba la sed de los vecinos y unía a la gente. Esos días han desaparecido para siempre.

Ahora un niño tiene que solicitar al gobierno local una licencia para poner un puesto de limonada. ¿A quién protege el gobierno? Posiblemente a un adulto que vende su limonada, que tendrá menos competencia. El niño pierde ingresos, los vecinos tienen que pagar un precio más alto para satisfacer su sed, y toda esta interferencia del gobierno es supuestamente "para nuestro beneficio".

Las licencias se utilizan para mantener a los actores establecidos seguros en el funcionamiento de un monopolio, y mantener a los nuevos actores fuera de la industria. Se reduce la competencia y se elevan los precios.

Este era el efecto que tenían las licencias de taxi, hasta que Uber y Lyft descentralizaron el transporte compartido. El servicio es mejor, las opciones más abundantes y los precios más baratos que los taxis con licencia.

Como se mencionó en el capítulo anterior sobre el Noveno Mandamiento, las licencias de los medios de comunicación han sido una herramienta legal para mantener las voces conservadoras e independientes fuera de los medios de comunicación convencionales. Las licencias, aunque se presentan como una protección para el consumidor, cortan la competencia y crean injusticias. En esta época en la que las reseñas en línea, las recomendaciones sociales y las calificaciones descentralizadas dicen mucho más sobre un producto y un servicio que cualquier evaluación gubernamental, no hay necesidad de tales licencias. Trump debería acabar con ellas: desatará la competencia contra las noticias falsas.

LICENCIA PARA CUIDAR NIÑOS ACOGIDOS

Uno de los mayores fracasos de las licencias en los Estados Unidos es el proyecto de concesión de licencias a los padres de acogimiento. En los Estados Unidos, hay que obtener una licencia para ser padre de acogimiento. Puedes tener licencia para acoger un caso básico, moderado o severo. Moderado significa que el niño no tiene problemas físicos ni de comportamiento, pero puede tener retrasos o problemas de desarrollo.

Quien controla la concesión de licencias suele ser el que da problemas. Las agencias de acogimiento tienen diferentes criterios para conceder la licencia a los padres de acogimiento. Pueden incluir que tomen 12 clases, que asistan a 2 sábados completos de entrenamiento, que llenen mucho papeleo, que hagan entrenamiento y pruebas en línea y que firmen un contrato.

Las agencias de acogimiento crean contratos que dificultan la salida de los padres de acogimiento de esa agencia. Para revocar el contrato, es posible que te pidan que avises por escrito con 30-60 días de anticipación y que pagues una cuota de entre 700 y 1,000 dólares para irte; sólo entonces podrás conseguir una licencia en otro lugar, si es que quieres mantener tu licencia. Es como un divorcio. El padre de acogimiento es el hombre, y la agencia de acogimiento es la mujer; el hombre debe pagar a la mujer por la ruptura.

El Estado paga un estipendio por cada niño acogido. El padre de acogimiento autorizado recibe una parte de ese dinero; la agencia de acogimiento puede ganar el 50% por cada niño.

Estas licencias no han mantenido fuera del sistema a los padres de acogimiento horribles y abusivos, y son una frustración para los padres buenos y confiables. El acogimiento familiar es muy necesario e importante, pero hay demasiadas historias horrendas sobre cómo el sistema está fallando tanto a los niños como a los padres de acogimiento.

Una madre de 43 años tenía una hija biológica de 6 años y una hija biológica de 25 años; decidió acoger a un niño de 6 años. Sólo llevaba una semana en el centro de acogimiento, cuando descubrió que el niño de 6 años tocaba de forma inapropiada a su hija biológica más pequeña. Llamó al Servicio de Protección de la Infancia (SPI) [Children Protection Services, (CPS)] que le dijo: "Podemos retirar a este niño con un aviso de 72 horas". Le contó el incidente al asistente social de la agencia de acogimiento y ésta le dijo: "No es bueno cambiar de lugar a los niños de acogimiento, pero si hay una situación inapropiada, puedes poner un aviso en la agencia".

El SPI [CPS] le había dado 72 horas, pero su agencia dijo que no. Su política era que tenían 30 días para retirar al niño y encontrarle otra ubicación. Como cada padre tiene licencia de una agencia, está obligado a cumplir las condiciones contractuales de cada agencia. En este caso, la agencia no retiraría a un niño durante 30 días, por lo que se les puede pagar por 27 días de ese niño viviendo en su casa. Había demasiado incentivo financiero para que la agencia mantuviera al chico infractor en su casa, y poco incentivo para proteger a su hija del abuso sexual.

En este caso, la concesión de licencias creó un incentivo perverso para castigar al buen padre de acogimiento, ignorar a la niña maltratada y recompensar al mal-hijo acogido. Por supuesto, hay muchos otros tipos de casos.

Otra niña pasó por una serie de circunstancias desafortunadas tras quedar huérfana. A la edad de 2 años, su abuelo asumió la custodia legal de ella y de su hermana. El abuelo no necesitaba obtener una licencia porque podía tener una "colocación por parentesco". Los parientes y amigos cercanos no necesitan una licencia. El abuelo organizó una cadena de violaciones, permitiendo que desconocidos violaran a las dos niñas. Las autoridades le pillaron y fue a la cárcel.

A continuación, ella y su hermana fueron entregadas al sistema de acogimiento. Los hombres la violaron en los centros de acogimiento. La abandonaron y abusaron de ella. Uno de sus padres adoptivos fue encontrado muerto. También abusaron a su hermana. Se quedó embarazada sólo para escapar del sistema de acogimiento porque era su única forma de salir del sistema. Sabía que cuando una niña acogida queda embarazada, es muy probable que su padre de acogimiento no la quisiera más.

En este caso, tanto el guardián biológico como el de acogimiento eran abusivos. La niña debería haber sido dada en adopción. Pero la adopción significa que la agencia de acogimiento no recibe más dinero.

El gobierno debería trabajar con organizaciones religiosas que tienen incentivos morales y financieros para colocar a los niños en un hogar adecuado con buenos padres, y luego recompensar a todos por la adopción una vez que se verifique que fue exitosa, después de un año. Todas las partes deberían ser entrevistadas para determinar el éxito.

Otra forma de hacer justicia en el sistema de acogimiento es aplicar las mismas normas a los padres de acogimiento con licencia que a los parientes consanguíneos sin licencia. Los buenos padres de acogimiento que proporcionan un entorno seguro y saludable, a menudo se sienten maltratados y se les puede retirar el hijo acogido por la menor infracción. Se les exige un mayor nivel de exigencia que a los parientes biológicos. Los buenos padres de acogimiento pasan por mucho para cuidar a un niño acogido, pero en cuanto aparece un padre o pariente en la vida del niño, aunque haya sido abusivo, sea drogadicto o haya entrado y salido de la cárcel, tiene más voz que el padre de acogimiento porque el primer objetivo es la reunificación del niño con su familia.

Los padres de acogimiento que son buenos también quieren esto, pero los padres biológicos que abandonaron a sus hijos, se les debería tener al mismo nivel de exigencia que a los padres de acogimiento con licencia. Si los SPI [CPS] y los trabajadores del caso visitan al padre de acogimiento mensualmente para tomar fotos de los colchones, los detectores de humo y el contenido de la nevera, entonces debería ocurrir lo mismo con el padre biológico que ha abusado o abandonado a un niño, o que ha cometido otro delito.

Las licencias gubernamentales acaban siendo una cuestión de dinero y de monopolio, en lugar de la protección de los niños y del interés público. La autoridad encargada de conceder las licencias puede acabar siendo responsable de causar muchas injusticias.

Aparte de los permisos de conducir, las tarjetas de identificación estatales y las identificaciones de los votantes, el gobierno debería dejar de entrometerse en industrias y negocios que no sabe cómo dirigir o arreglar. Debe de dejarse en manos de organizaciones privadas y religiosas que saben hacerlo mejor y por un costo menos. Las vidas de los niños y de algunos padres de acogimiento están siendo robadas a través del sistema quebrantado de licencias de acogimiento.

4. **Ineficiencia del gobierno**: la burocracia del gobierno es sinónimo de largas esperas y despilfarro gubernamental.

DRENAR EL PANTANO DE WASHINGTON

Washington, DC es una de las regiones de más rápido crecimiento y más caras de América. ¿Por qué? Porque es la Capital de la Codicia. Alberga la sede de todos los departamentos del gobierno federal, por lo que atrae a gente ambiciosa y a grupos de lobistas bien financiados. La gente buena que puede estar cualificada para ayudar a la nación a resolver sus problemas se ve disuadida de trabajar para el gobierno por el alto costo de vida. La gente corriente que trabaja como camareros, limpiadores o camioneros tiene dificultades financieras para llegar al fin de mes, en la capital. La concentración de la burocracia federal también separa a estos departamentos del mundo real.

¿Cómo se puede resolver este problema? Trasladar las sedes de todos los departamentos ejecutivos fuera de Washington D.C., excepto los cuatro departamentos originales de Estado, Tesoro, Defensa y Justicia.

Entonces los burócratas atrincherados se pondrán furiosos, como algunos de ellos cuando el secretario de Agricultura, Sonny Perdue, anunció en agosto de 2019 que dos de las agencias de investigación del USDA se trasladarían a Kansas City. El personal estaría cerca de los agricultores, a quienes se supone que deben ayudar. Alrededor del 30% del personal de Washington optó por el traslado, con lo que se prevén ahorros de casi 300 millones de dólares en costos de empleo y alquiler durante el curso de un contrato de arrendamiento de 15 años en el área de Kansas City.[17]

El presidente debería trasladar el resto del Departamento de Agricultura de los Estados Unidos (USDA) a la zona de St. Louis, Missouri, que está económicamente deprimida y se beneficiaría enormemente de los empleos gubernamentales que son bien remunerados. El departamento estaría en las principales regiones agrícolas de los Estados Unidos.

Trasladar el Departamento de Transporte (DOT) a Atlanta, donde se encuentra el mayor aeropuerto del mundo y un importante centro ferroviario e interestatal que está cerca de varios puertos importantes.

Trasladar el Departamento de Energía (DOE) a Houston, el corazón de la producción energética de los Estados Unidos,

Trasladar el Departamento de Trabajo (DOL) a Michigan o Pensilvania, donde hay importantes sindicatos e industrias del cinturón del óxido ["rust-belt."]

Trasladar el Departamento de Aduanas y Protección de Fronteras (CBP) a Los Ángeles, California; o a El Paso, Texas, donde hay innumerables problemas en el mundo real.

Trasladar el Departamento de Educación a Chicago, el tercer distrito escolar más grande del país, donde los profesores han ido a huelga nueve veces desde que se formó el Sindicato de Profesores de Chicago (CTU) en 1937. [18] Allí pueden resolver problemas reales de educación.

Trasladar el Departamento de Salud y Servicios Humanos (HHS) a Filadelfia o Baltimore, donde la vivienda pública es un problema importante.

Trasladar el Departamento del Interior (DOI) al interior: Denver, Salt Lake City o Cheyenne. Así estarán cerca de las vastas extensiones de terreno controladas por el DOI. La Oficina de Administración de Tierras, una parte del DOI, está trasladando su sede a Grand Junction, Colorado, mientras se escribe este libro. El Ejecutivo del Gobierno informó que "los funcionarios de la administración Trump han dicho que el traslado reducirá los pagos de arrendamiento, los costos de viaje y ".[19]

Estos traslados tendrán muchos beneficios directos e indirectos para Washington D.C., los departamentos federales y las comunidades a las que se trasladen. Washington será más asequible para vivir. El estado-profundo y los grupos de presión, o cabildeo, que viven en Washington tendrán menos afluencia y menos influencia. La burocracia se reducirá en tamaño por la propia elección del personal de no reubicarse. El personal que se reubique será más eficiente al estar cerca de las comunidades a las que debe servir. El presupuesto federal se reducirá con el tiempo debido a la reducción del personal y al aumento de la eficiencia.

Para que esta estrategia sea eficaz, habría que trasladar todos los departamentos a la misma vez, pues de lo contrario, los que se queden aprovecharán la situación política para su propio beneficio. En Washington, la presencia es el 90% de la batalla por el presupuesto. Como este cambio costará inicialmente, el Congreso buscará ahorrar dinero. ¿A quién le acortaran el presupuesto primero? A quienes se trasladaron primero y no están presentes para defender su presupuesto.

La Biblia nos da un modelo para separar los poderes en diferentes lugares geográficos. Dios fue inflexible en cuanto a la división de la tierra según las 13 tribus de Israel (los levitas no poseían tierras, salvo que estaban a cargo del Templo de Jerusalén y de las ciudades santuario en todo Israel).

Cada tribu era conocida por una especialidad:

Los levitas eran conocidos como líderes religiosos, maestros de la ley, jueces y músicos; los de la línea de Aarón se convirtieron específicamente en sacerdotes;

La tribu de Judá producía líderes militares y políticos; los de la línea de David se convirtieron en reyes;

La tribu de Isacar era conocida por su sabiduría y dirección, en la época de David se les conocía como "hombres que entendían los tiempos, para saber lo que Israel debía hacer "[20] habrían sido educadores y consejeros ideales;

La tribu de Zabulón era conocida por sus negocios y por financiar el ministerio de los eruditos; el patriarca Jacobo profetizó que Zabulón se asociaría con Isacar, que Zabulón encontraría "tesoros escondidos en la arena" y "ofrecería sacrificios de justicia,".[21] lo que indicaba que utilizaban su riqueza para apoyar el ministerio de los eruditos.

En base a esta división por especialidad de acuerdo con la geografía, tenemos un modelo bíblico para sacar los departamentos federales fuera de la capital y ubicarlos en estados separados.

UN NUEVO DEPARTAMENTO EN WASHINGTON, D.C.

El modelo bíblico sugeriría un departamento adicional. Dado que la capital de Jerusalén albergaba no sólo instituciones políticas sino también religiosas, debería crearse un Ministerio de la Herencia Bíblica de los Estados Unidos, situado en Washington junto al poder político, y con el mandato de preservar la herencia bíblica de los Estados Unidos. Podría estar facultado para revisar la moralidad de todas las ramas del gobierno basándose únicamente en la Biblia

La forma más sencilla de limitar el gasto del gobierno es no dejarlo sólo en manos de los políticos, sino dar poder de revisión y veto a un organismo neutral. Los profetas llenos del Espíritu podrían recomendar sabiamente qué artículos de la legislación y del presupuesto federal deberían ser vetados. Los miembros de este grupo deben demostrar su neutralidad al no utilizar el poder para canalizar ningún dinero a ninguna denominación específica, a sí mismos o a sus familias.

Los profetas tenían ese poder en la Biblia. Varias generaciones después de Roboam, otro rey de Judá llamado Amasías se preparó para la guerra con sus vecinos, los edomitas. Amasías había reunido 300.000 soldados judíos, además de contratar otros 100.000 mercenarios del reino del norte de Israel. Pero un profeta sin nombre lo detuvo y le dijo qué hacer con su presupuesto militar.

> **2 CRÓNICAS 25:7-10**
>
> **7 Pero un hombre de Dios se acercó a él y le dijo: "Oh rey, no dejes que el ejército de Israel vaya contigo, porque el SEÑOR NO ESTÁ CON ISRAEL** [*el reino del norte*]**, ni con**

ninguno de los hijos de Efraín [*otro nombre del reino del norte*].
8 ¡Pero si vas, vete! ¡Sé fuerte en la batalla! Aun así, Dios te hará caer ante el enemigo; porque Dios tiene poder para ayudar y derrotar".
9 Entonces Amasías dijo al hombre de Dios: "Pero ¿qué haremos con los cien talentos que he dado a las tropas de Israel?" El varón de Dios respondió: "El Señor es capaz de darte mucho más que eso".
10 Entonces Amasías despidio a las tropas que habían venido a él de Efraín, para que volvieran a su casa. Por lo que se encendió en gran manera, su ira contra Judá, y regresaron a su casa con gran ira.

Seguir el consejo del profeta enfadó a algunos militares, aunque se les pagó adecuadamente, pero éste es uno de esos capítulos de la historia en los que no sabemos "lo que podría haber sido" porque se evitó una mala alianza con el norte. Obviamente, el rey Amasías confiaba en los soldados del norte, pero Dios no confiaba en ellos. ¡Demostraron su carácter enfadándose y asaltando algunas ciudades de Judá en su camino a casa!

Ese político se equivocó en quien poner su confianza y el consejo del profeta fue acertado. Amasías ganó la guerra contra Edom sin la ayuda del reino del norte. Y el presupuesto militar de los soldados del norte era un costo perdido, según el profeta.

Si se estableciera un Ministerio de la Herencia Bíblica de los Estados Unidos en Washington, los profetas llenos del Espíritu no deberían presentar su ministerio como una amenaza al sistema político. Más bien deberían presentarse como servidores, y los políticos deberían verlos como un apoyo que tiene un lugar legítimo en la capital de una nación piadosa. Jerusalén era la capital compartida de dos grupos que se equilibraban mutuamente: los líderes políticos y los religiosos.

AGILIZANDO EL EJÉRCITO

El ejército estadounidense es el mejor del mundo, pero donde hay burocracia, habrá lentitud, ineficacia y errores. Se puede racionalizar para ahorrar costos y aumentar su eficacia.

Cambios propuestos: deshacerse de los servicios específicos cuyas funciones deberían ser absorbidas por otros. Los expertos han sugerido a menudo fusionar uno o varios servicios con otros para reducir la burocracia, los costos y la duplicación de esfuerzos. Sin embargo, esto ha dado lugar a menudo a mucho "ruido y pocas nueces, que no significan nada".

Por ejemplo, las propuestas de fusionar el Ejército de la Fuerza Aérea con el Ejército de la Armada, del que procede en gran medida, y con el que comparte gran parte de sus funciones asignadas. Cada varios años hay propuestas para fusionar el Cuerpo de los "Marines" con la Armada, ya que ambos son fuerzas de combate terrestre. A veces hay propuestas para fusionar la Guardia Costera con la Armada, pero hay problemas legales en este sentido. La Biblia no se ocupa de la forma en que se ha desarrollado la guerra moderna.

NO A LA FUERZA ESPACIAL

El 29 de agosto de 2019, el presidente anunció la creación del undécimo mando de combate de los EE. UU., el Mando Espacial de EE. UU., para "defender los intereses vitales de los EE. UU. en el espacio".[22] Añadir una nueva rama de servicio no es la solución porque crea una nueva burocracia gigantesca, que aumenta el coste, todo se hace lento y es menos eficiente.

Reagan cometió el error de poner en marcha la Iniciativa de Defensa Estratégica (apodada "Guerra de las Galaxias") en 1983. Fue cara, ineficaz y fue terminada oficialmente por Bill Clinton en 1993. Trump está repitiendo el error que cometió Reagan. No debería haber una Fuerza Espacial. Hay que acabar con esta idea antes de que se convierta en un monstruo chupador de dinero.

Todos podemos imaginar cómo funcionará un nuevo servicio. Pasarán sus primeros tres años decidiendo sobre las estructuras de rangos y fuerzas, múltiples tipos de uniformes diferentes (¿tendrán los oficiales espadas para sus uniformes?), logotipos, papelería, publicidad, reclutamiento, bases y política general mientras crean una nueva burocracia. Me parece una pérdida de tiempo.

¿Por qué no dejarlo como una división de un servicio existente? Si dentro de 20 años necesitamos algo diferente, tendremos la experiencia necesaria para tomar esas decisiones de forma racional. Podría tener más sentido que formara parte de la Fuerza Naval, puesto que ésta ya tiene activos que pueden luchar en destructores y cruceros AEGIS modificados para el espacio. A partir de 2017, cuenta con 22 buques equipados con misiles antiespaciales y capaces de derribar satélites espías.

Los comandantes de la Fuerza Naval están acostumbrados a manejar un mando (un barco en el océano) con cientos de personas a bordo en ausencia de direcciones de un comando nacional. Cada barco está estructurado para funcionar con éxito de esta manera porque hay muchas situaciones en las que las órdenes no pueden llegar a los barcos desde los cuarteles generales nacionales, por ejemplo, tormentas violentas, silencio electrónico, etc. Los mismos escenarios podrían ocurrir en el futuro a las tripulaciones basadas en el espacio.

Los escritores de ciencia ficción se dan cuenta de que la exploración espacial es análoga a la exploración oceánica, y la tripulación espacial es análoga a la tripulación de la marina. Por eso utilizan invariablemente los rangos de la Fuerza Naval para la tripulación de las naves estelares.

¡Que se use la Fuerza Naval!

OTRAS INEFICIENCIAS

¿Hay alguna otra parte de la Defensa estadounidense que pueda ser sistematizada? Uno podría preguntarse ¿por qué la Guardia Costera no forma parte de la Fuerza Naval? Porque el Congreso prohibió el uso de las Fuerzas Armadas de EE.UU. para hacer cumplir la ley civil mediante la Ley Posse Comitatus de 1878 (PCA), y la Guardia Costera es una agencia de aplicación de la ley del Gobierno Federal. En las operaciones antidroga, en tiempos de paz, la Fuerza Naval no estaría legalmente autorizada a investigar o abordar barcos sospechosos de contrabando de drogas. La Guardia Costera desarrolló equipos llamados Destacamentos de Aplicación de la Ley ["Law Enforcement Detachments"] (LEDETs) para trabajar en conjunto con los barcos de la Fuerza Naval, pero la Naval no puede realmente arrestar a los sospechosos, controlar las pruebas o investigar el crimen. La aplicación de la ley debe ser realizada por la Guardia Costera. Por lo tanto, tiene una finalidad civil distinta y no puede ser absorbida por la Fuerza Naval.

Ya que estamos en el tema, ¿por qué la Guardia Nacional puede hacer cumplir las leyes, reprimir insurrecciones y repeler invasiones? Porque está excluida del PCA de 1878 y deriva su mandato del artículo I, sección 8 de la Constitución. La Guardia Nacional está bajo el control del Estado y a petición del Gobernador, a menos que sea llamada al servicio federal por el presidente. Como ejemplo, los gobernadores activaron la Guardia Nacional durante el atentado de 1992 en Oklahoma City y los disturbios de 1995 en Los Ángeles. El presidente George W. Bush activó la Guardia Nacional tras la secuela del huracán Katrina en 2005.

En la Biblia, la aplicación de la ley la hacía el pueblo. El pueblo tenía derecho a portar armas, a defenderse, a formar una milicia y a juzgar a un criminal por el testimonio de dos o tres testigos (si sólo eran dos, tenían que estar completamente de acuerdo en todos los detalles; cualquier desacuerdo daba lugar a una absolución instantánea). Por eso no había policía ni sistema penitenciario en el antiguo Israel.

Volver a un sistema así aumentaría la justicia y reduciría el presupuesto del gobierno, pero requeriría un pueblo ilustrado que leyera, entendiera y viviera la Biblia. Ningún gobierno secular en el mundo puede lograr lo que el antiguo Israel logró cuando sus gobernantes y su pueblo estaban dedicados al Señor. Un Tercer Gran Despertar en América puede ser capaz de lograr esto.

Antes de cerrar este capítulo, debo abordar una injusticia más.

IMPUESTOS SIN REPRESENTACIÓN

Comencé este capítulo con el grito de batalla de la Revolución: "¡No hay impuestos sin representación!" Sin embargo, los Estados Unidos es ahora culpable de gravar a personas que no tienen representación en el gobierno.

Hay ciudadanos de segunda clase en Puerto Rico y en cuatro territorios estadounidenses en el Mar Caribe y el Océano Pacífico. Estas personas pagan impuestos estadounidenses y pueden votar en las elecciones locales, pero no pueden votar en las elecciones presidenciales. No tienen una representación adecuada en el Congreso.

Los demócratas llevan mucho tiempo queriendo conceder la ciudadanía a los extranjeros ilegales o indocumentados, con la esperanza de que sus votos vayan a ser para los demócratas. ¿Por qué los republicanos no han despertado al hecho de que hay personas legalmente legítimas que tienen pasaportes de los EE. UU. y pagan impuestos federales de los EE. UU. pero no pueden votar?

Propuesta: Ofrecer a los cinco territorios permanentemente

habitados de los EE. UU. la opción de convertirse en una nación soberana independiente, separada de los EE. UU., o convertirse en un estado de los EE. UU. con todos los derechos y privilegios de este.

Los cinco territorios estadounidenses son Puerto Rico, las Islas Vírgenes, Guam, Samoa Americana y las Islas Marianas del Norte. Debido a su escasa población, los tres últimos podrían agruparse en un único estado nuevo, llamado "Pacífica", u "Oceanía Americana", o cualquier otra cosa. Cada nuevo estado tendría dos senadores y un representante en la Cámara de Representantes de los EE. UU.

Esto no es extraño si tenemos en cuenta que Alaska, Delaware, Montana, Dakota del Norte y del Sur, Vermont y Wyoming sólo tienen un representante cada uno. Utah tiene cuatro representantes a pesar de tener menos población que Puerto Rico. Delaware y Rhode Island tienen dos senadores y uno y dos representantes respectivamente, a pesar de tener una superficie menor que la de Puerto Rico.

Hay otras nueve "islas periféricas menores de los Estados Unidos", a saber, el Atolón Midway, el Atolón Palmira, la Isla Baker, la Isla Howland, la Isla Jarvis, el Atolón Johnston, el Arrecife Kingman, la Isla Navassa y la Isla Wake. Sólo las dos primeras están escasamente habitadas por científicos y trabajadores medioambientales. Geográficamente, el Atolón Midway forma parte de la cadena de islas de Hawái, por lo que podría pasar a formar parte del estado de Hawái, al igual que las Islas Aleutianas forman parte de Alaska. Palmira es de propiedad privada. El resto están deshabitadas, pero podrían pasar a formar parte de un estado o de una nueva nación más adelante.

Si los Estados Unidos cobra impuestos de alguno de estos pueblos, deberían tener representación en el gobierno federal, porque la tributación sin representación es una injusticia que viola el Octavo Mandamiento.

CAPÍTULO 6
NO. 7 REFORMA DE LOS TRIBUNALES Y LA TIRANIA DE LA PSICOLOGIA

EL SEPTIMO MANDAMIENTO

"No cometerás adulterio."
Exodo 20:14

LA REFORMA DE LOS TRIBUNALES

STEVE STRANG, en su libro *God, Trump and the 2020 Election* (*Dios, Trump y las Elecciones del 2020*), tocó el tema de la justicia: "Esta es un área en la que los evangélicos suelen encontrar puntos en común con la izquierda porque la justicia es importante en la Biblia. Los cristianos la ven en términos morales, y he tenido pastores áfrico americanos apasionados por la justicia penal que me han dicho que ese tema es la razón por la que se adhieren al Partido Demócrata..."[1] En otras palabras, la justicia es un tema bíblico no partidista que debe ser tratado por cualquier presidente que desee el favor de Dios.

Para ser honesto, hay que tener compasión por los que sufren la injusticia. Cada día se cometen injusticias en nuestros tribunales. Cada día la vida de otra persona será destrozada por los tribunales.

Como pastor, trato con muchas personas cuyas vidas han sido tratadas injustamente en los tribunales. He aprendido que el noble concepto del "Estado de Derecho" está sujeto a la manipulación de las opiniones de los jueces. La ley otorga a los políticos, jueces y abogados diversos grados de "privilegio" o inmunidad legal para acusar a otros falsamente, como hizo el presidente del Comité de Inteligencia de la Cámara de Representantes, Adam Schiff, con el presidente Trump el 26 de septiembre de 2019, cuando Schiff fabricó una conversación que el presidente no tuvo con su homólogo ucraniano.[2] El propósito era pintar una imagen en las mentes de la gente de que Trump era como un jefe de la mafia.

¿Por qué no se responsabilizó a Schiff por la mentira al Congreso? Él, al igual que muchos de sus homólogos políticos y jurídicos, hace un mal uso de sus poderes conferidos para fabricar mentiras y subvertir la justicia, y a menudo los principales medios de comunicación son cómplices de la estafa. ¿Estoy exagerando?

Si un líder o pastor no entiende esto, yo diría que no ha pasado suficiente tiempo en las trincheras con su gente. Cuando Jesús dijo: "Había un juez que no temía a Dios ni respetaba a los hombres," [3] estaba describiendo al típico juez de hoy.

Los jueces desempeñan el papel de Dios, bien vestidos y elevados por encima del pueblo, despreciando a cualquiera que se atreva a contravenir su voluntad. El concepto de moralidad y justicia bíblica es a menudo objeto de burla en los tribunales seculares, aunque la Biblia sigue estando presente para los juramentos.

Fui testigo de cómo un litigante cristiano juraba sobre la Biblia y declaraba, como hacen todas las personas en el estrado, su profesión: "ministro de Dios". El juez sonrió y preguntó: "¿Qué Dios?".

Él respondió: "Su Señoría, el Dios de la Biblia por el que acabo de jurar." El rostro del juez se cubrió de desprecio por el cristiano y por su respuesta, que no pudo ser refutada. Fui testigo de cómo el espíritu del anticristo se enfrentaba al espíritu de Cristo en esa sala.

Estoy convencido de que si un litigante se levantara en la mayoría de los tribunales seculares y dijera: "Estoy aquí por la justicia," los de dentro se reirían de él. El sistema está claramente roto. Además, sostengo que algunas partes de este están rotas sin remedio.

Permítanme primero decirles por qué, y luego llegaremos a las soluciones (si están convencidos de que el sistema está roto, entonces pueden pasar a la sección *Reformas Judiciales Propuestas*). Según la Biblia, hay un pecado que rompe una relación sin remedio. Está contenido en el Séptimo Mandamiento: "**No cometerás adulterio**".

El adulterio es una relación ilícita. Antes de que te apresures a juzgar: la Biblia no dice que un acto de adulterio no pueda ser perdonado o que una relación no pueda soportar el impacto de una indiscreción. Pero una vez que comienza, es difícil que una relación ilícita se detenga.

El adulterio en los tribunales

Algunas de las relaciones ilícitas más frecuentes y perniciosas se dan en los tribunales. Varios abogados me han dicho que en los tribunales no les importa la verdad. "La verdad está sobrevalorada", me dijo un experimentado abogado sin ninguna pretensión. Le pregunté: "¿Cómo entonces se hace justicia?".

Me confió un secreto profesional: "Una decisión judicial se reduce a menudo a la relación entre jueces y abogados. A algunos jueces no les gustan ciertos abogados: no van a ganar. Algunos jueces conocen a los abogados, tal vez fueron a la escuela juntos o trabajaron en el mismo bufete: es más probable que ganes. Así que el truco es contratar a un abogado que le guste al juez".

Por muy injusto que pueda parecer, eso no empieza a rascar la superficie de la relación incestuosa entre jueces y abogados.

¿De dónde sacamos a nuestros jueces? Aunque no lo exige la Constitución, la mayoría de los jueces son abogados antiguos. En raras ocasiones, un profesor de derecho[4] puede ser nombrado juez.

¿Qué abogados se convierten en jueces? Los libros de texto dan la impresión de que los jueces son miembros "independientes" del tercer poder del Estado. En la práctica, son antiguos abogados que fueron nombrados gracias a conexiones políticas, donaciones y favores.

¿Cómo llega un abogado a ser juez federal? Normalmente, una serie de grupos de interés político [5] recomiendan candidatos al presidente, que a su vez propone a determinados candidatos para que los apruebe el Senado.

¿Cómo se convierte un abogado en juez estatal? Dependiendo del estado, el Gobernador hace un nombramiento que debe ser confirmado por la legislatura del estado o los candidatos se presentan a los puestos de juez del estado como cualquier otro cargo político.

En otras palabras, los jueces son nombramientos políticos con una relación innegable con los poderes legislativo y ejecutivo. Esto explica las sentencias por motivos políticos y el activismo judicial que tanto proliferan desde el banquillo. Es una exageración llamar a la mayoría de los jueces "independientes". Thomas Jefferson escribió

"Nuestros jueces son tan honestos como los demás hombres y no más. Tienen, con los demás, las mismas pasiones por el partido, por el poder y el privilegio de su cuerpo... y su poder es tanto más peligroso cuanto que están en el cargo de por vida y no son responsables, como los demás funcionarios, ante los electores."[6]

Según una encuesta de Gallup de 2018, las profesiones en las que menos se confía son: los miembros del Congreso en lo más bajo, seguidos por los vendedores de automóviles, los ejecutivos de empresas, los abogados y los agentes inmobiliarios. [7] La mayoría de los estadounidenses confían más en los agentes inmobiliarios que en los abogados. Y los estadounidenses son los que menos aprecian a los políticos, la gran mayoría de los cuales son antiguos abogados. De una lista de las profesiones "más odiadas" en cualquier año, los abogados siempre aparecen entre los 10 primeros.

Otorgamos los puestos más permanentes y poderosos del gobierno (el de juez) a las personas en las que menos confía la comunidad. ¿Es esa desconfianza injustificada? ¿No sería más prudente elegir o nombrar a personas ajenas a la judicatura?

TRAER A MÁS PERSONAS DE FUERA

El mandato de Trump es traer a gente de fuera dentro del gobierno. Sus errores suelen producirse cuando confía en personas de dentro, como cuando confió en una sobrante de la era de Obama, Sally Yates, como su fiscal general. Debería haber confiado en sus instintos y haber llenado los puestos de poder con gente de fuera desde el principio.

Actualmente, los nueve jueces del Tribunal Supremo asistieron a la facultad de derecho de Harvard o Yale (Ruth Bader Ginsberg comenzó en la Facultad de Derecho de Harvard, pero se trasladó a Columbia después de que su marido consiguiera un trabajo en la ciudad de Nueva York). Por muy prestigiosas que sean Harvard y Yale, no deberían tener el monopolio del Tribunal Supremo.

La Biblia ordena repetidamente que los líderes sean elegidos de entre las 12 tribus de Israel, para que los líderes sean representativos del pueblo. Harvard y Yale no son representativas del pueblo estadounidense. Representan dos tribus de las de más de

200 escuelas de derecho acreditadas en los Estados Unidos. Estas dos representan el elitismo.

Mi consejo pastoral es que el presidente nomine a jueces alejados del monopolio elitista de Harvard-Yale y más en contacto con el corazón de los estadounidenses. También sugiero que el presidente diversifique la corte nominando a un cristiano bíblico, ya que actualmente los nueve jueces son judíos o católicos romanos. [8] Un cristiano bíblico como **Ted Cruz** o **David Barton** sería un forastero o intruso al estilo de Trump que podría traer el equilibrio y diversidad tan necesarios a la Corte Suprema.

Cuando Salomón se convirtió en rey, su primer error fue no actuar con la suficiente rapidez para deshacerse de Adonías, un medio hermano que trató de usurpar el trono, y de sus partidarios: el general Joab y el sacerdote Abiatar. Ellos le causaron problemas. También lo hizo Simei, cuyo pecado fue maldecir a su padre David cuando otro medio hermano, Absalón, intentó destronar a David.

Estas historias nos enseñan que cuando hay corrupción, la respuesta apropiada es traer sangre nueva, forasteros. Hay demasiado adulterio político en Washington, y no se puede separar a los adúlteros. El Séptimo Mandamiento nos indica la gravedad de las relaciones ilícitas.

CÓMO EL IZQUIERDISMO SE HA APODERADO DE LOS ESTADOS UNIDOS

Como pastor, he sido testigo de la relación ilícita que tienen los psicólogos con los tribunales. El resultado de un caso familiar no depende de hechos que pueden extenderse durante muchos años o décadas, que pueden ser atestiguados por testigos de la familia, sino de la opinión de un psicólogo.

Personalmente vi dos casos en un año en los que las madres abusaban físicamente de sus hijos. En un caso, el niño estuvo a punto de morir. La policía retiró al niño del cuidado de la madre para que fuera protegido por el padre. El Departamento de Salud y Servicios Humanos [Department of Health and Human Services (DHHS)] intervino y se involucró. Le dijeron a la madre que tenían una "preferían fuertemente a una mujer como cuidadora principal del niño", y todo lo que tenía que hacer, para anular que el niño pasara a protección legal del gobierno, era hacerse rápidamente un examen psiconeurológico. En ambos casos, las madres conservaron el cuidado principal de sus hijos.

Por otro lado, los psicólogos apartan habitualmente a los padres de la vida de sus propios hijos. Si bien es cierto que hay algunos padres violentos e irresponsables, yo diría que cualquier padre que busque pasar tiempo con sus hijos ya está demostrando que es un buen padre para cualquier persona con sentido común. Privar a los niños de sus padres no es una victoria para ninguna de las partes, y una gran pérdida para los niños. Los psicólogos no pueden utilizar más que su opinión para declarar que los padres son incompetentes y peligrosos, por lo que los padres terminan teniendo menos tiempo con sus hijos que las madres. Algunos no tienen ningún tiempo de alojarse con sus hijos.

Muchos estadounidenses no se dan cuenta de que la Biblia fue prohibida en las escuelas públicas, no por la base de la verdad histórica, sino por la base de la opinión de un psicólogo. El Dr. Solomon Grayzel informó al tribunal de que la lectura del Nuevo Testamento podría causar daños psicológicos a los niños, y así de fácil, la Biblia fue prohibida.[9]

La justicia ha sido subcontratada al monopolio de la psicología. ¿Podrían los fundadores de la nación haber imaginado un sistema tan corrupto? ¿Un sistema de justicia influenciado por "testigos expertos" que ganan dinero del tesoro público y son designados por los tribunales?

La psicología no es una ciencia exacta (si debe llamarse ciencia es otra cuestión), por lo que su creciente uso en los tribunales amenaza el debido proceso e inclina la carga de la prueba que la Constitución establece para todos los acusados.[10]

¿QUÉ ES LA PSICOLOGÍA?

El público debe entender la diferencia entre psicólogos, psiquiatras y consejeros. Los tres se parecen en que están formados para hacer psicoterapia o terapia de conversación. Usted habla, ellos escuchan y usted se siente mejor. Es evidente que algunas personas han mejorado su calidad de vida al tener un profesional con quien hablar.

Los consejeros están formados para dialogar y nada más.

Los psicólogos están formados para evaluar y llegar a una "conclusión" sobre qué "condición" tiene una persona. Los psicólogos tienden a meter a la gente en una caja y declarar un "trastorno mental" como el TDAH o la bipolaridad, y luego los refieren con los psiquiatras.

Los psiquiatras son los únicos estudiantes de psicología que pueden recetar medicamentos psicóticos y encerrar a las personas en instituciones mentales contra su voluntad. El público suele utilizar dos o tres de estos términos indistintamente, y nosotros utilizaremos el término "psicología" para englobar los tres campos, pero esta confusión oculta algunas diferencias fundamentales.

Como señaló el Dr. Thomas Szasz, existe una "dificultad que a menudo se pasa por alto y que es propia de la psiquiatría, a saber, que el término se refiere a dos tipos de prácticas radicalmente diferentes: curar-sanar las "almas" mediante la conversación y coaccionar-controlar a las personas por la fuerza, autorizada y ordenada por el Estado... los periodistas y el público por igual no distinguen habitualmente entre asesorar a clientes voluntarios y coaccionar... a los cautivos del sistema psiquiátrico".[11]

En otras palabras, la psicología, si ha de considerarse "ciencia médica", se distingue de todos los demás campos de la medicina en que puede "tratar" a los pacientes contra su voluntad. Esto debería preocupar a todos los conservadores y libertarios amantes de la libertad. La psicología, aunque es benigna en su forma de asesoramiento voluntario, es la *herramienta perfecta* para un Estado autoritario en su forma coercitiva, patrocinada por el Estado.

El adulterio aquí es entre el poder político y el interés propio de la psiquiatría. La psicología dominadora es inherentemente política. La Asociación Americana de Psicología (APA) declara por escrito:

> "Los psicólogos se esfuerzan por difundir los hallazgos de la investigación a los legisladores y a los responsables políticos para informar las políticas de salud pública y la financiación de los esfuerzos de investigación, prevención e intervención... "[12]

Dichos psicólogos tienen un objetivo político: utilizar el poder legal y el tesoro público para impulsar su agenda izquierdista; a saber, que la "masculinidad tradicional" es tóxica, que los "roles de género tradicionales" son rígidos, sexistas y opresivos, y que los hombres son "privilegiados". Los cristianos no son conscientes de que la psicología dominadora está carcomiendo punto por punto todas las creencias fundamentales del cristianismo.

La psicología coercitiva es el ministerio de propaganda de facto de la izquierda. Hasta que los cristianos y los conservadores se den cuenta de esto, es cuándo podremos frustrar la usurpación del poder legal y de los fondos públicos por parte de los psicólogos de izquierda para destruir los valores familiares y religiosos tradicionales.

El sector privado reconoce las diferencias entre el asesoramiento voluntario y la psicología coercitiva. El sector privado reconoce los beneficios del asesoramiento subvencionándolo, mientras que el gobierno tiende a promover la psicología en su lugar. Por ejemplo, en Australia, las aseguradoras privadas de salud hacen descuentos por el asesoramiento, pero el gobierno sólo paga la terapia de los psicólogos.

La distinción entre asesoramiento voluntario y psicología dominadora también se hace en los tribunales. Los psicólogos y psiquiatras pueden comparecer ante el tribunal como "testigos expertos", pero no un consejero que puede tener mucha más experiencia que un licenciado en psicología. Los psicólogos forman parte de un club exclusivo que recibe un trato favorable en los tribunales. Esto explica por qué los tribunales se inclinan hacia la izquierda y los conservadores no tienen ninguna posibilidad de ganar la guerra ideológica sin detener la influencia de los psicólogos.

¿Cómo consigue la psicología salirse con la suya en la coacción? Desde su invención como campo de estudio por austriacos y alemanes, el gran objetivo de la psicología ha sido ser reconocida como "medicina" y "ciencia" adecuadas. Por lo tanto, sus practicantes utilizan términos como "pacientes," "diagnósticos" y "clínica" para que suenen creíbles para el público.

La psicología es, por supuesto, un campo totalmente subjetivo. Los diagnósticos a menudo se basan en nada más que prejuicios personales y opiniones. No es ningún secreto que muchos "diagnósticos" son erróneos y pocos pacientes dejan de serlo. Ni un alma que haya sido sometida a la psicología coercitiva se ha curado.

El público debe entender que el término "psicología" se refiere a dos cosas diferentes: una es una terapia de conversación voluntaria; la otra es una tiranía de opiniones subjetivas que se hacen pasar por hechos objetivos. De hecho, el Dr. Szasz ha ideado un nombre para el vástago ilegítimo de la política y la psiquiatría: "Verdades mentirosas."[13]

Esos hechos mentirosos son las interminables invenciones verbales de las enfermedades mentales que se redefinen y sustituyen cuando el poder político lo desea. La homosexualidad solía diagnosticarse como "disforia de género", "parafilia", "trastorno de la orientación sexual" y, finalmente, "homosexualidad egodistónica" en varias ediciones del Manual de Diagnóstico y Estadística de los Trastornos Mentales de la Asociación Americana de Psiquiatría (DSM I, II, III).

Hoy en día, la asistencia a alguien que desea superar la atracción homosexual (denominada "terapia de conversión") es la enfermedad mental. ¿Cómo puede ser científico que dos cosas opuestas se llamen enfermedades mentales? En una generación, la cura de la "enfermedad" pasó a ser etiquetada como la enfermedad. Esta redefinición de las enfermedades mentales es típica de la psicología porque no está motivada por la ciencia dura, sino por los vientos de la agenda política.

El emocionalismo femenino solía llamarse "histeria" (literalmente "útero" en griego); hoy en día todo lo que no afirme los sentimientos femeninos se consideraría abuso psicológico. He aquí el secreto: los objetivos políticos pueden alcanzarse más rápidamente mediante la redefinición de las palabras por parte de los psicólogos.

ADULTERIO ENTRE LOS TRIBUNALES Y LOS PSICÓLOGOS

Los tribunales modernos han externalizado la justicia al departamento de psicología. Así se cometen nuevos delitos sin que nadie infrinja ninguna ley. Ahora se da por sentado en los tribunales que, el no permitir que una mujer cargue una tarjeta de crédito equivale a "violencia doméstica", porque la salud mental de la mujer puede verse perjudicada. El castigo por violencia doméstica puede ser severo. El juez puede conceder más de la mitad de los bienes conyugales a la exmujer, o privar al padre de ver a sus hijos, basándose en la jerga engañosa y las etiquetas subjetivas de un psicólogo.

"Rechazando esa jerga", escribió el Dr. Szasz, "insistí en que los manicomios son como cárceles, no como hospitales; que la hospitalización mental involuntaria es un tipo de encarcelamiento, no de atención médica; y que los psiquiatras coercitivos funcionan como jueces y carceleros, no como sanadores. Sugiero que veamos y entendamos las "enfermedades mentales" y las respuestas psiquiátricas a ellas como asuntos de ley y retórica, no como asuntos de medicina o ciencia".[14]

Los líderes conservadores y cristianos deberían alarmarse por el hecho de que ahora tenemos una nueva clase de jueces coercitivos que no fueron elegidos por el pueblo ni ordenados por la Constitución. Los psicólogos empezaron a acostarse con los legisladores, abogados y jueces y están viviendo una relación de facto.

La psicología se ha convertido en la ley en muchos tribunales. Y la ley es la fuerza, mientras que la medicina real no lo es. El campo de la medicina está sujeto a la ética moral: tú, como paciente, puedes elegir buscar, cuestionar, aceptar y rechazar un diagnóstico médico, pero no puedes cuestionar la ley. La ley es pura fuerza: estás obligado a estar en el banquillo de los acusados, a ser juzgado involuntariamente y, si eres condenado, a perder tus derechos y tu libertad.

La psicología está suplantando lo que está escrito en nuestras leyes. Nuestra Primera Enmienda dice que tenemos derecho al libre ejercicio de la religión; pero la psicología dice que orar en la escuela y leer la Biblia puede perjudicar la salud mental de los niños. La psicología gana. La Constitución estadounidense llora.

ADULTERIO ENTRE POLÍTICOS Y PSICÓLOGOS

El adulterio entre políticos y psiquiatras fue la relación ilícita favorita de los comunistas. Bajo el comunismo, las creencias religiosas fueron las primeras en ser etiquetadas como una forma de "enfermedad mental". Cuando los disidentes cuestionaron la ideología comunista, la disidencia fue redefinida como un "trastorno psiquiátrico" por la Ley de la Unión Soviética, concretamente el artículo 58-10 del Código Penal de la época de Stalin, los artículos 70 del Código Penal de 1958 y el artículo 190-1 del Código Penal de 1967.

Bajo la tiranía de la Unión Soviética, criticar a la autoridad y escribir libros críticos se diagnosticaba como una enfermedad mental llamada "delirio de reformismo". Por supuesto, era una enfermedad inventada. Los síntomas de pesimismo, mala adaptación social y conflicto con las autoridades se diagnosticaban como "esquizofrenia lenta."[15] Las personas que intentaban emigrar fuera de la Unión Soviética, distribuían o poseían literatura o libros prohibidos, participaban en protestas por los derechos civiles o eran sorprendidas participando en actividades religiosas prohibidas que eran objeto de detención y encarcelamiento psiquiátrico.

La clave para hacer legales estos "hechos mentirosos" es elevar el estatus de la psicología al de "medicina" y "ciencia". El estudio del comportamiento humano intenta imitar el estudio de las células y los órganos utilizando términos médicos como "pacientes", "diagnósticos", "tratamientos" y "hospitales".

EL VICEPRESIDENTE JOE BIDEN

No crean que esta persecución legal a través de la psicología es descabellada para los Estados Unidos. El favorito en las primarias presidenciales demócratas, el exsenador y vicepresidente Joe Biden, presentó en el Senado un proyecto de ley titulado "Ley de reconocimiento de la adicción como enfermedad de 2007". El proyecto de ley pedía la reescritura del lenguaje oficial, redefiniendo la adicción como "una enfermedad cerebral crónica y recidivante". La adicción implica voluntad. Una enfermedad implica el ser una víctima. La adicción implica responsabilidad personal. La enfermedad implica la responsabilidad del gobierno. La frase de transición que los demócratas querían para pasar de "adicción" a "enfermedad" es llamarla primero "enfermedad de la adicción".

Lo ideal sería eliminar la palabra "adicción" por completo, como se ha sugerido en otros ejercicios de cambio de nombre. El mismo proyecto de ley podría hacer que el Instituto Nacional sobre el Abuso de Drogas (NIDA) pasara a llamarse "Instituto

Nacional sobre las Enfermedades de la Adicción" y que el Instituto Nacional sobre el Abuso del Alcohol y el Alcoholismo pasara a llamarse "Instituto Nacional sobre los Trastornos del Alcohol y la Salud".

¿Por qué cambiar las palabras y controlar el lenguaje es tan importante para Biden (y para la izquierda en general)? Personalmente, es porque el hijo menor de Biden, Hunter, combatió el alcohol y la adicción a las drogas. Hunter fue dado de baja de la Fuerza Naval tras de un examen positivo en cocaína. La adicción crea un estigma. La enfermedad se deshace del estigma.

Desde el punto de vista político, se debe a que la psicología coercitiva otorga a los políticos de izquierdas una justificación pseudocientífica para controlar la legislación y los resultados legales. En 2008, por ejemplo, el Congreso aprobó la Ley de Paridad en Salud Mental y Equidad en Adicciones (MHPAEA), que exige a las compañías de seguros que proporcionen a las personas "diagnosticadas" con enfermedades mentales el mismo acceso a una cobertura asequible que a las personas con enfermedades físicas. Como objetó el Dr. Stanton Peele, "fuera de China, la mayoría de los países tecnológicamente avanzados no aprueban leyes que anuncien verdades científicas".[16]

Los psicólogos podrían ahora convertir la opinión de los diagnósticos en una política pública políticamente exigible. La verdad es que el abuso de sustancias no siempre es un síntoma de una "enfermedad cerebral." Puede ser un síntoma de un acto de voluntad, de la presión de los compañeros, del uso experimental, del uso recreativo, de la dependencia emocional, de la dependencia química o de la adicción en su entereza.

Una enfermedad médica debe definirse mediante medidas objetivas como "una alteración patológica de las células, los tejidos y los órganos... Si aceptamos esta definición científica de enfermedad, se deduce que la enfermedad mental es una metáfora... no sujeta a falsificaciones empíricas".[17] Las opiniones de los políticos o los psicólogos no pueden crear un hecho científico.

LA POLÍTICA DE LA PSICOLOGÍA

La clave del uso político de la psicología es hacer que suene científica. La palabra "enfermedad" suena más científica que "dependencia" o "abuso", de ahí que el senador Joe Biden impulsara el cambio de "abuso de drogas" por "enfermedades de adicción". Las afirmaciones no probadas y no comprobadas sobre condiciones emocionales y físicas que varían en un espectro fueron elevadas por los políticos al estatus de "diagnósticos" médicos de "enfermedad" mental. Esto preparó el camino para que la izquierda se apoderara de más terreno político. En 2010, la cobertura de las "enfermedades" mentales se amplió enormemente con la Ley de Asistencia Asequible de Obama (también conocida como Obamacare).

A menos que los cristianos y los conservadores se den cuenta de la estrategia de la izquierda, esta tendencia no puede ser revertida. Más bien, podemos esperar que el mal uso psiquiátrico al estilo soviético invada aún más nuestras leyes y corrompa el sistema judicial. La psicología coercitiva se convertirá en la excusa política aceptada para la persecución de las creencias religiosas. Los psicólogos querrán influir en la gente desde una edad cada vez más temprana. Al mismo tiempo, buscarán tener más influencia sobre las elecciones y los nombramientos políticos.

EL CASO DEL JUEZ BRETT KAVANAUGH

En 2018, cuando la izquierda quiso usar una estrategia para oponerse a la nominación del presidente Trump de Brett Kavanaugh a la Corte Suprema, sacaron el arma más grande que tenían: sacaron a una psicóloga llamada Christine Blaise Ford. La Sra. Ford testificó ante el Congreso, haciendo muchas acusaciones falsas de mala conducta sexual contra Brett Kavanaugh. Los medios de comunicación ayudaron a difundir su calumnia sin cuestionarla porque era una psicóloga. (Cuestionar una historia solía llamarse periodismo.) Resultó que la Sra. Ford no tenía pruebas contra el juez Kavanaugh, sus propios amigos contradecían su historia, y estaba mintiendo por una causa política. La Sra. Ford pensó que podía salirse con la suya mientras todo el país miraba. Imagínese las mentiras que teje en el espacio más privado de una sala de asesoramiento o un aula. Su caso público fue una ilustración perfecta de cómo los psicólogos no están practicando la medicina, sino la moral.

Sus palabras se han vuelto más poderosas que las de los jueces. Los psicólogos pueden juzgar a los jueces. Sin embargo, pocos conservadores se dieron cuenta. Respiraron aliviados porque Brett Kavanaugh no era realmente culpable. La estrategia demócrata, aunque fracasó en 2018, demostró ser poderosa.

En 1964, el candidato republicano Barry Goldwater se presentó contra el presidente demócrata en función Lyndon Johnson, que había asumido la presidencia el día en que John F. Kennedy fue asesinado el 22 de noviembre de 1963. Los agentes de la izquierda comenzaron a socavar al republicano utilizando la psicología. La revista Fact encuestó a psiquiatras para saber si el senador de Arizona era apto para la presidencia. La revista informó:

"1,189 psiquiatras dicen que Goldwater es psicológicamente incapaz de ser presidente."[18]

Aunque se trataba de un "diagnóstico" sin sentido, el informe engañoso sonaba "clínico" y causaba el daño previsto en el objetivo. Goldwater demandó al editor y al director de la revista por difamación y se le concedieron 75.000 dólares por daños y perjuicios en el caso Goldwater contra Ginzburg (julio de 1969).

El flagrante abuso de la psiquiatría para influir en la política salió a la luz porque la víctima era una persona de alto perfil y tenía los medios para demandar en los tribunales. Esta vergüenza llevó a la Asociación Americana de Psiquiatría (APA) a añadir la sección 7 a sus "Principios de ética médica" en 1973. La "**regla**

Goldwater" se aplica sólo a los personajes públicos y dice en parte

---

"No es ético que un psiquiatra ofrezca una opinión profesional a menos que haya realizado un examen y se le haya concedido la debida autorización para tal declaración".

Es interesante observar que sólo las figuras públicas (políticos) estaban protegidas de este abuso profesional. Las figuras no públicas, ciudadanos comunes como tú, pueden seguir siendo calumniados por estos profesionales y ser difamados en las redes electrónicas. Por eso propuse una "Carta de Derechos Digitales" en obediencia al Noveno Mandamiento, **"No darás falso testimonio**".

Los cristianos y los conservadores no están aplicando el modelo de la justicia de Dios. Sólo por esta razón, los demócratas volverán a utilizar la táctica, hasta que funcione o hasta que alguien la detenga legalmente.

La misma táctica que la izquierda utilizó con Goldwater se ha utilizado contra Donald Trump. A lo largo de su campaña de 2016 y su primer mandato en la Casa Blanca, varios psicólogos afirmaron públicamente que Trump estaba "desquiciado", "no apto para el cargo", "narcisista" y "peligroso". Estos, entre otros muchos adjetivos, se utilizan intencionadamente ya que pueden indicar un "trastorno de la personalidad." Estos psicólogos son partidistas políticos que violan la Regla de Goldwater, pero sortean la regla alegando el deber de cuidado para proteger al público.

El psicólogo John Gartner lo dijo mejor en abril de 2017: "Tenemos la responsabilidad ética de advertir al público sobre la peligrosa enfermedad mental de Donald Trump."[19] Gartner fundó un Comité de Acción Política (PAC) llamado "Duty to Warn" ["Obligación de Advertir"] para canalizar su uso político de la psicología. No se trataba de ciencia médica; era activismo político descarado.

La psicología coercitiva es marxismo emocional

La psicología es la rama emocional del marxismo. Ambas tratan fundamentalmente sobre la coerción y el control. Ambos creen en la *predestinación* o el *determinismo*: tu vida y tu sexualidad han sido predeterminadas por tus padres, tu pasado y fuerzas que escapan a tu control; no tienes elección en cuanto a cómo te sientes y quién eres. El determinismo te da una sensación de impotencia y el poder de ser una víctima al mismo tiempo. Se percibe que las víctimas tienen poco poder, las cosas simplemente les suceden más allá de su elección y responsabilidad personal, por lo que, en un sistema ideal, tanto los psicólogos como los marxistas quieren que las masas sean gobernadas por una clase sabia de élites que "saben mejor" lo que es bueno para los demás, para el entorno y para el mundo.

Algunos psicólogos dirán que es injusto meter a todos los psicólogos en el mismo saco. En realidad, son médicos a los que no les gusta su propia medicina. Yo no meto a los psicólogos en un mismo cesto. Hago una clara distinción entre la psicología voluntaria (terapia de conversación) y la psicología coercitiva (marxismo emocional).

Hay algunos consejeros y psicólogos que tratan de ayudar a los pacientes voluntarios con sus problemas morales. En efecto, actúan como pastores de personas que no pueden ir a la iglesia. Están resolviendo problemas morales, no médicos. Los buenos consejeros actúan como pastores que dan sermones individuales y tienen conversaciones individuales.

Pero los psicólogos coercitivos imponen sus puntos de vista sociales y morales sobre el sexo y el género a los demás en nombre de la ciencia y la medicina. Son discípulos de Freud, un austriaco antirreligioso y obsesionado con el sexo.

La doctrina freudiana y el marxismo son dos caras de la misma moneda germánica: son ingenieros sociales que utilizan la coacción por el "bien del pueblo". No están convencidos de que las transacciones voluntarias puedan lograr sus nobles objetivos de modificar el comportamiento humano transformando la cultura y controlando la economía. Creen que el Estado debe intervenir. El Estado debe controlar a la gente y la gente debe pagar por la visión del Estado. Es útil aquí hablar un poco sobre Karl Marx.

Karl Marx (1818-1883) fue un escritor alemán que nunca fundó, dirigió o fue propietario de un negocio; era incompetente en el manejo de sus propias finanzas, incluso estuvo endeudado la mayor parte de su vida, y sin embargo escribió sobre finanzas y economía. Sus dos influyentes publicaciones económicas fueron un panfleto de 1848 llamado *Manifiesto Comunista* y un libro de 1867, *Das Kapital*, en el que criticaba el capitalismo. Enseñó que la historia de la sociedad es la historia de la lucha de clases. Rara vez se duchaba, sufrió carbuncos (forúnculos) crónicos durante 25 años, era indiferente a su propia familia y era extremadamente racista con los judíos.[20] Nunca pagó un centavo a su criada Helen Demuth. Ella concibió por él un hijo ilegítimo "Freddy", al que se negó a reconocer y mantener.[21] Sin embargo, escribió sobre la explotación de la clase obrera por parte de los ricos. Marx era un miembro ocioso de la burguesía que vivía de los préstamos y de los ingresos de su amigo Friedrich Engels. Murió de cáncer de garganta en 1833 y muy poca gente asistió a su funeral.

Sorprendentemente, ningún otro filósofo ha sido más influyente en el pensamiento secular moderno que Karl Marx. Hoy en día, los activistas de izquierda no se han apartado de su ejemplo: tienden a vivir del dinero de otros, reducen las cuestiones a generalizaciones sobre la lucha de clases, lo que ahora se llama "política de identidad", y la mayoría de ellos siguen siendo anti-Israel. El marxismo, en todas sus formas, es el principal enemigo de la justicia.

La vertiente económica de la filosofía de Karl Marx se llama **comunismo** o **socialismo**, algo que ha fracasado en Camboya, Cuba, China, Alemania del Este, Etiopía, Corea del Norte, la Unión Soviética, Rumanía, Venezuela... en todos los lugares donde se ha intentado.

La ideología del partido demócrata es una revisión del comunismo, rebautizado como "**marxismo cultural**". Esto generalmente se reduce al comunismo de género, una simplificación excesiva de la vida como una lucha entre los géneros.

El cambio climático es el extraño caso del comunismo verde o "**marxismo medioambienta**l". Es la causa cara de los socialistas científicos. Su naturaleza anticientífica se explicará en el capítulo sobre el Segundo Mandamiento.

El freudismo es el comunismo emocional o "**conducta marxista**". No es medicina. Los freudianos forman un grupo de presión privado que nos impone el marxismo por la puerta trasera de la jerga emocional, lo llamo "**comunismo rosa**".

Hasta que los conservadores entiendan esto acerca de la habilidad del marxismo para explotar cualquier campo desamparado, entonces el marxismo que fue derrotado de una forma volverá a seguir apareciendo en otra forma mutante.

Esto explica por qué los ataques más comunes contra Trump no son de naturaleza económica, como habría hecho Karl Marx. Marx habría recomendado que alguien reuniera a las masas para rebelarse. Pero a las masas les va mejor bajo el capitalismo y las políticas de "America First" [“Estados Unidos Primero”] de Trump, que bajo la visión socialista de Obama. Así que la izquierda no puede atacar a Trump con acusaciones económicas de los académicos marxistas, pero sí con calumnias culturales como "racista" de los demócratas, y emocionales como "loco" y "peligroso" de los psicólogos.

Los conservadores entienden que el marxismo es el enemigo del capitalismo: Los dos no pueden mezclarse. Es hora de que los conservadores también despierten al hecho de que la psicología freudiana o el marxismo emocional es el enemigo de los valores conservadores, como ser el gobierno limitado, la libertad de religión y de expresión, la familia tradicional y la responsabilidad personal. Los dos sistemas de creencias no pueden llevarse bien en nuestras escuelas y en nuestros tribunales.

EL NUEVO FRENTE DE BATALLA CONTRA TRUMP

El frente de batalla por la justicia ha pasado de ser económico a ser ambiental y emocional. Mientras los psicólogos coercitivos consigan fingir que son neutrales, objetivos o científicos, los conservadores estarán bajo constante ataque.

El paso progresista de lo económico a lo medioambiental y a lo emocional es una jugada inteligente de la izquierda. Los argumentos económicos se pueden precisar, medir y demostrar que son falsos. Los argumentos medioambientales tienen una ventaja sobre las posiciones económicas porque los datos son tan amplios que la gente no puede cuestionarlos fácilmente. ¿Cómo se puede medir la "temperatura del planeta"? ¿Con cuántos termómetros? ¿En qué lugares? ¿Medido cuántas veces al día y cuántas veces al año? Las afirmaciones sobre el medio ambiente son fáciles de hacer y difíciles de refutar para el público. Pero los argumentos emocionales son los más ventajosos de todos. Se puede decir casi cualquier cosa y sigue pareciendo válida.

Por ejemplo, si Trump fuera realmente peligroso, como afirman muchos psicólogos, entonces ¿qué pasa con los 62.9 millones de votantes que votaron por él? En 2018, "Psychology Today" propuso una respuesta: Los partidarios de Trump deben estar trastornados, mentalmente vulnerables, susceptibles a las tácticas del miedo. Para decirlo en términos más clínicos, "algunos de ellos pueden sufrir enfermedades psicológicas que implican paranoia y delirios."[22]

Esto es una ilustración del punto del Dr. Szasz de que la psicología es "la empresa de inventar enfermedades mentales sin restricciones por criterios fijos o los requisitos de la evidencia empírica" y "mientras que en la medicina moderna se descubrieron nuevas enfermedades, en la psiquiatría moderna se inventaron. Se demostró que la Paresia era una enfermedad y se declaró que la histeria lo era."[23]

LA PSICOLOGÍA ES UN HERRAMIENTA IDEAL DEL ESTADO

La psiquiatra Bandy Lee, presidenta de la Coalición Mundial de Salud Mental, editó un libro titulado *El peligroso caso de Donald Trump*: 37 *psiquiatras y expertos en salud mental evalúan a un presidente*. El libro de psicología era una campaña de desprestigio político contra el presidente. Sin embargo, podía afirmar sin reparos que su obra de propaganda partidista era un "libro de servicio público."[24]

Ella ignoró la regla de Goldwater, al reclamar una posición de superioridad moral y un deber de cuidado: "Continuaremos utilizando nuestras habilidades como testigos expertos para educar al público de manera que puedan apoyarse [es decir, presionar] en sus representantes para que actúen... estamos cumpliendo con nuestro deber ético y legal de informar sobre el peligro... hemos recomendado que el presidente acepte someterse a una evaluación formal por parte de un panel de expertos independiente y no gubernamental."[25]

La clave para neutralizar a estas personas deshonestas es dejar de reconocerlas como "testigos expertos," porque la Constitución no lo hace. No deberían tener ningún papel en juzgar a otros o coaccionar a la gente.

Si Lee se saliera con la suya, Trump sería destituido de su

cargo sin el proceso político de una elección por parte del pueblo o una condena de impugnación por parte del Senado. Trump simplemente desaparecería después de ser juzgado como "incompetente" o declarado "peligroso" por los psiquiatras.

Cuando Trump y otros líderes despierten a esta injusticia perpetrada por los psiquiatras, podrán salvar a los Estados Unidos, restaurando la familia americana, que es la columna vertebral de los valores y votos conservadores. La relación actual interna entre los trabajadores del gobierno y los psicólogos representa una relación de facto no aprobada por la Constitución. Equivale a una violación del séptimo mandamiento:

"No cometerás adulterio".

Si esa relación ilícita no se restringe, corremos el riesgo de "institucionalizar prejuicios expertos dentro del sistema judicial," como bien dijo Liam Meagher en su revisión del rol de los consejeros de familia o psicólogos en los tribunales.[26] En otras palabras, la psicología popular se está convirtiendo en una ley de facto, porque los jueces y los psicólogos están cohabitando.

Poco hay de nuevo en cuanto a las tácticas del enemigo para oprimir al pueblo. Las culturas primitivas tenían su "curandero" que se encargaba tanto de la medicina como de la política. Los líderes comunitarios ocultos en Asia y África todavía se llaman "médicos brujos". Ellos dispensan tanto las reglas como las drogas.

EL NUEVO TESTAMENTO SOBRE LA PSICOLOGÍA

En el Nuevo Testamento, hay varias advertencias contra la "hechicería." La palabra griega para esto es "pharmakeia, [27] de la cual derivamos la palabra inglesa "pharmacy". Dios está en contra de la brujería o farmacia (en griego), no de los médicos y enfermeras legítimos cuyo trabajo es ayudar a sus pacientes voluntarios. Entender que la brujería (coerción moral) y la farmacia (ciencia) van a menudo juntas nos ayuda a comprender el adulterio que existe entre los políticos y el vendedor ambulante psicológico de trastornos mentales no probados y medicina no probada. Todas las personas amantes de la libertad deberían prestar atención a la advertencia de Dios: El objetivo de ellos es el control.

El presidente Trump puede establecer victorias a largo plazo para el pueblo estadounidense, restringiendo el poder de la psicología y la psiquiatría coercitivas. La civilización avanzada sobrevivió durante miles de años sin ser obligada a tomar drogas psicotrópicas. Una ley contra la medicina coercitiva reconocería no sólo la advertencia de la Biblia contra la "pharmakeia", sino también los abusos soviéticos y nazis de la psiquiatría para castigar a los disidentes políticos. Con el creciente interés de la juventud del milenio ["los milenials,"] por el socialismo y el comunismo, hay poco que impida al poder político de izquierda repetir los mismos errores a una escala aún mayor.

Hay que limpiar los tribunales de la injusticia. Pero no se puede arreglar debido a las complejas relaciones incestuosas. Se necesitará una solución fuera de lo común para arreglar el sistema. La Biblia tiene soluciones con las que el presidente Trump debería estar conforme y familiarizado.

PROPUESTA DE REFORMA DE LOS TRIBUNALES

La solución más eficiente y bíblica a la corrupción judicial es la competencia. La competencia se puede crear dentro y fuera del sistema judicial actual. La solución fuera [del sistema judicial] es la más bíblica, pero la Biblia será percibida como radical por aquellos que no han estudiado sus soluciones, así que empecemos con cuatro reformas desde dentro y una desde fuera.

1) **Nombrar jueces de fuera.** Trump es un forastero. Los forasteros o foráneos crean competencia. Nada molesta más a los de dentro que la presencia de foráneos con poder. El problema es

que hay muy pocos para marcar la diferencia. Hay muy pocos Trumps. La solución es nombrar a más foráneos, empezando por el Tribunal Supremo.

El mejor candidato para el Tribunal Supremo que es un foráneo es un historiador que posee la mayor colección privada de documentos originales de los Fundadores. Ya ha participado en siete casos del Tribunal Supremo, aportando pruebas históricas que muchos abogados y jueces aún desconocen. Repite nombres americanos, fechas y casos legales como ningún abogado o juez que conozca. Además, entiende la intención original de los autores de la Declaración de Independencia y de la Constitución. Nadie tiene actualmente un mejor conocimiento de primera mano de los escritos de los propios Fundadores que **David Barton**. Si aceptara el cargo, él o alguien como él debería ser nominado al Tribunal Supremo.

En la actualidad, los abogados con más conexiones políticas son los más propensos a convertirse en jueces. Dejemos que Trump nombre a la persona más cualificada. El conocimiento de la historia es esencial para la justicia. Las decisiones legales difíciles deberían decidirse basándose en hechos históricos.

2) Dar a la gente la posibilidad de elegir o recusar a su juez. Aumentar la capacidad de elección del pueblo a la hora de acudir a los tribunales. Los abogados experimentados ya utilizan este privilegio; saben qué jueces les gustan y qué jueces no les soportan. Los abogados intentarán trasladar un caso a una jurisdicción favorable o suspender un caso ante un tribunal desfavorable. Los ciudadanos no tienen tanta suerte. Se les asignan jueces con los que a menudo no están satisfechos.

Dejemos que el pueblo elija. Denles el poder instantáneo de apelar a un juez diferente. Los jueces con buena reputación acabarán teniendo más casos, y deberían ser compensados en consecuencia por su carga de trabajo. Los jueces con mala reputación tendrán menos casos, por lo que empezarán a perder dinero. Obsérvese lo que ocurre.

Ya hay leyes que facultan al litigante, aunque rara vez se utilizan. En California, la ley estatal CCP Sección 170.6 faculta a una persona a recusar a un juez sin hacer preguntas. Es un poder de una sola vez que el litigante puede ejercer a su discreción si percibe que el juez es injusto o parcial.

Todo el mundo debería tener una oportunidad única de recusar a un juez. En el sistema actual, cuando se solicita la recusación de un juez, éste alega la necesidad de proteger la "confianza pública en el poder judicial". La cual puede verse "perjudicada" por la recusación de un juez, por lo que generalmente rechazará la solicitud.

Luego, para colmo de males, un juez puede tomar represalias y hacer que el solicitante pague. En un caso, fui testigo de cómo un juez denigraba la religión de un padre cristiano, por lo que el abogado de este padre pidió al juez que se recusara. No sólo se negó, sino que además castigó al padre no dando a sus hijos tiempo con él en las fiestas cristianas, y dando a la madre la patria potestad exclusiva. Esa prepotencia es la prueba de que el juez debería haberse recusado.

Sin embargo, los jueces se salen con la suya a diario porque el pueblo no tiene elección. Trump debería usar su instinto y resolver el problema de la corrupción judicial fomentando la competencia en el sistema judicial. Eso mejorará la calidad de la justicia que se imparte.

Por supuesto, no todos los jueces malos serán destituidos por este **privilegio de ciudadano**, pero un juez que es constantemente recusado por el pueblo debería ir a revisión. Es posible que un litigante vejatorio o un abogado estafador graviten hacia los malos jueces. Pero el demandado también tiene el poder de cambiar de juez de una sola vez. Así que los jueces que gozan de la confianza de ambas partes acabarán ganando la mejor reputación. La competencia mantendrá a la mayoría de la gente honesta.

. . .

3) Facilitar las apelaciones. El derecho de apelar la decisión de un juez es un reconocimiento incorporado en el sistema de que los jueces cometen errores y que a veces deben rendir cuentas ante un tribunal superior.

En Australia, los tribunales hacen que el ejercicio del derecho de apelación sea arduo de dos maneras: por tiempo y por dinero. Si tú fueras Donald Trump o un multimillonario, serías inmune a estos obstáculos y no tendrías ni idea de la injusticia del proceso de apelación para el ciudadano ordinario.

En algunas jurisdicciones, un litigante sólo tiene 28 días, a partir de la fecha de la decisión de un magistrado, para presentar una solicitud de apelación. Veintiocho días es demasiado poco tiempo para la mayoría de la gente corriente, especialmente para un litigante auto representado que, naturalmente, no esperaría una injusticia de los pasillos de la justicia, y que tendría que buscar razones legales para apelar contra un juez educado en derecho. Los jueces tienen hasta 6 meses para dictar una resolución; ¿por qué no los litigantes deberían tener también 6 meses para presentar una apelación?

En segundo lugar, la transcripción de las palabras del juez durante la vista final suele ser necesaria para fundamentar un expediente. El tribunal de apelación quiere saber: "¿En qué se equivocó el juez inferior?". La respuesta debe probarse por escrito. Una transcripción corta de un día de audiencia puede costar como mínimo $1,000 dólares. Una transcripción larga de una audiencia de 3 días puede costar más de $5,000 dólares y más. Es un costo desorbitado en una época en la que Google puede generar subtítulos instantáneos de todos los vídeos de YouTube. Sí, una transcripción judicial debe ser más precisa que la actual auto transcripción de Google. Pero el gobierno puede reducir la barrera de obtener pruebas judiciales, utilizando una combinación de software de reconocimiento de voz y corrección humana, o subcontratando transcripciones a muchos contratistas privados, en lugar de depender de los burócratas del gobierno. La competencia debería bajar el precio, así que ¿por qué no se fomenta la competencia en los tribunales?

Compara esto con el sistema de Justicia de Dios. Las apelaciones en la Biblia eran fáciles y sin costo para los ciudadanos (pero no para los extranjeros). Como ciudadano romano, el apóstol Pablo sabía que no podía obtener justicia de los tribunales judíos, así que simplemente le dijo a Festo, el gobernador romano: "Apelo al César". Festo respondió: "¿Apelas al César? Al César irás "[28]

4) Eliminar las barreras para la auto-representación. Algunos abogados despreciarán mi recomendación, porque pierden ganancia de negocio cuando los litigantes pueden representarse a sí mismos. Pero hubo un tiempo, hace apenas un siglo, en que la expresión "abogado sin dinero" era una descripción popular de los abogados.

No es de interés público que los abogados se enriquezcan a costa de la productividad y los conflictos personales. Deberían enriquecerse de la misma manera que el resto de nosotros: resolviendo el mayor número de problemas de la manera más eficiente posible.

Existe el derecho constitucional de todo ciudadano para comparecer ante los tribunales auto representado. Pero la realidad es todo lo contrario: El juez se lo pondrá difícil a usted y fácil a los amigos de él, los abogados.

Si una persona se representa por sí misma, lo primero que hará un juez típico es recomendarle que vaya a buscar "representación" (es decir, un abogado caro que obviamente no puede pagar, ¿por qué otra razón un ciudadano se presentaría por sí mismo ante el tribunal?) Si un litigante persiste en comparecer ante el tribunal sin el beneficio de un abogado, no será tratado con el mismo criterio.

He visto cómo los abogados se pasan notas y susurran entre ellos durante todas las partes de una audiencia, incluyendo el interrogatorio. Se consultan entre ellos y rebuscan entre sus resmas de documentos metidos en maletas, porque no pueden recordar todos los hechos. Sin embargo, una persona auto representada debe sentarse sola en el estrado y no tener sus documentos como referencia. He visto a un juez regañar a un auto representado: "Usted hizo una declaración jurada en sus confesiones firmadas, así que se supone que conoce todos los hechos".

A esto se refería Trump cuando comentaba lo injusto que es declarar ante unos tribunales tan inmorales. Le pedirán que recuerde cientos de correos electrónicos y llamadas telefónicas, cuándo ocurrieron y si respondió, y si olvida una fecha de correo electrónico, dirán que dio una "declaración falsa". Así es como arrestaron al asesor de Trump, Roger Stone, por cinco cargos de hacer declaraciones falsas al Congreso sobre correos electrónicos y llamadas telefónicas.[29]

Se supone que tú, el ciudadano privado y sin formación jurídica, no puedes referirte a tus documentos, pero los abogados sí. ¿Quién inventó esas reglas estúpidas de evidencia? La respuesta: Los abogados y los exabogados que se convirtieron en jueces, que pueden volver a ejercer la abogacía porque se paga muy bien después de haber sido juez.

Compara de nuevo el sistema de justicia de Dios. En la Biblia, los litigantes se presentaban ante los tribunales sin necesidad de un abogado. Las dos prostitutas que reclamaban cada una que el hijo vivo era suyo y el hijo muerto era de la otra parte, no sólo pudieron demandar justicia sin pagar abogados, ¡también pudieron comparecer ante el rey! Imagínense los obstáculos y el dinero que se necesitan hoy en día para comparecer ante un presidente, un congreso o el Tribunal Supremo para demandar justicia. Los abogados y los obstáculos legales han hecho que sea caro y esté fuera del alcance de la mayoría de los ciudadanos.

Otra barrera para la autorrepresentación es que el sistema legal está diseñado de tal manera que no se entiende. Como dice el refrán: "Si no conoces tus derechos, no tienes derechos".

Los tribunales de distrito de los EE. UU. se rigen por códigos comerciales internacionales y juzgan a los ciudadanos bajo la jurisdicción equivocada. Te acusan penalmente por actos civiles. Por ejemplo, los conductores con multas están siendo acusados penalmente. Conozco a un litigante acusado de impago de multas de tráfico que preguntó a su juez: "¿Este asunto es civil y penal?".

El juez le contestó: "Esto es cuasi criminal. Es la ley del estado de Nueva York".

El litigante auto representado le dijo al juez de distrito: "No hay ningún cargo a menos que sea un cargo criminal. En los casos civiles uno puede ser demandado, pero uno no puede ser demandado por alguien con quien no ha hecho negocio. No hay contrato".

Hacer preguntas se considera grosería para los jueces. Recuerda cómo los abogados se acercaron a Jesús y trataron de atraparlo. Le pidieron que testificara contra sí mismo: "¿Quién eres tú?". Jesús respondió: "¿Quién dices que soy?". Pasó a la ofensiva. Respondió a una pregunta con una pregunta. En el mundo de hoy, Jesús sería considerado grosero. Eso me dice que algo anda mal en nuestro sistema, ¡no con el Señor!

Mi amigo litigante volvió a preguntar al juez: "¿Bajo qué autoridad rechaza el tribunal mi representación? Las multas están bajo la política del estado de Nueva York, no la ley. La policía está aplicando políticas estatales que no se ajustan a la Constitución de los Estados Unidos".

El juez le dijo a la taquígrafa: "No escribas eso". Luego le dijo a mi amigo: "No menciones más la Constitución. No sé de qué estás hablando".

Los jueces y abogados apuestan por el hecho de que no conoces la Constitución y tus derechos. Esperan que llegues a un acuerdo extrajudicial, que es lo que acaba haciendo la mayoría de la gente. La gente tiene poca confianza en obtener justicia de los jueces, o bien, los abogados los agotan tanto económicamente que renuncian a buscar justicia. Es un sistema roto que sólo beneficia a los abogados y a los jueces.

La auto representación sólo puede funcionar si los ciudadanos tienen los mismos derechos y privilegios que los abogados. Los abogados se rigen por un conjunto diferente de reglas que les da ventajas sobre los no abogados.

Es imperativo que la reforma judicial aplique una sola norma a los abogados y a los litigantes auto representados. Los ciudadanos no deberían necesitar abogados en asuntos personales y familiares.

En mi estado natal, Victoria, se creó en 1998 un tribunal llamado VCAT ("Victoria Civil and Administrative Tribunal") para resolver litigios civiles a bajo costo y sin necesidad de recurrir a abogados. Actualmente resuelve unos 90,000 litigios al año. El concepto debería extenderse a las leyes de familia y patrimonio. Sólo en asuntos penales o empresariales complejos deberían ser necesarios los abogados si los litigantes así lo deciden.

En nuestro sistema judicial actual, cualquier persona tiene por escrito el derecho constitucional de comparecer ante el Tribunal sin un abogado, pero en realidad, tres fuerzas trabajan en tu contra:

1. Los jueces te tratarán con desprecio y te "incitarán" (es decir, te presionarán) a conseguir un abogado;
2. El abogado de tu oponente no te tomará en serio ni negociará contigo como lo haría con uno de sus compañeros; y
3. Te encontrarás con sorprendentes bloqueos a lo largo del intencionadamente arcaico proceso legal.

Cuando se llega a la fase de contrainterrogatorio de un juicio, los abogados (en el sistema británico hay al menos dos en un juicio: el "solicitor" y el "barrister") pueden susurrar entre ellos, pasarse notas, comprobar los hechos y corregirse mutuamente, pero un litigante auto representado está solo como una oveja rodeada por una manada de lobos.

El juez y los abogados esperan que el auto representado recuerde todos los detalles de cada correo electrónico y llamada telefónica sin consultar un papel, aunque ellos mismos no puedan hacerlo. El juez no le permitirá consultar con nadie ni con sus propias pruebas, aunque los abogados sí puedan hacerlo. Los abogados juegan con reglas diferentes.

Algunos tribunales, en raras ocasiones, reconocerán a un "amigo McKenzie", un término para alguien que está familiarizado con el sistema legal y que actúa como tu apoyo, pero no como tu abogado. Yo he sido amigo de varias personas. El apoyo a los auto representados debería estar permitido en todos los casos. Todos deberían jugar con las mismas reglas.

Acudir a los tribunales sin abogado es tu derecho constitucional, pero el sistema te engañará y te pondrá en grave desventaja. El sistema no está diseñado para que el pueblo obtenga justicia, sino para el incesto entre jueces y abogados. Esto rompe el séptimo mandamiento. Al ver que tantos sufren injusticia, me pregunto "¿dónde está la indignación entre los cristianos y los líderes?"

LA SOLUCIÓN BÍBLICA

5) **reconocer sistemas legales paralelos.** La medida más bíblica para aumentar la competencia judicial es reconocer otros sistemas legales además del actual. Esto creará una competencia exponencial. El arbitraje o la mediación ya son populares entre las empresas, que los prefieren a los costosos procesos judiciales en los tribunales tradicionales.

Pocos cristianos se dan cuenta de que este marco legal está en la Biblia. Aparece tanto en el Antiguo como en el Nuevo Testamento. En el libro de Esdras, los judíos eran un grupo étnico oprimido que vivía bajo los imperios de Babilonia y Persia. Se podría pensar que no tenían derechos. Pero, por el contrario, el rey reconoció que tenían sus propias leyes y poder judicial.

ESDRAS 7:11-26 NBLA

11 Esta es la copia del decreto que el rey Artajerjes dio al sacerdote Esdras, el escriba, instruido en las palabras de los mandamientos del Señor y de Sus estatutos para Israel:

12 »Yo, el rey Artajerjes, proclamo un decreto a todos los tesoreros que están en las provincias más allá del Río[c], que todo lo que les pida el sacerdote Esdras, escriba de la ley del Dios del cielo, sea hecho puntualmente,

25 Y tú, Esdras, conforme a la sabiduría que posees de tu Dios, nombra magistrados y jueces para juzgar a todo el pueblo que está en la provincia más allá del Río, a todos los que conocen las leyes de tu Dios; y a cualquiera que las ignore, se las enseñarás.

26 Todo aquel que no cumpla la ley de tu Dios y la ley del rey, que la justicia se le aplique severamente, sea para muerte o destierro o confiscación de bienes o encarcelamiento».

Persia era una sociedad pluralista que englobaba a gentes de muchas culturas con muchas lenguas. A las naciones occidentales modernas les puede parecer sorprendente lo descentralizado que estaba un Imperio como éste. Permitía el funcionamiento de múltiples sistemas judiciales, incluso entre un pequeño pueblo desplazado conocido como los judíos.

Esos tribunales judíos ejercían todo el poder del derecho penal, incluyendo la pena de muerte. Este es un modelo viable que la Biblia nos presenta a quienes vivimos en una sociedad pluralista.

Cuando Jesús fue juzgado ante Pilato, éste trató de eximirse de decidir el asunto diciéndoles a los líderes judíos: "Tómenlo ustedes y júzguenlo según su ley".[30]

¿Sabía usted que los judíos tenían un sistema legal paralelo durante la época romana? Eran libres de juzgar los asuntos al margen de la ley romana.

Yo diría que esto representaba más tolerancia religiosa que la que tienen hoy los Estados Unidos o Australia. El único problema en este caso era que el Tribunal Supremo judío, llamado el Sanedrín, no buscaba la justicia, sino el asesinato de un inocente. Bajo el tribunal romano, fue por eso por lo que vinieron a presentar a Jesús ante Pilato.

En el Libro de los Hechos, Pablo se refirió varias veces a un sistema legal paralelo. Defendiéndose ante el pueblo de Jerusalén, Pablo dijo: "Perseguí a los seguidores de este Camino [el cristianismo] hasta la muerte, arrestando tanto a hombres como a mujeres y echándolos a la cárcel, como pueden atestiguar el sumo sacerdote y todo el Consejo [el Tribunal Supremo judío]. Incluso obtuve cartas [órdenes de arresto] de ellos para sus asociados en Damasco, y fui allí para traer a estas personas [cristianos] como prisioneros a Jerusalén para ser castigados".[31] ¿Cómo podía Pablo tener el poder de arrestar y encarcelar a los cristianos aparte de las órdenes romanas?" Porque había un sistema judicial paralelo.

Hoy en día, los judíos realizan la mayoría de sus transacciones legales en sus propios tribunales paralelos llamados "*Beth Din*" o Casa del Juicio. En los Estados Unidos, las decisiones del Beth Din son jurídicamente vinculantes.

Esta es una de las razones por las que rara vez se ve a los judíos formando piquetes y protestando contra las leyes del aborto y del matrimonio homosexual, como hacen los cristianos. Los judíos comparten el mismo Dios, las mismas Escrituras y normas morales que los cristianos. Sin embargo, los cristianos nos sometemos a la ley secular, mientras que, para los judíos, los asuntos de matrimonio, divorcio y disputas comerciales deben ser manejados internamente por sus rabinos dentro del *Beth Din*. Las leyes seculares extravagantes son para los *goyim* (forasteros o extranjeros). No son aplicables a los judíos.

Esta era la actitud del Apóstol Pablo hacia los creyentes que iban ante los tribunales seculares para obtener justicia. Escribió a los cristianos de Corinto:

1 Corintios 6:1- 6 NBLA

1 ¿Se atreve alguno de ustedes, cuando tiene algo contra su prójimo, a ir a juicio ante los incrédulos y no ante los santos?

2 ¿O no saben que los santos han de juzgar al mundo? Y si el mundo es juzgado por ustedes, ¿no son competentes para juzgar los casos más sencillos?

3 ¿No saben que hemos de juzgar a los ángeles? ¡Cuánto más asuntos de esta vida!

4 Entonces, si tienen tribunales que juzgan los casos de esta vida, ¿por qué ponen por jueces a los que nada son en la iglesia?

5 Para vergüenza suya lo digo. ¿Acaso no hay entre ustedes algún hombre sabio que pueda juzgar entre sus hermanos,

6 sino que hermano contra hermano litiga, y esto ante incrédulos?

Históricamente, la iglesia tenía poder judicial. El matrimonio, por ejemplo, era dominio exclusivo de la iglesia. Los políticos no tenían nada que ver con ello. Incluso hasta 1900 el matrimonio y el divorcio seguían siendo competencia de los tribunales eclesiásticos en las zonas católicas de Alemania. Creo que la institución de los tribunales bíblicos resolvería muchos de los debates sobre el matrimonio homosexual.

Desafortunadamente, la Iglesia católica abusó de este sistema legal, hasta el punto de que los protestantes huyeron del continente europeo en busca de libertad religiosa al otro lado del Océano Atlántico. América se convirtió en un refugio religioso escapando del dominio católico y anglicano.

La Iglesia Católica abusó de su poder desviándose de la Biblia y sustituyendo la Palabra de Dios por bulas papales. La culpa no estaba en el sistema bíblico, sino en apartarse de la Biblia como árbitro de la justicia.

Cuando los protestantes ganaron el poder en Europa, no lo hicieron mucho mejor que sus predecesores romanos. El fundador de la Iglesia Presbiteriana, Juan Calvin, fue conocido como el "tirano de Ginebra". La tortura por destierro y la quema de personas vivas eran habituales bajo el gobierno de Calvin.

En 1545, más de 20 hombres y mujeres fueron quemados vivos por brujería. Un hombre fue encarcelado durante 3 días por sonreír mientras asistía a un bautismo. Otro fue expulsado de Ginebra por alabar otra traducción de la Biblia (distinta a la de Calvin). Un hombre que fue sorprendido jugando a las cartas, fue humillado públicamente llevando una cuerda de cartas en el cuello. Un impresor de libros que criticó a Calvin fue condenado a que le perforaran la lengua con un hierro candente antes de ser expulsado de la ciudad. Un padre de familia llamado Chapuis fue encarcelado durante cuatro días por insistir en llamar a su hijo Claude (un santo católico) en lugar de Abraham.

La culpa de que Calvin gobernara de forma prepotente fue en reacción a las heridas que la Iglesia católica había infligido a los protestantes. El dolor era real, pero Calvin necesitaba sanarse antes de estar capacitado para gobernar. Un cristiano sanado no busca venganza. En cambio, busca seguir fielmente la sabiduría de la Biblia. La Biblia no avala la tortura como forma de obtener confesiones, ni los castigos crueles, como quemar vivos a los criminales.

Los infames juicios hechos a las brujas de Salem también violaban la Biblia. Los historiadores ya no saben con certeza cómo empezó, pero algo desató la histeria colectiva en Salem, Massachusetts, durante un año, de febrero de 1692 a mayo de 1693. Más de 200 personas fueron acusadas de brujería, pero sólo 19 fueron ahorcadas. Todas las demás fueron declaradas inocentes o indultadas. Esto empalidece en comparación con los millones de personas torturadas, asesinadas y perseguidas por la Iglesia Católica durante cientos de años.

El presidente Trump compara el acoso de la izquierda contra él con una "caza de brujas", pero una caza de brujas puritana era en realidad mucho mejor que la histeria de la izquierda actual. Había un proceso debido, los juicios eran rápidos, a los acusados se les permitía enfrentarse a sus acusadores, y muchos fueron absueltos.

De hecho, uno de los acusados, John Proctor, escribió al clero de Boston para pedir que los juicios se trasladaran allí, donde creía que tendría una audiencia más justa ante los cristianos. Por desdicha, Proctor fue ejecutado antes de que el clero pudiera ayudarle. No fue la Biblia la que instigó la histeria. Los creyentes en la Biblia ayudaron a acabar con eso.

¿Podrá la Iglesia volver a tener sus propios tribunales cristianos? El hecho es que lo hará. No se puede escapar al hecho de que los cristianos fieles juzgarán al mundo e incluso a los ángeles.

¿Cuándo comenzarán los líderes de la Iglesia a entrenar a los cristianos para esta tarea? Actualmente no escuchan más que un mensaje blando de gracia y de "no condenación", que abre la puerta de par en par a la inmoralidad, la injusticia y la anarquía.

La Iglesia debe revivir su **Ministerio de Justicia**, o de lo contrario la injusticia nunca será resuelta por los tribunales seculares de América. La legislación federal y estatal debe reconocer los arbitrajes eclesiásticos como contratos legales para hacer cumplir la ley, que no pueden ser anulados por los tribunales seculares inferiores.

En Escandinavia las parejas rara vez acuden a los tribunales por disputas familiares, van a sus iglesias. Ese es el lugar lógico al que acudir. Nuestras iglesias han abdicado su papel judicial al renunciar en gran medida a su influencia en el gobierno y la política.

Los musulmanes están recordando a las naciones occidentales el concepto de sistemas judiciales paralelos. Los musulmanes son como los judíos, en este sentido. No tienen intención de reformar nuestro sistema secular. Quieren que la ley Sharia se implemente junto a nuestro sistema legal fracturado. Su razón es simple: Creen en Alá, y si Alá es Dios, entonces la palabra de Alá debe ser la ley.

La mayoría de los cristianos que conozco se resisten a este impulso de la Sharia, pero es una batalla perdida. En cuanto los musulmanes se convierten en mayoría en cualquier nación, la ley Sharia se convierte siempre en la ley del país. Es una cuestión de números y de tiempo. Ellos lo saben. Los cristianos no.

La batalla legal suele ganarse mucho antes de que los musulmanes consigan los números necesarios para convertirse en mayoría. Una simple pluralidad fue suficiente para que se aplicara la ley Sharia en el Reino Unido y Francia. La policía europea suele evitar las "zonas prohibidas" bajo la ley Sharia en sus propios países.

¿Qué podemos aprender de esto? Los musulmanes no están interesados en reformar un sistema secular. Saben que es una batalla perdida. ¿Por qué deberían rogar a los infieles que "por favor reconozcan a nuestro Dios y nuestras leyes"?

Como escribió Stephen McDowell, **"La fuente de la ley de una sociedad es el dios de esa sociedad. La ley que obedecen emana de su dios".**[32]

Los judíos y los musulmanes viven como si sus leyes provinieran de sus creencias, y nada puede suplantar su conciencia. Esta es una postura mucho más fuerte que la actual postura cristiana, en la que acudimos a los tribunales seculares y esperamos y oramos para poder depender de la bondad de los jueces. No podemos.

No sólo los judíos y los musulmanes no se equivocan, sino quienes se equivocan somos nosotros, al decir que creemos que Jesús es Dios, pero la Palabra de Dios no importa en los tribunales, ni en el gobierno. Debería importar mucho, porque Jesucristo es la autoridad suprema en la vida de un cristiano.

Lo que distingue al cristianismo del islam es que los cristianos no queremos imponer nuestras creencias a los demás. Nuestro Dios cree en la libertad y las opciones.

Estados Unidos comenzó como colonias de protestantes que huían de la persecución católica. Los protestantes no querían una religión impuesta por el gobierno federal, pero nunca se opusieron a que los estados individuales establecieran su religión. Simplemente querían que el gobierno central los dejara en paz religiosa y políticamente.

Volver al sistema bíblico de tribunales cristianos daría a los cristianos una posición mucho más fuerte en la justicia, y daría a otros que deseen participar en un sistema legal alternativo, una oportunidad mucho mejor de encontrar paz y justicia.

UN ENFOQUE EQUILIBRADO DE LA JUSTICIA BÍBLICA

La Iglesia debe volver a aprender sobre el derecho y la justicia, tema que nuestros líderes han descuidado en favor de un mensaje de "sólo gracia". Ambas partes son necesarias, pero nos hemos desequilibrado. Nuestros líderes eclesiásticos más populares han negado el papel de las leyes de Dios en la construcción de una sociedad pacífica, y luego nos quejamos de que estamos siendo oprimidos y controlados por leyes injustas. La culpa es nuestra. ¡Que Dios nos ayude!

Yo añadiría dos advertencias sobre los sistemas legales paralelos. En primer lugar, los romanos reconocen una religión por nación, y por tanto un sistema jurídico alternativo al suyo.

Dado que los Estados Unidos es ahora una sociedad pluralista con muchas religiones, cada una con sus propias leyes, debemos acordar ciertas normas para los sistemas legales que compiten. El *Beth Din* ya está reconocido. En Australia, los aborígenes ya son juzgados en sus propios tribunales según sus propias tradiciones. Nunca se les obligaría a acatar las normas inmorales de los tribunales de familia laicos. Australia tiene, en efecto, al menos un sistema legal paralelo.

Cualquier nación que desee ser justa, debería reconocer sólo las principales religiones cuyos seguidores formen al menos el 1% de la población, y ninguna religión cruel que vaya en contra de los Diez Mandamientos debería ser reconocida en ninguna circunstancia, sin importar cuántos adeptos la sigan.

En segundo lugar, tal como dictaban los romanos, las penas corporales y capitales deben ser acordadas por una autoridad neutral, probablemente el Estado. Sin embargo, en el caso de Jesús, el Estado no pudo impedir un error judicial. Algún organismo neutral debe ser el sistema legal por defecto para los no religiosos, y proporcionar un control y equilibrio a los sistemas religiosos en una sociedad pluralista.

Hasta ahora, hemos abordado la cuestión de aumentar la competencia en el sistema judicial, algo que el presidente Trump podría defender. Esa es sólo una parte de la solución.

El otro lado es eliminar a los jueces malos. Como señaló el juez Felix Frankfurter en el caso *Rochin v. California* (1952), sólo hay dos maneras para aliviar las malas decisiones judiciales: o bien (1) aprobar una enmienda constitucional, o (2) impugnar a los jueces.[33]

Aprenderemos la historia, el poder y la práctica de "someter a juicio político" ["impeachment"] dentro de dos capítulos, donde aplicaremos el Quinto Mandamiento para salvar a los Estados Unidos. Los demócratas han secuestrado esta herramienta legal destinada a corregir la injusticia. Trump y los conservadores harían bien en rescatar el poder de la destitución política y utilizarlo de la forma en que los Padres Fundadores lo concibieron.

CAPÍTULO 7

NO. 6 PROTECCIÓN PARA LOS NIÑOS & LA ABOLICIÓN DEL ABORTO

EL SEXTO MANDAMIENTO

"No Matarás."
Exodo 20:13

POR QUÉ DEBEMOS UNIRNOS

El individualismo sólo funciona en tiempos de paz. La paz supone que la mayoría de las personas se comportan moralmente bien. El individualismo no funciona en la guerra. La izquierda, ya sea comunista, abortista o Antifa, se conforma con iniciar la fuerza, invadir los derechos de otras personas y utilizar tácticas violentas para lograr sus objetivos colectivos. El individualismo con la izquierda es un suicidio.

Ningún tema divide más a los Estados Unidos que el aborto. Sin embargo, ningún tema une a los cristianos como el movimiento provida. Es la única injusticia en la que la mayoría de los cristianos están de acuerdo en que es un ultraje moral y que "poner la otra mejilla" nos haría cómplices del crimen.

En este ámbito, los cristianos no insisten: "Vivimos en la Era de la Gracia. Por lo tanto, no hay condena por acabar con la vida de los bebés en el vientre materno. Tenemos que amar a los asesinos de bebés." No.

En esta área, los cristianos tienen claridad moral. Creemos que no viola la "separación de la Iglesia y el Estado"[1] a1 decir, como hizo Samuel Adams en 1772:

"Los derechos naturales de los colonos son estos: primero, el derecho a la vida; segundo, a la libertad; tercero, a la propiedad".

Creemos que el primer "derecho inalienable" es el derecho a la vida y que los gobiernos están instituidos para proteger el derecho a la vida. La vida comienza en el vientre materno, por lo que debemos protegerla desde el mismo. El 24 de enero de 2017 tuiteé:

"Si la opinión de un político sobre el derecho a la vida de los niños es errónea, ¿cómo puede ser correcta su opinión sobre los impuestos, los padres, la educación? Nunca elijas a un asesino de bebés."

"Cuando tu opinión sobre el derecho a la vida es errónea, tu opinión sobre otros derechos será errónea. Pregunta siempre la opinión del líder sobre el aborto y entonces lo conocerás."

Rechazamos que la izquierda nos etiquete erróneamente como "antiabortistas" y damos un paso inteligente para etiquetarnos correctamente como "provida". Entendemos la necesidad de cambiar la ley y no cedemos a la presión de los compañeros de que un cristiano que se preocupa por la ley podría ser malinterpretado como "legalista" o no "basado en la gracia".

Nosotros, de hecho, estábamos dispuestos a perdonar los pecados del pasado de Trump y a votar por él si tan solo se posicionaba a favor de la vida, detenía el curso de la cultura promuerte y nombraba jueces provida para el Tribunal Supremo. Los cristianos que normalmente juzgan a un líder por estar divorciado pasaron por alto el hecho de que Trump ha estado casado tres veces y aceptaron que Dios utiliza a personas imperfectas para lograr grandes avances.

En este ámbito, los cristianos lograron un equilibrio entre el amor y la ley, entre el cuidado de las personas y el avance del bien social, y entre ser prácticos e idealistas. La premisa de este libro es que cuando los cristianos adquieran tal claridad moral y se unan para otras cuestiones morales además del aborto, los Estados Unidos se salvará y el mundo entrará en el Tercer Gran Despertar.

Debido a la claridad moral y a la unidad que tienen los cristianos en este tema, los provida no descansarán hasta que los Estados Unidos vea la anulación de las sentencias proaborto del Tribunal Supremo en *Roe v. Wade* (1973), *Doe v. Bolton* (1973) y *Planned Parenthood v Casey* [*Planificación Familiar v. Casey*] (1992).

En esta única área, los cristianos saben que ser pasivos o no hacer nada es inaceptable. El 23 de octubre de 2018, tuiteé,

"Lo siguiente en la agenda de la izquierda es el 'aborto después del nacimiento'. El mal nunca se detiene..."

Efectivamente, durante las primarias presidenciales demócratas de 2019, nos enteramos de las posiciones extremas de los demócratas. El aborto de un bebé humano completamente formado y viable es un crimen en la mayoría de los países. Incluso muchos proabortistas no lo quieren. ¡Pero el 4 de marzo de 2019, todos los candidatos presidenciales demócratas que se sentaron en el Congreso votaron en contra de la protección de la vida de los bebés después de un aborto malogrado! El procedimiento habitual después del nacimiento es romper el cuello del bebé. (Los principales medios de comunicación guardaron silencio al respecto y merecieron ser llamados "noticias falsas" ["fake news."')]

Ocho estados han adoptado la posición extremista de legalizar el aborto en el tercer trimestre (todos ellos están controlados por los demócratas, excepto el primero): Alaska, Colorado, Nuevo Hampshire, Nueva Jersey, Nuevo México, Nueva York, Oregón y Vermont, junto con Washington, D.C., controlado por los demócratas. Aunque el "aborto hasta el nacimiento" es legal en estas nueve jurisdicciones, sólo hay cinco clínicas en todo el país que practican el aborto tardío.[2] El procedimiento dura de tres a cuatro días, es arriesgado para la vida de la madre y es tan repugnante que pocos médicos estadounidenses están dispuestos a practicarlo. Entre los pocos médicos dispuestos a practicar el aborto tardío, tres de ellos están ahora en prisión o se les ha revocado la licencia médica. [3] Los dos siguientes estados controlados por los demócratas que introducen el "aborto hasta el nacimiento" son Rhode Island y Virginia. La maldad nunca se detiene, no hasta que las personas buenas luchan juntas contra ello.

La protección de la vida infantil es la cuestión de los derechos civiles de nuestros días. Debemos responder de una vez por todas a la pregunta moral, legal y política, "¿quién puede decidir quién es un ser humano?"

He observado en la historia y en mi experiencia personal que a la gente malvada le gusta hacer las cosas legalmente. Los fariseos querían asesinar a Jesús, pero sólo si podían hacerlo legalmente. Para destruir legalmente a un grupo de personas, primero hay que deshumanizarlo. Eso es lo que algunos blancos hicieron con los negros durante los días malos de la esclavitud. "Los negros están evolutivamente más cerca de los simios; los aborígenes están más cerca de los monos que de los humanos" eran las afirmaciones "científicas" de los evolucionistas blancos. Una vez que el público aceptaba esa teoría científica, las élites podían enjaularlos, encarcelarlos, quitarles sus propiedades y robarles sus bebés, todo ello con un sentido perverso de mantenerse con la moral en un terreno elevado.

Hoy en día, los izquierdistas luchan por hacer que el asesinato de bebés sea moralmente legítimo y legal. Lo hacen utilizando un lenguaje deshumanizado, como llamar "feto" a un ser humano viable. Suena como si el bebé fuera una mancha de células. ¿Pero quién decide si alguien es un humano o no?

Los nazis decidieron que los judíos no eran plenamente humanos. Los líderes alemanes afirmaron que los judíos eran menos evolucionados que los arios. Entonces los exterminaron en un genocidio.

Los proabortistas de hoy en día también piensan que pueden decidir que un bebé con todo el material genético de un humano, con todas las partes del cuerpo de un humano, y normalmente con el latido del corazón de un humano, no es un bebé humano. Realmente no tienen opción. Tienen que decirlo. Deben deshumanizar a la persona primero antes de desmembrarla.

TRUMP, EL INSÓLITO PROVIDA

Le guste o no, Donald Trump no deshumaniza a los bebés. En su segundo discurso del Estado de la Unión de 2018, dijo: "Y reafirmemos una verdad fundamental, todos los niños nacidos y no nacidos están hechos a la santa imagen de Dios".

El 24 de enero de 2020, Trump afirmó el valor de los bebés en el vientre materno y se convirtió en el primer presidente en asistir a la Marcha por la Vida. Llamó a los Estados Unidos una "nación

Profamilia y provida". Explicó la base bíblica de su apoyo a la protección de la vida infantil:

"Todos los que estamos aquí hoy comprendemos una verdad eterna: cada niño es un precioso y sagrado regalo de Dios. Juntos, debemos proteger, apreciar y defender la dignidad y la santidad de toda vida humana. Cuando vemos la imagen de un bebé en el vientre materno, vislumbramos la majestuosidad de la creación de Dios. Cuando sostenemos a un recién nacido en nuestros brazos, conocemos el amor infinito que cada niño aporta a una familia... Los niños nonatos [bebés en el vientre de su madre antes de nacer] nunca han tenido un defensor más fuerte en la Casa Blanca. Y como nos dice la Biblia, cada persona está maravillosamente hecha "[4]

"...Tristemente, la extrema izquierda está trabajando activamente para borrar nuestros derechos dados por Dios, cerrar las organizaciones benéficas basadas en la fe, prohibir a los creyentes religiosos de la plaza pública, y silenciar a los estadounidenses que creen en la santidad de la vida...

"Pero sabemos esto: Cada vida trae amor a este mundo. Cada niño trae alegría a una familia. Cada persona merece ser protegida. Y por encima de todo, sabemos que cada alma humana es divina, y que cada vida humana, nacida y no nacida, está hecha a la santa imagen de Dios Todopoderoso. Juntos, defenderemos esta verdad en toda nuestra magnífica tierra." [5]

PROTECCIÓN DE BEBÉS Y NIÑOS

Necesitamos una "**Ley de Protección de la Vida Infantil**". El argumento religioso contra el aborto es claro: Dios odia el derramamiento de sangre inocente, y el aborto rompe el Sexto Mandamiento. Hay muchos pecados que los adultos cometen y que no son juzgados hasta el día del juicio, pero el pecado de herir a los niños es juzgado inmediatamente, dentro de una generación.

Cuando el Faraón ordenó a las parteras que abortaran a los niños hebreos al nacer, las parteras se negaron a obedecer una mala ley. Dios no se olvidó del abortista. Levantó a Moisés, uno de los niños que debía ser abortado, para que fuera juez del Faraón. Diez plagas descendieron sobre Egipto. En la décima, cada primogénito egipcio, incluyendo el hijo del Faraón, murió cuando el Ángel de la Muerte pasó durante la Pascua. Note que el Faraón nunca se quejó de que esto era "injusto". No, él sabía que esto era justicia poética.

La primera fiesta de la Biblia, la Pascua, conmemora la justicia poética de Dios contra los abortistas. Hay otros incidentes en la Biblia en los que Dios condenó el sacrificio de niños. Dios juzgó a los que adoraban a un falso dios llamado Moloc, que exigía que se arrojaran niños al fuego para apaciguarlo. Hay fuertes motivos espirituales o religiosos para que muchos estadounidenses se opongan al aborto.

¿Qué pasa con la considerable población de los Estados Unidos que no es religiosa? ¿Existe una razón secular, racional para oponerse al aborto libre (a petición) financiado con fondos públicos? En la mente de las personas laicas, hay muchas áreas grises sobre el aborto de un bebé o feto o la vida infantil. Pero seamos claros: la gran mayoría de los abortos son de madres sanas que ponen fin a la vida de bebés sanos. No hay ninguna zona gris en eso.

CASOS DE VIOLACIÓN Y OTRAS OBJECIONES LAICAS

Comprendo que entre las personas seculares surjan inquietudes y preguntas como: "¿y si la mujer fue violada?" La violación es un delito y debe denunciarse a la policía. Pero el caso del "embarazo por violación" ha sido mal representado y a veces exagerado.

El Dr. Ron Paul fue médico ginecólogo obstetra antes de convertirse en congresista estadounidense. Escribió:

> "El atractivo emocional de una violación... las víctimas desempeñaron un papel importante a la hora de ablandar la resistencia de quienes se oponen moderadamente al aborto. La verdad es que el embarazo después de una violación es muy raro. Se espera que una víctima de violación llegue a una sala de emergencias o a una comisaría de policía inmediatamente después del acto. Si lo hiciera, se podría evitar un embarazo.[6]
>
> "Un estudio de 3,500 casos de violación realizado durante un periodo de diez años no reveló ningún caso de embarazo. Personalmente, nunca he oído hablar de una víctima de violación que quedara embarazada en los veinte años que llevo formándome y ejerciendo la medicina.
>
> "Por lo tanto, esto no es una justificación para cambiar la ley que ahora ha fomentado la realización de casi 1,500,000 abortos al año en víctimas no violadas.
>
> "Si la violación fuera la verdadera razón para legalizar el aborto, ¿por qué no se restringió la ley a los casos de violación? La decisión de La Corte Suprema en 1973 fue arrolladora y no dejó ni una sombra de duda sobre el propósito del cambio; el aborto libre como medio de control de la natalidad. El tema de la violación se utilizó simplemente para movilizar a las tropas y a los simpatizantes".[7]

Una de las grandes injusticias de nuestro sistema judicial es la legalización del aborto basada en premisas falsas y mentiras descaradas sobre la violación. El verdadero nombre de "Jane Roe" en el caso Roe contra Wade era Norma McCorvey (1947-2017). He aquí algunos datos poco conocidos sobre ella:

Norma nunca abortó. Cuando Norma tenía 21 años, estaba desempleada y embarazada, dos abogadas proaborto, Sarah Weddington y Linda Coffee, buscaban una mujer embarazada vulnerable que firmara su declaración jurada para un caso monumental. Las abogadas pensaron que Norma era ideal porque "Eres blanca. Eres joven, estás embarazada y quieres abortar".[8]

Norma se reunió con sus abogados sólo tres o cuatro veces. Norma mintió sobre la violación en grupo en su declaración jurada, firmada el 17 de marzo de 1970. Sus abogados pensaron que su afirmación de violación haría que su caso fuera más fuerte y que el juez fuera más comprensivo con la legalización del aborto. Norma nunca compareció en el juicio que lleva su nombre. Se enteró del resultado por la televisión, como todo el mundo.

Norma no intentó abortar a su bebé y dio a luz a una niña sana, su tercera hija, que fue adoptada inmediatamente antes de que se decidiera el caso *Roe v. Wade en* 1973. Durante la década de 1980, Norma confesó haber mentido sobre su violación. En 1995, se convirtió en una cristiana nacida-de-nuevo, puso fin a su relación sexual con su pareja lesbiana y se comprometió a servir al Señor y a ayudar a las mujeres a salvar a sus bebés. En 2005, Norma solicitó a la Corte Suprema que anulara el caso *Roe v. Wade*, pero el alto tribunal se negó a escuchar su caso.

Norma lamentó que su nombre se utilizara para legalizar el aborto. Dijo: "Aunque fui una niña maltratada emocionalmente y una adolescente maltratada sexualmente, creo que el peor maltrato fue el infligido por el sistema judicial".[9] ¿Se puede imaginar una forma de maltrato peor que el abuso sexual? Para ella, la injusticia legal era peor que el tormento físico. *Roe v. Wade* fue un caso basado en el fraude. Por eso Donald Trump ha sido elegido para "drenar el pantano". Tal abuso de alto nivel exige que Dios muestre justicia en la Tierra y establezca un Día de Juicio. Lo ha hecho, y lo hará.

"En retrospectiva", dijo Norma, "se aprovecharon de mí, dos abogados con intereses propios. Peor aún, los tribunales, sin examinar mis verdaderas circunstancias y sin tomarse el tiempo de decidir el impacto real que el aborto tendría sobre las mujeres; creo que me utilizaron para justificar la legalización de la interrupción de la vida de más de 35 millones de bebés (ahora más de 50 millones)".[10]

¿Qué hay con los raros casos de embarazo por violación? ¿Qué dicen las personas que han sufrido una violación? Le pregunté a Allan Parker, que ha entrevistado literalmente a miles de mujeres que han abortado. Me dijo: "Muchas de las que optaron abortar se encontraron con la sensación de que, en lugar de ser víctimas, ahora eran culpables como el violador, porque habían terminado la vida de un inocente". Por otro lado, muchas mujeres que eligieron la vida encontraron que era una afirmación de la vida para ellas mismas, incluso si el niño es entregado a otra familia para que lo amen".[11]

También hay que tener en cuenta otra perspectiva. Los hijos de las violaciones son inocentes de cualquier delito y han vivido vidas felices y productivas, a menudo sin saber que eran producto de una violación y víctimas potenciales del aborto. Véanse los casos de Rebecca Kieslling[12], Juda Myers[13], y la comentarista de televisión Kathy Barnette. [14] Kiessling compartió lo siguiente sobre su historia:

"A los 18 años me enteré de que había sido concebida a raíz de una violación brutal a punta de cuchillo por un violador en serie. Como la mayoría de la gente, nunca había considerado que el aborto se aplicara a mi vida, pero una vez que recibí esta información, de repente me di cuenta de que, no sólo se aplica a mi vida, sino que tiene que ver con mi propia existencia".[15]

Hay muchas otras preguntas y situaciones hipotéticas que exigen respuestas morales. Los defensores del aborto preguntan: "¿Y si el niño tuviera una deformidad? ¿Y si el niño tuviera una enfermedad?". Tengo una hermana que nació con síndrome de Down. Nadie en mi familia pensó que debería haber sido abortada. Conozco personalmente a varios padres que han estado encantados de adoptar niños con graves problemas de salud.

SALVAR A LAS MADRES

"¿Qué pasa con la salud de la madre? ¿Y si los médicos necesitan abortar al bebé para salvar la vida de la madre?" En respuesta a esta objeción común, el doctor Omar Hamada tuiteó el 24 de enero de 2019:

"Quiero aclarar algo, para que no haya absolutamente ninguna duda, soy un obstetra ginecólogo certificado que ha asistido en el parto de más de 2.500 bebés. No hay una sola condición fetal o materna que requiera el aborto en el tercer trimestre. Ni una sola. Parto sí, aborto no". [16]

El Dr. Ron Paul escribió casi lo mismo en 1983:

> "En los casi 4,000 partos que he atendido, nunca me he encontrado con la necesidad de pensar en un aborto terapéutico por la salud de la madre; ni puedo imaginarme el caso del libro de cuentos en el que el médico se ve obligado a entrar en una crisis, y a tomar la decisión de a quién salvar la vida: a la madre o al bebé". Estos puntos de vista médicos distorsionados provienen de películas poco investigadas sobre el tema. El estado de embarazo es natural, no es una enfermedad y es beneficioso tanto para el feto como para la madre. La mayoría de las veces es un periodo delicioso para la madre y se siente mejor que en cualquier otro momento de su vida".[17]

Es una idea bastante nueva la de que el aborto es un remedio para la salud. Es una idea bastante nueva que el aborto sea legal. La legalización se produjo en 1973 debido a dos casos que fueron decididos el mismo día por La Corte Suprema de los Estados Unidos: Uno se llamó *Roe contra Wade*; el otro, *Doe contra Bolton*. ¿Cuál fue la diferencia entre los dos casos?

Roe v. Wade estableció un compromiso que no permitía la regulación del aborto en el primer trimestre, pero permitía la regulación estatal en el segundo y tercer trimestre para proteger la salud de la mujer. Pero el caso *Doe v. Bolton* estableció una "excepción de salud" que creó el aborto libre al permitir que el bienestar psicológico, incluida la felicidad, fuera un factor para tener en cuenta por el médico en cuanto a la salud de la madre.

Una vez más, la izquierda utilizó la inexacta pseudociencia de la psicología como arma legal furtiva. Mis capítulos sobre el Séptimo Mandamiento (reforma judicial) y el Quinto Mandamiento (justicia familiar) expusieron con detalle el incesto entre los tribunales y los psicólogos. No habrá justicia hasta que se apliquen las recomendaciones sobre la reforma judicial para frenar la deferencia de los tribunales hacia los psicólogos que no son objetivos, que buscan institucionalizar sus prejuicios en los tribunales y que defienden sistemáticamente políticas anti-familiares, antivida y anticristo. En las peores sentencias del Tribunal (por ejemplo, *Doe v. Bolton* 1973, *Abington v. Schempp* 1963), se encuentran psicólogos que actúan como jueces de facto. Es inconstitucional subcontratar justicia del convenio colectivo de los psicólogos.

Hemos abordado tres objeciones comunes basadas en un hipotético embarazo por violación, una posible deformidad y un riesgo desconocido para la salud de la madre. No voy a resolver todas las cuestiones y situaciones hipotéticas de las personas que no creen en Dios. Lo entiendo. Pero razonemos juntos sobre los asuntos de la vida y la muerte.

5 POSICIONES RACIONALES PARA CONSIDERAR

Uno de los argumentos racionales más convincentes para acabar con el aborto es que no hay necesidad de abortar en este planeta. La Protesta Moral ["The Moral Outcry"], un movimiento en los Estados Unidos iniciado por Melinda Thybault, ha solicitado a la Corte Suprema, con el respaldo de más de 250,000 firmas, que anule el caso *Roe contra Wade.*[18] Han planteado cinco puntos sencillos que cualquiera puede entender:

1. El aborto es un crimen contra la humanidad.
2. La vida comienza en la concepción.
3. El aborto perjudica a las mujeres.
4. Las leyes nacionales de protección permiten a las madres transferir libremente la responsabilidad de sus bebés "no deseados".

5. Hay al menos un millón, hasta dos millones de personas, esperando adoptar a esos niños recién nacidos.

En otras palabras, hay una alternativa mucho mejor que el aborto: Es la adopción. La franquicia de comida rápida Wendy's dona sus ganancias a la adopción. Wendy's se opone a la tendencia marcada por otras empresas que aprovechan sus utilidades para promover la ingeniería social radical y la cultura de la muerte. Wendy's elige la vida sobre la muerte. Es un uso inteligente del dinero.

Veamos ahora cada uno de los cinco puntos.

1. El aborto es un crimen contra la humanidad.

El espíritu del proaborto es muy parecido al espíritu que impulsó la esclavitud en los Estados Unidos. Ambos comparten el mismo desprecio por la vida humana. Ambos afirman que su víctima no es la vida, sino la propiedad. "Como es mi propiedad, puedo hacer lo que quiera con ella. No puedes decirme que no puedo tener un esclavo. No puedes decirme lo que no puedo hacer con 'mi cuerpo'". Ambos espíritus están equivocados porque cuando hay una víctima, siempre hay un crimen.

El aborto es la primera causa de muerte en el mundo. El aborto ha matado a mucha más gente que la violencia de las armas. Si los izquierdistas quieren prohibir las armas, ¿por qué no quieren prohibir el aborto?

Las estadísticas son sombrías. El número total de muertes en los Estados Unidos por violencia con armas de fuego, incluyendo los tiroteos masivos, los accidentes, el uso policial para hacer cumplir la ley y el uso privado en defensa propia (como contra el allanamiento de morada), fluctúa entre 14,000 y 15,000 al año.[19] Por el contrario, el número promedio de abortos al año fluctúa entre 600,000 y 800,000 al año.[20] En una lista de las 10 principales causas de muerte en Estados Unidos en 2016, el aborto fue el número uno y ser asesinado por un arma de fuego el último.[21]

En todo el mundo, el promedio de bebés que mueren por aborto es de 53 millones por año.[22] Esto es mucho más que el número de seres humanos que mueren por el SIDA, el cáncer de alcohol, los accidentes de tráfico, la malaria y el tabaquismo juntos. Para las personas que aman la vida y odian la violencia es incomprensible que los políticos ignoren a las víctimas reales del aborto. Tal vez si los niños pudieran votar, los izquierdistas se preocuparían.

El mundo está gastando billones de dólares para luchar contra el calentamiento global y es posible que no podamos hacer nada para controlar la temperatura o el clima de la Tierra. Como informó el periodista Eric Utter, "ni una sola de las víctimas mortales podría relacionarse directamente con el calentamiento global provocado por el hombre".[23]

Gastamos, con razón, miles de millones de dólares para prevenir los accidentes, el abuso del alcohol, las infecciones por VIH y el tabaquismo. Sin embargo, el Sr. Utter expuso la irracionalidad de lo que hacen los políticos con nuestro dinero: "pagamos hasta la saciedad para luchar contra prácticamente todas las demás causas de muerte, algunas de las cuales no son del todo evitables, pero subsidiamos la mayor causa de muerte, que es totalmente evitable y electiva... es fácil evitar los abortos: no los practiques. O no tener relaciones sexuales. O tomar precauciones". [24]

La industria del aborto no sólo es innecesaria, sino que se dedica a la venta inmoral de partes del cuerpo de los bebés. Como tuiteó el vicepresidente Mike Pence el 17 de septiembre de 2019:

> "El horrible descubrimiento de 2,246 restos fetales en la casa del abortista Dr. Klopfer en Illinois es espantoso y debería sacudir la conciencia de todos los estadounidenses. Mientras fui gobernador de Indiana le quitamos la licencia médica y aprobamos una ley que exige que los restos fetales sean tratados con dignidad".

Cualquier legislación que proteja el valor de la vida humana es un paso hacia la reafirmación de una cultura de la vida. Exigir que los seres humanos sean enterrados con dignidad es bíblico y un buen paso intermedio antes de anular el caso *Roe v. Wade.*

2. La Vida Comienza en la Concepción.

Para estar a favor del aborto hay que ir en contra de la ciencia y ocultar muchas pruebas. Los abortistas no quieren que escuches el latido de tu propio hijo. En 2017, Kentucky aprobó un proyecto de ley apodado "Ley del Ultrasonido", que obliga a las mujeres embarazadas a escuchar primero el latido del corazón de su bebé y a ver su cuerpo a través de una ecografía antes de optar por el aborto. Los científicos deberían celebrarlo. Todavía hay mujeres que se imaginan que el niño que hay dentro de su vientre no es más que una masa de tejido fetal.

La Unión Americana de Libertades Civiles [American Civil Liberties Union—ACLU] y EMW Cirugía para Mujeres [EMW Women's Surgical] (el único proveedor de abortos de Kentucky) no lo celebraron. Se opusieron. El Tribunal de Apelación del 6° Circuito de los EE. UU. confirmó la constitucionalidad de la ley de Kentucky, declarando: "Como cuestión de la Primera Enmienda, no hay nada sospechoso en que un estado exija a un médico, antes de practicar un aborto, que revele hechos veraces y no engañosos, relevantes para el consentimiento informado".[25] Todo médico debe obtener el consentimiento plenamente informado de la madre.

Los abortistas tampoco quieren que se vean los dedos de las manos y de los pies, la cara, el corazón y todas las partes del cuerpo de un bebé arrancadas por el aborto. Son anticientíficos porque no quieren que las madres vean las pruebas biológicas.

Abby Johnson, que fue directora de una clínica de "Planned Parenthood" [Planificación Familiar] en Texas, admitió después de ver una ecografía de un "bebé de 13 semanas que luchaba por su vida contra el instrumento del aborto".[26] Su libro, *The Walls Are Talking: Former Abortion Clinic Workers Tell Their Stories*, [*Las Paredes están Hablando: Ex empleados de una Clínica de Aborto Cuentan Sus Historias*] recoge relatos de primera mano de antiguos trabajadores de centros de aborto. Uno de esos relatos era el de una joven a la que el personal de Planificación Familiar apodaba "viajera frecuente". Apodada Angie, había tenido ocho abortos y venía por el noveno.

"No es gran cosa", aseguró a los trabajadores de la clínica. "Ya lo he hecho ocho veces y no me arrepiento".[27] Se rio durante su primer aborto y en todos los que tuvo desde entonces. Le habían dicho que el aborto no era más que la extracción de una bola de células como un trozo de tejido. Después de su noveno aborto, sintió curiosidad y quiso ver el "tejido" por sí misma. Pidió a la trabajadora del aborto que le mostrara los restos de su aborto, y la trabajadora del aborto accedió.

A las 13 semanas, su bebé estaba completamente formado.

La trabajadora abortista recuerda: "Debatimos sobre cómo colocar los trozos. ¿Sería mejor juntarlos todos juntos para que no se reconociera ninguna de las partes o debería recomponerlos como hacíamos normalmente para asegurarnos de que no faltara ninguna parte? No había ningún protocolo al respecto, así que al final opté por recomponer las piezas".[28]

La reacción de Angie no fue la que esperaba la trabajadora de abortos. Cuando sus ojos se dirigieron al contenedor del bebé desmembrado, soltó un fuerte grito. Unos instantes después, todo su cuerpo se estremeció. "Eso es un bebé", dijo, "era mi bebé. ¿Qué he hecho yo? ¿Qué he hecho?" Lo repitió una y otra vez y empezó a suplicar a los trabajadores de la clínica de abortos que la dejaran llevarse a su bebé mutilado a casa. Suplicó a los trabajadores que cedieran, pero se negaron.[29]

Angie nunca volvió a abortar.

Y el trabajador que la ayudó también dejó la industria del

aborto. Planificación Familiar emitió entonces una política estricta de no mostrar nunca a las madres sus bebés abortados.

El movimiento abortista es anticientífico. Planificación Familiar no permite que las madres vean a sus propios bebés. Los que controlan los medios occidentales de comunicación ni siquiera proyectan en los cines el corte biográfico de Abby Johnson, "Inesperado" ["Unplanned".] Australia la censuró mientras era un éxito de taquilla en los Estados Unidos. Los cristianos seguían viéndola dentro de las iglesias. Fue una revelación cinematográfica bien producida. Los abortistas son anticientíficos. Según ellos, ¡no se puede ver, no se puede oír!

Los provida están a favor de la evidencia. Muchas madres jóvenes creen erróneamente que sus bebés son un bulto de tejido sin sentimientos; nunca imaginaron que sus bebés son completamente humanos desde la concepción con un latido detectable a las 6 semanas de vida.

El aborto es una carnicería. El Dr. Antony Levatino (ginecólogo-obstetra), que realizó más de 1,200 abortos en su consulta privada durante un periodo de 4 años, dio un testimonio experto sobre los procedimientos médicos de Planificación Familiar. Es uno de los mejores vídeos de 5 minutos que se pueden compartir con cualquiera.[30] Describió el aborto en el segundo trimestre como un "procedimiento a ciegas" en el que se coge una pinza metálica y se tira a ciegas para desmembrar al niño miembro a miembro. Normalmente, primero sale una pierna, luego el brazo, la columna vertebral, el corazón y el pulmón, y una carita.

Después de que su propia hija muriera repentinamente en un accidente de coche, enterró a su hija y volvió a realizar lo que normalmente era un procedimiento rutinario. Pero cuando sacó un brazo y una pierna, se sintió enfermo. "Después de más de 1,200 abortos, de primer y segundo trimestre hasta las 24 semanas... por primera vez en mi vida, verdaderamente miré la pila de partes del cuerpo que había al lado de la mesa, y no vi su maravilloso derecho de elegir, ni vi todo el dinero que acababa de ganar, todo lo que pude ver fue el hijo o la hija de alguien. Después de eso, dejé de hacer abortos de embarazos avanzados y, varios meses después, dejé de hacer todos los abortos".[31]

Los científicos creen ahora que un bebé puede sentir dolor a partir de la octava semana de vida.[32] Hay signos médicos de que los bebés están luchando por su vida mientras el médico realiza un aborto. A veces hay cicatrices en las manos del bebé, formadas mientras lucha contra esas intrusiones metálicas que entran. Tú también lucharías por tu vida si alguien te arrancara un miembro. El aborto es anticientífico e inhumano.

NUEVAS PRUEBAS CIENTÍFICAS: CUANDO LA VIDA HUMANA COMIENZA

No sólo debemos reconocer que los bebés nonatos son plenamente humanos, sino que también debemos reconocer que la vida comienza en la concepción. La ciencia ha avanzado con nuevas pruebas desde el caso *Roe contra Wade de 1973*.

Entrevisté a Allan Parker de la Fundación de Justicia ["Justice Foundation,"] en noviembre de 2019 para conocer su opinión sobre las nuevas evidencias provida. Esto es lo que me dijo:

"Los sonogramas no entraron en uso en los tribunales estadounidenses hasta mediados de la década de 1980. La ecografía es una ventana al vientre materno. Cuando un bebé es deseado, todo el mundo comparte la foto de la ecografía y dice: 'Mira, aquí está mi nuevo bebé'. Pero cuando no es deseado, el abortista se niega a mostrar la ecografía y la llama feto.

"La segunda prueba nueva son las pruebas de ADN. Si tomas una muestra de ADN de la mejilla de la madre y del bebé en el vientre materno, y las llevas de forma anónima a un laboratorio de ADN, te enviarán de vuelta un informe que te dirá que son de dos seres humanos separados, completos, únicos y con su propio código genético. El bebé no forma parte del cuerpo de la madre. No es "su cuerpo, su elección". Pero las pruebas de ADN no empezaron a utilizarse en los tribunales hasta mediados de los años 80.

"Finalmente, me enteré de esto por Mindy (Melinda Tybault). Ella y su marido adoptaron cuatro embriones congelados que fueron congelados a los seis días de fecundación. De lo contrario, estos niños habrían sido desechados y habrían muerto. Cuando iban a implantar el primero en su vientre, le preguntaron: '¿Quieres un niño o una niña? Ella respondió: '¿Cómo pueden saberlo? Le dijeron: 'Podemos determinar el sexo a los seis días de fecundación'. Así que ella y Denny eligieron un niño para la primera adopción. Este niño procede de la fecundación in vitro (FIVo) de otra pareja. La fecundación in vitro no existía en 1973. El primer bebé probeta, Louise Brown, nació el 25 de julio de 1978".[33]

La ciencia entiende ahora que toda persona es plenamente humana desde el momento de la concepción, y los científicos pueden identificar si es varón o hembra desde los seis días de vida. Como tuiteé el 9 de diciembre de 2019:

"Los niños en el vientre materno son personas con potencial, NO personas potenciales".

---

3. El Aborto Perjudica a las Mujeres.

Después de comparar 22 estudios semejantes revisados sobre el aborto, la doctora Priscilla K. Coleman publicó sus resultados en el *Diario Británico de Psiquiatría* [*"British Journal of Psychiatry"*] en 2011. Su investigación descubrió que las mujeres que se habían sometido a un aborto tenían un 81 por ciento más de riesgo de sufrir problemas de salud mental, y casi el 10 por ciento de la incidencia de los problemas de salud mental era atribuible al aborto. [34] La correlación más fuerte era entre el aborto y el abuso de sustancias y el suicidio. Las mujeres que habían abortado tenían un

110% más de probabilidades de abuso del alcohol, un 220% más de abusar el uso de la marihuana y un 155% más de probabilidades de suicidarse. Incluso un aumento del 10 por ciento en el riesgo para la salud es significativo. Sólo el 10% de los fumadores padecen cáncer de pulmón y, sin embargo, los cigarrillos están prohibidos en la mayoría de los lugares públicos y desaconsejados en los privados.[35]

Hay una historia no contada de mujeres perjudicadas por sus propios abortos y por la industria del aborto. Los intereses de los abortistas son casi siempre opuestos a los de la mujer embarazada. Les dicen a todas las mujeres que el aborto es "seguro". No revelan los efectos negativos del aborto, incluidas las complicaciones físicas como la perforación del útero, la perforación del colon, la esterilidad, las hemorragias excesivas, las experiencias al borde de la muerte y las "devastadoras consecuencias psicológicas", como reconoció el Tribunal ya en el caso *Parenthood v Casey* [*Planificación v Casey*].. [36]

En la decisión de la Corte Suprema sobre el aborto por nacimiento parcial *Gonzales v. Carhart*, el juez Kennedy emitió la opinión del Tribunal: "El respeto a la vida humana encuentra su máxima expresión en el vínculo de amor que la madre tiene con su hijo. ...El hecho de abortar requiere una decisión moral difícil y dolorosa... parece ineludible la conclusión de que algunas mujeres llegan a arrepentirse de su decisión de abortar la vida infantil que una vez crearon y sostuvieron... Pueden producirse graves depresiones y pérdida de estima".[37]

El aborto también tiene consecuencias sociales y económicas. Algunas que abortaron en la universidad tuvieron que abandonar los estudios por el trauma del aborto. Algunas se volvieron adictas a las drogas o sufrieron violencia de pareja porque se sintieron indignas de amor.[38]

La Fundación para la Justicia ha recogido más de 4,600 testimonios escritos, legalmente admisibles, de madres que se han visto perjudicadas por sus abortos o engañadas por sus abortistas. Esta información está oculta al público por los medios de comunicación, pero está disponible para la defensa legal.[39]

Los abortistas como Planificación Familiar tienen un conflicto de intereses para decir la verdad a las mujeres. Los ingresos de Planificación Familiar en 2017-18 fueron de más de 1,660 millones de dólares.[40] No presentan todos los hechos relevantes sobre la naturaleza y las consecuencias adversas del aborto a sus clientes, por qué hacerlo, entra en conflicto con su propio interés financiero o su prejuicio ideológico a favor del aborto. Uno de los deberes más fundamentales de cualquier médico es obtener el consentimiento voluntario y plenamente informado de la persona que busca atención. Los pacientes tienen derecho a recibir información. Los abortistas afirman que luchan por los derechos reproductivos de las mujeres, mientras luchan contra los derechos médicos básicos de las mujeres y los derechos humanos del niño. La industria del aborto no protege la salud y la seguridad de las mujeres. No representa a las mujeres, los niños, las madres o los padres. Causa daños.

4. Las leyes nacionales de Refugio Seguro permiten a las madres transferir libremente la responsabilidad de sus bebés "no deseados".

El viejo argumento solía ser: Si no hay aborto legal, la gente abortará en los callejones. ¿Sabías que en los 50 estados de los Estados Unidos más Washington D.C. existen ahora "Leyes de Refugio Seguro" que permiten a una madre dejar a su recién nacido en manos del Estado y marcharse sin la carga del cuidado del niño? Las leyes de Refugio Seguro hacen que los viejos temores de los abortos en callejones sean irrelevantes.

En el siglo XXI, hay una alternativa mucho mejor al aborto. Las leyes de Refugio Seguro hacen que el aborto sea obsoleto y constituyen un importante "cambio de circunstancias". Por lo tanto, son una razón sólida y necesaria para revertir los tres casos de aborto: *Roe v. Wade, Doe v. Bolton y Planned Parenthood v. Casey* [*Planificación v. Casey*].[41]

Las diferencias entre las leyes de Refugio Seguro en los distintos estados son: dónde se puede depositar un bebé y hasta qué edad se puede dejar. Algunos estados, como Pensilvania, sólo aceptan bebés en los hospitales. Otros estados como Carolina del Norte aceptan a los bebés en agencias (el departamento de policía), agencias de servicios sociales y estaciones de bomberos.

El límite de edad varía mucho entre los estados. Una madre puede dejar a su bebé hasta los 3 días en estados como Colorado, Hawai y Wisconsin; 7 días en Florida, Oklahoma y Washington D.C.; 14 días en Iowa, Virginia y Wyoming; 30 días en Arkansas, Connecticut, Luisiana y Nueva York; 60 días en Dakota del Sur y Texas; 90 días en Nuevo México y hasta un año en dos estados: Missouri y Dakota del Norte.. [42]

En su escrito de *amicus curiae* [*amigo del tribunal* en latín], Melinda Thybault comparó el aborto con la esclavitud: "Al igual que la esclavitud, la controversia nunca desaparecerá mientras [el aborto] sea legal. En cambio, las leyes de Refugio Seguro pueden acabar algún día con la guerra del aborto. Las leyes de Refugio Seguro permiten que la controversia se resuelva poniendo fin a la matanza de seres humanos y permitiendo a las mujeres la libertad general del cuidado de los niños que las feministas y otros desean. El Refugio Seguro proporciona una población con familias amorosas y niños adoptados. Es una solución que beneficia al niño, a la madre y a la sociedad". [43]

Las leyes de Refugio Seguro eliminan la necesidad de abortar y satisfacen las necesidades de cuidado de los niños no deseados sin perjudicar a las mujeres. Ninguna mujer se verá sobrecargada por el cuidado de los niños. No hay absolutamente ninguna razón para abortar.

5. Hay al menos un millón, hasta dos millones de personas que esperan adoptar niños recién nacidos.

Aproximadamente seis millones de mujeres estadounidenses al año experimentan infertilidad. Muchas de ellas y sus cónyuges desean adoptar niños. Hay parejas fértiles que desean ser padres de niños adoptivos, pero se ven desanimadas por las largas colas de espera y los desorbitados costos de la adopción, unos 10,000-25,000 dólares por niño. En total, se calcula que hay entre uno y dos millones de estadounidenses al año en espera de adoptar niños recién nacidos.

Esto podría resolverse con la abolición del aborto. Como argumentó Melinda Thybault en su escrito de *amicus curiae* ante la Corte Suprema "Hay muchas más personas esperando adoptar recién nacidos que el número de niños abortados al año... ya no es necesario el aborto para liberar a las mujeres del cuidado de sus hijos. Las mujeres no buscan el aborto por bienestar, sino que buscan liberarse del niño".[44]

Salvar a los bebés del aborto no sólo pondría fin a las largas colas, sino que también reduciría el costo de la adopción. Millones de estadounidenses están esperando para adoptar a los recién nacidos y darles un hogar cariñoso. La demanda es mayor que la oferta.

Puede que pienses: "Oh, eso sólo es cierto para los bebés sanos" No. Los adoptantes los quieren a todos. Mi compañera de ministerio, Jane Clement (esposa del difunto Kim Clement), es madre cristiana de cinco bebés sanos y adoptó a cinco bebés no sanos. Todos ellos tienen defectos de nacimiento que requieren atención médica: en la cara, en el corazón, etc. Cada uno de ellos es perfectamente humano. Están viviendo plenamente. Están disfrutando de vidas buenas y cristianas, tan felices de estar en esa familia de diez niños.

No hay absolutamente ninguna razón para abortar en estos tiempos. Es una barbaridad matar a un bebé. Permítanme reiterar, en palabras de Melinda Thybault, que "hay millones de estadounidenses que esperan adoptar a los recién nacidos y que podrían dar a estos niños hogares amorosos en lugar de una muerte prematura. El resultado sería una sociedad más justa, humana y saludable... Por lo tanto, es hora de avanzar hacia una sociedad en la que proporcionemos justicia a la 'vida infantil', misericordia a la madre y amor a la 'vida infantil' y a las familias que anhelan adoptarlos". [45]

EL PROGRESO EN LOS ESTADOS

Para llevar la justicia a los Estados Unidos, debemos proteger a los niños y bebés, tanto dentro como fuera del vientre materno. Estados Unidos ya está avanzando hacia esta agenda.

El 28 de mayo de 2019, el Tribunal Supremo decidió por 7 votos a 2 mantener una ley del estado de Indiana firmada por Mike Pence cuando era gobernador de Indiana. La ley exige que las clínicas de aborto proporcionen un entierro o cremación adecuados del bebé abortado. A las madres y a los médicos no se les permite deshacerse de un bebé de la misma manera que uno se desharía de los residuos médicos, como la flema, o la sangre o un apéndice. Las madres no pueden tratar a un bebé humano como si fuera un residuo médico. ¿Por qué habría de estar alguien en contra de esto? Todo ciudadano decente debería preocuparse por dar dignidad a la vida. Una decisión de 7-2 es una declaración moral abrumadora.

Planificación Familiar [Planned Parenthood] salió inmediatamente en contra con una declaración de que "el entierro estigmatiza el aborto". [46] Son anti-ciencia. No quieren que se vean los restos de un ser humano. Si estuvieran a favor de la ciencia, querrían verlo todo, querrían oírlo todo. Muéstrame las pruebas. ¡Déjame decidir por mí mismo! Permítanme decirlo de nuevo: Provida es pro-ciencia.

¿Por qué los abortistas ocultan tanto? Para estar a favor del aborto, hay que ocultar la verdad. El aborto está siendo recogido por las corporaciones globales de tendencia izquierdista. No se trata sólo de los gigantes de la tecnología, la "Banda de los Cuatro" Google, Apple, Facebook, Amazon (GAFA), más Twitter, ya sabemos que simpatizan con las causas izquierdistas y anticristianas. Pero estamos descubriendo que Netflix y Disney también están a favor del aborto.

Ambas empresas de entretenimiento amenazaron con prohibir las filmaciones en Georgia porque el 7 de mayo de 2019 Georgia aprobó la ley "Heartbeat Bill" HB 481 que hace ilegal el aborto en cuanto se detecta el latido del corazón del bebé. En respuesta, el periodista de PragerU, Will Witt tuiteó el 31 de mayo de 2019:

"Pero Disney ha filmado en Bolivia, donde el aborto es ilegal, en Croacia, donde el aborto es ilegal después de once semanas, y en los Emiratos Árabes Unidos, donde el aborto es ilegal y ser gay es ilegal. ¿Disney no tiene problemas en ninguno de estos lugares, pero ahora de repente Georgia es el enemigo?"

Varios estados están proponiendo o han aprobado proyectos de ley sobre el "latido del corazón". En 2013, Dakota del Norte se convirtió en el primer estado en aprobar una ley de latido del corazón, pero la ley fue anulada en 2015 por la Corte Suprema, citando el caso *Roe v. Wade*. En 2019, se aprobaron proyectos de ley sobre el latido del corazón en Alabama, Georgia, Luisiana, Missouri y Ohio. La HB 314 de Alabama es una de las leyes más provida; convirtió la realización de abortos en un delito castigado con 99 años de prisión. Alabama no castiga a la mujer; Alabama castiga al médico que mata a un bebé desgarrándolo con pinzas metálicas y un tubo de succión. En lenguaje llano, eso es desmembrar a un ser humano vivo; eso es lo que hace la organización terrorista ISIS. El ISIS desmiembra a los infieles.

Las leyes sobre el latido del corazón establecen lo obvio: si un médico puede oír el latido del corazón, tiene la obligación de proteger a ese ser humano. La madre puede marcharse, puede despedirse de su bebé, pero no puede matar a ese ser humano.

Aunque algunas de estas leyes sobre el latido del corazón en Iowa, Kentucky y Mississippi han sido tachadas de inconstitucionales por los tribunales, los antiabortistas creen que estas leyes servirán de vehículo para que La Corte Suprema de los EE. UU. acabe anulando la sentencia inmoral del alto tribunal en el caso *Roe contra Wade*.

LOS DERECHOS CIVILES DE LOS BEBÉS

La protección de los bebés y los niños debe enmarcarse como una cuestión de derechos civiles. En su nivel más básico, implica la cuestión de quién puede determinar si alguien es humano o no.

A lo largo de la historia, los déspotas han deshumanizado a las personas que planean matar, al igual que los partidarios del aborto deshumanizan a los bebés nonatos hoy en día.

Adolfo Hitler y su Partido Nazi deshumanizaron a los judíos, comparándolos con simios y haciéndolos evolutivamente inferiores a la "raza aria", para que los soldados nazis pudieran matarlos sin cuestionar la moralidad de ello.

Los británicos deshumanizaron a los aborígenes en Australia para poder apoderarse del país, enjaular a muchos de ellos y llevarse a sus bebés. Hoy, la pregunta es: "¿A quién van a deshumanizar los izquierdistas próximamente?"

Los conservadores y los cristianos quieren proteger la humanidad de los humanos; eso significa que, si eres genéticamente humano, tienes 46 cromosomas y un latido, eres un humano. No eres más que un humano, y cada humano tiene derechos otorgados por Dios. La idea de proteger a los seres humanos, por muy jóvenes que sean, se convierte en una cuestión de derechos civiles.

UN PASO QUE FALTA

El presidente Trump está haciendo un buen trabajo en esta área de protección del derecho a la vida de los bebés. Ya ha nombrado a dos jueces conservadores para el Tribunal Supremo, los jueces Neil Gorsuch y Brett Kavanaugh, pero mi decepción con él es que no ha nombrado a ningún cristiano protestante para el alto tribunal, solo a católicos hasta ahora.

Seguramente, hay juristas protestantes nacidos de nuevo o filósofos legales que califican para la corte más alta de la nación. El presidente debería considerar la posibilidad de nombrar a alguien que sea moral, no sólo afiliado a una organización moral, sino moral hasta la médula, alguien como el vicepresidente Mike Pence, que es intachablemente moral y vive su vida según la Biblia. El historiador legal David Barton viene a la mente como un foráneo que podría reformar el Poder Judicial, basado en su comprensión de las fuentes de texto primarias que revelan la intención original de los Padres Fundadores.

Las próximas nominaciones al Tribunal Supremo deben tener en cuenta a un protestante de fuera porque ahora mismo el alto tribunal está formado por católicos y judíos. En una nación fundada en gran parte por cristianos protestantes, donde la mitad de la población sigue siendo protestante, parece justo que los protestantes estén representados en el Tribunal Supremo.

Más del 80% de los cristianos evangélicos blancos votaron por Trump en 2016. Los cristianos evangélicos fueron y son el voto decisivo. Nosotros, el pueblo, hemos hecho oír nuestra voz: Lo que más nos preocupa es quién será el próximo miembro del Tribunal Supremo. Trump puede persuadir a los cristianos evangélicos de que tomaron la decisión correcta asegurándose de que su próxima nominación a la Corte Suprema sea alguien que no sea un cristiano nominal, sino un cristiano que crea y guarde la Biblia.

Así es como nos aseguraremos de que nuestros hijos, nietos y bisnietos estén protegidos durante las próximas generaciones.

MI PREDICCIÓN SI LA GENTE BUENA NO HACE NADA

El mal nunca se detiene. Al principio, dijeron a la Corte Suprema en 1973, "sólo queremos el aborto de primer término, en caso de que una mujer cometiera un error, la anticoncepción no funcionara, fuera promiscua y se arrepintiera; es una elección de la mujer".

El aborto de primer término fue legalizado.

Luego, siguieron adelante. Querían el segundo término. Cuando consiguieron eso, entonces, quisieron el aborto de tercer término. El mal nunca se detiene. Después del tercer término, han comenzado a pedir el aborto posnatal.

¿Has tenido alguna vez un bebé en brazos? He tenido a tres de mis propios bebés en brazos, y a muchos otros bebés, por supuesto. En el momento en que están en tus brazos, nadie puede negar que se trata de un ser humano, Si cogieras un martillo y le rompieras el cráneo a ese bebé, que es básicamente lo que haría un abortista, serías un asesino.

¿Cuál es la diferencia entre un bebé que acaba de nacer y un bebé un minuto antes de nacer? Te pido que hagas un simple ejercicio en tu propia mente y trabajes hacia atrás: Si reconoces que un bebé es un bebé en el mismo instante en que viene al mundo, ¿no es un bebé un minuto antes? ¿Una hora antes? ¿Una semana antes? ¿Un mes antes? ¿Siete meses antes? Siempre ha sido un bebé, biológicamente un bebé, genéticamente un bebé; e incluso en sus sentimientos es un bebé humano.

Permítanme predecir aquí, si la gente buena no hace nada para revertir el caso *Roe v. Wade*, pedirán el "aborto de un año", luego el "aborto de dos años", luego el "aborto de tres años". Pedirán la legalización del infanticidio. Es una consecuencia natural de cualquier sociedad que se vuelve menos cristiana y más hedonista.

Gracias a Dios, con la administración Trump, el Sexto Mandamiento está siendo reintroducido en los Estados Unidos. Trump afirmó en la Marcha por la Vida de 2020: "Los niños nonatos nunca han tenido un defensor más fuerte en la Casa Blanca".[47]

Esta es la temporada de justicia. Es hora de reexaminar la ciencia, los costos y la inmoralidad de la industria del aborto. Es hora de terminar el pacto con la muerte y el acuerdo con la tumba, como dijo Dios en el capítulo 28 de Isaías. Dios ha preparado el juicio para aquellos que ocultan los males de la industria del aborto. Cuando sean derrotados, entonces las bendiciones fluirán sobre los Estados Unidos y sobre sus líderes.

ISAIAS 28:15, 18

15 Porque han dicho: «Hemos hecho un pacto con la muerte, Hemos hecho un convenio con el Seol. Cuando pase el azote abrumador, no nos alcanzará, Porque hemos hecho de la mentira nuestro refugio Y en el engaño nos hemos escondido»....

18 Será terminado el pacto de ustedes con la muerte, Su convenio con el Seol no quedará en pie. Cuando pase el azote abrumador, Ustedes serán pisoteados por él.

CAPÍTULO 8

NO. 5 JUSTICIA FAMILIAR, DIVORCIO E IMPUGNACIONES

EL QUINTO MANDAMIENTO

"Honra a tu padre y a tu madre, para que tus días sean prolongados en la tierra que el Señor tu Dios te da."
Exodo 20:12

POR QUÉ DIOS PERMITIÓ LA IMPUGNACIÓN. [IMPEACHMENT]

EL 18 DE diciembre de 2019, días antes de la Navidad y el año nuevo, Donald Trump se convirtió en el tercer presidente en ser sometido a juicio político de impugnación por la Cámara de Representantes. El 16 de enero de 2020 comenzó su juicio político en el Senado y el 5 de febrero fue absuelto. ¿Por qué Dios permitió que un patriota, que servía a los intereses de su país, fuera sometido a un juicio político de impugnación por algo tan artificioso como una llamada telefónica con un jefe de Estado extranjero y por ignorar los acosos legales del Poder Legislativo contra el Ejecutivo?

Hay un paralelismo con la experiencia de Trump que es el tema del quinto mandamiento, la familia. La injusticia a la que se enfrentó Donald Trump en el proceso de impugnación [impeachment] es exactamente lo que los padres (y algunas madres) enfrentan todos los días en el sistema de tribunales de familia.

Impugnar [Impeach] significa "acusar", "cuestionar la integridad de alguien" o "acusar a alguien de mala conducta, pero no condenarlo". Los padres son acusados todos los días en los tribunales.

Los padres son despojados de su honor y dignidad en la corte familiar a través de etiquetas antagónicas, falsas acusaciones, exageración, perjurio, confianza en pruebas judiciales sesgadas, fingida neutralidad entre los que toman las decisiones, todo ello dirigido a un resultado predeterminado. Los profesionales violan la ley de Dios en Levítico 19:15, "No harás injusticia en los tribunales".

Trump, siendo un hombre poderoso con un equipo de abogados capaces, puede no haber apreciado plenamente esta injusticia hasta que soportó su propia impugnación. Dios lo ha permitido con un propósito. Él quiere que la opresión de un género sobre otro termine, ya sea hombre contra mujer, o mujer contra hombre. Ambas son erróneas. La verdadera igualdad de género debe estar consagrada en la Constitución, como lo está en el Quinto Mandamiento.

El Nuevo Testamento repite este mandamiento, "'Honra a tu padre y a tu madre' (este es el primer mandamiento con promesa), 'para que te vaya bien y vivas mucho tiempo en la tierra'"[1]. Dios predijo que, en los últimos días, la gente echaría de menos a sus padres. [2] Sin duda, la ausencia de algunos padres se debe a que los hombres producen descaradamente bebés y luego se alejan. "Pero si alguien no mantiene a sus parientes, y especialmente a los miembros de su familia, ha negado la fe y es peor que un incrédulo", escribió el apóstol Pablo a Timoteo.[3] También hay hombres casados que trabajan demasiado o son irresponsables, y ambos provocan una especie de ausencia de padre. Pero un número cada vez mayor de niños no tienen padre en sus vidas debido a la injusticia del sistema de tribunales de familia. El dolor que ha sufrido Trump en un juicio injusto se multiplica en todo el país en miles de audiencias sesgadas. Trump podría ser un agente para detener la impugnación diaria de los padres.

El tribunal de familia es quizás el ejemplo más condenatorio de abuso de poder del gobierno. El derecho jurídico de familia sigue siendo arcaico y bárbaro: calcifica los estereotipos de género, ignora la necesidad de los niños de tener ambos padres, agravan la miseria durante la época más vulnerable de una persona, alienta a un padre o madre a "ganar" y al otro a "perder", y a menudo da lugar a una amplia transferencia de riqueza de los hogares rotos a los abogados depredadores. Nada puede ser peor que el gobierno destruya familias y separe a los niños de sus propios padres, y sin embargo esto es lo que los tribunales de familia han hecho durante décadas.

Estoy persuadido de que Trump experimentó esta injusticia para despertarlo a cuatro verdades que la mayoría de los políticos ignoran porque estas verdades no son elitistas ni políticamente correctas:

1. La impugnación ["impeachment"] estaba destinada a ser un control del poder judicial, no del Ejecutivo;
2. Dios dará a un presidente justo las dos cámaras del Congreso si se compromete con una agenda de reforma judicial (es decir, para mantener al poder judicial bajo control);

3. una de las mayores áreas de transgresión judicial es la legislación de familia; y
4. existen tanto mecanismos constitucionales como ideas de reforma para restituir la justicia y reconstruir la familia estadounidense.

La impugnación presidencial afecta a una persona de vez en cuando. La injusticia familiar afecta a millones de personas las 24 horas del día. El presidente Trump reaccionó a su impugnación tuiteando: "Esto no debería volver a ocurrirle a otro presidente. ¡Haz una ORACION!"

He orado, Sr. presidente, y aquí está la respuesta del Cielo: Dios quiere una gran reforma no sólo para proteger al próximo presidente, sino también para proteger a millones de padres de juicios injustos e injusticias evitables. Rápida y fácilmente con su firma, este problema podría resolverse.

Nosotros, el Pueblo, le pedimos a usted y a ambos partidos que defiendan una Enmienda Constitucional que consagre la verdadera igualdad de género, la igualdad de los padres y la crianza sin culpa (explicaré las tres cosas y más en mis propuestas más adelante).

En el caso de Trump, los demócratas querían el divorcio desde el principio. No iba a haber negociación racional ni reconciliación pacífica. Estaban empeñados en impugnarlo primero y en encontrar un delito después. El problema era que la Cámara de Representantes no tenía testigos creíbles de un delito, así que trajeron "testigos expertos" como profesores de derecho, psicólogos e historiadores que todos estaban de acuerdo en que Trump debía ser impugnado. Pero ninguno estuvo de acuerdo por qué delito. Por lo tanto, los cargos criminales cambiaron de quid pro quo, a extorsión, a soborno, a cargos vacíos que no contenían delito alguno, como la obstrucción del Congreso. Cualquiera que fuera el cargo, la Cámara controlada por los demócratas había tomado una decisión sobre el resultado: la impugnación.

Esto no es diferente de lo que ocurre en los tribunales de familia a diario. Las personas que ayudan a las parejas a pasar por este conflicto, como los pastores y consejeros, saben que es probable que haya un curso y un resultado predeterminado, pero el juego comienza de todos modos.

Como primer paso, los abogados suelen aconsejar a las mujeres que acusen a sus parejas, de abuso doméstico y/o sexual (contra el cónyuge o contra sus propios hijos). El tribunal emite una orden de alejamiento (también llamada "orden de intervención") y el hombre pierde el acceso a su propia casa. Se sienta un precedente en el que el hombre no ve a sus hijos. Después de varias audiencias, testimonios de expertos y elevadas facturas legales, independientemente de los hechos, la mayoría de las madres (alrededor del 85%) ganan la custodia total de los hijos.

Un ejemplo de ello es el que reporta el periódico Herald Sun: "El juez del Tribunal de Familia encontró que la ex mujer de Bill era violenta, falsa, carente de valores morales y responsable del maltrato psicológico y emocional de sus hijos, pero aun así le concedió la custodia de las dos niñas, que ahora tienen 9 y 11 años, porque se habían alienado de su padre".[4]

Tras la audiencia final, muchos padres perderán sus ahorros, su medio de vida, su reputación, pagarán la manutención de sus hijos y apenas podrán verlos. La minoría de los padres (alrededor del 15%) obtendrán la custodia compartida o la custodia completa. Este 15% es engañosamente alto porque incluye alrededor del 8% de los casos de divorcio en los que los padres ganan por sentencia en defecto cuando las madres no se presentan en el tribunal. Por lo tanto, la proporción de predisposición de género es más bien del 93% para las madres y del 7% para los padres.

El rapero Kanye West, que se convirtió en cristiano nacido de nuevo en 2019, identificó la predisposición de género y la discriminación contra los padres como un problema motivado políticamente, durante una entrevista con el también rapero Big Boy: "Los demócratas nos hicieron votar por los demócratas por los cupones de alimentos durante años, hermano. ¿De qué estás hablando? Armas en los 80, sacar a los padres del hogar, Plan B [anticoncepción de emergencia, también conocida como "píldora del día después"], disminuir nuestros votos, hacernos abortar nuestros hijos... "[5]

Candace Owens, conservadora negra y líder de Blexit, un movimiento que anima a los negros a abandonar el Partido Demócrata no cree que el racismo sea el mayor problema al que se enfrentan los negros estadounidenses. Por el contrario, afirma que "el problema número uno al que se enfrenta la comunidad negra no es el racismo, **es la ausencia de los padres**". Barack Obama nos ha contado las estadísticas: si creces sin un padre en casa, tienes 12 veces más probabilidades de acabar en la cárcel; 90 veces más probabilidades de vivir en la pobreza, y 6 veces más probabilidades de no graduarte de la escuela secundaria. Todo comienza con la ruptura de la familia"[6]

Hay una guerra contra los hombres. Sin embargo, los que podrían resolver el problema niegan que haya una predisposición de género. Los conflictos legales posteriores al divorcio son una fuente de ingresos para muchos jueces, abogados y psicólogos. Es de esperar que ejerzan una fuerte presión contra la reforma o la abolición de los tribunales de familia. La industria del divorcio es lucrativa. Es de esperar que los que más presionan contra los padres sean los más interesados en mantener vivo un sistema roto.

De vez en cuando, las personas que están dentro del sistema admiten que es una estafa, como hizo el congresista demócrata de Nueva Jersey Jeff Van Drew cuando se cambió de partido al Partido Republicano en diciembre de 2019. Explicó su creencia de que un juicio político partidista privaba de derechos a los votantes y dividía al país.

¿En qué se parecen los procedimientos ordinarios de derecho de familia a las audiencias de impugnación de los demócratas?

CÓMO OPERAN LAS MENTES JURÍDICAS

Permítanme desenredar el misterio de cómo los jueces de familia, los abogados y los psicólogos asignados a la corte, son capaces de favorecer sistemáticamente a un género en detrimento de otro, sin importar los hechos de cada caso. Aunque las decisiones finales suelen beneficiar a la madre y perjudicar al padre, a veces ocurre lo contrario y las mismas técnicas que describo pueden utilizarse a la inversa. Ningún abogado se las explicará. Las he descifrado a partir de ejemplos reales con los que me he encontrado personalmente en mis veinte años de pastoreo de personas a través de sus desafíos familiares. De la siguiente manera es cómo funciona la racionalización legal:

Los niños asisten a la escuela cerca de la madre, por lo tanto, los niños deben vivir con la madre.

Los niños asisten a la escuela cerca del padre, por lo tanto, es demasiado inconveniente para la madre; los niños deben cambiar de escuela y vivir con la madre.

La madre puso a los niños en el mejor colegio que se puede pagar, por lo que los niños deberían vivir con la madre.

El padre matriculó a los niños en el mejor colegio que se puede pagar, por lo que tomó medidas unilaterales y es inflexible con respecto a otros colegios; los niños deberían vivir con la madre.

La madre matriculó a los hijos en deportes, música, clases particulares u otras actividades, por lo que los hijos deberían vivir con la madre.

El padre inscribió a los niños en deportes, música, clases particulares u otras actividades, por lo que el padre sobrecarga a los niños y no puede separar sus necesidades de las de los niños; los niños deberían vivir con la madre.

La madre alega que el padre es emocionalmente abusivo, por lo que los niños deben vivir con la madre.

El padre alega que la madre es emocionalmente abusiva, por lo que él critica a la madre y la comunicación de la pareja es pobre, por lo que los niños deberían vivir con la madre.

Los hijos dicen que les gustaría vivir con la madre; por lo tanto, los hijos deberían vivir con la madre.

Los niños dicen que les gustaría vivir con su padre; por lo tanto, fueron entrenados por el padre, y el psicólogo cree que los niños son demasiado jóvenes para que su opinión tenga "mucho peso", por lo que los niños deben vivir con la madre.

El padre está en la cárcel; por lo tanto, los niños deben vivir con la madre.

La madre está en la cárcel, pero debería salir pronto, por lo que los niños deberían vivir con la madre.

El padre es drogadicto, por lo que los niños deben vivir con la madre.

La madre es drogadicta, pero el psicólogo está "impresionado" por lo bien que progresa en la terapia; por lo tanto, los niños deben vivir con la madre.

El padre era físicamente violento; por lo tanto, los niños deben vivir con la madre.

La madre fue físicamente violenta, pero era la primera vez que lo hacía, y estaba "asustada" y "horrorizada" por su acción, se arrepiente profundamente y promete no volver a hacerlo; además, la agencia de Protección de Menores cree que la madre ya no es una amenaza para el niño, por lo que los niños deben vivir con la madre.

La madre es una reincidente en violencia doméstica, una alcohólica o una psicópata drogadicta que no quiere criar a sus propios hijos, por lo que los niños deben vivir con el padre.

Cuando uno ve cómo los hechos sencillos pueden ser derrotados por las habilidades verbales del inglés en el tribunal de familia, entonces ha comenzado a entender cómo un sistema que se supone que actúa imparcialmente puede quitarles los hijos a los padres el 90% de las veces. Y cómo la Cámara de Representantes ha convertido en un arma la disposición constitucional para la impugnación de Donald Trump.

Los hechos no importan. El resultado está predeterminado. Y es culpa de Trump. Es culpa de los padres. "No les quedó más remedio", como les gusta decir a las mentes jurídicas.[7] Tuvieron que acusar para protegerse. A pesar de su capacidad para torcer, doblar y darle vueltas a los hechos, hablan como si estuvieran obligados por un conjunto rígido de reglas que no pueden ser alteradas, rotas, o manipuladas de ninguna manera. Así es la lengua de plata de las mentes jurídicas. Trump debería entender intuitivamente la injusticia del tribunal de familia porque es la misma farsa que la impugnación [impeachment] partidista.

El punto de explicar la retórica dentro del sistema de tribunales de familia es para que los legisladores despierten: si eres un representante del gobierno, apruebas leyes de familia, pero das un "poder discrecional" indefinido a los jueces, entonces no tienes ley. Tienes las opiniones de los jueces actuando como ley. Tienes al Sumo Sacerdote Caifás haciendo un juicio de exhibición para los judíos y a Poncio Pilato haciendo un juicio político para los romanos. Ninguna ley escrita fue cumplida y varias fueron ignoradas durante los juicios de Jesús.

Contrariamente a la impresión que se da en la escuela, nuestra ley no está "grabada en piedra", como lo estaban los Diez Mandamientos de Moisés. Thomas Jefferson nos advirtió que los jueces podían convertir la piedra en cera. "La Constitución... es una mera cosa de cera en manos del poder judicial, que pueden retorcer y dar la forma que quieran".[8]

Por ejemplo, la frase más citada en el derecho de familia - "en el mejor interés del niño"- es tan fluida y amorfa que no tiene sentido. "En el mejor interés del niño" es un término que nadie puede definir, por lo que resulta inútil en los tribunales y se abusa por la discreción judicial. Los psicólogos, los abogados y los jueces privan habitualmente a los niños de uno de sus progenitores moldeando la frase "en el mejor interés del niño" para que se adapte a sus predisposiciones y produzca el resultado que desean.

El poder discrecional es la forma en que el poder judicial neutraliza los poderes legislativo y ejecutivo. La discrecionalidad de los jueces neutraliza la ley que, por escrito, el pueblo aprobó a través de sus representantes. Pero en la práctica, el feminismo estadounidense, el socialismo ruso y la psicología alemana están golpeando a los Padres de la Fundación Cristiana en la cabeza con un mazo legal y despojando a la Dama de la Justicia de sus ropas con sus mentes inmorales.

DETENER EL DOBLE ESTÁNDAR

Las feministas de la primera ola lucharon por el derecho al voto de las mujeres. Las feministas de la segunda ola lucharon por la igualdad de la mujer en el trabajo. En estos dos sentidos, soy feminista. Las feministas de la tercera ola promueven el concepto de independencia de la mujer, es decir, que las mujeres no necesitan a los hombres e incluso están mejor sin ellos. En todas partes de nuestra cultura, nos enfrentamos a la narrativa de que las mujeres son fuertes e incluso superiores a los hombres; en todas partes, es decir, excepto en el tribunal de familia.

Según nuestras leyes de familia, escritas cuando los hombres y las mujeres seguían los "roles matrimoniales tradicionales" (cuando los hombres trabajaban, las mujeres no), es ventajoso ser la damisela en apuros, ser una madre débil y soltera. No hay feministas fuertes y autosuficientes en los procesos de divorcio. Cuando se divorcian, prácticamente todas las mujeres litigantes se declaran débiles y vulnerables. No he oído hablar de ningún caso judicial en el que la mujer divorciada haya dicho: "Soy fuerte y económicamente independiente. No necesito su dinero, que se quede con el mío. Me ofrezco a mantenerlo". Dicen, en efecto, "soy la víctima, estoy estresada económicamente y quiero sacar todo el dinero posible de este matrimonio". La frase favorita de la damisela en apuros es: "No me deja otra opción".

En cambio, mi madre Cioccolanti es una mujer fuerte. Antes de que su primer marido la dejara, había utilizado su nombre para comprar dos propiedades, y juntos habían creado dos negocios. Cuando la dejó, ella nunca le pidió ni un céntimo. Nunca reclamó una sola propiedad. Trabajó y me envió a una escuela privada toda mi vida. Con el tiempo, su enfoque de la vida resultó acertado. Se hizo más rica y mejor en todos los sentidos que su exmarido. Se mantuvo en paz y no perdió la salud durante el divorcio. ¿Qué la hizo tan fuerte?

Tenía una fe simple: creía que Dios cuidaría de ella y no necesitaba luchar por ella misma ni convencer a nadie de que la cuidara. En su opinión, si los demás hacían lo correcto serían bendecidos. Si hacían lo incorrecto, serían maldecidos. Ella no era su juez. Nunca habló mal de mi padre biológico. Nunca trató de justificar su versión de la historia. He observado su fe en Dios y se ha demostrado genuina a lo largo de toda una vida. Es una mujer fuerte, que merece respeto, y nunca se llamaría a sí misma feminista moderna.

He visto demasiadas madres divorciadas que intentan alejar a sus hijos de sus padres. La Biblia advierte sobre esta condición maligna que aparecerá en los últimos días en la tierra, y Dios dice que no está muy contento con ello. Él quiere que ocurra lo contrario. Antes de la Segunda Venida de Cristo, se cumplirá lo siguiente:

MALAQUIAS 4:5-6
5 "Yo les envío al profeta Elías antes que venga el día del SEÑOR, día grande y terrible.
6 Él hará volver el corazón de los padres hacia los hijos, y el corazón de los

hijos hacia los padres, no sea que Yo venga y hiera la tierra con maldición."

Estamos viviendo en los días del "espíritu de Elías", que predice la reconciliación entre los padres con sus hijos, y los hijos con sus padres. La mayoría de los padres aman a sus hijos más que a nada en el mundo, sin embargo, muchos padres están siendo tratados como criminales en el tribunal de familia y se quedan preguntando: "¿Volveré a ver a mis hijos? ¿Sabrán mis hijos quién soy? Los niños de todo el mundo están siendo alejados de sus padres, y el feminismo de la tercera ola es uno de los culpables de la guerra contra los niños y los hombres.

LA DISCRIMINACIÓN CONTRA UNO PERJUDICA A TODOS

A pesar del favoritismo, ninguna de las partes que he encontrado está contenta con el tribunal de familia. Los hombres no están contentos porque normalmente no consiguen lo que quieren. Las mujeres no están contentas porque consiguen todo lo que querían. Luchan por la custodia total de los hijos y suelen conseguirla. Esto les crea tensiones de muchas maneras.

En primer lugar, no es fácil ser madre soltera. Dios hizo a los niños para que fueran criados por dos padres: un padre y una madre. Al hacerlo solas, las madres solteras a menudo se frustran y riñen con sus propios hijos. Quitar a los padres no facilita el trabajo a las madres solteras. Los niños se benefician de la mayor presencia de los padres y es probable que crezcan resentidos con su madre por haber alejado a su padre.

En segundo lugar, la condición de madre soltera no es atractiva para las mujeres que buscan volver a casarse. Después de obtener la custodia de los hijos, tiene menos tiempo, menos energía y menos oportunidades de emparejarse con una buena pareja. Los hombres de éxito quieren una pareja que se centre en el nuevo matrimonio, no en su divorcio anterior o en el conflicto con su ex.

Si los psicólogos familiares, los mediadores, los abogados y los jueces fueran auténticos feministas, considerarían que por cada padre que castigan, perjudican sin querer a una madre soltera divorciada, a una hija, a una abuela y a toda una familia de mujeres. Sin embargo, muchos de ellos no pueden ver cómo la división draconiana de los bienes o la reducción del tiempo de calidad con el padre tiene un efecto dominó adverso en otras niñas y mujeres además de la madre divorciada "ganadora".

Muchos hombres ven ahora el divorcio como un proceso injusto de extracción de recursos, en el que la mayoría de los recursos van del exmarido a la ex mujer. La amenaza parece lo suficientemente real como para que muchos hombres solteros y elegibles eviten el matrimonio. Prefieren mantener relaciones sexuales sin compromiso que eviten la cohabitación, porque la convivencia es ahora un matrimonio "de facto" en el lenguaje jurídico actual. Para estos hombres, el tiempo está de su lado. Pueden "jugar en el campo" todo el tiempo que quieran y sentar la cabeza cuando encuentren un alma gemela adecuada.

No estoy aprobando el sexo fuera del matrimonio. La respuesta de estos hombres no es bíblica, pero es lógica. Los hombres actúan en base a incentivos, y hay pocas ventajas en ser un hombre casado hoy en día. Durante los últimos cinco mil años de civilización, estar casado elevaba automáticamente el estatus social y económico de un hombre. Ahora, los hombres pierden mayoritariamente en el matrimonio y en el divorcio.

A menos que los líderes nacionales reconozcan esta injusticia y la corrijan de inmediato, la nación cosechará las consecuencias sociales y económicas de un bajo nivel de matrimonio, una baja tasa de natalidad y un descenso de la población. Esta preocupante combinación, que coincide con la entrada de los "Baby Boomers" en la última etapa de la vida y el cobro de sus pensiones, supondrá un desastre para muchas naciones desarrolladas. La solución es la verdadera igualdad de sexos, tal y como establece el quinto mandamiento de Dios: "Honra a tu padre y a tu madre".

ESCANDINAVIA: UN MODELO MEJOR

La cuestión del género se ha corrompido tanto que necesitamos una enmienda constitucional que consagre la verdadera igualdad de género. Este tipo de ley ya existe en Escandinavia. La igualdad se asume en el matrimonio y en el divorcio. Los estadounidenses parecen valorar la igualdad de género en el matrimonio, pero toleran la desigualdad después del divorcio.

Basados en una cultura de igualitarismo de género, los hombres y las mujeres son tratados por igual en Escandinavia. Las parejas no recurren a los tribunales ni a los abogados para divorciarse, dividir los bienes o elaborar un plan de responsabilidades paternas y maternas. El divorcio es sencillo y barato. Las parejas llenan un formulario para divorciarse y esperan 6 meses, por si hay reconciliación. Después de 6 meses están divorciados, sin que intervenga el tribunal. Si dividen sus bienes, las propiedades conjuntas se dividen al 50%; las propiedades adquiridas antes del matrimonio y las herencias se mantienen. Si hay hijos de por medio, se asume la custodia compartida y los hijos viven con ambos padres. Se ha eliminado la recompensa monetaria para ir a la guerra.

La manutención del cónyuge, si la hay, dura un máximo de 6 meses desde el divorcio. Ningún cónyuge debe enriquecerse con el divorcio. Sólo un acuerdo prenupcial puede anular esto. Las parejas que quieran acordar un papel más tradicional de "proveedor-dependiente" pueden hacer sus propios acuerdos prenupciales para continuar con la manutención del cónyuge. La cuota de manutención para los hijos debe gastarse en ellos.

En un documental de 2014 Divorce Corp (como en Corporación), un juez escandinavo dijo que nadie acude a los tribunales por un simple divorcio. Atiende quizás uno o dos casos al año relacionados con asuntos de familia. Esto contrasta con las 20,436 solicitudes [9] presentadas en 2017/18 solo en el Tribunal de Familia de Australia.[10] El Tribunal de Circuito Federal de Australia atiende muchos más casos. Los tribunales de familia estadounidenses están igualmente atascados.

Algunos jueces y abogados son reformistas y admiten que la legislación de familia debe cambiar. Sin hacer referencia al papel de la iglesia, pero no creo que el cambio moral pueda producirse en un vacío moral.

Los escandinavos son cristianos en un 70% aproximadamente, y pocos de ellos pierden tiempo y dinero en abogados de familia, ni pasan por largas batallas legales sobre el divorcio porque tienen una alternativa: pueden acudir a sus pastores. Hay que reconocer que el luteranismo escandinavo se ha alejado mucho de lo que enseñó Martín Lutero. La Iglesia luterana fue absorbida por el Estado hace cientos de años, y el Estado no se separó de la Iglesia hasta el año 2000 en Suecia.

Sin embargo, ser culturalmente cristiano es una identidad dentro del alma escandinava y esta herencia espiritual ayuda a evitar que los abogados se enriquezcan dentro de un vacío moral. En este entorno, el derecho de familia se convirtió en neutro e igualitario en cuanto al género. Los hombres y las mujeres tienen poco que disputar en los tribunales. El reparto de los bienes está fijado. La igualdad de género está consagrada.

Estoy convencido de que la verdadera igualdad de género es una plataforma ganadora para cualquier político y partido político. ¿Quién está dispuesto a luchar contra la verdadera igualdad de género, excepto los que tienen una agenda de trato preferente y discriminación de género?

REPARACIONES

Los demócratas llevan mucho tiempo pidiendo reparaciones por la esclavitud. Candace Owens ha dicho que el mayor problema al que se enfrenta la comunidad negra no es el racismo, sino la ausencia del padre. "La ausencia del padre es el mayor problema al que se enfrenta el Afroamericano." [11] Por lo tanto, nosotros, el pueblo, deberíamos pedir reparaciones a todas las partes responsables de esta crisis.

Deberíamos empezar por los padres que retuvieron a sus hijos del otro progenitor mediante acciones unilaterales como el traslado de los niños lejos o la invención de falsas acusaciones que merecieron una orden de alejamiento. Un delito se produce cuando hay una parte perjudicada, llamada víctima. Los padres alienadores deberían al menos compensar a las padres víctimas. En los casos en que sea demasiado tarde (los hijos son demasiado mayores), deberían pagar una multa o ir a la cárcel por arruinar la vida de las personas.

A continuación, los psicólogos designados por los tribunales (denominados evaluadores, informadores familiares o "amigos del tribunal") deben pagar una fuerte multa, hacer públicos sus nombres y ser expulsados de los tribunales si, tras una revisión por parte de un organismo independiente, se les considera culpables de mala conducta profesional, como por ejemplo la discriminación de género.

Uno de estos psicólogos influyentes tardó varios años en salir a la luz. Escribió un mordaz informe familiar contra el Sr. John Archer, calificándolo de "psicópata". El psicólogo, cuya identidad ha sido protegida y etiquetada como "Dr. M", carecía de los datos, las pruebas clínicas o la formación para hacer tal diagnóstico. Sin embargo, basándose en su "testimonio experto", el tribunal despojó al señor Archer de la custodia de su hijo Sammy, de nueve años.

Como informó ABC News el 18 de noviembre de 2019: "Sammy pasó de vivir con su padre cada dos semanas a verlo solo bajo lo que el psicólogo dijo que debía ser la supervisión más estricta. Finalmente, el Sr. Archer perdió todo contacto con el niño después de que se reubicara en el extranjero con su madre.[12]

Tuvieron que pasar siete años para que el Tribunal Administrativo del Estado de Australia Occidental declarara al Dr. M culpable de mala conducta profesional, le prohibiera acudir a los tribunales y le impusiera una multa de 20.000 dólares. Sin embargo, había ganado unos 25.000 dólares con su informe familiar y su comparecencia ante el tribunal, por lo que seguía disfrutando de ganancias en términos netos con su falso informe y su acto de injusticia.

¿Cómo se puede hacer justicia en un caso así?

El Sr. Archer nunca recuperará a su hijo de nueve años. El niño, ahora de 16 años, está completamente alejado de su padre. ¿Cómo podría compensarse el tiempo y la relación perdidos con su propio hijo? Porque hay un perjudicado, hay un delito. Ningún profesional de los tribunales debería tener "privilegio" (término legal para la protección) para mentir y afectar al destino de padres e hijos de un plumazo.

Habiendo expuesto un caso de abuso de poder y posición, me queda la duda de "A lo largo de la carrera del Dr. M, ¿a cuántas otras partes perjudicó el Dr. M? ¿Cuántas otras malas decisiones de los tribunales de familia se tomaron sobre la base de su testimonio experto? ¿Cuántas órdenes de paternidad deberían ser retraídas ahora?"

Como mínimo, el Dr. M debería ser obligado a indemnizar a todas las familias a las que perjudicó y transferir los honorarios que ganó con sus casos a cada uno de los padres a los que difamó con sus falsos informes.

Pero debemos indagar más: "¿Es el Dr. M el único que abusa de su posición y poder?". El hecho es que el Dr. M tuvo la audacia de escribir un informe de 200 páginas lleno de mentiras y cobrar 25.000 dólares por sus servicios porque pensó que podía salirse con la suya.

El Dr. M. representó a otros psicólogos en el cabildeo que ejerció sobre el Parlamento australiano para que se redujera el escrutinio de su profesión. Quería que el parlamento limitara los poderes de la Agencia Australiana de Regulación de los Profesionales de la Salud (AHPRA), la agencia que inició los procedimientos disciplinarios contra él. ¿Quiénes son los otros psicólogos que presionan para que se reduzca el control y qué intereses protegen?

REDUCIR EL PODER DE LOS PSICÓLOGOS

Nosotros, el pueblo, no nombramos a los psicólogos para que fueran nuestros jueces. Pero se han convertido en jueces de facto. La ABC [estación de televisión australiana], informó de que los psicólogos son considerados los "dioses del tribunal" y "el Dr. M también sabía que el juez probablemente se basaría en gran medida en su informe..."[13]

Los demócratas son conscientes del poder de la psicología. Cuando quisieron oponerse a la nominación del juez Brett Kavanaugh al Tribunal Supremo, sacaron el arma más grande que pudieron encontrar: una mujer sería más creíble que un hombre, pero eso no era suficiente; una acusadora de agresión sexual sería devastadora, pero eso también podría no ser suficiente (Bill Clinton sobrevivió a varias); necesitaban que una profesora de psicología hiciera una acusación que pudiera destruir al hombre.

Mientras Christine Blasey Ford declaraba ante el Congreso que Kavanaugh la había agredido sexualmente 36 años antes, en el verano de 1982, los demócratas la elogiaron. Nancy Pelosi tuiteó el 27 de septiembre de 2018 una foto de sí misma mirando cuatro pantallas de televisión simultáneamente: "Esta mañana, me tomé el tiempo para ver la declaración inicial profundamente conmovedora de Christine Blasey Ford. Gracias por su valentía, doctora Ford. #CreemosSobrevivientes [#believesurvivors] #AudienciaDeKavanaugh" [#KavanaughHearings].

Unos días después, el 1 de octubre, la Portavoz Pelosi se deshizo en elogios hacia la psicóloga: "Aplaudo su valentía por presentarse a compartir su historia, y yo le creo". [14] Solo había un problema. La Dra. Ford era una mentirosa.

Esta instrumentalización del testimonio de la psicóloga se utiliza todos los días en los tribunales de familia con el mismo propósito de difamar, calumniar y desacreditar a los padres. Normalmente funciona. Estoy convencido de que las oraciones de los cristianos ayudaron al juez provida a superar la campaña de desprestigio, sobrevivir a la prueba y ganar.

La solución bíblica sería prohibir que los psicólogos sean declarados testigos expertos. No debemos subcontratar la justicia a otra profesión. Los jueces tienen que hacer un mejor trabajo en el discernimiento de la verdad, asumiendo un papel inquisitorial al escuchar a todos los testigos, no confiando en un tercero para hacer su trabajo

Debido a la secularización de la cultura y a la baja asistencia a la iglesia, la gente está recurriendo a psicólogos para que sean sus pastores. Los psicólogos no están formados moralmente ni son capaces de ofrecer la verdad. Pero la gente confía en ellos como los feligreses confían en sus pastores. Por lo tanto, es probable que la gente siga aceptando los testimonios psicológicos en los tribunales.

Mientras tanto, un remedio legal es dar a la gente la opción de cambiar el psicólogo designado por el tribunal una vez. En California, usted tiene la facultad de descalificar a un juez de derecho de familia sin tener que demostrar prejuicio o parcialidad. En este caso, cada parte tiene el poder de cambiar de psicólogo una sola vez. Para que la gente pueda elegir bien, deberían publicarse los nombres de todos los psicólogos designados por el tribunal. Todos sus resultados deberían ser revisados y resumidos para que los vea el público.

En la era de las revisiones en las redes sociales, también deberían obtener una clasificación social. Casi todas las profesiones son revisadas por sus clientes en Internet. Los médicos y los hospitales son revisados públicamente en sitios de la web como vitals.com. Si la psicología es realmente un campo de la medicina, ¿por qué no deberían estar sujetos a las revisiones sociales?

PROYECTO DE LEY DE JUSTICIA FAMILIAR (PROPUESTA)

Derechos de los niños. Consagrar el derecho de los niños a ambos padres por igual.

Igualdad de los padres. Consagrar el derecho de los padres y las madres hacia sus propios hijos por igual. Los derechos de los padres son derechos humanos. Ningún padre debería tener que luchar en los tribunales por sus derechos como padre a menos que haya sido condenado por un delito.

Igualdad de género. Consagrar la igualdad de género en todos los asuntos relacionados con la familia. La familia es el único lugar de la sociedad en el que la misma naturaleza exige la igualdad de género, un padre y una madre, para tener hijos. Por lo tanto, todos los servicios públicos relacionados con la familia serán íntimamente injustos si violan la igualdad de género.

La mayoría de los prejuicios arraigados en las instituciones gubernamentales que sirven a los intereses de la familia provienen del hecho de que los hombres están ausentes en estas profesiones. En cualquier lugar del sistema de la ley de familia se observa un desequilibrio en el que las mujeres superan a los hombres. Hay que ofrecer incentivos para animar a los hombres a entrar en los servicios y profesiones relacionados con la familia.

Por lo tanto, la igualdad de género debe imponerse en todos los niveles de los servicios públicos relacionados con la familia. Los jueces de familia deberían ser 50% hombres, 50% mujeres. El DHS (Departamento de Servicios Humanos) debería emplear a un 50% de hombres y a un 50% de mujeres. Los psicólogos pagados por los tribunales deberían ser 50% hombres, 50% mujeres. Las escuelas públicas deberían contratar a un 50% de hombres y a un 50% de mujeres como profesores.

Ningún otro sector del gobierno, o de las empresas privadas debería estar obligado a seguir una cuota equilibrada de género. Los distintos géneros tienden a tener diferentes preferencias de profesiones. Deberían ser libres de elegir.

Paternidad sin falta

Desde 1975, el divorcio en Australia es "sin falta", lo que significa que no se requiere un tribunal para adjudicar el divorcio.[15] El divorcio es una cancelación voluntaria del contrato. Las parejas ya no pierden tiempo y gastos legales para pedir a un juez laico que determine quién tiene la culpa durante el matrimonio.

El concepto de cónyuge "sin falta" no se ha extendido adecuadamente a los padres "sin culpa". Si un padre y una madre eran padres capaces antes del divorcio, el divorcio no cambia este hecho. Un tribunal no es necesario ni competente para decidir qué padre necesita más un niño.

El divorcio "sin falta" nunca volverá. Los cristianos que han sido perjudicados por una pareja infiel luchan por volver a la búsqueda de culpables en los tribunales, alegando que su contrato ha sido violado, pero esto es un desperdicio de energía. La Biblia ordena el divorcio "sin falta" en Deuteronomio 24:1. Los judíos lo siguen y, en general, la comunidad judía tiene una tasa de divorcio más baja y una tasa de éxito matrimonial más alta que el público.

Los cristianos deberían aprender de su éxito. Los judíos prefieren que su matrimonio y su divorcio sean gestionados por su propio "*Beth Din*," o tribunal judío (literalmente "casa de justicia"), que permite el divorcio sin falta según la ley mosaica. Las decisiones de un "*Beth Din*" son confirmadas habitualmente por los tribunales civiles de los Estados Unidos.

Planes igualitarios de paternidad compartida. Se asumen planes de paternidad compartida iguales al 50%-50%, excepto cuando se pruebe la violencia o el abuso sexual, o ambos cónyuges acuerden un acuerdo diferente que prefieran. Las denuncias falsas deben ser castigadas con menos bienes conyugales y menos tiempo con los hijos.

Fondo para el Futuro de los Hijos o Impuesto de Divorcio. El divorcio cuesta al menos el 30-50% del patrimonio de la pareja media. Ninguna otra transacción financiera en la vida moderna occidental es tan paralizante y debilitante. El divorcio es una industria depredadora con un valor de 14,000 millones de dólares ($14,000,000,000) al año en Australia, y los abogados se llevan la mayoría de los bienes de los matrimonios rotos. El gobierno ha creado en efecto un impuesto sobre el divorcio que no se paga al público, sino a los particulares de la profesión del divorcio. Los tribunales son cómplices de esta tremenda transferencia de riqueza. Si nos preocupáramos por acabar con la pobreza infantil, acabaríamos con la farsa de los tribunales de familia.

Un estudio del Centro de Investigación Urbana y de Población de la Universidad de Monash revela que la ruptura familiar constituye la causa principal del aumento actual de los niveles de pobreza en Australia.[16] El divorcio reduce la capacidad de los adultos de mediana edad para cuidar tanto de los más jóvenes como de los mayores. Un estudio canadiense de 2009 estimó que los costes de la ruptura familiar eran de siete mil millones de dólares canadienses (Can$7,000,000,000) al año. Un estudio australiano de 2014 estimó que el divorcio le cuesta a la economía australiana 14,000 millones de dólares australianos (Aus$14,000,000,000) al año.[17] Y un estudio estadounidense de 2008 estimó que los costos de la ruptura familiar y la paternidad de los no-casados eran de al menos 112,000 millones de dólares (US$112,000,000,000) al año.[18]

Todo este dinero se habría aprovechado mejor si se hubiera depositado en un fondo para el futuro de los hijos. En el momento del divorcio, el 30% de los bienes conyugales se depositaria en un fondo que sería para el uso exclusivo de los hijos. La primera cantidad se utilizaría para pagar la manutención fija de los hijos a ambos padres durante los primeros 18 meses. Si sobrara algo, la segunda cantidad se destinaria para los gastos de educación de los hijos del matrimonio. Después, si quedara dinero, la tercera cantidad se entregaría en partes iguales a cada uno de los hijos del matrimonio, una vez que hubieran cumplido los 30 años.

En el caso de los divorcios sin hijos, se debería pagar un impuesto de divorcio menor del 15% de los bienes del matrimonio. Los fondos se utilizarían para contribuir a un nuevo plan gubernamental de manutención fijo de los hijos y para las prestaciones de estos. Este impuesto conseguiría dos cosas: incentivar a las parejas a tener hijos, que protejan el patrimonio de la familia incluso en caso de divorcio, y disuadirlos del propio divorcio.

Reparto equitativo de los bienes del matrimonio. Los bienes restantes del matrimonio, sin incluir los bienes aportados al matrimonio o las herencias, se dividen a partes iguales si el matrimonio supera los 3 años. Esto elimina el incentivo para que cualquier parte se enriquezca con el divorcio, incluidos los abogados de familia que prolongan los casos por razones triviales. En los matrimonios de menos de 3 años, las partes deben tener en cuenta lo que cada una aportó durante el matrimonio,[19] y no sus deseos y sueños después del matrimonio.

Cantidades fijas y plazo de la manutención de los hijos. La manutención de los hijos es pagada por el gobierno en una cantidad fija razonable por cada hijo de un divorcio, para ayudar a ambos padres a reconstruir sus vidas durante un tiempo estresante. La manutención de los hijos con fondos del gobierno finaliza después de 18 meses.

Apoyo Condicional para el Niño.

Si el complicado e injusto sistema actual de manutención de los hijos continuare (en lugar de la nueva manutención a plazo fijo), la manutención de los hijos debería cesar en el momento en que un hijo se retiene del progenitor pagador.

La consejera de familia Jodie Myintoo habló conmigo en una

entrevista en 2019. Basándose en su experiencia de 15 años en el sistema de tribunales de familia, informó,

---

> "Uno de los mayores problemas que tenemos es que la manutención de los hijos se exige sin condiciones. Muchas madres se escapan con un hijo y luego exigen la manutención. A algunos de mis clientes les retienen a sus hijos debido a falsas acusaciones o a que la madre se marcha a otro estado, y sin embargo se exige al progenitor alienado que pague por un hijo al que no ve.
>
> "Habría que establecer una nueva norma: Los pagos de la manutención de los hijos terminan cuando uno no ve a su hijo, debido a que el otro progenitor lo retiene sin ninguna razón justificada, durante dos semanas o más. No debería importar si hay órdenes o no hay órdenes. Esto probablemente reduciría el número de casos que atascan el sistema de Ley de familia, donde generalmente los padres buscan tener contacto con su hijo desaparecido."

En otras palabras, este único cambio desatascaría los tribunales de familia.

En mi propuesta, cuando se asume la custodia compartida tras el divorcio y los hijos viven con cada progenitor la mitad del tiempo, no será necesario pagar la manutención de los hijos después de 18 meses. Esto supondría un gran ahorro para el gobierno al eliminar las batallas judiciales sobre la manutención de los hijos y reducir la burocracia de la manutención de los hijos.

Acabar con la manutención del cónyuge

El divorcio significa una separación permanente. Nadie debe seguir enriqueciéndose de su excónyuge.

La manutención del cónyuge, calculada en función del estilo de vida de la pareja antes del divorcio, ha creado demasiadas injusticias. Nadie conoce el futuro. Si las circunstancias de algunas personas cambian para lo peor, y ya no pueden permitirse su estilo de vida anterior, la pensión alimenticia conyugal se convierte en un robo: porque el Estado obliga posiblemente a alguien a endeudarse e incluso a ir a la cárcel. Las circunstancias de algunas personas cambian para lo mejor. Entonces la manutención conyugal se convierte en un impuesto injusto y un desincentivo para que una persona sea todo lo productiva que pueda ser.

La manutención conyugal se creó para una época en la que marido y mujer asumían los roles tradicionales de proveedor y dependiente. Hoy en día, el 60% de los hogares estadounidenses[20] y el 80% de los australianos tienen dos asalariados[21].

Dieciocho meses de manutención del niño son suficientes en el país de oportunidades. Muchos cristianos se quejan del "divorcio fácil" y culpan a la norma del "divorcio sin falta". No creo que esto sea cierto. Es la eliminación de las consecuencias financieras del divorcio, recompensando a los divorciados con una guaca de beneficios sociales, lo que ha permitido que el matrimonio se desmorone y que el divorcio sea "fácil". Gravar el divorcio, limitar la manutención de los hijos y poner fin a la manutención del cónyuge pueden ser los únicos incentivos gubernamentales para salvar muchos matrimonios y reducir la tasa de divorcios del país.

Tipificar como delito la alienación parental severa.

La alienación parental (AP) es la manipulación psicológica de un niño por parte de uno de los progenitores (llamado "progenitor alienante") para que el niño rechace al otro progenitor ("el progenitor objetivo"). Una amplia investigación establece que este patrón de comportamiento es perjudicial para el futuro del niño. [22] Es un abuso infantil.

Sin embargo, la mayoría de los expertos no pueden identificarlo.

El Dr. Steve Miller, miembro del cuerpo docente de la

Facultad de Medicina de Harvard durante 30 años, explicó por qué. En sus propias palabras.[23]

"Lo que necesitamos es un subespecialista en alienación y extrañamiento que lo vea todo el tiempo, no el mejor psicólogo del mundo que rara vez lo vea... Este campo es muy contraintuitivo para cualquiera que no tenga una amplia formación y experiencia en su tratamiento.

"La mayoría de la gente suele equivocarse. Y cuando digo 'gente', me refiero a abogados, psicólogos y otros expertos en salud mental. La mayoría de las veces no sólo se equivocarán en el caso, la evaluación y la recomendación, sino que lo harán exactamente al revés...

"El error fundamental de atribución significa que, si ves a un hombre enfadado, alguien que está enfadado, dices: "Es un hombre enfadado". Piensas, "Es su carácter. En general, es un hombre enojado". Sin saber que la razón por la que esté enfadado es que alguien acaba de robar su coche, su cartera. Estamos programados para decir, "Voy a mantenerme alejado de ese tipo. El está mostrando ira". Así que, si la ira es situacional, entonces [la evaluación psicológica experta] es errónea.

"Ahora la relevancia para nosotros es que cuando un entrevistador ve un caso severo de alienación, el padre alienador está sereno, calmado y tranquilo. Él o ella está al límite de ser un sociópata, o narcisista o las tres cosas [sic], un maestro de la manipulación, ha aprendido a imitar convincentemente el comportamiento normal y se presenta muy bien, 'Oh sí, yo fomento la relación del niño con su padre, o su madre.'

"Por el contrario, el padre objetivo tiene TEPT [trastorno de estrés postraumático], no ha visto a su hijo en Dios sabe cuánto tiempo—pueden ser años—le han dicho que él es el que tiene el problema (o ella es la que lo tiene), y llega todo tenso, todo enfadado y todo estresado. Personalmente, asistí a un curso completo en una reunión de la AFCC ["Association of Family and Conciliation Courts" (Asociación de Tribunales de Familia y Conciliación)] en la que la persona que impartía el curso dijo a los miembros del grupo: "Pueden guiarse por lo que ven. Si el padre se presenta ansioso e intenso, pueden estar seguros de que es así como cría". ¡No! Eso es un error elemental en el razonamiento clínico y la toma de decisiones. [Es un error de atribución fundamental.]

"Los casos graves son fundamentalmente diferentes de los casos moderados. En un caso moderado, es muy razonable tratar de educar al padre para que sea más cooperativo. Pero en un caso grave, en el que se tiene lo que un experto llamó un 'alienador obsesionado', esa persona, con casi el 100% de certeza, tiene un trastorno grave de personalidad. La gente normal no hace eso con sus hijos. Y una pista sería que bloquean el acceso durante años por razones triviales y frívolas por las que nunca bloquearías el acceso a tus hijos.

"La psicoterapia normal empeora estos casos. Así que si es un psicoterapeuta experto el que piensa que puedes venir y hacer terapia diádica [terapia de conversación entre dos o diada], '¿por qué no encuentras algo por que disculparte?' o 'Johnny ¿cómo te hizo sentir eso?" eso es un desastre. No intentes eso, ni siquiera con un caso mediano. Casi siempre empeorarán catastróficamente. Por lo tanto, tienes que hacer coincidir el terapeuta con el niño. Esa es mi respuesta.

"Hay dos lugares, uno en Canadá dirigido por Kathleen Reay y otro en Texas dirigido por Richard Warshak. Les dan cuatro días con el niño, y el niño vuelve al padre rechazado feliz como una perdiz para reunirse. Pero exigen un cambio de custodia y que no haya contacto con el progenitor alienante durante 90 días. Aparte de eso, no hay esperanza para un caso grave... "[24]

Prevenir la alienación de los padres como consideración primordial para todas las demás órdenes familiares.

Como, por ejemplo, la conducción para recoger o dejar a los niños debe ser compartida en partes iguales, y el lugar de cambio debe ser igualmente conveniente para ambos padres. Esto elimina la posibilidad de que los jueces, los abogados o los padres puedan alienar secretamente a uno de los padres haciendo que su punto de intercambio sea tan excesivamente distante e inconveniente que renuncie a su tiempo con sus hijos.

Seguramente los jueces saben que, si todo el intercambio se realiza en la residencia de uno de los progenitores, esta carga injusta crea un obstáculo para que los niños puedan pasar tiempo con el otro progenitor. Sin embargo, los jueces crean rutinariamente esta barrera artificial contra uno de los padres.

Eliminar el secreto del tribunal de familia.

Se supone que todos los juicios justos en una democracia son abiertos y públicos. Sin embargo, hay una orden de mordaza en cada orden del tribunal de familia, supuestamente para proteger a los miembros de la familia. Los nombres pueden cambiarse fácilmente para proteger a los inocentes. Las órdenes de mordaza se utilizan a menudo para castigar a un acusado y proteger al juez que no rinde cuentas, como ocurrió en el caso de Roger Stone. La jueza Amy Berman Jackson prohibió al aliado de Trump, a su familia y a sus amigos defenderlo en público, y además le prohibió utilizar las redes sociales.

Minimizar la confianza en las "evidencias expertas" y los testimonios de los psicólogos.

Los informes psicológicos deben estar sujetos a la rendición de cuentas, la transparencia, y ser utilizados mínimamente en casos raros. Los informes psicológicos son notoriamente poco fiables en casos criminales.[25] Los jueces de casos criminales los descartan habitualmente. Por lo tanto, no hay razón para suponer que sean más útiles en los casos civiles. Un estudio de Liam Meagher titulado ["Evaluando el Papel de los Asesores de Familia cuando Proveen Evidencia en los Disputas Familiares" "Assessing the Role of Family Consultants when Providing Evidence in Parenting Disputes"] publicado en Macquarie Law Journal, concluyó que "los consultores de familia exceden los límites de su base de conocimientos "[26]

Y concluyo:

"...los asesores de familia deberían cesar la práctica de hacer recomendaciones al tribunal sobre qué órdenes son las más convenientes para los mejores intereses del niño, ya que tales recomendaciones exceden los límites de su base de conocimientos, adulteran su base de conocimientos, engendran un probable conflicto con la legislación y conducen a la posibilidad de institucionalizar los prejuicios de los expertos dentro del sistema judicial". [27]

Castigar a los perjuradores en los tribunales de familia.

Existe un exceso de confianza en los reporteros o evaluadores de familia porque no existe castigo por perjurio en el tribunal de familia. Es el único tribunal en el que el perjurio se permite de forma rutinaria y queda impune. Los cónyuges se acusan el uno al otro falsamente de violencia doméstica o de abuso sexual de los niños como táctica legal para ganar ventaja.

¡Imagínese un sistema de justicia familiar que haga responsables a las personas por sus mentiras! El tribunal debe de hacer más fácil que la gente normal aporte evidencias de lo que afirma que es cierto, correos electrónicos, fotos, grabaciones de voz, testigos, etc. Los tribunales tratan las evidencias como si viviéramos en los años 70. En algunas jurisdicciones, los vídeos no están permitidos. No se pueden escuchar audios. No se pueden grabar las entrevistas de los psicólogos. ¿De quién son los intereses que protegen? Aparentemente son los [intereses] de los profesionales que se benefician del sistema más que las familias. El juzgado sigue exigiendo múltiples fotocopias de documentos mal escaneados. Ya no vivimos en los años 70. ¡Que se facilite la recopilación y el envío de pruebas por internet!

Cuando se hace que las audiencias judiciales se basen en pruebas objetivas, en lugar de evaluaciones subjetivas, entonces habrá menos emociones, menos incertidumbre y más justicia. Será más fácil atrapar a quienes mienten al tribunal, como por ejemplo acusar falsamente a un cónyuge de violencia doméstica o de abusar sexualmente de un niño. Deberían aplicarse sanciones por perjurio, menos bienes conyugales en la liquidación de propiedades, menos tiempo con los hijos, fuertes multas y, posiblemente, penas de encarcelamiento cuando se haya dañado la reputación y el medio de vida de alguien.

Un ejemplo es un hombre australiano conocido como Mr. RB, acusado de violación. El juez del tribunal del distrito de Nueva Gales del Sur [New South Wales] (NSW) dictaminó en agosto de 2019 que no podía presentar pruebas de 12 incidentes en los que su supuesta víctima había hecho denuncias falsas anteriores sobre agresiones sexuales.[28]

El Sr. RB apeló la decisión del tribunal inferior. Su abogado declaró que, si no se podían introducir pruebas durante su juicio, la acusación presentaría "una imagen totalmente distorsionada del verdadero estado de las cosas en relación con la cuestión clave del juicio; a saber, la credibilidad y la fiabilidad de la denunciante".[29] La denunciante apareció ser una falsa acusadora compulsiva de agresión sexual.

En nuestros tribunales de familia actuales, si el perjurador es una mujer, los jueces son reacios a castigarla. Incluso si se demuestra que el hombre es inocente, ya habrá sido castigado por el prolongado proceso judicial, durante el cual probablemente perderá gran parte de sus ahorros, su tiempo, su trabajo, su salud y su tranquilidad.

Hacer que el proceso legal sea rápido, que no dure más de un año.

Puedes estar casado sólo un año y estar en el tribunal de divorcio durante dos años (o más). Esto es una violación de la constitución que garantiza un "juicio público y rápido". Los tribunales de familia de hoy carecen tanto de transparencia como de rapidez.

La exigencia de un juicio rápido, a penalización de los jueces o abogados, desincentivará a los profesionales del derecho a alargar los casos para su propio beneficio económico. Además, evitará abusos legales como la caza de brujas política que aguantó Trump. Eclesiastés 8:11 dice: "Porque la sentencia contra una mala obra no se ejecuta enseguida, el corazón de los hijos de los hombres está en ellos entregado enteramente a hacer el mal." La Biblia exige rapidez en los juicios, usualmente en días.

Los profesionales del derecho de familia se benefician al haber complejidad y complicaciones. Al consagrar la igualdad de género, y adjudicarse la igualdad de cuidados compartidos y la división equitativa de los bienes conyugales, un caso judicial de familia se simplificaría enormemente y podría durar sólo uno o dos días.

Para las partes que estén de acuerdo con la igualdad de género y no deseen impugnar la división equitativa de los bienes conyugales y la igualdad de tiempo con los hijos, debería crearse un formulario de tramitación simplificado que no requiera el tiempo del tribunal. Puede ser un contrato jurídicamente vinculante tramitado por cualquier funcionario íntegro que esté autorizado a dar fe de documentos oficiales, como un miembro del clero, un farmacéutico, un notario, un contador o un celebrante matrimonial. Incluso podrían ganar un pequeño honorario por su tiempo. El gobierno se ahorraría millones de dólares.

DISTINGUIR ENTRE CINCO TIPOS DE VIOLENCIA FAMILIAR.

Las investigaciones de la Universidad de Sídney proporcionan una base útil para distinguir los distintos tipos de violencia familiar. [30] Violencia coercitiva de control: (también conocida como "terrorismo íntimo"), es el tipo de violencia que tiene una historia y patrón de abuso físico y/o sexual. Es premeditada por el agresor.

"**Violencia situacional de pareja**" (o "violencia de pareja común") en la que un desacuerdo no resuelto se convierte en un incidente violento, pero la violencia no forma parte de un patrón mayor de control represivo. Este tipo de violencia responde a un desacuerdo común y no es premeditada por ninguna de las partes.

"**Violencia instigada por la separación**" o el hecho de herir físicamente a una expareja antes o durante la separación. Este tipo de maltrato no tiene antecedentes, es el resultado del estrés de la ruptura y suele producir menos daños que la violencia coercitiva. Es una respuesta a la ruptura de la relación y no es premeditada por ninguna de las partes.

"**Violencia iniciada por el conflicto**" o fuerza en respuesta al conflicto generada intencionadamente por uno de los cónyuges que se presenta como la "víctima". Por ejemplo, un cónyuge que no tiene antecedentes de violencia puede volverse verbal o físicamente abusivo cuando se le previene de entrar y queda afuera de su casa o se le retiran los hijos. El objetivo de esta reacción no es controlar, sino desafiar ese control.

A veces, la persona que inició el conflicto quiere provocar una respuesta que pueda justificar una acción legal (por ejemplo, una orden de restricción o de intervención). La violencia responde a una "trampa" y está premeditada por la víctima, que no es inocente, sino que "provoca" activamente a su pareja.

"**Resistencia violenta**" o fuerza utilizada en defensa propia. Una de las partes parece ser culpable de violencia cuando en realidad se está defendiendo agresivamente. La violencia es una respuesta a la violencia coercitiva de control.

Como señalaron Parkinson, Cashmore y Single, "el lenguaje de 'víctima' y 'agresor', 'padre maltratado' y 'padre violento' no encaja fácilmente con la naturaleza de la violencia conducida por el conflicto; tampoco lo hace un análisis que insiste en que sólo un género es responsable".[31]Sin embargo, la violencia es indiferenciada por el tribunal y por los legisladores. Esto produce injusticia.

Si hay diferentes tipos de violencia, entonces debe haber diferentes tipos de respuesta. Esto es intuitivo cuando se trata de niños. La madre que le grita a su hijo nunca es culpable ante un tribunal de "abuso verbal" (para ser justos, un hombre que le grita a ella no debería ser culpable de abuso). La madre que le pega a su hijo una vez por frustración dejándole un moratón, es culpable de maltrato infantil, pero normalmente se le deja libre con un "tirón de orejas" (o una "orden de consentimiento" para no volver a hacerlo, o una "orden de desvío" para desviar el castigo por buen comportamiento durante un año).

Pero el padre que golpea o abusa sexualmente a su hijo con regularidad es culpable de un crimen premeditado de otra orden. Deben ser castigados con dureza y ser despojados de sus derechos y libertades formales.

Tal y como están las cosas, el poder legislativo y los tribunales no hacen ninguna distinción en la violencia doméstica entre adultos. El resultado es que algunas madres quedan libres a pesar de haber dejado moreteado a su hijo, mientras que hay padres que nunca ven a sus hijos por llamar "demasiado" a su expareja (un mal uso del término penal "acecho"). La injusticia es intolerable para muchos, y lamentablemente algunos se han quitado la vida.

Cualquier legislación que trate con la igualdad de género y la justicia familiar debe distinguir diferentes tipos de respuesta a diferentes tipos de violencia.

Limitar el poder discrecional de los jueces definiendo claramente los términos legales.

Los jueces no deben tener poderes indefinidos de "discrecionalidad" que, de hecho, son una burla de la ley y de las sentencias. Un ejemplo de ello está en la ley de familia, donde el término "el mejor interés del niño" no está definido, por lo que está sujeto a atroces abusos de interpretación.

¿Es mejor que los niños sean educados en casa y enviados a la escuela pública o a la privada? Depende completamente del capricho del juez. Cualquier ciudadano normal diría que el padre que quiere dedicar más tiempo o más dinero a la educación de sus hijos está actuando en el mejor interés de los niños, y que no está utilizando la custodia de los niños como un medio para ganar dinero personalmente del sistema de bienestar, pero los jueces descartan lo que es normativo y no siguen ningún estándar.

Vuelva a leer mis ejemplos anteriores en "Cómo operan los abogados". Todos esos reclamos contradictorios pueden ser argumentados por un abogado de lengua fina para servir al "mejor interés de los niños" haciendo que la frase carezca de sentido. Y lo que es peor, como rutina, los jueces suelen aceptar esas alegaciones, aunque perjudiquen los intereses de los niños. Nadie comprueba realmente después del juicio si las recomendaciones psicológicas y las decisiones judiciales han servido a los intereses de los niños. El término "interés superior del niño" debería eliminarse, ya que prácticamente no tiene ningún significado, o tantos significados como hay opiniones.

¡Que se sustituya por una frase más definible, como "disposición amigable del padre o madre"!

¡Que se Añada una "Disposición amigable del Padre o Madre" al Derecho de Familia!

Según el Quinto Mandamiento de Dios, el mejor interés del niño es tener el amor y el cuidado de ambos, padre y madre. Por lo tanto, el progenitor que demuestre la mayor voluntad de facilitar esta relación después del divorcio está actuando, por definición, en el "mejor interés del niño."

La legislación debería incluir una "disposición amigable del padre o madre" que premie al padre amigable que más haya intentado comunicarse y cooperar. Esto incentiva a los padres a presentar pruebas positivas, en lugar de la basura y el embrollo que los abogados de familia los animan a poner en sus declaraciones juradas.

Los jueces deberían poner atención a la evidencia de un estilo de crianza positivo. Normalmente, esto es muy fácil de saber para las personas sin formación jurídica. ¿Permitió el progenitor que el niño asistiera a un cumpleaños, una boda o un funeral del otro lado de la familia? Privar al niño de cualquiera de esas ocasiones especiales y únicas sería una clara descalificación de la "disposición amigable del padre."

Sin embargo, con la legislación actual, los jueces suelen ignorarla cuando un progenitor retiene a un hijo del otro padre y actúan más bien según su "criterio". Así, las víctimas del divorcio pueden convertirse aún más en víctimas de los jueces.

En la Biblia, rara vez existía el temor de "agravar la injusticia" al acudir a los tribunales, es decir, el temor de convertirse en una víctima secundaria del juez después de haber sido ya la víctima principal del agresor. Por el contrario, los ciudadanos de hoy temen a los jueces porque su poder de discreción significa que tienen una latitud excesivamente impredecible. Cuando el tribunal se vuelve tan impredecible, el propio tribunal es una fuente de maldad y es en sí mismo un peligro para los ciudadanos pacíficos.

Elección y limitación de mandato de los jueces.

Los jueces de familia deberían proceder de una amplia variedad de profesiones y ser elegidos por el pueblo, no por los políticos, cada seis años por un máximo de 30 años de servicio. Sus decisiones deben ser claramente resumidas y publicadas en una página web.

Límite de mandato: Debido a la naturaleza estresante de ser un juez de familia, se debe imponer un año sabático. Pueden ser jueces de familia durante 6 años, tras los cuales deben descansar un año, y no pueden volver a ser abogados durante su año sabático. Esto elimina un conflicto de intereses entre los jueces y los bufetes de abogados, y elimina la posibilidad de utilizar el tribunal como un trampolín para una carrera lucrativa en la abogacía. Reducir el elitismo de la "red de viejos amigos" parece ser la única manera de animar a personas de otras profesiones a entrar en la alta responsabilidad de servir como jueces de derecho de familia.

Los jueces deben servir al público, no para enseñorearse de la gente o enriquecerse después. Si no confiamos en que un presidente o un primer ministro se mantenga en el poder para siempre, no deberíamos permitir que un juez se mantenga en el poder para siempre.

No podemos tener una justicia familiar con malos jueces. Para tener buenos jueces, no basta con los nombramientos. El Congreso debe impugnar a los jueces federales injustos.

EL PODER DE IMPUGANACION [IMPEACHMENT]

Según la Constitución de los EE. UU., todos los cargos políticos son impugnables.

Artículo II, Sección 4: "El presidente, vicepresidente y todos los funcionarios civiles de los Estados Unidos, serán destituidos de su cargo en caso de juicio político y de condena por traición, soborno u otros altos delitos y faltas."

El profeta Samuel le dijo al rey Saúl: "Tu reino no continuará."[32] En la parábola de Jesús, el patrón le dijo a su siervo deshonesto: "Ya no puedes ser mi administrador." [33]

Ni Saúl ni el empleado fueron condenados en un tribunal. En efecto, se les acusó de una mala conducta no criminal.

Los Padres Fundadores fueron sabios al incluir el poder de impugnación. La rama del gobierno en la que menos confiaban era la judicial, porque habían visto cómo la ley y los tribunales británicos podían utilizarse para acosar, encarcelar e incluso matar a los ciudadanos, así que crearon un segundo tribunal: el Senado. Para los casos de impugnación [impeachment] el Senado se convierte en la segunda Corte Suprema.

Sin embargo, la Constitución de los EE. UU. es confusa en cuanto a lo que constituye un delito impugnable. Permite la impugnación [impeachment] por "traición, soborno u otros altos delitos y faltas". Creo que debería haberse añadido una frase más: **"por violaciones de los derechos del pueblo".**

La Constitución también falla en afrontar el uso vicioso y frívolo de la impugnación como arma política. Como hemos visto con los llamamientos de los demócratas a la impugnación de Trump desde el primer día en que asumió el cargo; esta disposición de la Constitución de los Estados Unidos puede ser abusada por los miembros del Congreso y por los que trabajan en la burocracia permanente llamada el Estado de Sombra.

Se desperdiciaron dos años y al menos 32 millones de dólares en la investigación de la colusión rusa, alimentada por la esperanza de los demócratas de impugnar al presidente. Los ciudadanos fueron acosados legalmente sin otra razón más que tener una amistad o un trato comercial con Donald Trump.

Sin pruebas para la acusación de colusión rusa, los demócratas procedieron a la siguiente acusación de *quid pro quo* ucraniano basada en una sola llamada telefónica entre el presidente Trump y el presidente ucraniano Zelensky. Como dijo el representante Devin Nunes en el programa de Hannity en Fox, es "como el día de la marmota [groundhog day], aquí estamos de nuevo."[34]

La impugnación [impeachment] no debe ser una táctica partidista para anular una elección. Una enmienda constitucional debe especificar las normas precisas para poner fin al mandato del presidente, de un miembro del Congreso, o de un juez.

NORMAS PARA LA DESTITUCIÓN DE JUECES

Considere las razones históricas dadas por el Congreso para explicar por qué los jueces federales deben ser destituidos:

En 1804, el juez de la Corte Suprema Samuel Chase fue impugnado por prepotencia judicial y por excluir evidencias de un juicio.

En 1830, el juez federal James H. Peck fue impugnado por prepotencia judicial.

En 1862, el juez federal West H. Humphreys fue impugnado por apoyar el movimiento de secesión.

En 1904, el juez federal Charles Swayne fue impugnado por irregularidades financieras y prepotencia judicial.

En 1912, el juez federal de circuito Robert W. Archibald fue impugnado por prepotencia judicial y mala conducta.

En 1926, el juez federal George W. English fue impugnado por prepotencia judicial y profanidad.

Me gustaría destacar dos cosas de estos ejemplos.

En primer lugar, de los 19 funcionarios federales impugnados por la Cámara de Representantes, 15 eran jueces federales.[35] Tanto en su intención como en la práctica, el poder de impugnación fue diseñado para limpiar el poder judicial, no el cargo ejecutivo.

El Ejecutivo está sujeto al voto del pueblo y puede ser destituido rápidamente cada cuatro años. Pero muchos jueces tienen un nombramiento vitalicio; la única manera de rendir cuentas es el proceso de impugnación.

Por lo tanto, Trump y el próximo Congreso deberían utilizar plenamente la herramienta que los demócratas han aplicado erróneamente contra el presidente y aplicarla correctamente a los jueces, empezando primero por los de los tribunales de familia. No basta con que el presidente Trump nombre nuevos jueces para el banquillo; los Fundadores de la Nación creían que era necesario destituir a los jueces malos.

Thomas Jefferson pensaba que los jueces debían ser juzgados. En una carta a William Charles Jarvis fechada en 1820, Jefferson escribió: "Usted parece... considerar a los jueces como los árbitros últimos de todas las cuestiones constitucionales, una doctrina muy peligrosa en verdad, y que nos colocaría bajo el despotismo de una oligarquía. Nuestros jueces son tan honestos como otros hombres y no más. Tienen, con otros, las mismas pasiones por el partido [y] por el poder... "[36]

En segundo lugar, nótese que la razón más común citada para la impugnación es la "prepotencia". Ser prepotente significa no tener o mostrar ninguna consideración por los derechos, preocupaciones o sentimientos de los demás, ser arbitrario, ser prepotente.

Las violaciones de los derechos de los padres y de la igualdad de género, por definición, encajan en la categoría de prepotencia. Los jueces de derecho de familia utilizan tácticas prepotentes y razones arbitrarias para institucionalizar la discriminación de género. He visto varios casos.

En un caso que presencié, un padre que se representaba a sí mismo solicitó una contravención de órdenes (u orden de ejecución) porque la madre sacó a sus dos hijos de la escuela cristiana privada ordenada por el juez anterior. La jueza no sólo repudió la solicitud del padre, sino que le ordenó que pagara los honorarios del abogado de su esposa. El padre no estaba siendo en absoluto ofensivo, pero la jueza podía intimidarle porque no tenía abogado.

Se trata de un hombre que se representa a sí mismo para que el tribunal haga cumplir sus propias órdenes, y no sólo se le rechaza, sino que se le castiga económicamente. ¿Cuál fue el efecto de esta prepotencia en el resto de los hombres y padres? ¿En los abogados que se enteraron de su veredicto? Les dio una lección: no solicitar la ejecución de órdenes contra las mujeres en un tribunal feminista... ¡o sí!

En otro caso que vi, un juez vilipendió la fe de un hombre cristiano en el tribunal. El juez abrió la vista con una pregunta: "¿Quién dijo que la religión es el opio de las masas?".

Nadie en el tribunal se atrevió a responder a este juez.

"Karl Marx", se rio ante su propia respuesta.

Durante el resto de la audiencia siguió burlándose de la fe del cristiano, hasta que su abogado se levantó y pidió al juez que se recusara por su hostilidad a la religión de su cliente.

El juez abandonó la sala y regresó citando precedentes legales sobre los motivos por los que no debía acceder a la petición del abogado, ya que, según él, rebajaría la estima del tribunal a los ojos del público.

Su sentencia final fue, en mi opinión, una represalia contra el padre. Se le despojó de la patria potestad, le concedió a la madre la custodia completa de los niños y no se les concedió tiempo con su padre para celebrar la Pascua, lo que supone un ataque obvio a su cristianismo.

Sé que, a padres ateos no religiosos, incluso budistas, se les ha dado tiempo con sus hijos durante la Pascua. Este tipo de juicio vil califica como "prepotencia" judicial, lo que significa que no fue un crimen, pero fue una ofensa impugnable según los Padres de la Patria.

PROPUESTAS PARA IMPUGNAR A LOS JUECES

Propongo dos formas objetivas de abordar los abusos del poder judicial.

En primer lugar, si el 25% de las decisiones de un juez revisadas por un tribunal superior son revocadas, ese juez no debería seguir juzgando. Si una cuarta parte de los pacientes sanos de un médico murieran durante su tratamiento, ¿permitiría la junta médica estatal que ese médico siguiera ejerciendo? Si una cuarta parte de los edificios aprobados por un ingeniero se derrumbara, ¿se le permitiría a ese ingeniero seguir aprobando planes de construcción? No.

¿Por qué permitimos que los jueces cuyas decisiones son regularmente anuladas sigan juzgando? El Tribunal Supremo revoca las decisiones del Tribunal de Apelación del Circuito Noveno 80% de las ocasiones, más que casi cualquier otro tribunal de circuito del país. A los ojos del público, el Noveno Circuito es una farsa.

Por el contrario, significa que el Tribunal Supremo sigue siendo un buen tribunal. Los Estados Unidos tiene la suerte de tener a los mejores en la cumbre. Pero los jueces de los tribunales de apelación saben que el Tribunal Supremo no puede conocer todas las apelaciones. Por lo tanto, aunque saben que un gran porcentaje de sus decisiones serán anuladas, pueden practicar el activismo judicial sin muchas consecuencias. Muchas de sus decisiones se colarán y se convertirán en la "ley del país".

Hay que ponerle fin a este tipo de abusos judiciales. La forma de acabar con ello nos la han sugerido los demócratas: la impugnación. Impugnar a los jueces cuyas decisiones ante un tribunal superior son anuladas el 25% de las veces.

En segundo lugar, y esto se aplica particularmente al tribunal de familia, si un organismo independiente, no formado por jueces o exjueces, encuentra que la decisión de un juez es parcial a favor de una parte el 60% de las veces, ese juez debe ser investigado para su destitución.

En el caso de los tribunales de familia, es fácil distinguir las dos partes: marido o mujer, padre o madre, hombre presunto agresor o mujer presunta agresora, etc. Obtener estadísticas objetivas debería ser la primera prioridad del gobierno para salvar a la familia.

En la actualidad, el tribunal de familia no rinde cuentas. El propósito de la impugnación es garantizar la responsabilidad judicial. Como explicó el profesor John Randolph Tucker, "el poder de impugnación tenía por objeto limpiar el gobierno de la presencia de funcionarios inútiles e infieles". [37]

UTILIZAR LA TECNOLOGÍA PARA CONSEGUIR MEJORES JUECES

En la era de internet, debería ser mucho más fácil denunciar a los jueces corruptos. Los jueces corruptos deberían ser denunciados en línea a un organismo independiente no formado por jueces, exjueces, abogados o exabogados, sino por ciudadanos. La convicción de un ciudadano debe suponer la inhabilitación inmediata para formar parte de un tribunal y puede incluir hasta 5 años de prisión.

Cuando los jueces juzgan a otros jueces, "amonestan" o "reprenden" a sus colegas, pero no hay dientes en su rugido. Los jueces ofensivos siguen sentados juzgando a más personas. Este fue el caso de una jueza de Florida llamada Jerri Collins que fue amonestada por su comportamiento "intolerable" hacia una mujer que se negó a presentarse en el juzgado y a testificar contra su presunto agresor.[38]

La jueza Collins fue captada por las cámaras reprendiendo a la supuesta víctima de violencia doméstica, y luego la encarceló durante tres días en julio de 2015 por desacato al tribunal.

Enviar a alguien a la cárcel por no presentarse al tribunal es un ejemplo de prepotencia, un delito impugnable. Collins puede volver a ser abogada, pero no debería volver a juzgar a nadie.

Debemos esperar que nuestros jueces sean personas del más alto calibre, emocionalmente templadas, moralmente rectas y llenas de humildad judicial. A menudo vemos lo contrario desde el banquillo: arrogancia judicial y desprecio por el pueblo.

POR QUÉ IMPUGNARON A TRUMP

Todo el proceso de impugnación fue una farsa que incluyó las características típicas de los procesos de divorcio: un tribunal adversario que nunca daría un juicio justo; un proceso cerrado, secreto e injusto; una pérdida colosal de tiempo y recursos preciosos; acusaciones falsas de perjurio, y moralización sobre la "triste y difícil" decisión de despojar a un hombre inocente de su dignidad; y la excusa retórica favorita para la injusticia, que las acciones del hombre han dejado a la parte débil sin "otra opción" que seguir el curso de acción más combativa.

Trump nunca habría entendido por lo que pasan las familias

cada día si no hubiera sido impugnado. Es un hombre muy poderoso y tiene demasiados abogados caros que le defienden como para conocer la situación difícil de muchos padres y algunas madres. Dios lo despojó de sus abogados, de sus defensas, de su dignidad, con un propósito: levantarlo para el propósito de Dios.

Después de los logros bien documentados de la administración de Trump, desregulaciones que han batido récords; empleo que ha batido récords; inauditos máximos en el mercado de valores, negociaciones de paz sin precedentes en la península de Corea y en Oriente Medio, después de todo esto, el presidente Trump debe estar preguntándose por qué recibe tan poco crédito.

Ante el historiador Doug Wead, Trump admitió su desconcierto por la forma en que se minimizó su éxito con Corea del Norte: "Nunca se me ha dado tan poco crédito por algo que era realmente tan importante... Estaríamos en guerra ahora mismo. Probablemente sería una guerra nuclear, para ser honesto... Y mi administración no recibe ningún crédito por ello. Pero no recibimos crédito por nada". [39]

Me atrevo a decir que así es como se sienten la mayoría de los padres que salen de los tribunales de familia. ¿Qué se necesita para que el sistema legal dé crédito a los padres? ¿Qué hace falta para que las élites admitan su parcialidad? En lugar de recompensar a un padre por querer involucrarse en la vida de sus hijos, algo que las madres de las generaciones pasadas habrían alabado, las feministas de hoy en día quieren eliminar a los padres de la vida de los niños.

Dios ha permitido que Donald Trump sea impugnado por una razón: para que pueda identificarse con los padres que son impugnados diariamente sin ningún delito. El propósito de Dios es que Trump redima su experiencia levantándose para luchar contra la injusticia en nombre de todas las familias y todos los niños. Ha sido profetizado por el último escritor del Antiguo Testamento que un luchador justo se levantaría antes del regreso de Jesús"

MALAQUIAS 4:6
6 Él hará volver el corazón de los padres hacia los hijos, y el corazón de los hijos hacia los padres, no sea que "Yo venga y hiera la tierra con maldición".

No se puede salvar a los Estados Unidos sin resolver lo que ocurre con la vida después del divorcio. El quinto mandamiento nos da un mapa de ruta: "Honra a tu padre y a tu madre". Los niños necesitan a los padres y a las madres por igual, y la ley debe reconocer esta verdad. Uno puede dejar de ser cónyuge de alguien, pero nunca puede dejar de ser padre de su hijo.

Por lo tanto, una nación justa debe ayudar a cada niño a obedecer el Quinto Mandamiento. No podemos hacerlo despojando la dignidad y los recursos de uno de los padres, o alejando a los niños de uno de sus padres. Esto es una violación evidente del Quinto Mandamiento, y el pecado está trayendo una maldición sobre los Estados Unidos.

CAPÍTULO 9

NO. 4 CÓMO EVITAR UNA GUERRA CIVIL

EL CUARTO MANDAMIENTO

8 "Acuérdate del sábado, para consagrarlo al Señor.
9 Durante seis días trabajarás y harás en ellos todas tus tareas;
10 pero el séptimo es día de descanso consagrado al Señor, tu Dios. En ese día no realizarás ningún trabajo, ni tú, ni tu hijo, ni tu hija, ni tu esclavo, ni tu esclava, ni tus animales, ni el inmigrante que viva en tus ciudades.
11 Porque el Señor hizo en seis días el cielo y la tierra, el mar y todo lo que hay en ellos, y el séptimo día descansó. Por eso mismo bendijo el Señor el sábado y lo declaró día sagrado." Éxodo 20:8-11 (BLPH)

. . .

LOS ESTADOS UNIDOS ESTÁ DIVIDIDO. Lo que se está gestando ahora mismo es una posible segunda guerra civil. Hay focos de violencia, pero todavía no hay un derramamiento de sangre generalizado en las calles. No nos equivoquemos, se trata de un choque de ideologías del mundo: patriota contra globalista, religioso contra secular, conservador contra progresista, tradicional contra comunista rosa, libre mercado contra socialista. Un bando quiere la libertad; el otro quiere el poder globalista con códigos de expresión, modificaciones de comportamiento y la eliminación de la religión, especialmente la cristiana. Este capítulo trata de la forma en que Dios puede evitar una guerra civil y crear unidad en una nación.

DIVISIÓN HISTÓRICA

La última Guerra Civil Estadounidense fue también un choque entre los valores cristianos y los seculares. Los cristianos y los conservadores lideraron la batalla por la abolición de la esclavitud. Los demócratas lideraron la batalla por lo que llamaron derechos de los estados, que era un eufemismo político para la esclavitud, en aquella época.

Desafortunadamente, el resultado neto de la primera Guerra Civil fue una victoria y una derrota: Se concedió la libertad a los esclavos (una victoria) a costa de un gran aumento de los poderes del gobierno federal (una pérdida). Los derechos de los estados eran y siguen siendo una cuestión legítima en la política estadounidense, pero sufrieron después de que se confundieran con el derecho de los estados del Sur a poseer esclavos. Se manifiesta a diario cuando varias ciudades y estados se declaran "santuarios" de diversas leyes federales. Por ejemplo, las leyes de inmigración se ignoran rutinariamente en muchas ciudades principales que se han declarado "Ciudades Santuario". El resultado ha sido el aumento de la delincuencia, la pobreza y la degradación de la sociedad.

La Guerra Civil podría haber sido una victoria para todos: la abolición mediante la aplicación de la justicia bíblica sin ceder poder al gobierno federal. La Guerra Civil se enmarcó como una lucha entre el poder federal versus el poder estatal en lugar de una lucha entre la restauración de los valores bíblicos y la perversión de esos valores.

Hasta el día de hoy, la Guerra Civil sigue siendo la guerra más sangrienta de la historia de los Estados Unidos, con un costo de 620,000 vidas, casi la mitad del total de muertes estadounidenses en todas las guerras juntas. Creo que los Estados Unidos estaba en la voluntad permisiva de Dios durante la Guerra Civil, pero no en su voluntad perfecta. La Iglesia podría haber hecho un mejor trabajo para construir una nación cristiana. Aquellos unidos en el amor cristiano no se esclavizarían unos a otros ni se matarían uno al otro. ¿Cómo es que un país que comenzó con tantos líderes cristianos sabios falló en mantener la cohesión y la unidad? ¿Cómo pudo Dios establecer una sociedad unida?

AMBIGÜEDAD HISTÓRICA

Está claro cuando se estudian los escritos de los Padres de la Patria que se referían a Jesucristo y a ningún otro dios. Sin embargo, omitieron el nombre de Jesús en la Constitución. ¿Por qué? Tal vez dieron por hecho que se sabría que Jesús es Dios. Tal vez asumieron que el cristianismo sería siempre la religión dominante de un pueblo amante de la libertad e instruidos de la Biblia. Tal vez querían evitar la creación de un estado-religión al estilo europeo basado en una denominación con exclusión de otras. Tal vez los deístas de entre ellos no imaginaban que Dios tuviera un papel activo en la sociedad. Tal vez todo lo anterior fuese cierto.

Su referencia a "Dios" y a la "Providencia" y su omisión de "Cristo" y "cristiano" en los documentos fundacionales han dejado una puerta abierta al enemigo para sembrar semillas de división. Esta es la raíz de la división de los Estados Unidos el día de hoy.

Los Padres de la Nación probablemente sintieron que su país estaba dividido durante su tiempo, pero estaba dividido de una manera diferente. Tomemos como ejemplo la colonia de Virginia.

A partir de 1624, todos los virginianos blancos estaban obligados por ley a asistir y apoyar a la Iglesia Anglicana a través de sus impuestos. Esto se hizo cumplir legalmente. John Weatherford, un predicador bautista, fue encarcelado durante cinco meses en 1773 por "predicar sin licencia." Patrick Henry, cinco veces gobernador de Virginia, defendió la libertad religiosa y logró la liberación del predicador bautista. Los protestantes disidentes, evangélicos como los bautistas, metodistas y presbiterianos, iniciaron un movimiento de resistencia social y religiosa. Desafiaron las prácticas discriminatorias del estado ignorando las leyes de concesión de licencias y negándose a ser restringidos a determinados lugares de culto de adoración. Los esclavos se sintieron atraídos en un número sin precedentes por el cristianismo evangélico porque tenía un mensaje convincente sobre un Dios que intervenía en los asuntos humanos y luchaba contra el establecimiento. [1]

Así, los Padres Fundadores se enfrentaron al problema de la división entre las distintas denominaciones cristianas. Intentaron asegurar la libertad de religión mediante la cuidadosa redacción de la Primera Enmienda. ¡Los Fundadores no previeron que su fórmula para la libertad religiosa sería tergiversada más tarde para intimidar a los cristianos y difundir la intolerancia de los valores cristianos!

En comparación con la actualidad, los estadounidenses durante la época colonial estaban al menos unidos como cristianos.[2] Simplemente pertenecían a diferentes denominaciones cristianas. Deberían haber puesto las palabras 'Cristo', 'cristiano' y todos los Diez Mandamientos en la Constitución. No lo hicieron. Esto ha causado mucha confusión siglos después sobre si los

Estados Unidos es o no una nación cristiana, los estadounidenses nunca han estado más divididos.

El reloj no se puede retroceder. La inserción de "Cristo" y "cristiano" en la Constitución se intentó en 1863, 1874, 1896, 1910 y 1954. En todas las ocasiones fracasó. Los cristianos han recurrido a la investigación de montañas de documentos de los Padres de la Patria originales para demostrar que eran verdaderamente cristianos, no irreligiosos, deístas o masones (aunque algunos lo eran, la mayoría no lo eran). Todo esto se puede comprobar por historiadores como Mark David Hall y David Barton.[3]

UNA SOLUCIÓN GENIAL

Según la Biblia, hay una forma mejor de volver a unir a los Estados Unidos de América. Esta puede ser la única manera de evitar una inminente Segunda Guerra Civil. No es obvio para los conservadores, pero es obvio en la Palabra de Dios y para la izquierda.

La solución está contenida en el Cuarto Mandamiento de Dios. Primero miramos hacia atrás en la historia bíblica y nos preguntamos: "¿Cómo unió Dios a trece tribus israelíes diferentes en una sola nación?"

Todos los años dirijo viajes bíblicos a Israel (puedes unirte preguntando por el próximo viaje en nuestra página web). Me encanta Israel y los judíos. Pero una cosa que encontrará es que los judíos son algunas de las personas más pertinaces y argumentadores de la Tierra. Dicen que, si tienes dos judíos en una habitación, tendrás tres opiniones. Pueden estar en desacuerdo, sobre todo, especialmente sobre sus propios políticos, y sin embargo hay unidad. Son un pueblo, una nación.

¿Como lo consiguió Dios?

Dios instituyó el sábado y les dio siete fiestas bíblicas para celebrar tres veces al año. El sábado era sólo uno de los varios días festivos que se les ordenó celebrar.

La función de las fiestas es crear un pueblo. Pocas personas se dan cuenta de que los días festivos hacen eso. Dios nos dijo, en efecto, "Si pudieras escribir sólo diez leyes, una de ellas debe ser sobre los días festivos".

Los Padres Fundadores la omitieron, aunque Dios la consideró crucial. 250 años después, los estadounidenses se preguntan: "bueno, ¿los Padres de la Nación eran realmente cristianos o no?"

El fracaso de los Padres de la Patria fue que no instituyeron las fiestas bíblicas. Esta es la raíz de la guerra cultural que pone en duda si los Estados Unidos era o no cristiano en su fundación.

¿Qué define a una nación como una nación cristiana? Considera lo siguiente: ¿Cómo sabes que estás en una nación budista? Por el hecho de que la mayoría celebra el "Vesak," el día que conmemora el nacimiento de Buda y el día de su iluminación. ¿Cómo sabes que estás en una nación musulmana? Obviamente, por el hecho de que la mayoría celebra el Ramadán, un mes entero de ayuno religioso. ¿Cómo sabes que estás en una nación judía? Por el hecho de que todo está en silencio, la mayoría de las tiendas están cerradas y la mayoría de las calles están vacías en el día de reposo (desde el viernes por la tarde hasta el sábado por la noche). Para saber que estás rodeado de un pueblo judío unido, no tienes que encontrar conformidad en la interpretación de la Biblia, o una uniformidad de opiniones sobre la política de la nación. Lo sabrás por el hecho de que la mayoría guarda el sábado como día sagrado de descanso. Las fechas festivas son pegamentos poderosos y galvanizadores.

Sin embargo, en los Estados Unidos, necesitamos reunir pruebas para establecer que la nación es cristiana desde su fundación. Sabemos que el cristianismo fue la base de la nación porque los cristianos protestantes que huían de la persecución religiosa fueron una de las principales razones que impulsaron a los inmigrantes de Europa a las colonias. Lo sabemos por las biografías de los Padres Fundadores que dicen que eran cristianos, no ateos. Exhibieron el cristianismo y el comportamiento cristiano en la mayoría de lo que hicieron. También lo sabemos porque los juramentos se hacen sobre la Biblia. Lo sabemos porque los Diez Mandamientos adornan el Tribunal Supremo y muchos otros edificios gubernamentales. Sin embargo, pocas personas se toman el tiempo de considerar estas piezas de evidencia. La forma más fácil de demostrar los cimientos espirituales de una nación es mirar las fiestas que celebra.

LAS FIESTAS CRISTIANAS DE LOS ESTADOS UNIDOS

La Navidad se convirtió en una fiesta federal en 1870, lo que reconoce indiscutiblemente a los Estados Unidos como una nación cristiana. Sin embargo, la fecha del nacimiento de Cristo no se especifica en la Biblia. La Semana Santa, que debería llamarse por su nombre original Pascua (como lo es en muchos otros idiomas), debería haber sido reconocida como una fiesta federal.

Los Padres Fundadores deberían haber reconocido las siete fiestas bíblicas, porque son los marcadores de los acontecimientos más importantes de la historia humana, de acuerdo con Dios. Nada es más importante que el cumplimiento profético de las siete festividades bíblicas (se explican en mi exitoso libro El Código Divino: Una Enciclopedia Profética de Números).[4]

Si los Padres de la Nación hubieran dicho desde el principio: "celebramos el nacimiento de Jesús y celebramos la muerte, el entierro y la resurrección de Jesús," ya tendríamos dos fiestas para definir a los Estados Unidos como una nación cristiana. La Semana Santa, aunque su nombre no es bíblico, coincide con una de las siete fiestas bíblicas: la Pascua. Jesús fue crucificado el mismo día en que se sacrificaba el Cordero de la Pascua y su sangre se aplicaba a los postes de madera de los hogares israelitas para protegerlos del Ángel de la Muerte (que "pasaba por encima" de los creyentes).

Si los Padres de la Patria se hubieran adherido a la Biblia y hubieran hecho de las siete fiestas bíblicas festividades oficiales, entonces 250 años después la pregunta "¿Somos una nación cristiana?" se habría respondido. ¡Somos una nación cristiana porque celebramos fiestas cristianas!

Las escuelas americanas, los trabajadores del gobierno y muchos negocios se toman un descanso durante la Navidad y la Pascua porque los Estados Unidos es fundamentalmente una nación cristiana. Además, deberíamos celebrar las siete fiestas bíblicas que Dios instituyó.

Pero en vez de celebrar los días festivos bíblicos de Dios, reconocemos el Día de los presidentes, el Día del Trabajo, y donde yo vivo en el estado de Victoria, Australia, tenemos un Día del Caballo llamado el Día de la Copa de Melbourne. No sé qué celebramos: el juego o los caballos que nunca he conocido. En los países de la Mancomunidad Británica (*Commonwealth*), como Australia y Canadá, celebramos a la Reina. A sus 93 años, la reina Isabel II sigue siendo la monarca de Australia. ¿Cómo sabes que está por encima de Australia? Una vez al año celebramos su cumpleaños. Así se sabe.

EL PATRÓN ETERNO DE DIOS

¿Cómo se les escapó esto a los Padres Fundadores de los Estados Unidos? ¿Cómo es que las fiestas bíblicas de Dios se olvidaron o dejaron de ser importantes para los creyentes en la Biblia? La única lección que todavía no hemos aprendido de la historia es esta: nunca podemos mejorar la Biblia.

Dios no cerrará esta Era de Prueba y revelará Sus planes para la Eternidad hasta que todo ser viviente se convenza: no se puede mejorar la sabiduría de Dios. Puede que no lo entiendas, pero debes confiar en ello. Al igual que un niño no puede entender siempre las reglas de sus padres, pero más tarde, cuando crezca y, como esperan sus progenitores, si lo entenderá.

Del mismo modo, Dios es un buen padre para nosotros. Dios dice en efecto: "Escribo todas estas cosas en mi Palabra, y espero que vayas a desafiarme en algunas de ellas, pero espero que un día crezcas y entiendas que te amo, que Soy justo y que Soy sabio". Todo buen padre puede entender a Dios porque la paternidad es sólo una muestra del intento de Dios de que el hombre madure.

Las fiestas fueron instituidas por Dios para ser una fuerza unificadora en una nación diversa. No hay sustituto para este mandamiento. La Biblia nos dice que esa es una forma de proteger a una nación del caos social, de mantener la unidad y de crear cohesión entre un pueblo que proviene de cualquier tribu o procedencia diferente. La respuesta a la división en los Estados Unidos está clara en la Biblia: es instituir fiestas bíblicas.

DONALD TRUMP, EL PROMOTOR DE FIESTAS

El presidente Donald Trump entiende esto intuitivamente. Insiste en decir "¡Feliz Navidad!" en lugar de los sustitutos vacíos de "Feliz temporada" y "Felices fiestas". Las fiestas definen una cultura y unifican a un pueblo.

La verdadera intención de la izquierda radical es borrar el cristianismo del público, pero nunca lo admitirían; afirman que están manteniendo la separación de la Iglesia y el Estado cuando dicen "¡Felices Fiestas!" en lugar de "¡Feliz Navidad!" El 27 de diciembre de 2019, tuiteé "Si la Navidad es ofensiva para la diversidad y 'Felices Fiestas' es mejor, ¿no debería una Menora judía llamarse "Fiesta de Velas" y el Ramadán musulmán ser un 'Mes de Fiestas', ¿sólo para ser iguales y evitar ofender a nadie? ¿O es que algunas personas... 'son más iguales que otras', como decía George Orwelll?".

Cuando Trump anunció en 2019 que Washington DC acogería una celebración militar para las fiestas del 4 de julio la izquierda se puso histérica. Habría que preguntarse "¿por qué?". Todo el mundo sabe que el 4 de julio es sobre la Independencia de los Estados Unidos. Es el día en que honramos los sacrificios de los que lucharon en la Guerra Revolucionaria Estadounidense. ¿Cuál es el problema?

Lo importante es que los días festivos son una poderosa fuerza unificadora. Los de la izquierda secular lo saben mejor que la mayoría de los cristianos y conservadores. Nos parece frívolo que la izquierda haya usurpado casi todos los días del calendario como una celebración especial que a menudo entra en conflicto con las costumbres bíblicas.

FIESTAS IRRELIGIOSAS

Primero fue Dia de las Brujas ("*Halloween*"), un día para que los niños celebren la muerte, los demonios y las brujas. Para la izquierda, de alguna manera la brujería y el satanismo no violan la separación de la iglesia y el estado. Obsérvese que no tuvieron que cambiar la Constitución o añadir una enmienda para secularizar nuestra cultura. Lo lograron en unas pocas décadas, en parte instituyendo un día festivo secular (una contradicción ya que un día festivo es un día que Dios declara "santo").

El número de días que los seculares han declarado "sagrados" se ha multiplicado exponencialmente.[5]

El 19 de enero es el Día Nacional de las Palomitas de Maíz.

El 4 de febrero es el Día Nacional del Cáñamo

El 24 de febrero es el Día del Chip de Tortilla.

El 28 de febrero es el Día del Hada Madrina.

El 1 de marzo es el Día de la Protección del Caballo.

El 8 de marzo es el Día Internacional de la Mujer.

El 10 de marzo es el Día de la Concienciación sobre el VIH/SIDA para mujeres y niñas (no sé por qué se excluye a los niños y a los hombres. No he podido encontrar uno para los hombres, a no ser que sean homosexuales).

El 14 de abril es el Día Nacional del Excónyuge.

El 22 de abril es el Día de la Tierra

El 4 de mayo es el Día de la Guerra de las Galaxias

El 7 de mayo es el Día Nacional de la Razón

El 15 de mayo es el Día de las Especies en Peligro de Extinción

El 16 de mayo es el Día de Agujerear [el cuerpo]

El 23 de mayo es el Día Mundial de la Tortuga.

El 21 de julio es el Día de la Comida de Chucherías.

El 7 de agosto es el Día Internacional de la Cerveza

El 12 de septiembre es el Día de los Videojuegos

El 23 de septiembre es el Día de la Bisexualidad

El 1 de octubre es el Día Internacional del Café

El 4 de octubre es el Día Mundial de los Animales

El 10 de octubre es el Día Mundial de la Salud Mental

El 11 de octubre es el Día Nacional de la Salida del Closet

El 24 de octubre es el Día de las Naciones Unidas

En el pasado, sólo Dios o los líderes nacionales podían declarar una fiesta nacional. Las fiestas prescritas por Dios son las mejores porque son eternas y llevan un mensaje eterno.

Los críticos argumentarán que instituir días festivos bíblicos violaría la separación de la Iglesia y el Estado. No tiene sentido. Ya tenemos la Navidad, el Día de Martin Luther King Jr. y otras fiestas abiertamente cristianas en el calendario federal. Cualquier cosa que añadamos que tenga raíces cristianas no impondrá la religión a nadie.

Eclesiastés 10:17 RVR
"Dichoso el pueblo que tiene por rey a un líder noble y cuyos dirigentes festejan [celebran un feriado] en el momento apropiado para trabajar con fuerza y no para emborracharse!"

DÍAS FESTIVOS BÍBLICOS EXTRA

La capacidad de designar un día festivo se origina en Dios, pero lo delegan hombres santos. La Biblia permitió a los líderes piadosos de la historia crear dos días festivos extra más allá de los siete originales dados a Moisés:

Purim—creada por Mardoqueo para celebrar la liberación de los judíos de un perseguidor persa llamado Amán; y

Janucá [*Hanukkah*]—creada por los Macabeos para celebrar la liberación de los judíos de un opresor sirio llamado Antíoco Epífanes IV y la re-dedicación del Segundo Templo.

Aunque la Janucá no se menciona en la Biblia hebrea (Antiguo Testamento), sabemos que Dios la aprobaba porque se menciona en el Nuevo Testamento. Jesús lo celebró cuando asistió a la "Fiesta de la Dedicación" como se registra en Juan 10:22.

El aniversario de la Declaración de Independencia fue reconocido por George Washington y otros padres fundadores antes de que los estadounidenses ganaran la guerra en 1783. En 1781, Massachusetts se convirtió en el primer estado en hacer del 4 de julio un día festivo oficial del estado.[6] En 1870, el Congreso de los EE.UU. hizo del Día de la Independencia un día festivo federal.

George Washington proclamó el Día de Acción de Gracias (*Thanksgiving*) como fiesta nacional en 1789, pero sólo se celebró de forma intermitente hasta que el presidente Abraham Lincoln lo proclamó como fiesta nacional en 1863. Lincoln invitó a todos los ciudadanos a "apartar y observar el último jueves de noviembre siguiente, como un día de acción de gracias y alabanza a nuestro Padre benefactor que habita en los cielos."[7]

Nuestro gobierno federal tiene autoridad para designar días festivos, pero nunca impone que se celebren. No tiene que celebrar el 4 de julio. No tienes que hacer un picnic o ver fuegos artificiales, pero la mayoría de los estadounidenses deciden hacerlo. No hay que cantar villancicos ni intercambiar regalos el día de Navidad, pero los estadounidenses deciden hacerlo.

Hoy en día, Estados Unidos celebra diez días festivos federales. En 1870, el Congreso decidió reconocer cuatro días festivos:

El Día de Año Nuevo, que está anclado en el cristianismo porque cada año es un recuento de cuánto tiempo hace que naciera Jesús.

El Día de la Independencia, indirectamente cristiano porque la gran mayoría de las personas que emigraron al Nuevo Mundo eran cristianos que buscaban liberarse de la persecución religiosa. Una de las principales razones por las que lucharon por la independencia de Gran Bretaña fue para poder ejercer los derechos inalienables que Dios les dio, incluido el derecho a ser cristianos sin estar bajo el catolicismo o el anglicanismo.

El Día de Acción de Gracias, se deriva directamente de Sucot o la Fiesta de los Tabernáculos, la fiesta en la que el pueblo judío se regocija con la acción de gracias por una cosecha abundante. También es indirectamente cristiana, ya que muchos milagros condujeron al primer Día de Acción de Gracias, momento en el que los cristianos hicieron las paces con los estadounidenses nativos.

El día de Navidad, que celebra el nacimiento de Jesucristo. Es la fiesta más celebrada en la Tierra, reconocida y disfrutada por igual por cristianos y no cristianos.

Otros días festivos y el año en que fueron establecidos por el Congreso son los siguientes:

El Cumpleaños de George Washington (1880): se celebra el cumpleaños del primer presidente de Estados Unidos, un cristiano nacido el 22 de febrero de 1732.

Día de los Caídos [*Memorial Day*] (1999): originalmente un día para honrar a todos los soldados de la Unión que murieron en la Guerra Civil; después de la Primera Guerra Mundial, es para honrar a todos los hombres y mujeres que han muerto en el servicio militar para los Estados Unidos.

El Día del Trabajo [*Labor Day*] (1894): originalmente

se celebraba en la ciudad de Nueva York como "fiesta de los trabajadores" en 1882, pero en 1894 se adoptó en todo el país como homenaje a los trabajadores estadounidenses.

El Día de los Veteranos (1938): originalmente marcaba el final de la Primera Guerra Mundial, pero ahora es un día para honrar a todos los veteranos que lucharon en la Segunda Guerra Mundial, la Guerra de Corea, la Guerra de Vietnam, las Guerras del Golfo y cualquier otro conflicto.

El Día de la Raza [*Columbus Day*] (1968) conmemora el día en que Cristóbal Colón descubrió América al desembarcar en la isla de San Salvador (hoy en día Bahamas), tradicionalmente el 12 de octubre de 1492. Desde 1971, la fiesta se celebra el segundo lunes de octubre. Es una fiesta cristiana, ya que Colón era cristiano. Nunca utilizó malas palabras. Él y sus tripulaciones observaban ritos religiosos. Cada vez que giraban el cristal de media hora, confesaban: "Bendita sea la hora del nacimiento de nuestro Salvador, bendita sea la Virgen María que lo dio a luz, y bendito sea Juan que lo bautizó." [8] Terminaban cada día con un servicio nocturno de oración y canto.

Día de Martin Luther King Jr. (1983): otra fiesta cristiana que conmemora a un predicador bautista que fue guiado por Dios para liderar el movimiento por los derechos civiles. Sus sermones eran poderosos y transformadores porque estaban basados en la Biblia. Nació el 15 de enero de 1929. La fiesta en su honor fue promulgada por Ronald Reagan y se celebra el tercer lunes de enero.

Los días festivos cumplen la función de definir el alma de una nación: lo que es importante para el pueblo, además del dinero y la política. El gobierno reconoce que está bajo una autoridad espiritual mayor, el gobierno de Dios y de su Hijo Jesucristo, pero no obliga a ningún ciudadano a creer lo mismo. Así que además de los diez días festivos que los Estados Unidos observa actualmente, debemos añadir los nueve observados en la Biblia, más un Día Nacional de Arrepentimiento observado por muchos presidentes anteriores. Estos días festivos son críticos para la sobrevivencia de América y la prevención de una Segunda Guerra Civil.

DÍA GLOBAL Y NACIONAL DEL ARREPENTIMIENTO

Hay un movimiento moderno creciente liderado por pastores, como Jeffrey Daly, para que el presidente designe y aparte un Día de Arrepentimiento al año. Se trata de una fiesta únicamente cristiana. El arrepentimiento es un principio cristiano de la fe. Es el primero que es listado en el capítulo 6 de Hebreos entre las seis "doctrinas elementales de Cristo". [9] El arrepentimiento no aparece como uno de los cinco pilares del Islam ni de los cinco preceptos de Buda.

Diez presidentes han convocado días nacionales de oración, de ayuno y arrepentimiento: George Washington, John Adams, James Madison, John Tyler, Zachary Taylor James Buchanan, Abraham Lincoln, Andrew Johnson, Chester Arthur y Woodrow Wilson.[10]

Durante la Guerra Civil, el presidente Abraham Lincoln estableció un día de "Humillación, Ayuno y Oración Nacional" el jueves 30 de abril de 1863. Muchos estadounidenses observaron ese día orando, ayunando y arrepintiéndose de sus pecados personales y nacionales. Dos días después, el general confederado Stonewall Jackson fue herido mortalmente en un extraño accidente por uno de sus propios guardias. Dos meses después, el Sur perdió la batalla de Gettysburg. [11] Dos años más tarde, la guerra terminó. Cuando un líder nacional declaró un día de arrepentimiento, Dios escuchó y restauró la nación.

En 1798, el antiguo aliado de los Estados Unidos, Francia, se encontraba en plena revuelta. Después de la Revolución Francesa, la Caída de la Bastilla y el Reinado del Terror con la sangrienta guillotina, los Estados Unidos decidieron no pagar las deudas de la Guerra de la Independencia a la Corona Francesa porque ya no existía. Como resultado, los corsarios franceses ignoraron los tratados con los Estados Unidos y se apoderaron de casi trescientos barcos estadounidenses con destino a puertos británicos. El ministro de Asuntos Exteriores francés exigió grandes sobornos para que los franceses dejaran en paz a los barcos estadounidenses. Se produjeron varias docenas de batallas, todas en el mar. El presidente John Adams convocó un "Día de Humillación Solemne, Ayuno y Oración" el 23 de marzo de 1798 y de nuevo el 6 de marzo de 1799. Poco después, Napoleón tomó el poder en Francia en un golpe de estado y decidió que no quería una guerra con los Estados Unidos. Ya estaba luchando contra Inglaterra y la mayor parte de Europa, y quería granos y arroz de los Estados Unidos. Napoleón perdonó la mayor parte de la deuda y canceló los tratados que interferían en el comercio de los EE. UU. con Gran Bretaña.[12] El Segundo Gran Despertar comenzó poco después.

Cuando comenzó la Guerra de 1812 contra Gran Bretaña, el presidente James Madison proclamó el 9 de julio de 1812 un Día Nacional de Humillación Pública y Oración que se observaría el mes siguiente: "Yo... recomiendo el tercer jueves de agosto... para... rendir al Soberano del Universo... homenaje público..."[13]

Los británicos consiguieron quemar la Casa Blanca y gran parte de Washington, DC. Luego, una violenta tormenta y un tornado expulsaron a los británicos y también apagaron los incendios que provocaron. Los británicos huyeron porque vieron que Dios estaba con el bando estadounidense; perdieron más bajas por la tormenta que por los soldados estadounidenses. Cuando los Estados Unidos ganó esa guerra, Madison proclamó un Día Nacional de Acción de Gracias el 4 de marzo de 1815: "Recomiendo ahora... que el pueblo de todas las denominaciones religiosas... unan sus corazones y sus voces en una ofrenda voluntaria a su Benefactor Celestial de su homenaje... y de sus cantos de alabanza."[14]

El último llamamiento a un Día Nacional del Arrepentimiento fue realizado por el presidente Woodrow Wilson en 1918. La Primera Guerra Mundial se había prolongado durante cuatro años. Wilson escribió:

"Yo, Woodrow Wilson, Presidente de los Estados Unidos de América, por la presente proclamo el jueves 30 de mayo... un día de humillación pública, oración y ayuno, y exhorto a mis conciudadanos de todas las creencias y credos a que se reúnan ese día en sus diversos lugares de culto y allí, así como en sus hogares, rueguen a Dios Todopoderoso que perdone nuestros pecados y defectos como pueblo y purifique nuestros corazones para ver y amar la verdad, para aceptar y defender todas las cosas que son justas y correctas, y para proponer sólo aquellos actos y juicios justos que estén en conformidad con Su voluntad."[15]

Dos días más tarde, el Cuerpo de Marines de los Estados Unidos participó en su primera gran batalla de la guerra en Belleau Wood. Esta batalla duró del 1 al 26 de junio, costando 9,777 bajas a los Marines. Los alemanes se dieron cuenta de que los estadounidenses estaban dispuestos a sufrir graves pérdidas en combate y seguir luchando con determinación y habilidad. La victoria estadounidense en Belleau Wood rompió el mito de los "americanos blandos" en las mentes alemanas. Esta batalla fue un presagio de lo que vendría. Como resultado, el Estado Mayor alemán decidió poner fin a sus ofensivas en Francia y pasar a una postura defensiva. Unos meses después, la Primera Guerra Mundial terminó el 11 de noviembre de 1918. El arrepentimiento nacional contribuyó a la victoria de Estados Unidos y a que el mundo volviera a estar en paz.

LA CLAVE PARA SANAR A LA NACIÓN

Segunda de Crónicas 7:13-14 es la base de tan extraordinarios resultados de la oración. Vincula la reversión de los desastres nacionales a la humildad, la oración y el arrepentimiento.

"Cuando cierre el cielo y no haya lluvia [*sequía e incendios forestales*]**. O mande a las langostas que devoren la tierra**

[*desastre agrícola*], **o envíe pestilencia** [*enfermedades y epidemias*] **entre mi pueblo, si mi pueblo llamado por mi nombre se humilla, y ora y busca mi rostro, y se convierte de sus malos caminos, entonces yo oiré desde el cielo, y perdonaré su pecado y sanaré su tierra."**

Cuando Abraham Lincoln proclamó el 13 de marzo de 1863 un Día Nacional del Arrepentimiento en el mes siguiente, explicó los motivos y los resultados que esperaba:

"...en tanto como sabemos que, por su ley divina, las naciones, al igual que los individuos, están sujetas a castigos y penas en este mundo, ¡no podemos justamente temer que la terrible calamidad de la guerra civil...no sea más que un castigo, infligido a nosotros, por nuestros pecados presuntuosos... Intoxicados con un éxito ininterrumpido, nos hemos vuelto demasiado autosuficientes... demasiado orgullosos para orar al Dios que nos hizo!

"Nos corresponde, pues, humillarnos ante el Poder ofendido, confesar nuestros pecados y rogar por clemencia y perdón... Hecho todo esto con sinceridad y verdad, descansemos entonces humildemente en la esperanza... de que el lamento unido de la Nación será escuchado en lo alto, y respondido con bendiciones, nada menos que el perdón de nuestros pecados nacionales, y el restablecimiento de nuestro ahora dividido y sufrido País, a su condición anterior feliz de unidad y paz."[16]

Lincoln esperaba que el arrepentimiento nacional uniera a un país dividido. Todavía puede hacerlo.

Creo que un secreto para unificar el país es darles más días festivos significativos, comenzando con los siete a nueve días festivos bíblicos ordenados por Dios.[17]

LOS BENEFICIOS DEL SÁBADO

Otro paso es volver a descansar el sábado. Los judíos tenían un día de descanso; los cristianos instituyeron el fin de semana de dos días para descansar, pero los laicos nos han robado este ciclo divino y no nos han dado ningún descanso. Los comunistas quitaron literalmente el fin de semana en un esfuerzo por borrar la religión de la memoria colectiva.

Durante 11 años (1929-1940), la Unión Soviética no tuvo fines de semana.[18] Propuesto por el economista y político Yuri Larin, la *neprervka* o "semana de trabajo continuo" duraba cinco días, con días de descanso para el 20% de la población espaciados a lo largo de la semana. Con este esquema, el 80% de la población trabajaba todos los días de la semana. El experimento de ingeniería social comunista fracasó miserablemente y se devolvió al pueblo la semana de siete días originada en el relato bíblico de la creación. Pero ahora muchas personas en las democracias son activas los siete días de la semana. Las tiendas están abiertas los siete días de la semana, y nuestra salud colectiva está disminuyendo debido a la incesante actividad y al bombardeo sensorial.

Como guío anualmente viajes a Israel y el Oriente Medio, he llegado a apreciar el Shabat [19] de una manera diferente, a la de muchos cristianos que aún no han tenido la experiencia personal de ser testigos de una nación entera que obedece un mandamiento de Dios. Es de inspiración.

Un político laico puede pensar que el descanso de toda la nación significa que se genera menos dinero en la economía. Por el contrario, los israelíes son muy productivos. Una fuente de su prolífica inspiración y de sus invenciones no comunes es la bendición que obtienen del descanso santificado.

He aquí mis siete observaciones sobre el sábado:

1. En Shabat, los judíos que lo observan no pueden viajar lejos. Están limitados a distancias cortas, ya que no pueden viajar en automóvil, bicicleta, motocicleta, avión, tren, tranvía o cualquier vehículo. Tampoco se les permite caminar una determinada distancia. Esa distancia se define una vez en la Biblia; no creo que sea casualidad que esté en el Nuevo Testamento.

En Hechos 1:12, el Apóstol y el Dr. Lucas registraron que los testigos de la ascensión (rapto) de Jesús caminaron "un sábado", o la distancia desde Jerusalén hasta el Monte de los Olivos. Los rabinos han fijado el límite de la caminata en Sabbat en 2000 codos (960 metros o 3050 pies).

2. Al comienzo del sábado (viernes por la noche), **las familias judías tradicionales se reúnen para comer y recitar oraciones**.

3. Durante la comida del sábado, el patriarca judío impone sus manos sobre las cabezas de sus hijos e hijas y bendice a su esposa citando el Proverbio 31 sobre ella.

4. Durante todo el sábado, nadie debe encender un fuego, lo que incluye cocinar, tocar el botón de un ascensor, encender un teléfono móvil y utilizar una tableta o una computadora. Imagínense que nuestros hijos ayunan una vez a la semana de los teléfonos móviles y las tabletas. Cuánto más saludables serían sus espíritus, mentes y cuerpos.

5. El sábado es un momento para adorar juntos en una asamblea (una sinagoga para los judíos tradicionales, una congregación para los judíos mesiánicos). El sábado se dedica a adorar a Dios y a estudiar la Palabra de Dios. El Estado no lo impone, pero cuando se apagan todos los aparatos y se cierran todas las tiendas, no hay mucho más que hacer que estar con Dios y con la familia. Es asombroso ver a los adolescentes caminar por las calles vacías en un sábado sosteniendo un comic de la Biblia o leyendo las Escrituras. Muchas personas deciden recalibrar sus corazones de vuelta a Dios.

6. El efecto espiritual de este descanso sagrado es que la gente tiene más tiempo para Dios, la asamblea y la familia. La gente consigue centrarse en cosas que están por encima de lo mundano y más importantes que el dinero. Esto es refrescante para el alma.

7. Más allá del refresco espiritual hay efectos sociales y económicos del sábado. Debido a la restricción de los viajes durante el sábado y a la necesidad de asistir a una comida familiar semanal y a una congregación local, los miembros de la familia suelen optar por comprar casas que estén cerca unas de otras. Las tiendas, los negocios y las asociaciones se forman a poca distancia. Así es como crece un barrio judío en varias ciudades del mundo.

El mandato de celebrar el Sabbat une a la comunidad judía en todo el mundo. Sin él, la cultura judía minoritaria podría ser engullida por las culturas anfitrionas dominantes.

Nadie más que Dios podría haber previsto el impacto del Sabbat en un pueblo que estaría disperso por todo el mundo. Creo que es un mandato divino guardar las fiestas. Los creyentes de la Biblia deben guardar al menos las siete fiestas principales, más un día de descanso. Las siete fiestas bíblicas son: La Pascua, los Panes sin Levadura, las Primicias, Pentecostés, la Fiesta de las Trompetas, el Día de la Expiación y la Fiesta de los Tabernáculos.[20] Estas son las que unieron y mantuvieron unidos a los judíos desde los tiempos bíblicos.

EVITANDO LOS EXTREMOS

Quisiera recordar a los lectores y a los líderes mundiales que se puede tomar el Cuarto Mandamiento y convertirlo en muerte. Muchos cristianos lo hacen. No saben interpretar la Biblia para que traiga vida. Dios siempre quiere que elijamos comer del Árbol de la Vida, no del Árbol del "yo tengo razón, tú estás equivocado".[21]

¿Cómo se podría interpretar el cuarto mandamiento como la muerte?

Podrías decir: "Imponemos el sábado como el día que todos deben observar religiosamente. De lo contrario, morirán e irán al infierno. No importa que Jesús muriera en la cruz y pagara por tus pecados. Tienes que adorar también el sábado o eres malo." Bueno, eso es farisaico. Eso es un malentendido de cómo aplicar la Biblia.

El espíritu farisaico puede ser aplicado a cualquier día de la semana. En los Estados Unidos, solía ser común tener "leyes azules dominicales" que prohibían cosas que la Biblia no prohibía. Por ejemplo, los "helados sundaes [*ice cream sundaes*]" fueron creados porque las "sodas de helado" [*ice cream sodas*] eran considerados demasiado "extravagantes" y pecaminosos para tomarlos en domingo. [22]Esto es una carga para la vida de las personas en lugar de mejorarla.

Si aplicas la Biblia de esa manera, entonces todas las que han tenido un aborto no tienen otra opción que ir al infierno. Por la gracia de Dios, deberías encontrar vida en cada situación imperfecta. Cuando te enfrentas a una persona imperfecta, no deberías juzgar y condenar primero, sino preguntar "¿Hay espacio para la vida, el arrepentimiento y la redención?" Incluso los rabinos técnicamente no guardan el Sabbat ya que la mayoría de los siervos de Dios trabajan en el sábado. Sin embargo, mantienen el principio del sábado encontrando otro día para descansar.

No se debe tomar un mandamiento de Dios y decir: "Ese es mi favorito. Voy a cabalgar en este mandamiento hasta la eternidad,"

No puedes hacer eso. Eso se llama malinterpretar la Biblia, y demasiados cristianos lo hacen. Es casi una segunda naturaleza para la gente piadosa construir su identidad en un verso o un mandamiento de Dios. Esta inclinación legalista en la carne del hombre es la razón por la que Dios tiene muy pocos creyentes calificados para gobernar en la Tierra.

Una manera de evitar los extremos es apreciar que cada mandamiento de Dios tiene la intención de dar vida.

CRITERIOS PARA LAS FIESTAS

Si no establecemos los días festivos de Dios, en su lugar tendremos días festivos sustitutivos como el "Día de la Hamburguesa", el "Día de la Dona" y el "Mes del Orgullo Gay." La humanidad no puede estar sin días festivos, así que, si nuestros líderes se niegan a reconocer los días festivos de Dios, en su lugar tendremos sustitutos artificiales, desunión y guerra civil.

Cuando Israel se dividió en los reinos del Norte y del Sur (el Norte se llamaba Israel, Efraín o Samaria; el Sur se llamaba Judá), los principales problemas que les impidieron volver a unirse fueron: los impuestos y las fiestas. El Sur celebraba las fiestas en el Monte del Templo de Jerusalén; el Norte las celebraba en el Monte Garizin.

Entendamos los criterios bíblicos para establecer una festividad. Hay tres cosas que siempre son comunes a todos los días festivos:

1. Dios designa un día como santo.

Los días festivos son del dominio soberano de Dios. Sólo Dios puede hacer que un día sea "santo." A menudo lo hace mucho antes de que el significado completo del día santo sea evidente para la gente. Por ejemplo, Dios declaró santo el séptimo día. Sólo ahora los científicos modernos están de acuerdo en que el hombre está más sano y es más productivo si descansa una vez cada siete días. Pero durante miles de años, la humanidad ha seguido lo que dice la Biblia independientemente de su religión. Ninguna cultura tiene una semana de 4 días o de 12 días. Ninguna. La semana de 7 días es una de las pruebas de que las historias de la Biblia son originales, son anteriores a la creación de cualquier cultura y nación.

2. Dios ordena parar de trabajar en un día consagrado.

¿Por qué nos dice Dios que dejemos de trabajar? Porque debemos celebrar el trabajo de otra persona en un día santo. Debemos estar agradecidos porque nos beneficiamos del trabajo de otra persona.

Este es de hecho el mensaje central del cristianismo: No puedes trabajar para tu propia salvación; tus buenas obras no te ganan el camino al Cielo; estás llamado a descansar de las obras muertas, y estar agradecido por los beneficios de la obra de Cristo en la cruz.

Las obras del Mesías son el tema de cada fiesta bíblica, incluyendo el Sabbat. Los siete acontecimientos más importantes de la tierra, según Dios, apuntan todos a la obra de su Hijo Jesucristo.

3. Los días festivos crean una identidad cultural y una unidad divina porque capacitan a los individuos para que recuerden las obras de otros que les precedieron.

En otras palabras, los niños necesitan que se les enseñe el significado de cada fiesta y que estén agradecidos por los sacrificios de otros que vinieron antes que ellos.

Algunas fiestas modernas carecen de algunos de estos tres elementos. Pero si faltan los tres, no puede ser una fiesta. Si no dejas de hacer tu propio trabajo, no es una fiesta. Si no conmemoras lo que otros han hecho por ti, no es una fiesta. Las fiestas frívolas como el Día del Café disminuyen el valor de las fiestas en general. Otras fiestas modernas, como el Día de la Conciencia de la Soltería [23], tienden a basarse en una identidad sobre la que no tienes control, por lo que no asocian la celebración a ningún logro.

No es un logro ser blanco o negro, gay o heterosexual. En realidad, es un logro estar casado, pero en cambio la izquierda celebra el Día de la Conciencia de la Soltería.

Algunas fiestas nacionales están en el límite. Cumplen parcialmente con dos de los tres criterios. Creo que estos satisfacen los tres criterios de un día festivo: El Día de Navidad, el Día del Padre, el Día de la Madre, el Día de Acción de Gracias, el Día de la Santidad de la Vida Humana [24] y el Día de la Familia. Estos satisfacen dos criterios: El Día D (Invasión de Normandía), el Día del Trabajo, el Día de los presidentes y cualquier día de fin de guerra en el que probablemente se declare un día festivo. Estos no cumplen los criterios de un día festivo: Dia de las Brujas [Halloween], el Día de la Dona, el Día del Aguacate, el Día de la Concienciación de los Solteros, la Semana Nacional del Cuidado de la Familia,[25] el Día Mundial del Veganismo, el Día de la Copa de Melbourne.[26]

No se puede mejorar lo que Dios hace. Puedes elegir tus propias fiestas, pero las mejores serán las de Dios. Tienen el significado más profundo y automáticamente traen las mayores bendiciones. Independientemente de que una nación las reconozca o no, son eternas. Si inculcamos la reverencia nacional por las fiestas bíblicas, construiremos la unidad y evitaremos la próxima guerra civil americana. ¡Hagamos que todos vuelvan a celebrar, en lugar de volver a pelear!

CAPÍTULO 10

NO. 3 LIBERTAD DE RELIGION Y COMUNISMO ROSADO

EL TERCER MANDAMIENTO

"No tomarás en vano el nombre del SEÑOR tu Dios, porque el SEÑOR no dará por inocente al que tome su nombre en vano."
Exodo 20:7 (RVA-2015)

CUANDO LA LIBERTAD de religión desaparece, la tiranía no está muy lejos. La libertad de religión es esencial para la paz mundial, por lo que este capítulo será el más internacional en su alcance.

Corea del Norte, China e Irán tienen algo en común: no son las armas nucleares, es la persecución de la religión cristiana. Esto es lo que los convierte en enemigos naturales de los Estados Unidos. Dada esta dimensión espiritual del conflicto, a menudo ignorada, el líder sabio considerará la implicación de un movimiento liderado por Estados Unidos para la libertad religiosa global.

Esta estrategia, una vez entendida, podría resolver muchos problemas geopolíticos sin necesidad de disparar un misil o una bala. Primero debemos poner en práctica el modelo de Dios en casa, luego les mostraré un plan para convertir a los enemigos en aliados.

El tercer mandamiento de Dios es una ley para proteger la libertad religiosa. El pecado de la blasfemia va al corazón de lo que divide al mundo en imperios buenos e imperios malos. "No tomarás el nombre del Señor tu Dios en vano." En su esencia, significa que no se te permite difundir tu odio a la religión y dificultar a otros la práctica de su religión. Los estadounidenses dicen: "Amamos la libertad de expresión," sin embargo, la expresión está siendo más restringida y censurada que nunca en la historia de Estados Unidos. La izquierda ha inventado sus propias leyes de blasfemia o códigos de expresión, principalmente porque los cristianos no tomaron en serio la ley de odio de Dios.

La elección no es: ¿aceptaremos la ley de Dios o ninguna ley al respecto? La elección es: ¿aceptaremos la ley de Dios o una alternativa inferior que acabará conduciendo a la injusticia?

Vivimos en una sociedad invertida, en la que es aceptable hacer "arte" de orinar en la cruz de Jesucristo y vender películas que acusan a Jesús de adulterio con María Magdalena, pero es inaceptable criticar a los terroristas islámicos, cuestionar a los activistas del cambio climático y utilizar el pronombre gramaticalmente correcto "él" para un hombre biológico que se identifica como mujer. Si alguien lo hace, la izquierda laica le acusa de un delito de "odio."

La palabra religiosa para esto es "blasfemia." Significa "calumniar, hablar mal de alguien, injuriar, insultar." En el Nuevo Testamento, incluye desafíos y acciones irrespetuosas, como muestran estas Escrituras:

- "Y los que pasaban le **blasfemaban**, moviendo la cabeza y diciendo: '¡Ah! Tú que destruyes el templo y lo construyes en tres días,'"[1]
- "Los hombres que tenían a Jesús se burlaban de él y lo golpeaban. Y habiéndole vendado los ojos, le golpearon en la cara y le preguntaron, diciendo: '¡Profetiza! ¿Quién es el que te ha golpeado? Y muchas otras cosas **blasfemaban** contra Él."[2]
- "Entonces uno de los delincuentes que estaban colgados **blasfemó** contra Él, diciendo: 'Si eres el Cristo, sálvate a ti mismo y a nosotros.'"[3]

Si la Biblia llama 'blasfemia' a mover la cabeza, burlarse, escupir y desafiar con condescendencia, entonces ciertamente orinar en la Cruz debería ser calificado legalmente como 'crimen de odio'. No es arte. La libertad de expresión tiene un límite, y Dios nos lo da. Si tan solo dibujas al profeta Mahoma en una caricatura, como hizo la revista francesa Charlie Hebdo en 2011 y 2015, todos los musulmanes se sentirán ofendidos y algunos musulmanes vendrán a quemar tu oficina y a asesinarte. El director de la revista y caricaturista principal, Monsier Charg, junto con otros 11 empleados, lo comprobaron cuando fueron asesinados el 7 de enero de 2015. Los musulmanes se oponen firmemente al odio. Los izquierdistas se oponen al odio. Pero los cristianos se toman el odio demasiado a la ligera. Ignoramos el odio en favor de promover positivamente la "libertad de expresión." Somos, como a menudo inculpo a los cristianos modernos, más amables que Jesús. Jesús se enfadó con los que blasfemaban a su Padre. Dios se enoja con los que blasfeman de sus personas y cosas sagradas.

La blasfemia no es sólo un insulto contra Dios. El Nuevo Testamento amplía la definición de blasfemia para incluir los insultos contra los ministros cristianos. Conozco a muy pocos cristianos que crean esto. Yo lo creo porque la Biblia lo dice, y porque no toleraría insultos contra mi padre, mi madre, mi esposa o nuestros hijos. Nadie en la sociedad civil tiene derecho a empezar a atacar a los miembros de nuestra familia, conectados en línea [online] o no. He aquí dos ejemplos en los que la blasfemia se aplica a los insultos contra los siervos de Dios.

- [Hablando de los judíos que vivían en Macedonia y que escucharon al apóstol Pablo predicar el Evangelio] "Pero cuando se opusieron a él y blasfemaron, sacudió sus vestidos y les dijo: "Su sangre caiga sobre sus cabezas; yo estoy limpio. Desde ahora me iré a los gentiles."[4]
- [Hablando del Anticristo durante los peores tres años y medio en la Tierra] "Y abrió su boca en blasfemia contra Dios, para blasfemar su Nombre, y su tabernáculo, y los que moran en el cielo."[5] Nótese que la blasfemia incluía insultar el Nombre de Dios, el Templo de Dios, y el pueblo de Dios en el Cielo-¡Estos incluyen a los profetas que han muerto y han ido al Cielo!

La elección no es si tendremos leyes de blasfemia o no, sino más bien ¿qué ley de blasfemia tendremos? ¿Debemos ser castigados en el trabajo y en los tribunales por decir algo que ofende a alguien, o por decir algo que insulta a Dios y sus cosas sagradas? Dios definió correctamente el problema: es un asunto de odio.

Debemos resolver legalmente la cuestión: ¿A quién se nos permite odiar?

En otro ámbito, la izquierda parece ser más astuta que la derecha. La izquierda ha sustituido la palabra "blasfemia" por la palabra "odio" (o vilipendio) y ha implantado "leyes de odio" (o leyes "antivilipendio") en todo el mundo para restringir la expresión contra los musulmanes, los homosexuales, los travestis, etc. Estas "leyes de odio" se han utilizado para proteger a los amigos de las élites políticas y perseguir a los cristianos. Mientras tanto, los ciudadanos comunes han perdido mucho terreno en materia de libertad religiosa. Entre los que han sido avergonzados públicamente y acosados legalmente están:

- Dos pastores australianos, Danny Nalliah y Daniel Scot, arrastrados a los tribunales entre 2002 y 2006 por citar el Corán. (Perdieron en un tribunal llamado VCAT, y luego ganaron en apelación ante el tribunal supremo de Victoria, lo que les costó su salud y más de medio millón de dólares en honorarios legales).
- La tenista más exitosa de Australia convertida en pastora, **Margaret Court**, a quien los medios de comunicación australianos vilipendian por su postura a favor del matrimonio tradicional y su oposición al matrimonio gay. En mayo de 2017, Court escribió una carta abierta en la que acusaba a la aerolínea Qantas de convertirse en "un promotor activo del matrimonio entre personas del mismo sexo". [6] Los radicales de izquierda respondieron avergonzando a Court en los medios de comunicación y pidiendo que se retirara su nombre del *Margaret Court Arena de Melbourne,* donde se le rendía homenaje desde 2003.
- Un jugador de rugby australiano, **Israel Folau**, quien publicó citas de las Escrituras contra el pecado en sus redes sociales el 10 de abril de 2019. Rugby Australia canceló su contrato de 3 millones de dólares al día siguiente. Folau perdió su carrera en el rugby, pero ganó un acuerdo no revelado.
- Un parlamentario finlandés, **Pivi Rasanen**, quien está siendo investigado por la policía por dos asuntos distintos, uno de ellos de hace más de 15 años. En lo que puede ser el caso más destacado de persecución cristiana, la policía finlandesa ha tomado una postura

agresiva contra un destacado cristiano para hacer cumplir las leyes de odio de su país.

En enero de 2020, entrevisté a Paivi Rasanen para asegurarme de conocer la historia de primera mano, y con la esperanza de que la administración Trump se enterara de su caso de injusticia.

CIOCCOLANTI: "¿De qué le acusa la policía finlandesa?"

RASANEN: "Me desconcerte cuando me enteré de que la Iglesia Evangélica Luterana de Finlandia, a la que pertenezco, anunció su afiliación oficial al Orgullo LGBT de Helsinki 2019. En junio, decidí escribir un "tweet" en el que preguntaba que cómo puede ser compatible el fundamento doctrinal de la iglesia, la Biblia, con el levantamiento de la vergüenza y el pecado como tema de orgullo.

"La policía inició una investigación penal sobre este't-weet' en agosto de 2019. Entonces me citaron a un interrogatorio policial. La policía me preguntó si estaba de acuerdo en retirar el 'tweet' en un plazo de dos semanas. Respondí que no. Me preguntaron sobre el contenido de la Epístola de Pablo a los Romanos y qué quería decir al afirmar que practicar la homosexualidad es un pecado y una vergüenza. Respondí que todos somos pecadores, pero que hoy en día se niega la pecaminosidad de la práctica de la homosexualidad.

"La otra investigación policial tiene que ver con un panfleto que escribí hace 16 años. La investigación comenzó también en agosto. Todavía no me han citado para el interrogatorio relativo al panfleto, pero es probable que se produzca pronto.

"El folleto es una publicación de *Suomen Luther-saatio*

[Fundación Luterana de Finlandia] de 2004. Adopta una postura sobre la política eclesiástica acerca de la sexualidad y el matrimonio desde una perspectiva cristiana. Anteriormente, en octubre, la policía ya concluyó que no era necesaria una investigación, ya que no había motivos para creer que se había cometido un delito.

"El Fiscal General, a quien se le pidió que volviera a evaluar este asunto, llegó a una conclusión diferente a la de la policía. Según el Fiscal General, hay razones para creer que la difamación de los homosexuales es una violación de su dignidad humana, por lo que soy culpable de incitación al odio contra un grupo. He subrayado que mi propósito no era en absoluto insultar a las minorías sexuales. Mi crítica iba dirigida a los dirigentes de la Iglesia. Nuestra Ley de la Iglesia establece que 'toda doctrina debe ser examinada y evaluada según la Santa Palabra de Dios'".

CIOCCOLANTI: "¿Cuál es la implicación más amplia de sus inconveniencias personales y legales?"

RASANEN: "Como cristiana, creo que si alguien expresa una opinión que va en contra de mi fe o de mi conciencia, no significa que yo haya sido amenazada, difamada o insultada de la forma en que lo entiende el Código Penal. En Finlandia, vivimos en un país democrático, debemos ser capaces de disentir y expresar nuestro desacuerdo. Tenemos que ser capaces de hacer frente al discurso que sentimos que insulta nuestros sentimientos. De lo contrario, el desarrollo es hacia un sistema totalitario, con una sola visión correcta.

"Según nuestra ley, es legal hablar y predicar sobre lo que enseña la Biblia. Sin embargo, cada vez más, parece que expresar opiniones relativas, por ejemplo, al matrimonio que pertenece a un hombre y una mujer, o a la pecaminosidad de los actos homosexuales, es políticamente incorrecto, sujeto a ser silenciado y mal visto. Mi caso es un precedente. **La Biblia es un libro totalmente legal y el fundamento doctrinal de nuestra iglesia.**

"Si expresar opiniones basadas en la Biblia se vuelve más intolerable y se considera que tiene los elementos constitutivos de agitación contra un grupo étnico, entonces difundir la Biblia u ofrecer acceso a ella debería lógicamente ser penalizado. Ya en este momento parece que, especialmente los jóvenes, tienen miedo de que si se les califica como cristianos creyentes en la Biblia, esto dificultará su carrera y su aceptación social. En mi opinión, es específicamente el cristianismo el que está siendo atacado y será aún más agresivamente atacado en el futuro."

CIOCCOLANTI: "Si pueden atacar a un diputado, ¿a quién no pueden atacar?

RASANEN: "Una de las principales amenazas para la libertad de religión es que no ejerzamos este derecho [el de la libertad de expresión]. Estas investigaciones policiales suscitan inquietudes de que se limiten nuestras libertades básicas que se nos han garantizado a todos, también a los Miembros del Parliamento [MPs], en nuestra Constitución y en los Tratados Internacionales de Derechos Humanos. Tenemos que conocer nuestros derechos y utilizarlos. Es de suma importancia que los cristianos y las personas de mentalidad conservadora no sean intimidados a guardar silencio sobre temas controvertidos, sin importar que tan agresivos sean los ataques a los que se enfrenten."

CIOCCOLANTI: "Si pudiera aconsejar al presidente Trump sobre algún cambio de política, ¿cuál sería su principal recomendación?"

RASANEN: "Como cristiana, médico, madre de cinco hijos y legisladora, algunas de mis principales inquietudes son la protección de la vida humana y el apoyo a los cristianos perseguidos. Creo que preservar la santidad de la vida y promover políticas que protejan la dignidad humana de los más vulnerables (los bebés en el vientre materno) deberían ser las principales prioridades de cualquier sociedad civilizada. Los abortos tardíos ofenden profundamente la dignidad humana de los niños. Con todo respeto, espero que Estados Unidos sea ejemplo y lidere el debate y las políticas relativas a la protección de la vida humana.

"Mi otra inquietud principal es apoyar y defender a los cristianos perseguidos. Según las estadísticas de World Watch List, [7] el año pasado hubo más de 26 millones de cristianos viviendo en lugares donde experimentan altos niveles de persecución y al menos 4.000 cristianos asesinados por su fe. Esto es desgarrador. Espero, con todo respeto, que Estados Unidos defienda firmemente el derecho humano de toda persona a vivir según su fe y a tener una verdadera libertad religiosa".

Agradecí a la diputada Rasanen por su tiempo y luego saqué dos conclusiones sobre nuestra conversación.

En primer lugar, que los cristianos parecen más preocupados por el pecado del aborto que por la libertad religiosa.

En la cuestión del aborto, los cristianos actúan colectivamente. Se unen para defender a los bebés inocentes que no pueden defenderse. La Marcha por la Vida, una organización que defiende a los nonatos, se une anualmente para una marcha pacífica a través de Washington DC y todo el país. En enero de 2019, la Marcha de DC y las marchas estatales coordinadas vieron a un estimado de medio millón de manifestantes pacíficos marchando por todo los Estados Unidos para la defensa de los nonatos. El 22 de enero de 2020, Donald Trump se convirtió en el primer presidente de la historia de Estados Unidos en hablar en la Marcha por la Vida en el National Mall. Los cristianos están adoptando juntos una postura fuerte a favor del derecho a la vida y está dando sus frutos, ya que el presidente Trump está realizando muchos cambios políticos a favor de la vida. Por eso predigo que los conservadores ganarán el debate sobre la protección de la vida infantil en vez de dar a las madres la "opción" de matar a sus bebés como una forma conveniente de control de la natalidad.

Sin embargo, en el tema de la libertad religiosa, los cristianos no se unen. Paivi Rasanen se queda sola para defenderse. La libertad de religión muere silenciosamente, un cristiano a la vez. Por eso los conservadores están perdiendo terreno en muchos otros temas morales que ponen en peligro el estatus de los Estados Unidos como líder mundial.

Incluso bajo tal presión personal poderosa, la principal preocupación de Rasanen no era ella misma, sino el pecado del aborto. Esta es la postura que adopta también la Iglesia. La defensa de los cristianos adultos no es tan prioritaria entre las iglesias como la defensa de la vida infantil. Pero eventualmente, si las iglesias no se defienden, ya no tendrán libertad de defender ningún principio bíblico, incluyendo el derecho a la vida de los nonatos.

En segundo lugar, el lenguaje que utilizan los cristianos para defenderse actualmente es demasiado "amable y educado" y nunca provocará los cambios que deben producirse. Por ejemplo, la propia defensa de la ministra Rasanen se enmarcó de forma demasiado positiva. Parafraseando: "No quería lastimar a nadie, pero incluso cuando otros me lastiman, no me ofendo, porque en eso consiste la libertad de expresión." Ahora compara esto con su defensa del nonato: "Matar a un bebé que está listo para nacer es profundamente ofensivo para la dignidad de los niños". ¿Qué defensa es más eficaz?

Los cristianos han progresado en la lucha por los derechos del no nacido porque no tienen miedo de decir la verdad sobre lo que le ocurre a un bebé en el vientre materno mientras es desmembrado vivo y arrancado de lo que debería ser su espacio seguro.

Si los cristianos quieren hacer algún día un progreso sustancial contra la persecución religiosa, que es necesaria para la paz mundial, entonces deben tener la misma tenacidad para decir con fuerza la verdad sobre su propia persecución. Si la Iglesia no puede defenderse a sí misma, ¿quién más saldrá en su defensa?

A menos que los conservadores estén dispuestos a formular la defensa de la libertad religiosa de forma negativa, vamos a perder. La pregunta política y legal es: ¿A quién se nos permite odiar y a quién no?

Dios formula su tercer mandamiento de forma negativa. Mi interpretación actualizada de este antiguo mandamiento es la siguiente:

"No te está permitido odiar a mi Hijo Jesucristo, mi Palabra la Biblia, ni a mi Pueblo la Iglesia."

Si esto se hubiera explicado desde el principio de la República, nos habríamos evitado muchos desagrados. Una falla de los Padres de la Patria es que pensaron que la Primera Enmienda, por muy buena que sea, era mejor que el Tercer Mandamiento de Dios. Estamos descubriendo que no lo es.

Sin una protección más firme de la libertad religiosa, acabaremos con un remanente erosionado de la fundación cristiana de la nación, la que debemos defender constantemente contra los ataques.

En Estados Unidos, eres libre de ser negro, de ser gay, de ser musulmán, sin defender lo que eres. Pero tienes que dar explicaciones si eres un profesor cristiano que cita la Biblia o un deportista cristiano que ora en público o un estudiante cristiano que cree en la Creación. Todas estas personas son intimidadas por sus compañeros.

Rechazo el odio, el fanatismo, el acoso y la discriminación

contra los cristianos. Rechazo una versión políticamente correcta del cristianismo. Rechazo que el Estado y sus agentes me impongan su ideología. Rechazo una versión mutada del cristianismo que amordaza cualquier verdad de la Biblia.

Soy libre de ser cristiano en público, de creer en la Biblia en público y de practicarla en público.

Muchos de mis compañeros cristianos no se sienten así. Se sienten amenazados, intimidados, acosados y avergonzados de expresar sus creencias cristianas en público.

LA LIBERTAD DE RELIGIÓN ESTÁ SIENDO ATACADA

La mayoría de la gente no sabe qué es la libertad religiosa, por qué es importante, de dónde viene, o incluso que hay siete tipos de libertades religiosas. La gente secular dice a los cristianos: "Eres libre de tener culto de adoración, pero hazlo dentro de tu iglesia. Son libres de predicar lo que quieran, pero manténganlo alejado del público, háganlo entre ustedes."

Eso no es libertad de religión. Eso es reducir la libertad de culto. No son lo mismo. La libertad de religión es más que la libertad de culto, incluye la libertad de culto, pero también incluye la libertad de ser cristiano en público, de leer, hablar y estudiar la Biblia donde yo desee.

En Mateo 10:32-33, Jesús dijo: "Por lo tanto, a quien me confiese ante los hombres, yo también lo confesaré ante mi Padre que está en el cielo. Pero quien me niegue ante los hombres, también lo negaré ante mi Padre que está en los cielos."

Siempre he tomado estos versos en serio como versos de salvación. No sólo Romanos 10, sino también Mateo 10, nos dice que nuestra confesión pública marca nuestra salvación. Y nuestra continua profesión de Cristo al público define nuestra fe cristiana.

Jesús advirtió en el siguiente versículo: "No penséis que he venido a traer paz a la tierra. No he venido a traer paz, sino una espada". En otras palabras, no pienses que cuando me confiesas públicamente, eso va a crear muchos sentimientos de paz. "Porque he venido a 'poner un hombre contra su padre, a una hija contra su madre y a una nuera contra su suegra; y 'los enemigos del hombre serán los de su propia casa'. El que ama a su padre o a su madre más que a Mí, no es digno de Mí. Y el que ama al hijo o a la hija más que a Mí, no es digno de Mí. Y el que no toma su cruz y sigue en pos de Mí, no es digno de Mí. El que encuentre su vida la perderá, y el que pierda su vida por Mí, la encontrará."[8]

El conflicto es por el cristianismo. La intolerancia se dirige a los cristianos. En los países seculares se da carta blanca a cualquier otra religión. El yoga es hinduismo expresado como una práctica cultural; y ahora es bienvenido en las escuelas públicas. Las estatuas de Buda son ídolos religiosos; se aceptan como decoración moderna (algo que los verdaderos budistas desprecian porque es denigrante; hay una campaña en Tailandia contra los extranjeros que compran Budas como decoración). El hiyab es una prenda musulmana que cubre la cabeza para mantener a las mujeres modestas –significa literalmente en árabe "barrera, partición, reclusión de las mujeres de los hombres en la esfera pública"; sin embargo, está de moda llevarlo en lugares públicos. Llevar el hiyab es obligatorio según la Ley Sharia en Arabia Saudí, Irán y la provincia indonesia de Aceh. Pregunta a las mujeres iraníes qué representa y por qué se lo quitan en desafío al régimen totalitario islámico. Si te gusta el hiyab, puedes usarlo. Pero si no te gusta, no te deben obligar a usarlo. Es una modestia falsa, no es liberadora y es una amenaza para la seguridad nacional. Los apologistas occidentales reivindican el hiyab como símbolo de feminismo y moda. ¿Aceptarían igualmente la oración del Padre Nuestro en una asamblea escolar, la Cruz en el techo de una escuela pública y una Biblia en cada aula?

La erosión de la libertad cristiana es real. ¿Qué puede hacer la mayoría de los políticos al respecto? El año pasado (2019), un panel de expertos en libertad religiosa condujo en Australia una "revisión de la libertad religiosa." Aceptó envíos públicos que utilizaría para informar al Departamento del primer ministro y al gabinete. Como la mayoría de estas investigaciones, probablemente resultará ser cosmética y se utilizará para ganar puntos políticos mientras se mantiene al público callado.

¿Por qué tenemos un problema de erosión de la libertad religiosa en una nación tan grande como Australia? (Utilizo ejemplos globales para que el presidente Trump esté informado cuando trate con naciones como Finlandia, Australia y las Coreas. Yo nunca confiaría en un político que no proteja la libertad religiosa.)

La Constitución australiana imita a la estadounidense en muchos aspectos. Si se preguntara a la mayoría de los cristianos australianos si la libertad de religión está protegida o no. Prácticamente nadie lo sabría, y de los que lo saben, pocos serían capaces de decirle dónde se encuentra este derecho fundamental.

Mientras que en los Estados Unidos la libertad religiosa está contenida en la "Primera Enmienda [*First Amendment*] de la Carta de Derechos" [*Bill of Rights*], en Australia está enterrada en el artículo 116 de la Constitución:

> "La Mancomunidad [*Commonwealth*] no hará ninguna ley para establecer ninguna religión, ni para imponer ninguna observancia religiosa, ni para prohibir el libre ejercicio de ninguna religión, y no se exigirá ningún examen religioso como requisito para cualquier cargo o confianza pública bajo la Mancomunidad [Commonwealth]."

Al igual que en los Estados Unidos, esta ley sólo se aplica al gobierno federal. Cualquier estado de Australia podría restringir o imponer una religión a su antojo. Lo mismo ocurre en los 50 estados de Estados Unidos.

Finlandia tiene disposiciones similares en el artículo 11 de su constitución:

"Toda persona tiene libertad de religión y de conciencia. La libertad de religión y de conciencia implica el derecho a profesar y practicar una religión, el derecho a expresar las propias convicciones y el derecho a ser miembro o no de una comunidad religiosa. Nadie está obligado, en contra de su conciencia, a participar en la práctica de una religión".

Con estas garantías constitucionales, ¿por qué cristianos como Daniel Scot y Päivi Räsänen son perseguidos por el Estado? Porque la mayoría de los miembros de parlamentos (MPs), la mayoría de nuestros políticos, no saben qué es la libertad religiosa, no saben por qué es importante, ni saben de dónde vino. ¿Cómo podemos esperar que la defiendan frente a la creciente intolerancia y hostilidad?

Si los políticos no lo saben, ¿qué pasa con los votantes? ¿Cómo pueden los votantes votar a favor de la protección de la religión si no saben mucho sobre las amenazas contra ella? ¿Y qué hay de nuestros hijos, cuyos resultados educativos están en declive a largo plazo? [9] Los profesores de las escuelas públicas los reclutan continuamente para que se unan al Culto del Clima y para que nieguen al Dios vivo y verdadero.

En realidad, estamos criando una nueva generación de perseguidores religiosos. Lo he observado en las escuelas públicas de mis hijos: los profesores y los estudiantes odian monolíticamente a Dios, odian al presidente Trump y odian a los Estados Unidos. Estos estudiantes crecen para convertirse en nuestros futuros abogados, policías, políticos y jueces.

A ninguno de los niños australianos que he encuestado se les ha enseñado sobre la libertad religiosa en sus escuelas, a pesar de que está definida en la Constitución australiana. No es de extrañar que muchos de nuestros actuales agentes de la ley y abogados no sepan que tenemos plena protección legal de nuestro ejercicio religioso.

El 4 de diciembre de 2015, a las 22:30 horas, un predicador callejero llamado George Yousef estaba citando un pasaje de la Biblia, Primera Corintios 6:9-10, que menciona una lista de pecados. Un borracho se acercó al grupo de predicadores callejeros de la Operación 513 y empezó a insultarles y a decirles palabrotas.

Operación 513 había obtenido el permiso del Consejo de la Ciudad para estar allí basándose en la Ley de Reuniones Pacíficas de 1992. La policía se presentó y arrestó a los predicadores que actuaban legalmente, porque ¡la policía pensó que el contenido de la Biblia era ofensivo para el público, en vez del borracho que estaba perturbando la reunión pacífica y legal!

La policía persiguió el caso contra los predicadores cristianos durante un año. ¿No tenían nada mejor que hacer? No fue hasta noviembre de 2016 que los magistrados de Southport anularon el caso, coincidiendo con el abogado de George Youssef en que no había caso que responder.

Estos problemas surgen no tanto de la ley, sino de un déficit educativo sobre la desagradable historia de los perseguidores de cristianos, el precio que pagó la gente buena por la libertad religiosa y los tremendos beneficios de la religión cristiana. Me atrevo a decir que la mayoría de los estudiantes no saben nada al respecto, porque la mayoría de los profesores no lo saben tampoco.

Permítanme decir con énfasis que, tanto en Estados Unidos como en Australia, los cristianos tenemos la libertad de citar la Biblia en público. Tenemos derecho a leer la Biblia en público. Tenemos derecho a hablar de la Biblia en público. Pero si no ponemos en uso este derecho, podemos perderlo.

¿Cuántos de nosotros ejercemos nuestro derecho a leer y decir la Biblia en público? Es el primer fundamento de la libertad religiosa.

Permítanme trazar para ustedes una breve historia de la libertad religiosa en Inglaterra y en la Mancomunidad (*Common-*

wealth), de la que Australia forma parte, Canadá es parcialmente y Estados Unidos solía formar parte. Pocas personas conocen hoy las batallas del pasado. Los cristianos fueron quemados en la hoguera, encarcelados y huyeron al exilio por la libertad religiosa.

William Tyndale, tras traducir la Biblia al inglés, fue estrangulado y quemado en la hoguera en 1536. Su deseo era que todos los angloparlantes pudieran leer la Biblia en inglés por sí mismos.

Un año después, en 1537, un decreto real hizo legal la lectura de la Biblia inglesa en público. Este derecho fue reafirmado por otro decreto real en 1547.

De 1660 a 1672, John Bunyan pasó 12 años en la cárcel del condado de Bedford por el derecho a predicar el evangelio libremente en Gran Bretaña. ¿Nos atrevemos a dar por sentado este derecho? Cuando era líder estudiantil en la universidad, a menudo invitaba a los cristianos: "¡Vengan con nosotros y evangelicen! Vengan con nosotros y compartan el evangelio en la Unión de Estudiantes," ¿Saben? Muy pocos cristianos aprovecharon este derecho que tenemos en este país. Imagínense si nos lo quitaran.

Cuando la Primera Flota del Capitán Arthur Phillip [10] llegó a Australia en 1787, Gran Bretaña aún carecía de plena libertad de religión. En aquella época, a los católicos no se les permitía poseer tierras porque el gobierno anglicano se oponía a la Iglesia Romana. Los "no conformistas," que era como se llamaba a los protestantes (creo que es un nombre adecuado), huyeron de Inglaterra para encontrar la libertad de religión en Australia. Me pregunto cuántos "protestantes no conformistas" quedan hoy en día. Demasiados se han convertido en conformistas.

En 1788, se permitió a los católicos romanos comprar tierras por primera vez desde que el anglicanismo se convirtió en la religión estatal de Inglaterra.

En 1828, El Reino Unido revoco La Ley del Examen, que excluía a los no conformistas o protestantes de ocupar ciertos cargos públicos.

Entre 1838 y 1841, la primera oleada de alemanes que se

instaló en Australia vino específicamente para escapar de la persecución religiosa y la discriminación. Gracias a Dios que lo hicieron, porque Alemania aprobaría poco después leyes extremadamente represivas para restringir la libertad de religión en la década de 1870, y luego leyes que imponían lo políticamente correcto en la década de 1930, que imponían la ideología estatal del socialismo nacional. Hoy lo conocemos como nazismo. El NA significa "nacional", y la ZI significa "socialismo".[11] El nazismo era sólo otra forma de corrección política. Si no lo creías, el Estado decía que tenías creencias equivocadas.

¿Puedes pensar en algunas creencias hoy en día que, si tu sostienes como cristiano, el Estado y sus agentes dirán que son equivocadas? ¿Creencias por las que podrían despedirte o castigarte? Probablemente muchas.

En los años 1930-1940 se castigaba y asesinaba a la gente que no compartían las creencias de los nazis. Desafortunadamente, muchas iglesias alemanas aceptaron la idea de que su fe y las enseñanzas de la Iglesia tenían que ser sumisas a la ideología del gobierno.

Algunos valientes líderes cristianos adoptaron una postura en 1934 y redactaron la Declaración de Barmen, que proclamaba que la Iglesia cristiana es "propiedad exclusiva de Cristo". Es decir, no pertenecemos al Estado. No pertenecemos a ningún político. Pertenecemos a Cristo. Y debemos adherirnos a lo que nos dice nuestro Creador y Redentor.

Estos cristianos alemanes rechazaron la coerción política del gobierno de su época, que era nazi, y se mantuvieron firmes en la Palabra de Dios como autoridad final. Los gobiernos pueden cambiar. Las ideologías pueden cambiar. Pero la Palabra de Dios no cambia nunca.

Rechazo una versión del cristianismo que sea políticamente correcta. Nuestra fe debe ser tan pública como cualquier sistema de creencias, incluyendo las creencias seculares y ateas. El Estado no puede imponernos a ti ni a mí ningún conjunto de creencias.

Eso se llama religión del Estado o ideología del Estado. Tienes el poder de decirles: ¡rechazo eso!

¿Qué ocurre si los ciudadanos comunes rehúsan a escuchar el mensaje de, o el llamado a, la libertad religiosa? ¿Qué pasa si no entienden la corriente que está trabajando contra la libertad? ¿Qué pasa si la gente buena no hace nada?

Entonces los que tienen una agenda más determinada para dar forma a las leyes de los Estados Unidos y Australia cambiarán nuestra forma de vida. A la mayoría de los ciudadanos les resultaría difícil de creer, pero en 2010, Hiz ut-Tahir, una organización islámica que promueve el objetivo de convertir a Australia en una parte del califato islámico global redactó un proyecto de Constitución Islámica para Australia con 191 artículos.

La sección 7c establece: "Aquellos que sean culpables de apostasía (murtadd) del islam serán ejecutados según la regla de la apostasía".

Pero muchas personas llegaron a Australia huyendo de este tipo de intolerancia en sus antiguos países. Un ex musulmán, Shakil Ahmed, presente en la reunión de Banstown, estaba aterrorizado y dijo: "La principal razón por la que dejé mi país fue que estaba preocupado por mi propia seguridad. Y ahora que he venido aquí, sé que son las mismas personas, que ya están acá, y que también me quieren muerto". [12]

LA JUSTICIA: NUESTROS NEGOCIOS PENDIENTES

Para que se produzca un Tercer Gran Despertar, los cristianos deben despertar a la justicia bíblica y valorar el papel que desempeñan las leyes de Dios en una sociedad justa. Parece que otras fes están mejor organizadas que la fe cristiana. Los judíos tienen diversidad de opiniones, pero también tienen un conjunto claro de creencias por las que pueden vivir: pueden estar de acuerdo con el Torá, por lo que pueden vivir según las leyes kosher. Los musulmanes también tienen diversidad de opiniones (los chiitas y los sunitas no se ponen de acuerdo), pero también tienen un conjunto claro de creencias con las que pueden vivir: pueden estar de acuerdo con el Corán, así que dondequiera que vayan empiezan a aplicar las leyes halal como primera etapa, y luego la sharía (chiismo) como siguiente etapa. Por eso un grupo como *Hib ut-Tahir* tiene artículos de constitución redactados para Australia: tienen una visión y un plan no sólo para su mezquita, sino para toda la nación.

¿Tenemos los cristianos derechos a redactar y publicar un conjunto claro de creencias en forma de artículos constitucionales? ¿Podríamos hacer eso?

Bíblicamente podríamos. La Biblia es un modelo para el gobierno civil tanto como para una comunidad de fe.

¿Pero lo haríamos?

Puede parecer difícil, ya que actualmente no todos los cristianos están de acuerdo en la importancia de que los cristianos sean activos o estén representados en el gobierno; algunos cristianos educan a sus niños en casa y no ven la importancia de reformar el sistema de educación pública para que sea más moral y más tolerante con el cristianismo; otros cristianos están esperando el fin del mundo, por el regreso de Jesús, por eso han renunciado en gran medida a luchar por la libertad religiosa y a mejorar el destino de nuestros semejantes. A ellos me gustaría señalarles la orden permanente de Jesús a la Iglesia: "Negociad entre tanto que vengo." (Lucas 19:13 RVR1960.)[13] La Biblia es muy clara. Tenemos trabajo que hacer para mejorar la vida en la Tierra.

EL IMPACTO DE LOS DESPERTARES CRISTIANOS

Durante el Primer y Segundo Gran Despertar, ciudades enteras se convirtieron a Cristo. En el Tercer Gran Despertar, naciones enteras, especialmente sus estructuras legales y sistemas de gobierno, serán discipulados para convertirse en una nación de "ovejas". Esta es la condición de los tiempos finales antes de que Jesús regrese, como se describe en Mateo 25:32 RVR 1960:

> **" y serán reunidas delante de él todas las naciones; y apartará los unos de los otros, como aparta el pastor las ovejas de los cabritos."**[14]

Aunque no debemos establecer una teocracia, porque valoramos la libertad de conciencia por encima de todas las virtudes, debemos dejar que la Cultura del Reino impregne e influya cada nivel de la sociedad. No debemos llamar a Jesús "Señor," si vamos a dejar que sus palabras sean marginadas y su nombre manchado a diario. Eso es impío e injusto.

Pero ¿qué valores e ideales deben promover los cristianos y en qué medida? La buena noticia es que no necesitamos que todos los cristianos estén de acuerdo. Este hecho ya se resolvió en un caso judicial en Australia. En 2002, una pareja gay se dirigió a una organización cristiana de amparo de menores, la Misión Wesley. Entraron y pidieron ser padres de amparo. Por supuesto, tenían alternativas a las que acudir, casas de acogida laicas a las que podrían haber ido, pero no, eligieron específicamente una cristiana. La Misión Wesley se negó cortésmente y dijo que, según sus propias directrices, no se les permitiría hacer eso. Deben mantener la fe Wesleyana y la fe bíblica.

La pareja gay no perdió tiempo. Inmediatamente demandaron por discriminación, como si estuvieran preparados para ello. Su principal argumento era que la preferencia de la Misión Wesley por el matrimonio tradicional no era la doctrina de todas las iglesias cristianas ni del cristianismo en su conjunto. Afirmaban que era simplemente su preferencia.

Para demostrar su punto de vista, los abogados encontraron a un ministro liberal (hay muchos por ahí) que no creía en la Biblia, y se levantó en el tribunal y dijo al juez que el matrimonio entre un hombre y una mujer no era una doctrina cristiana.

El tribunal inferior dio la razón al ministro liberal, pero las Misiones Wesley apelaron. El Tribunal de Apelación de Nueva Gales del Sur dictaminó que la doctrina no tenía que ser aceptada uniformemente en toda la cristiandad para ser aceptada como doctrina.[15] El Tribunal de Apelación fue más sabio que dejarse engañar por el ministro liberal, y envió el caso al tribunal inferior para que lo reconsiderara. Esta reprimenda tiene el mismo efecto que la anulación de la decisión del tribunal inferior.

En otras palabras, podemos tener una ola de cristianos exigiendo que se reconozcan ciertas leyes cristianas o incluso que la religión cristiana sea reconocida en varios estados, y no necesitaríamos que todos estuvieran de acuerdo. Independientemente a que denominación pertenezcas, si empezaras a ejercer tu libertad religiosa, podrías pedir que se consagre en la Constitución de tu estado o en una nueva ley, o exigir al gobierno federal que proteja mejor nuestra libertad de expresión. Podríamos exigir que la Biblia se enseñe en nuestras escuelas públicas y que las oraciones comiencen la asamblea matutina. No necesitaríamos que todo el mundo se pusiera de acuerdo sobre la forma de orar o las lecciones que se deben enseñar de la Biblia. El tribunal entiende eso. El tribunal entiende que el cristianismo no es un monolito.

Los cristianos tienen libertad. Los cristianos tienen diversidad. Al mismo tiempo, la mayoría de los cristianos están de acuerdo con los principios básicos del cristianismo, las creencias fundamentales de la Biblia, especialmente tal como se han resumido en el Credo de los Apóstoles y el Credo de Nicea. Los cristianos también tenemos dos mil años de historia en los que hemos luchado y desarrollado un marco legal para proteger nuestras apreciadas libertades.

7 LIBERTADES RELIGIOSAS

Debemos tener claro que hay que proteger las 7 libertades religiosas. Estados Unidos y Australia necesitan una protección plena, permanente y adecuada de las siete libertades religiosas. [16] Son los cimientos de nuestra sociedad. Son la base de todas las demás libertades.

1. La libertad de leer las Escrituras en público.

Se concedió por decreto real en 1537, durante el auge de la Reforma Protestante, y se reafirmó en 1547. Este derecho está siendo atacado en los Estados Unidos hoy en día.

2. La libertad de interpretar las Escrituras sin interferencia del gobierno.

Esto fue establecido por ley en 1559. Los jueces no deben decidir qué es o qué no es doctrina cristiana. No es su dominio.

3. Libertad de Culto de Alabanza.

Esto fue establecido por la Ley de Tolerancia de 1689. Ahora hay una peligrosa tendencia de los políticos a reducir todas las libertades religiosas a esta única libertad: la libertad de culto de alabanza. Dicen: "Está bien que rindas culto en privado, pero no salgas en público". Eso no es libertad, es una prisión.

4. Libertad para elegir o cambiar de fe o creencia.

En la misma ley de 1689 se reconoció este derecho. Tenemos este derecho documentado, pero si las personas que cambian de una creencia a otra son acosadas, amenazadas o incluso asesinadas, y la policía no es proactiva para protegerlas, entonces no es una libertad. La policía tiene que tomar en serio las amenazas a las que se enfrentan los ex musulmanes, incluso en nuestro propio territorio. Estados Unidos suele asumir el papel de "policía del mundo" cuando se trata de defender el petróleo. Estados Unidos debería asumir el mismo papel de policía para defender a las personas de todo el mundo que cambian de religión al cristianismo, y a cualquier otra religión. Los EE. UU. no debería hacer negocios con tiranos que roban a sus propios ciudadanos esta libertad.

5. Libertad de predicar y convencer a otros de la verdad de tus creencias.

Esto se estableció con la derogación de la Ley de las Cinco Millas en 1812. ¿Sabías que existe una ley injusta llamada Ley de las Cinco Millas (*Five Mile Act*)? Entre otras prohibiciones que establecía, una era esta: que los ministros no conformistas (yo sería uno de ellos), ministros que no se adherían a la religión establecida por el Estado (el anglicanismo en aquella época), no se les permitía predicar el Evangelio dentro de cinco millas de cualquier ciudad que tuviera un miembro del Parlamento. El hecho de que el Parlamento derogara esto en 1812 significa que reconocieron la libertad de predicar públicamente. ¿Se les enseña esto a los alumnos? ¿Lo saben los profesores? Deberían saberlo y hacerlo.

6. Libertad para establecer lugares de culto.

Establecida en el año 1812 por la derogación de la Ley de Conventículo, que prohibía cualquier reunión de culto no anglicana de más de cinco personas, salvo los miembros de tu propia casa. ¿Sabías que, si no eras anglicano hasta ese momento, no se te permitía reunir a un número superior a cinco?

Cuando el Parlamento derogó esa ley injusta, significó que reconocían la libertad de establecer lugares de culto.

Ahora bien, ¿qué ocurre con esta libertad cuando nuestros concejos municipales están llenos de ateos seculares, de personas que se niegan a conceder permisos para la construcción de iglesias? Nuestra libertad se ve restringida. Esos miembros del concejo tienden a utilizar tecnicismos de la ley. Hacen imposible la construcción de lugares de culto debido a los requisitos de estacionamiento que no se pueden cumplir en zonas residenciales de alta densidad. Dado que las iglesias sólo se reúnen una o dos veces por semana, en momentos en que el tráfico es escaso, los requisitos de aparcamiento no deberían ser tan estrictos como los de los centros comerciales o las empresas. Estos seculares están atacando de forma encubierta la libertad de religión, específicamente la libertad de establecer lugares de culto. Están retrocediendo el reloj 200 años.

¿Por qué lo hacen? Creo que algunos de ellos no son tan educados sobre la religión. No creo que conozcan la historia de la libertad de religión y lo importante que es para el legado de nuestra nación.

7. La libertad de no tener que afirmar una visión del mundo o un conjunto de creencias para ocupar un cargo público o presentarse a unas elecciones o trabajar en profesiones como la enseñanza.

Vemos que ahora el gobierno está estableciendo un conjunto de creencias seculares a través de la corrección política y el comunismo rosa (en contraposición al comunismo rojo de pura sangre). Están diciendo que, si no crees como ellos, tienes las creencias equivocadas, por lo tanto, no estás calificado para un título o trabajo en particular.

La corrección política es el Estado diciéndole a la gente "tienes las creencias equivocadas." Los cristianos han luchado y muerto por liberarse de las creencias impuestas por el Estado.

En el pasado, esas creencias solían provenir de una denominación establecida por el Estado. Los redactores de la Constitución no pudieron prever el día en que las creencias impuestas por el Estado podrían provenir del reino secular, de la propaganda antirreligiosa o de un sistema de creencias ateas.

Hay una prueba religiosa que se aplica a los titulares de cargos públicos, pero es de la nueva religión del ateísmo militante y su hermana, el comunismo rosa. Incluso los conservadores se ponen nerviosos al citar lo que dice la Biblia contra ciertos tipos de pecado, por miedo a las represalias políticas. Este tipo de prueba religiosa debería ser inconstitucional.

Ahora debemos proteger nuestra libertad de religión de la amenaza invasora de que el Estado nos diga que tenemos creencias equivocadas, creencias que no son sancionadas por el Estado.

Rechazo toda forma de ideología políticamente correcta. Rechazo el cristianismo políticamente correcto. Hago un llamado a los líderes del mundo para que se opongan a lo políticamente correcto y protejan las siete libertades religiosas lo antes posible. ¡Que estas libertades formen parte de nuestra constitución!

PAZ MUNDIAL

El mayor perseguidor de la religión, y de la humanidad en general, es el comunismo. Los líderes comunistas asesinaron a más de 100 millones de sus propios ciudadanos en tiempos de paz, que es más que todas las religiones combinadas en todos los tiempos.

La mayoría de nosotros creíamos que el comunismo llegó a su fin en la última parte del siglo XX, pero al entrar en el siglo XXI, pudimos ver que los Estados Unidos, Europa, Corea del Sur y el Sudeste Asiático entraron en una nueva era marxista, comunista rosa. Ahora vemos la evidencia del comunismo cultural que influye en las vidas y opiniones de los jóvenes en todos los continentes.

El presidente Trump reconoce el vínculo entre el comunismo rosa y los sentimientos antirreligiosos. En el Día Nacional de la Libertad Religiosa, el 16 de enero de 2020, el presidente dijo en el Despacho Oval,

"Trágicamente, hay un creciente impulso totalitario en la extrema izquierda que busca castigar, restringir e incluso prohibir la expresión religiosa. Algo que, si nos remontamos a 10, 15 o 20 años atrás, era impensable que una cosa así pudiera siquiera suceder, que alguien pudiera siquiera pensar en que algo así sucediera.

"Por eso, hoy, mi administración está emitiendo nuevas y firmes directrices para proteger la libertad religiosa en nuestras escuelas públicas. El derecho de los alumnos y los profesores a ejercer libremente su fe estará siempre protegido, incluido el derecho a orar. Por eso lo llamamos 'Derecho a orar.'"

La administración de Obama fue quizás la presidencia más anticristiana de la historia de Estados Unidos. Se inclinó fuertemente hacia la izquierda, no protegió a los cristianos de demandas frívolas, e incluso presentó su propia demanda federal contra un hospital de Asuntos de Veteranos (VA) en New Hampshire por exhibir una Biblia. El secretario de la VA, Robert Wilkie, descrito generalmente como un hombre de voz suave y mentalidad administrativa, dijo que se negaba a dejarse "intimidar" por la demanda. Afirmó que exhibir una Biblia en un hospital de veteranos es una cuestión de libertad y que la administración de Obama se había equivocado al intentar de eliminar los símbolos cristianos del sistema de salud de los veteranos. "La administración anterior... no conocía la historia de este país en lo que respecta a las fundaciones religiosas, el apoyo religioso a los uniformados".[17]

En respuesta, el vicepresidente Mike Pence tuiteó el 29 de agosto de 2019:

"La última Administración retiraba las Biblias e incluso prohibía los villancicos de Navidad para ser políticamente correcta, pero bajo el President@realDonaldTrump, el hospital de VA NO será una zona libre sin religión. Mensaje a la VA de New Hampshire: ¡la Biblia SE QUEDA!"[18]

Metafóricamente, la Biblia llama a estos ataques a la religión y a las maniobras legales de la izquierda " las zorras pequeñas, que echan a perder las viñas;" [19] Son pequeñas cosas que remueven la libertad: un poco de intimidación a los veteranos cristianos, un poco de burla académica a la religión, un poco de censura de los medios de comunicación a los puntos de vista bíblicos, un poco de intimidación policial a los predicadores callejeros. Estas pequeñas zorras rosas actuando colectivamente se convierten en una poderosa fuerza que destruye las naciones desde dentro.

América confronta ahora a estos pequeños enemigos dentro y fuera. Los conflictos y las guerras comerciales de América siguen siendo en gran parte con los países comunistas: China, Corea del Norte, Rusia. La solución es un renacimiento espiritual, que no puede ser forzado, pero puede ser facilitado por una alianza de naciones cristianas que buscan una estrategia para acabar con la persecución religiosa y promover la libertad religiosa.

Una agenda que el presidente Trump puede seguir para lograr la paz mundial es: acabar con la discriminación de los cristianos en todo el mundo. Estados Unidos debe ampliar su relación con las naciones cristianas más allá de las simples alianzas económicas comerciales y de defensa, hacia una alianza más bíblica y espiritual para defender la libertad contra los enemigos espirituales comunes: las pequeñas zorras rosas.

Los socios naturales para esta alianza son naciones cristianas como Corea del Sur, Brasil, Polonia y Hungría. En lugar de luchar contra el comunismo rosa económica o militarmente, Estados Unidos puede derrotarlo protegiendo a los cristianos de los crímenes de odio y aliándose con socios cristianos estratégicos en todo el mundo.

En Hungría, por ejemplo, el primer ministro pro cristiano Viktor Orban prohibió los estudios de género en las universidades, afirmando la verdad bíblica de que "las personas nacen hombre o mujer." Los comunistas rosas quieren destruir las normas culturales y los valores cristianos, incluyendo el género biológico y la familia tradicional. En lugar de luchar contra ellos con evidencia y lógica (que no escuchan), haremos más protegiendo a los cristianos de su odio. Esto garantiza su derrota.

En la misma manera que Victor Orban está protegiendo el

derecho de los cristianos para expresar el punto de vista bíblico acerca del sexo y el matrimonio, también el presidente pro-cristiano de Brasil, Jair Bolsonaro, está protegiendo el derecho de los cristianos a promover la abstinencia antes del matrimonio. Nombró a una pastora evangélica, Damares Alves, como ministra de Derechos Humanos, Familia y Mujer. Alves tiene un mensaje para los adolescentes: ¡guarden el sexo para el matrimonio! Para combatir las tasas altas de embarazo adolescente y de infección por el SIDA en Brasil, el gobierno ha lanzado una campaña llamada "Yo elijo esperar". [20]

En lugar de luchar contra los pervertidos académicos que, en última instancia, quieren legalizar la pedofilia, el gobierno hace mejor en proteger el derecho de los cristianos expresando una visión bíblica del sexo: es un acto sagrado creado por Dios sólo para el matrimonio. Los pervertidos de la academia, la psicología y el derecho no detendrán su propaganda de sexualización de los niños, y no tenemos que detenerlos. Sólo tenemos que detener toda la discriminación y censura pública de los cristianos. En el mercado libre de ideas, la verdad ganará.

En noviembre de 2019, entrevisté al reverendo Jinseok Park, pastor de una iglesia influyente presbiteriana de Corea del Sur, para conocer su opinión sobre los enemigos de la libertad religiosa.

CIOCCOLANTI: "El presidente Trump ha logrado algo que 11 presidentes antes que él no pudieron hacer: hablar con el líder de Corea del Norte cara a cara, reducir la amenaza de una guerra nuclear en la península de Corea y traer estabilidad a la región, sin embargo, Estados Unidos parece ser cada vez menos popular entre su gente en Corea del Sur. También son cada vez menos cristianos. El socialismo se ha vuelto atractivo para muchos de ellos. ¿Cuál es, en su opinión, la solución? ¿Cómo podemos alejar la marea del comunismo rosa?"

PARK: "Estados Unidos y la República de Corea están librando prácticamente la misma batalla, aunque la República de Corea ha entrado en esa batalla un poco más tarde que Estados Unidos.

"Es una continuación de la guerra con el Partido Comunista que comenzó hace unos 70 años, que era una batalla ideológica entre el comunismo y el liberalismo clásico. Ahora estamos luchando contra un nuevo movimiento neo marxista, neo babelista y globalista.

"La Iglesia coreana ha engordado y ha caído en el amor al dinero. La nueva generación de pastores carece de la unción y el hambre espiritual de las generaciones anteriores. Simultáneamente, la Iglesia ha sido acosada por grupos religiosos heréticos y de falsa doctrina. Mientras tanto, la península coreana sigue tambaleándose por la cuestión de la proliferación nuclear norcoreana.

"Aunque persiste el desacuerdo entre los cristianos coreanos sobre la función de la Iglesia coreana en el impulso de este contraataque, ése sigue avanzando agresivamente en Corea. Numerosas concentraciones masivas de oración se han producido desde junio de 2019 con millones de santos coreanos reunidos en la plaza *Gwanghwamum* para rogar por la destitución del presidente Moon (que se cree que es un simpatizante comunista) y por la salvación nacional.

"Creo con todo mi corazón que la República de Corea es el colaborador más adecuado y preparado para lograr una alianza de las naciones que se basan en la Biblia. Me atrevo a hablar así porque Corea es uno de los únicos países que los Estados Unidos puede seleccionar y que está preparado para transmitir este mandato espiritual y geopolítico sin perder la autenticidad de la luz verdadera y bíblica del Evangelio.

CIOCCOLANTI: "No creo que la mayor parte del

mundo sepa que el centro del cristianismo se ha desplazado a Asia. Incluso los asiáticos siguen percibiendo el cristianismo como una 'religión occidental', pero las mayores iglesias del mundo están en Corea del Sur. ¿Por qué dice que Corea es un aliado natural con el que Estados Unidos puede formar una alianza espiritual de naciones?"

PARK: "La nación de Los Estados Unidos de América fue fundada como una nación cristiana, y la República de Corea también fue establecida como una nación cristiana por el presidente Rhee Seung-man en 1948, pero aun en aquél entonces los líderes de las iglesias coreanas sabían que la visión cristiana del mundo, entonces dominada por las naciones occidentales, iba disminuyendo constantemente en convicción y pureza ante los desafíos ideológicos cada vez más feroces.

"La República de Corea se encuentra en una situación difícil, al igual que la situación de Estados Unidos es muy difícil. Así como Dios está renovando y reorganizando la iglesia mundial en torno al tema de la justicia, le imploro a los Estados Unidos que no renuncien a la República de Corea ni a la Iglesia coreana como un valioso aliado que posee una poderosa cosmovisión bíblica para lograr un cambio para mejorar. Somos el aliado más potente para ayudar a los Estados Unidos a alcanzar su Destino Manifiesto de crear una santa alianza de naciones, unificadas bajo la soberanía de Jesucristo, para contrarrestar la impía y neo babelista unificación global."

CIOCCOLANTI: "Usted está encabezando la reconciliación con Japón. ¿Podría decirnos por qué esto es importante para la paz mundial?"

PARK: "Una nación que es un socio crucial que debe estar unido en la asociación santa y espiritual entre Corea y los Estados Unidos: Japón. La república de Corea es la única nación capaz de acabar con el espíritu idolátrico sintoísta de Japón y de guiar a la nación hacia el propósito que Dios le ha asignado como arma oculta para el renacimiento espiritual y económico global.

"La república de Corea estuvo bajo el dominio imperial japonés desde 1910 hasta 1945, durante 36 años. La guerra sin concesiones de Japón y sus esfuerzos por destruir al pueblo coreano condujo a que los coreanos guardaran un gran rencor hacia el pueblo japonés.

"Sin embargo, si el pueblo coreano puede superar su odio, se encuentra en la posición más estratégica para ministrar al pueblo japonés, que se encuentra espiritualmente afectado. Los cristianos deben ayudar a los japoneses a levantarse como intrépidos soldados de Cristo, como valientes y renacidos samuráis que traerán el avivamiento en esa tierra y en tierras lejanas. Juntos, coreanos y japoneses pueden alcanzar una poderosa alianza espiritual basada en la comunión y el amor a la Cruz."

CIOCCOLANTI: "Dadas las tensiones entre Japón y Corea, esta visión parece inalcanzable salvo un milagro de Dios. ¿Cómo afectaría al mundo una alianza espiritual entre Corea y Japón?"

PARK: "Japón es la tercera economía del mundo. Cuando nuestro Padre reconcilie a Japón consigo mismo, creo que la alianza entre Corea y Japón será clave para llevar el Evangelio a Corea del Norte. Juntos bendeciremos el sudeste asiático y supervisaremos la cristianización y democratización de la China continental. Desde Asia, el Evangelio proliferará hacia el oeste, tanto hacia el Oriente Medio como hacia Israel".

CIOCCOLANTI: "Sin embargo, el estado de la iglesia coreana parece haber decaído en los últimos años. Los coreanos solían ser conocidos por sus largas y apasionadas oraciones, pero ahora el mundo probablemente conoce a Corea más por el drama coreano y las canciones K-pop que por sus oraciones."

PARK: "Dado el hecho poco obvio de que Dios está trasladando el centro estratégico de la cristiandad hacia Asia, Satanás ha hecho un ataque preventivo al corazón de Corea: la Iglesia coreana.

"Los Estados Unidos y sus iglesias también han estado luchando en las últimas décadas. La República de Corea ha crecido económica y espiritualmente durante estos tiempos. Pero, en verdad, también hemos perdido terreno espiritual, autoridad y poder para transmitir la Palabra de Dios. Pido a los Estados Unidos que apoyen a Corea en la difusión del Evangelio a través del comercio y la diplomacia".

Disfruté mucho recorrer la iglesia del pastor Park, que se construyó a tiempo para rescatar, alimentar y albergar a las víctimas del terremoto de Pohang de 2017. Fue un ejemplo de liderazgo espiritual que se adelantó a una necesidad económica y social masiva. Para resumir nuestra conversación en tres puntos:

En primer lugar, no hay muchas naciones en la Tierra que hayan sido fundadas como naciones cristianas. Armenia lo fue. Estados Unidos lo fue. Corea del Sur lo fue. Algunas naciones comenzaron con otras religiones, pero se hicieron cada vez más cristianas. Hungría y Polonia pueden considerarse naciones cristianas en Europa. La mayoría de las otras naciones no son cristianas, algunas de las cuales son tolerantes de otras religiones, muchas de las cuales son intolerantes y hostigan activamente a los cristianos. Por lo tanto, un aliado espiritual natural de Estados Unidos es Corea del Sur.

En segundo lugar, Asia es ahora el hogar de las iglesias más grandes del mundo. La iglesia del Evangelio Completo de Yoido, en Seúl, Corea, tiene 800,000 miembros. Y no es la única. Hay muchas mega iglesias en el movimiento presbiteriano coreano, que, a mi parecer, tiene más parecido al movimiento pentecostal en América que al presbiteriano. Muchas de estas iglesias tienen oración 24 horas del día y salas de plegaria que los miembros pueden visitar en cualquier momento.

Otras mega iglesias en Singapur e Indonesia confirman el cambio del centro de gravedad del cristianismo a Asia. Por lo tanto, para encontrar socios espirituales estratégicos en el contraataque contra el comunismo rosa, Estados Unidos debería buscar líderes cristianos en Asia que hayan sido despertados a la justicia bíblica.

En tercer lugar, el comunismo es un enemigo espiritual de un pueblo que se gobierna a sí mismo, por lo que es necesaria una táctica espiritual para ganar la guerra contra su influencia secularizadora y centralizadora. Una iglesia fuerte es la única institución en la sociedad que mantiene un control moral sobre el gobierno. Es independiente del gobierno y no debe estar bajo el gobierno. Los cristianos pueden existir en la clandestinidad, pero una iglesia fuerte que influya en la cultura no puede existir por mucho tiempo en la clandestinidad. Necesita el aire de la libertad para respirar. Por lo tanto, una táctica no militar para derrotar el espíritu del totalitarismo es formar una alianza espiritual de naciones que exijan el fin de la discriminación contra los cristianos.

¿Y SI SE HACE UNA ENMIENDA CRISTIANA?

Propuesta por primera vez en febrero de 1863, una Enmienda Cristiana habría añadido el reconocimiento del Dios cristiano en el Preámbulo de la Constitución. Se propusieron enmiendas similares en 1874, 1896 y 1910, pero ninguna fue aprobada. El último intento, en 1954, no llegó a votarse.[21]

El problema de una Enmienda Cristiana es la improbabilidad de obtener la mayoría de dos tercios necesaria para ser aprobada por el Congreso, a menos que un Tercer Gran Despertar cambie la demografía de los Estados Unidos. Vivimos en una sociedad pluralista y una Enmienda Cristiana se declara demasiado positiva a favor del cristianismo. Ninguna otra nación se avergüenza de llamarse nación budista, sintoísta o musulmana. Pero muchos occidentales se sentirían avergonzados de llamarse nación cristiana en este momento.

Actualmente, nuestros líderes políticos han sido educados en instituciones académicas izquierdistas y adoctrinados en el comunismo blando, una ideología que odia el cristianismo y que no se detendrá ante nada para controlar la vida de otras personas mediante códigos de expresión y modificación del comportamiento. Por lo tanto, es mejor acabar con el odio como prioridad principal, dejando que los valores cristianos influyan en la sociedad de forma orgánica, a través de la predicación en el púlpito, los medios sociales y libros como este que tienes en tus manos. Es mejor enunciar una nueva ley de forma negativa, como hace Dios en su Tercer Mandamiento.

UN PLAN PARA LA PAZ MUNDIAL

Dado que los cristianos son la minoría más acosada de la Tierra, todos los líderes amantes de la paz deben acabar con la discriminación y la persecución de este grupo en particular. Incluir a otros grupos religiosos sólo ha servido para aumentar la persecución de los cristianos, ya que los grupos militantes agresivos se aprovechan de las "leyes de incitación al odio" y las pervierten alegando que las creencias cristianas equivalen al odio. Esto es, a primera vista, ridículo. Las naciones cristianas no son lugares de odio. Las naciones cristianas han sido el refugio de quienes huyen del odio. Las naciones cristianas son las más libres y pacíficas de la Tierra. Por lo tanto, debemos trabajar en conjunto para poner fin a la discriminación contra los cristianos por el bien de la paz mundial.

DONALD TRUMP, EL HECHOR DE PAZ

Donald Trump es el hombre designado por Dios para liderar este cambio. El 4 de mayo de 2017, Trump anuló la Enmienda Johnson, una orden de mordaza desde 1954 que prohíbe a las organizaciones sin fines de lucro respaldar u oponerse a un político. En 2018, Trump aplicó presión diplomática y sanciones económicas a Turquía durante varios meses, hasta que el presidente turco Erdogan liberó al pastor Andrew Brunson, que llevaba 2 años en una cárcel turca. Brunson volvió a casa el 12 de octubre de 2018 y fue invitado al día siguiente a la Casa Blanca, donde impuso manos y oró por el presidente Trump.

El 23 de septiembre de 2019, Trump desatendió la mayor parte de la Cumbre del Clima de las Naciones Unidas para organizar la primera reunión de la historia en las Naciones Unidas sobre la libertad religiosa. Su discurso en el evento "Llamamiento global para proteger la libertad religiosa" se encuentra entre los más importantes de su presidencia hasta el momento. [22]

El 16 de enero de 2020, Trump se comprometió a poner fin a la inaceptable represión de la oración en las escuelas públicas. Como comentó después el secretario de Salud y Servicios Humanos de los EE. UU., Alex Azar, "tenemos en el presidente Trump al mayor protector de la libertad religiosa que jamás se haya sentado en el Despacho Oval".[23]

La libertad de religión es la primera libertad. Es la que afianza todas las demás libertades. La gente tiene derecho a criticar ideas, pero no a discriminar a los cristianos en el trabajo, en la escuela o en público. Promover la libertad religiosa es la forma más segura de derrotar a las zorras del comunismo rosa. Incluso puede convertir en amigos a países como Corea del Norte y China.

CAPÍTULO 11

NO. 2 LA RELIGIÓN DEL CAMBIO CLIMATICO

EL SEGUNDO MANDAMIENTO

"No te harás ningún ídolo, ni semejanza alguna de lo que está arriba en el cielo, ni abajo en la tierra, ni en las aguas debajo de la tierra. No los adorarás ni los servirás. Porque Yo, el Señor tu Dios, soy Dios celoso, que castigo la iniquidad de los padres sobre los hijos hasta la tercera y cuarta generación de los que me aborrecen, y muestro misericordia a millares, a los que me aman y guardan Mis mandamientos."

Exodo 20:4-6 (NBLA)

DIOS ES EL PRIMER ECOLOGISTA

DIOS ES UN ECOLOGISTA. El Dios de la Biblia prometió castigar esos que contaminan la tierra: "Las naciones se han enfurecido; pero ha llegado tu castigo, el momento de juzgar a los muertos, y de recompensar a tus siervos los profetas, a tus santos y a los que temen tu nombre, sean grandes o pequeños, y de **DESTRUIR** a los que **DESTRUYEN** la tierra. (Apocalipsis 11:18 NVI). A Dios le importa la naturaleza, sobre la cual ha encargado al hombre.

El Dios de la Biblia es el único Dios de cualquier religión destacada del mundo, que incluye compasión por animales dentro de Sus Diez Mandamientos. El Cuarto Mandamiento nos manda a descansar durante el Sabbat y específicamente incluye el "ganado" entre los que deben de descansar. [1] Cuando los pecados sexuales del hombre destruyeron el mundo durante el tiempo de Noah, Dios instruyó a Noah que salvara no solo los siete otros seres humanos, sino también un par de cada clase de animales y pájaros. Dios es la única Persona que cuenta todos los pecados en contra del medio ambiente, y aparte de la omnisciencia de Dios, nunca habría justicia ecologista.

LA MANERA EN QUE LOS QUE ABOGAN POR EL CAMBIO DE CLIMA ESTÁN EN LO CORRECTO

Desde un punto de vista Bíblico, los activistas del clima están en lo correcto: Los humanos si afectan el clima, pero no en la manera que ellos piensan. El libro de Génesis nos cuenta que el pecado original del hombre arruinó la ecología perfecta de la Tierra. Si los activistas de clima supieran la verdad completa, entonces ellos sabrían que la mejor solución para salvar el medio ambiente, no se trata de frenar el uso de pajillas plásticas y combustible de fósiles, sino frenar nuestras propias palabras y acciones, para no desafiar a Dios

El Nuevo Testamento dice que el medio ambiente está esperando ser redimido cuando estemos completamente redimidos. La primera fase de nuestra redención es espiritual. El estado final de nuestra redención es físico.

> **Romanos 8:21-23**
> **"Porque también la creación misma será libertada de la esclavitud de corrupción, a la libertad gloriosa de los hijos de Dios. Porque sabemos que toda la creación gime a una, y a una está con dolores de parto hasta ahora; y no solo ella, sino que también nosotros mismos, que tenemos las primicias del Espíritu, nosotros también gemimos dentro de nosotros mismos, esperando la adopción, la redención de nuestro cuerpo."**

Dios es el primer ecologista. El no tuvo que mencionar el medio ambiente en el plan de redención, pero a Él le importa el ambientalismo. Cada cristiano verdadero también es un ambientalista. Pero existe un ambientalismo falso que niega a Dios como Creador, el pecado como el destructor, y a Cristo como el Redentor de la Tierra. Esta ideología falsa es su propia religión idólatra.

La creencia que la gente puede controlar el clima de la Tierra ha sido reconocida históricamente como una creencia religiosa. El control del clima esta fuera del alcance de los científicos de hoy quienes a penas entienden cómo funciona el clima y no pueden ser precisos en predecir precipitación o la trayectoria de un huracán que es visible en satélites.

Existen otras razones, que exploraremos pronto, el por qué el Cambio de Clima debe de ponerse en la caja de una religión. Pero la razón judicial para decir que es una religión es para que pueda ser tratada como las otras religiones son tratadas: Tratarla con respecto donde el respeto es debido, y alarma cuando alarma es debida. Si el Cambio de Clima es un culto religioso, debemos reconocer que habrá un elemento marginal de extremistas radicales, cuyas actividades incluirán lo que se puede llamar Terrorismo Climático.

TERRORISTAS CLIMÁTICOS

Existen Terroristas Climáticos en este mundo. En 2010, una pareja mató a su hijo de dos años de edad y le dieron un balazo en el pecho a su niña de siete meses (quien milagrosamente sobrevivió) debido a sus miedos del calentamiento global. En su nota suicida, ellos expresaron su ira en contra del gobierno argentino por no hacer más para el Cambio de Clima.[2]

Cuando los incendios forestales de Australia de 2019-2020 mataron 28 personas y unos mil millones de animales, los alarmistas del Cambio de Clima aprovecharon la tragedia nacional para defender su agenda de emisión de carbono, y el impuesto global. Ellos alegaron que los incendios forestales eran "*causados*" por el Cambio de Clima. Ellos culparon a Australia por no hacer más para cumplir con el Acuerdo Climático de Paris. (Abordaremos este tema importante, también.)

Los incendios forestales son un evento anual y una parte natural del ciclo de vida de los bosques, antecediendo la llegada de blancos en el continente de Australia. Los incendios de 2019-2020 no fueron los peores. Yo recuerdo Sábado Negro en 2009 que mató 173 personas en el Estado de Victoria. Nadie culpó al Calentamiento Global [3] de lo que yo recuerdo, porque los investigadores encontraron que los incendios fueron intencionalmente encendidos por lo que fuera un voluntario de la Autoridad de Incendios del Campo Victoriano (CFA) Brendan Sokaluk. La corte pasó una orden de supresión para mantener esa información fuera del acceso al público por unos días, pero después fue revocada.

Sokaluk fue condenado por 10 actos de incendios provocados y sentenciado a 17 años y 9 meses en prisión. No fue accidente que Sokalk también haya sido condenado por posesión de pornografía de niños. El pecado es responsable por el sufrimiento en la Tierra, no Dios, no el Calentamiento Global, y ciertamente no el carbón, el químico de la vida. El hecho es que 87% de los incendios forestales en Australia son comenzados por humanos, de las dos formas accidentalmente e intencionalmente. [4]

En 2009, los investigadores encontraron otra causa. Uno de los incendios forestales fue encendido por unos cables eléctricos que se cayeron debido a fuertes vientos. La negligencia de mantener los árboles puede ser atribuida a una compañía eléctrica, o a la emisión de carbón y no al Cambio de Clima.

Avancemos a 2020. Cuando se supo la noticia que más de 200 piromaníacos fueron arrestados por la policía por comenzar los incendios forestales de Australia de 2019-2020, los alarmistas del Clima cambiaron su retórica de "incendios forestales fueron causados por el Cambio de Clima" a "Incendios forestales fueron probablemente empeorados por el Cambio de Clima." ¿Cómo se puede probar que los gases que se escapan del carro fueran a empeorar el crimen de un piromaníaco? No se puede.

¿Quiénes fueron los pirómanos conocidos de los incendios forestales de 2019-2020? El periódico "The *Daily Telegraph*" tituló, "*Adolescentes culpados de incendiar el incendio de grama se ríen después de haber aparecido en la corte.*" [5] Yo tengo sospecha de los medios de comunicación cuando omiten descriptores de los perpetradores. Los periodistas no son cortos en adjetivos floridos cuando desean clavar la culpa en un partido político. En cambio, sus escritos se hacen extrañamente indefinibles cuando están protegiendo a alguien. Si un partidario de Trump hubiera comenzado los incendios forestales de Australia, los medios de comunicación hubieran usado una plétora de adjetivos para describir los perpetradores como blancos, nacionalistas, conservadores, etc. y se hubieran asegurado que el nombre de Trump fuera mencionado varias veces para que él fuera implicado. No importa que tan descabellada y desconectada sea la idea; a los medios de comunicación les gusta poner parte de la culpa de malas noticias en Trump.

Pero lo que ocurrió es que los adolescentes de Sídney que le prendieron fuego alrededor de Sídney eran hermanos musulmanes radicales, Fadi y Abraham Araika. El Imam de Paz, un letrado musulmán australiano, cuyo nombre real es Tawhidi, identificó a los piromaníacos en su tweet el 15 de enero 2020:

> "Dos Extremistas Islámicos han sido arrestados y culpados por encender los incendios en Sídney. Esto se está comenzando a ver como un ataque coordinado que arruinó varios hogares y mató mucha gente. Yo llamaría esto un acto de terrorismo. Ellos se están riendo de esto también."[6]

Los medios de comunicación a penas si dieron cobertura de la evidencia que eso no era Cambio de Clima, sino Terror de Clima, perpetrado por Terroristas de Clima. Ellos lo cubrieron con una etiqueta monótona, los "adolescentes" lo hicieron.

La narración de los principales medio de comunicación sobre los incendios forestales australianos me recuerdan de su reportaje de un brote de violaciones de niñas blancas (y algunas chinas) por un musulmán migrante alrededor de 2015-2017. Los títulos evitaron identificar al violador, "*Adolescentes violaron niñas escandinavas*" fue el encubrimiento de los crímenes por migrantes en Europa. Cuando los periodistas dicen, "asiáticos violaron niñas británicas," los violadores no era chinos, japoneses o coreanos. "Asiáticos" fue el código para los migrantes musulmanes que asaltaron sexualmente niñas blancas y chinas. Nadie que sea sensible cree que todos los musulmanes violan niñas blancas (y niños). Es una cuestión de servir bien al público para identificar los violadores. Si son terroristas musulmanes, entonces podemos hacer justicia en el segmento pequeño de musulmanes extremistas y prevenir más crímenes.

Los terroristas de clima pueden ser encontrados también en los Estados Unidos. California tiene regularmente incendios forestales justo igual que Australia. Cada vez que un incendio quema en California, los alarmistas de Clima saltan sobre los medios de comunicación para politizar el anuncio de sufrimiento para culpar al Cambio de Clima. Es una sentencia en política, "Nunca dejar que se desperdicie una buena crisis." El ex alcalde demócrata de Chicago y Jefe de Gabinete del Presidente Obama, Rahm Emanuel, tipificó esa actitud cuando dijo, " Nunca dejen que una crisis seria se desperdicie. Y lo que quiero decir con eso es que es una oportunidad de hacer cosas que se pensaban hacer antes.." [7]

LA VERDAD ACERCA DE LOS INCENDIOS FORESTALES

Entonces, ¿es que cada incendio forestal es prueba del Cambio de Clima? La verdad es menos sensacional. Cinco de los diez incendios más destructivos en California desde 2015 han sido ligados a una compañía eléctrica, PG&E.[8]

El incendio de Sacramento de 2015 que mató a 2 personas fue comenzado por un árbol que le dio un golpetazo a un cable eléctrico. PG&E falló criminalmente en darle mantenimiento al árbol.

El incendio de Napa de 2017 fue comenzado cuando varios árboles golpearon los cables eléctricos de PG&E.

En 2018, California sufrió el incendio forestal más devastador de la historia. Los alarmistas de Clima se apuraron a culpar al Cambio de Clima. Pero en la corte de leyes, la evidencia contó una narrativa diferente: PG&E se encontró culpable de descuidar una torre eléctrica de 99 años, que tenía 25 años pasados de su "vida útil. Un cable vivo se libró de la torre encendiendo un fuego forestal que destruyó 14,000 hogares y mató 85 personas. La contaminación de esos incendios forestales fue mucho peor que la emisión de gases de todos los carros en las carreteras, y no tuvo nada que ver con el Cambio de Clima.

Algunos de los incendios forestales son el resultado de negligencia criminal; otros son el resultado de Terroristas Climáticos. Sirve al interés público identificar claramente quien es responsable. De nada sirve el decir, "No mencionen a PG&E porque no todas las compañías eléctricas son malas." Ninguna persona racional cree que todas las compañías de energía son criminales.

De la misma manera, no sirve ningún propósito el enmascarar el hecho que terroristas musulmanes mataron vidas inocentes porque "no todos los musulmanes son piromaníacos." Ninguna persona racional cree que todos los musulmanes son pirómanos. Sin embargo, esos piromaníacos fueron conducidos por su ideología musulmana de odiar los infieles y de mostrar completo desprecio por el medio ambiente de los infieles. ¿Debería una gente justa no exponer la filosofía malvada que trata a los que no son musulmanes como perros y la naturaleza como su basurero?

Daniel Lewkovits, un experto en seguridad y antiterrorismo por 20 años advirtió en enero 2020 que el comienzo de incendios forestales y de monte intencionales e intencionados están ocurriendo en países extranjeros, y que Australia puede ser víctima de "incendio yihad." [9]

Robert Arthur Baird, un Mayor en el Cuerpo de los Marinos de los Estados Unidos, sometió un escrito académico en 2005 indicando:

> "Los estudios de la conflagración de los incendios forestales han mostrado que pueden ser rivales de la fuerza destructiva de armas nucleares, dándole un arma a un terrorista con el mismo efecto con mucho menos esfuerzo

> y riesgo. De la misma manera que terroristas en el pasado utilizaron incendios improvisados para debilitar el acero y la estructura del Centro de Comercio Mundial (World Trade Center) causando que colapsara bajo su propio peso, ataques futuros podrán puentear la fortaleza de las defensas de nuestra Seguridad Nacional (Homeland Security) y atac bar nuestra vulnerabilidad nacional de incendios forestales catastróficos. Terroristas futuros sin lugar a duda lo usarán de nuevo como un arma de terror asimétrica; es solo cuestión de tiempo."[10]

El Yihad Climático cumple varios objetivos para varios partidos: piromanía es fácil de planear y ejecutar para los terroristas, que encender una bomba sucia en un país desarrollado; piromanía aprovecha las vulnerabilidades naturales de una nación libre; incendios forestales son armas efectivas de destrucción en masa; es improbable que los políticos del Oeste reaccionen firmes contra el Yihad Climático por miedo que sean titulados "islamofóbicos" por sus colegas izquierdistas; y políticos pueden enmascarar el terrorismo climático a través de ordenes de la corte de supresión o apaciguamiento de los medios de comunicación, y que puede tornar el acto de terror en un millaje político en apoyo de los globalistas con agenda de Cambio de Clima e Impuesto por carbón.

El profesor de leyes Augusto Zimmermann comentó acerca de la reacción de los políticos sobre los incendios de campo de 2019-2020, "...nuestros gobiernos federales y de estado han rehusado reconocer el potencial de los incendios terroristas, y proteger nuestras comunidades rurales del reto inminente de tal...predecible estrategia terrorista..."[11]

El gobierno australiano es notorio en proteger los derechos de los criminales más que los derechos de las víctimas. Hasta hoy, no han habido actos de terror "cristianos" [12]y varios actos de terror islamico, aun así el gobierno ha creado un "Registro por Islamofobia," y ningún "Registro por Intolerancia contra Cristianos," que es todavía más prevalente. En el ambiente jurídico de Yihad climático es probablemente un gane-gane por terroristas religiosos y globalistas del ala izquierda. Los dos obtienen lo que desean, y ellos pueden ayudarse el uno al otro, ya que aparentemente comparten la misma fundación de espiritualidad.

PRUEBA QUE LA CRISIS CLIMÁTICA SON NOTICIAS FALSAS

Nunca negare que existe el cambio climático. Es claro que el clima cambia. Yo indago lo siguiente: ¿Cuál es la temperatura ideal para la Tierra? Ya que nadie sabe la respuesta a esta pregunta, ¿cómo sabemos cuál es la meta que se supone que debemos alcanzar? ¿Por qué asumimos que el cambio de clima es siempre algo malo? ¿Podría no ser una cosa buena, por lo menos para las plantas si el clima del mundo fuera un poquito más caliente? También cuestiono las predicciones de los alarmistas que fallan en cumplirse.

Es muy fácil de probar que el alarmismo de Cambio Climático es un fraude y ninguno de los elitistas en realidad creen las predicciones alarmistas. Un estimado conservador del crecimiento del nivel del mar proyectado sobre los siguientes 12 años es de 10 pies.[13] Si el nivel del mar crece en un lado, eventualmente debe crecer por doquier.

Ninguna otra nación sobre la tierra puede ser más amenazada por el crecer del mar que las Maldivas, una colección de islas fuera de la costa de India. Tienen el promedio de elevación más bajo sobre la tierra con solo 1.8 metros o 6 pies. Si el calentamiento global fuera real, las Maldivas deberían estar completamente sumergidas en un corto tiempo, y cada habitante debería de huir de sus hogares perdidos.

En vez, los ricos se están moviendo allí. Los precios de propiedades están por las nubes. Turismo está en auge. Y en 2017, el Presidente Abdula Yameen lanzó un proyecto de US$400 millones para construir una pista de aterrizaje en su aeropuerto internacional. El gobierno va a gastar un total de $800 millones en restaurar un aeropuerto. [14]

¿Están fuera de juicio? Aparentemente, ninguno de los ricos o poderosos allá creen en el Calentamiento Global lo suficiente como para huir o tomar cualquier acción de precaución.

En todo el mundo, los bancos todavía estando dando préstamos de 30 años a individuos y compañías para construir condominios, apartamentos y mansiones en propiedades en frente a la playa. ¿No saben que esas propiedades estarán perdidas en 12 años? ¿Es que rechazan eso? ¿Están en el negocio de perder dinero?

¿Y qué hay de las compañías de seguros? ¿Por qué tomarían riesgos inaceptables para asegurar a cualquier dueño de propiedad de frente de playa? ¿No saben que tendrán que pagar mil millones de dólares a las víctimas del calentamiento global muy pronto, si la Religión Verde está en lo correcto?

Las compañías de Seguro son prácticamente profetas del sector financiero. Ellos son los calculadores de riesgo más meticulosos, y aparentemente, ellos ven cero riesgos en los niveles globales del mar que crezcan a niveles catastróficos. Los bancos no creen en el calentamiento global. Los grandes desarrolladores de viviendas no creen en el calentamiento global. Ninguno de los elitistas actúan como si el calentamiento global fuera real.

Es por eso que Al Gore compro una mansión con vista al mar en California en 2010 y Barack Obama compró un estado de $15 millones a la par de la playa en Martha's Vineyard en 2019. [15] No tienen miedo ellos de que las capas de hielo que se derriten vayan a tragarse las líneas costeras de California y de Martha's Vineyard? No, no tienen miedo.

¿Creen ellos que están haciendo la peor inversión de sus vidas? No, no lo creen. Ellos no creen ninguna de las histerias que se usan para vender el calentamiento global al público. Es solamente un truco político. Ellos están viviendo sus vidas como si nada va a pasarle a las Maldivas o a Martha's Vineyard. Nada va a pasar hasta que el juicio de Dios descienda, y tendrá nada que ver con las emisiones de nuestro carbón.

El Cambio de Clima es el frente religioso para poder pasar una agenda globalista para controlar los países desarrollados y ponerles impuesto a los países ricos. Los que proponen esto vuelan en jets privados, viven en mansiones, compran propiedades en frente a la playa, y saben que el miedo vende. Es la más grande estafa en la historia de la humanidad, y se ha permitido porque hemos violado el Segundo Mandamiento.

DONALD TRUMP Y EL TRATADO CLIMÁTICO DE PARIS

Donald Trump entiende esto. En su segundo Discurso sobre el Estado de la Unión el 5 de febrero 2019, el presidente dijo: "Aquí en Los Estados Unidos, nos alarmamos por nuevos llamados para adoptar socialismo en nuestro país. Los Estados Unidos fue fundado en libertad e independencia, no coerción, dominio y control del gobierno. Nacimos libres, y permaneceremos libres. Hoy por la noche, renuevo nuestra resolución que los Estados Unidos nunca será un país socialista."

¿Por qué Trump se retiró del Tratado Climático de Paris el 1 junio 2017? CNN Wolf Blitzer dijo, "Hay mucho en juego, potencialmente para el planeta." [16] Pero los expertos que se apresuraban a la defensa del tratado ¿leyeron alguna vez el acuerdo? Resulta que pocos que estaban enamorados del Tratado Climático de Paris sabían lo que contenía.

El Editor de de la revista legal de Harvard "Harvard Law Review, Oren Cass, lo leyó. Aquí está lo que descubrió, como fue reportado en una entrevista por John Stossel:[17]

> " El Acuerdo de Paris fue algo entre una farsa y un fraude. En el 'compromisos' enviados por cada país al Acuerdo de

Paris, uno no tiene que mencionar siquiera gases de efecto de invernadero, si no desea. Se puede enviar cualquier pieza de papel que se desea, se engrapan juntos y eso es lo que van a llamar el Acuerdo de Paris...y lo que se encuentra es que prometen hacer exactamente lo que ya iban a hacer de todas maneras o prometer hacer aún menos de eso.

"China, por ejemplo, dijo, 'nosotros prometemos alcanzar el nivel más alto de emisiones [de dióxido de carbón] alrededor de 2030.' Bien, el gobierno de Estados Unidos ya había hecho un estudio para predecir cuándo las emisiones chinas alcanzarían el máximo, y su pronóstico fue alrededor de 2030...es un hecho, que China prometió seguir incrementando sus emisiones por algún tiempo más, aun así, China ha dado una de las mejores proposiciones.

"India no prometió cortar sus emisiones para nada. Ellos prometieron solamente ser más eficientes, pero ellos propusieron ser eficiente menos rápido que ya están siendo eficientes. Entonces su promesa fue de ir más despacio [en su eficiencia].

"Mi favorito fue Pakistán, cuya promesa era de alcanzar su máximo en algún momento después del cual comenzaría a reducir las emisiones. Entonces uno puede engrapar esos juntos y decir, 'Ahora tenemos un acuerdo global,' pero lo que en realidad se tiene es un acuerdo de hacer nada. Y si acaso, es que han retrocedido, porque mientras en el pasado se podía criticar a los países y decir '¿Oye, por qué no están haciendo algo?' Ahora tenemos un acuerdo que dice 'te aplaudiremos por hacer nada.'"[18]

Aquí está el escenario que no tenía sentido para Donald Trump:

A otros países se les permitía escoger lo que escribirían como promesa para el medio ambiente, mientras que los Estados Unidos estaba obligado a hacer la mayor parte del pago y la mayor parte del trabajo pesado. Pero los Estados Unidos ya se estaba haciendo eficiente en energía e independiente de energía sin la supervisión de los globalistas. Este no era un "acuerdo," sino que una lista de promesas vacías en piezas de papel engrapadas para ganar puntos políticos vanos.

Sin lugar a duda, China e India son los contaminadores más grandes en el mundo, sin embargo, los dos prometieron incrementar sus emisiones. El Acuerdo de Paris no hizo nada por el medio ambiente, pero sí mucho para los políticos. Les dio oportunidades de fotografiarse en frente de sus cómplices, los medios de comunicación. Impulsó su popularidad entre los votantes quienes nunca se tomaron el tiempo para leer el contenido del Tratado Climático de Paris.

Trump ha prometido antes de su elección de "poner a los Estados Unidos primero." Tenía perfecto sentido que se retira de un trato injusto en 2017.

En la Cumbre del G-7 en Francia de 2019, Trump no se dignó en sentarse durante toda la reunión sobre el cambio de clima el último día, 26 de agosto. Los Estados Unidos tenía un asiento vacío, lo que llevó a la masa de los medios de comunicación a pensar lo peor por decepción. Las noticias falsas deshonestas reportaron que la ausencia de Trump era prueba que a él no le importaba "el incendio forestal del Amazonas" en llamas en ese momento en Brasil. El presidente Francés Emmanuel Macron emergió de la cumbre climática con una señal de virtud prometiendo US$22 millones para ayudar a nueve países que comparten el Amazonas contrarrestar incendios forestales.

Fue interesante notar que el presidente Brasileño Jair Bolsonaro inmediatamente rechazó la oferta de Macron. Bolsonaro tweetió el 26 agosto 2019:

"Nosotros no podemos aceptar que un presidente, Macron provoque un ataque irrazonable y gratuito al Amazonas mientras esconde sus intenciones detrás de la idea de una 'alianza' de las naciones de G-7 para 'salvar' el Amazonas, como si fuéramos una colonia o la tierra de nadie."

En un tweet, el Presidente Brasileño le dijo al mundo lo que los reyes del Cambio de Clima en realidad persiguen: la soberanía de Latino América. Los incendios amazónicos son una ocurrencia natural anual, de la misma manera que los incendios forestales son una ocurrencia regular en Australia. Han estado ocurriendo por miles de años, mucho antes que los alarmistas del Calentamiento Global usaran esto como una oportunidad para promover el cambio de clima. La agenda escondida del Cambio Climático es que el Oeste globalista tenga control sobre las naciones soberanas.

EL COLONIALISMO EUROPEO ESTÁ DEVUELTA

El Cambio Climático es la nueva cara del colonialismo del oeste, con un giro científico. Los estudiantes de historia sabrán que los nazis usaron un lenguaje científico para justificar el asesinato en masa de los judíos los cuales eran consideraban *débiles* y *menos evolucionados*. Cuando vemos fotos de las atrocidades cometidas en el nombre de la "ciencia," quedamos espantados de cuantos millones pudieron ser engañados por Adolfo Hitler.

Pero las élites del oeste han vuelto a las mismas andadas: tratando de hacerse cargo del mundo reclamando una posición moral de superioridad sobre las naciones menos desarrolladas. Esta vez a través de la "ciencia" del Calentamiento Global, llamado también Cambio Climático, con el nuevo nombre de Crisis Climática.

Los europeos han hecho varios intentos de colonizar al mundo, resultando en una historia brutal y dos guerras mundiales. Sus esfuerzos no han parado. Se movieron de una estrategia militar a una estrategia financiera usando al FMI (Fondo Monetario Internacional) y al Banco Mundial para poner las naciones pobres en deuda. Pero esta estrategia financiera es vacía para el alma. Necesitaban una causa más espiritual para reunir a la gente en conjunto y ponerlos bajo sumisión.

Se dieron cuenta que la gente contentamente renuncia a sus libertades a cambio de la promesa magnificente de "salvar el planeta" de un calentamiento global. Las naciones pobres no pueden levantarse contra eso, pero Brasil, teniendo las dos cosas, un líder fuerte y la economía más fuerte en Latinoamérica, decidió luchar. Es por eso que las élites del oeste odian a Bolsonaro y odian a Trump. ¡Son herejes, negadores cometiendo sacrilegio conta el dogma de la Iglesia del Cambio Climático!

QUEBRANDO EL SEGUNDO MANDAMIENTO

El físico noruego, Dr. Ivar Giaever, indicó, "el calentamiento global se ha convertido en la nueva religión."[19]Él no era del ala de la derecha política, negador del cambio climático. El Dr. Giaever ganó el Premio Nobel por física en 1973, sirvió como jefe oficial de tecnología en "Applied Biophysis, Inc." ["Biofísica Aplicada, Inc."] y fue uno de los científicos prominentes apoyando la presidencia de Barack Obama en 2008. Desde entonces se unió a 100 científicos quienes escribieron una carta abierta al entonces presidente Obama declarando, "mantenemos que el caso de la alarma refiriéndose al cambio climático es extremadamente exagerado." [20]

El sistema de creencia del calentamiento global o cambio climático tiene todos los distintivos de un culto religioso. No crean la palabra del Dr. Giaever. Aquí están las palabras del Líder del Panel Intergubernamental del Cambio Climático [Intergovernmental Panel on Climate Change] (IPCC), Rajendra Pachauri, "La protección de la tierra...es mi religión y mi dharma."[21]

Dharma es una referencia al hinduismo. Es el hindú equivalente de Sharía, que es un código de conducta holístico, moral y legal. En la idea de dharma, no existe separación de lo secular y lo religioso. Dharma es ley sobre todos los aspectos de la vida.

La confesión pública del jefe de las Naciones Unidas quiebra el Segundo Mandamiento. Es una declaración moral, religiosa, no una científica. Pachauri, como muchos de los fanáticos de la izquierda quienes reclaman tener moral alta mientras desafían a Dios, fue acusado de hostigamiento sexual en 2015, por lo que tuvo que renunciar a su trabajo con la ONU.

¿Cómo se convirtió el Cambio Climático en una alternativa de religión para tanta gente joven?

Después que la Biblia y la oración fueron expulsados de las escuelas por todo el mundo del occidental (alrededor de las décadas de 1950 y 1960), quedó un vacío espiritual que demandaba ser llenado. Lo que lo ha reemplazado es una forma de adoración a la naturaleza, la clase de idolatría que viola el Segundo Mandamiento.

Todas las formas de adoración a la naturaleza son idolatría. Dios tiene derecho sobre la naturaleza porque Dios la creo. Su estado fallido no es debido al acto de creación de Dios, sino que es debido a los pecados de los humanos a quienes Dios puso como guardianes sobre la naturaleza. Los alarmistas del clima están en lo correcto: los humanos tenemos una responsabilidad sobre el medio ambiente. Nuestra redención es parte de la solución de la última redención del planeta.

LAS VÍCTIMAS DEL CULTO CLIMÁTICO: LOS NIÑOS

Debido a las creencias del Cambio Climático, algunos adultos jóvenes creen que el medio ambiente está muy deteriorado como para traer a un niño a este mundo, entonces creen falsamente que quedarse sin niños de alguna manera va a salvar el medio ambiente. Una "consultora de reciclaje" en California se esterilizó en 2012 para que no fuera a tener niños por razones ecológicas,"[22] Ella está dentro del número creciente de parejas que no están teniendo hijos.

Los alarmistas del clima están infiltrando miedo irracional no solamente acerca de tener niños, sino que también en nuestros niños.

Los alarmistas del clima están alimentando miedo irracional, no solo acerca de tener niños, sino también a nuestros niños. Un grupo de psicólogos británicos reportaron en septiembre 2019 que los niños están "incrementando sufrimiento de ansiedad y angustia acerca del cambio de clima,"[23] Los niños están dando indicaciones de sonidos religiosos como "el cambio de clima es venganza,"[24] que evoca la creencia budista del karma. El problema es este: si no hubiera ningún Dios, entonces ¿quién está llevando la cuenta de los pecados en contra del medio ambiente?

La Asociación Psicológica de los Estados Unidos reporta que está creciendo una "ansiedad ecológica."[25] Los suecos han inventado un término "*flygskam*" (o "vergüenza voladora") para describir como los que son influenciados por la religión climática se sienten acerca de volar. Sin embargo, los grandes sacerdotes de la religión del clima, como Al Gore, Elizabeth Warren, Leonardo DiCaprio y el Príncipe Charles, no practican lo que predican. Ellos vuelan en jets privados y helicópteros privados, gastando más combustible de fósiles que los aviones comerciales, por lo que desean hacernos sentir culpables por usarlo. El culto del clima está creando mucha tensión en sus creyentes.

Debemos tener consuelo en el hecho de que el Dios de la creación cuida de toda su creación. Dios le dijo a la humanidad, "sean fructíferos y multiplíquense." Casarse y tener hijos es una de las experiencias más satisfactorias para un ser humano, si no la más grande. Es una bendición que nada sobre la tierra puede compararse.

La izquierda radical ha atacado a las familias y los bebés. No están contentos con instigar solamente el aborto de los nonatos, pero ahora ellos desean también que la gente se convierta en "antinatalistas" u oponerse a que más niños nazcan y sean traídos al mundo.

POR QUÉ LOS HUMANOS SOMOS LA SOLUCIÓN

La riqueza más grande sobre la Tierra es la vida humana. Cada niño que nace representa nuevo potencial para innovación, invención, solución y productividad. Como regularmente el Presidente Trump reconoce en sus discursos y reuniones, "Cada niño es un regalo de Dios."[26]

La tierra fue creada para el hombre, no el hombre para la tierra. La Tierra es mejor, más verde y más bonita con la presencia e intervención de los humanos.

Las conversaciones del presentador y ecológico de TED Talk Allan Savory es un experto en pastizales y el proceso de desertificación de la tierra al tornarse en desierto. Su técnica de "administración completa" está siendo implementada para salvar 15 millones de hectáreas de tierra (más de 37 mil millones de acres) en cinco continentes. [27] La solución que descubrió sorprende a la mayoría de la gente que cuida el medio ambiente.

La desertificación es el problema más serio del cambio de clima porque no solo conlleva la pérdida de árboles, también causa pobreza, guerra y migración masiva. Sin embargo, es el asunto menos glamoroso de todas las ansiedades ecológicas. ¿Por qué?

Mi sospecha es que una solución practica ya ha sido descubierta, y no encaja la agenda globalista antihumana.

Allan Savory es un creyente en el cambio climático. En la década de 1960, le dieron la tarea de salvar la vida silvestre y la tierra de desertificación, poniendo aparte grandes franjas de tierra en África para "parques nacionales." Cada científico supo, dijo él que la desertificación es causada por humanos. Entonces primero él removió la gente de los parques nacionales.

Tan pronto como removió la gente, la tierra se deterioró. Esto lo dejó en un reto. Él investigó la información y formó "evidencia, basada en teoría" que los elefantes debían ser culpados. Un panel de expertos estuvo de acuerdo con sus conclusiones, y se le permitió que matara 40,000 elefantes.

El resultado fue peor que la desertificación. "Ese fue el más triste y más grande error de mi vida. Lo llevaré hasta mi tumba." Dijo Savory. [28]Ocurrió que los animales no fueron el problema.

La grama que se deja para que se muera sola impidió que la vegetación creciera en la siguiente estación. Pero que los animales se comieran la grama ayudo a mantener la tierra saludable. Las heces de los animales fertilizaron la tierra y el recorrido de los animales produjo buena tierra.

Solo existe una condición. Los animales dejados por sí forrajean más de lo que deben, y despojan la tierra de vegetación. Fue el *ganado mantenido por granjeros humanos* que reversaron el proceso de la desertificación y produjeron la tierra más saludable.

Los ganaderos humanos apilaron ganado junto y lo movieron alrededor, rotándolo en diferentes partes de la tierra. La increíble conclusión fue que los humanos, actuando libremente en su propio interés, de la manera que lo han estado haciendo por miles de años, ayudan a reversar la desertificación. Mientras que la interferencia de los políticos y otros que quieren hacer el bien fallan para frenar la desertificación y en vez han empeorado la situación.

Una verdad inconveniente para los alarmistas del calentamiento global

El éxito de Savory se ha duplicado en otros lugares, como en la Patagonia que está muy poco poblada, con un desierto expansivo en el extremo sur de Latinoamérica. Al llevar un rebaño de 25,000 ovejas para pastorear, su equipo registró una mejoría sorprendente del 50% en la producción de la tierra durante el primer año.[29]

El reversar la desertificación y restaurar los llanos impacta el medio ambiente mucho más positivamente que obsesionarse sobre el combustible de los fósiles y el cobrar impuestos por las emisiones del carbón. El combustible de los fósiles se necesita para sacar a la gente de la pobreza y mejorar la calidad de vida. El producto secundario, carbón, no es una toxina. Es el elemento clave de la vida y es necesario para que la vegetación y los bosques puedan crecer.

Savory estimó que si solo pudiéramos traer 7.5 millones de hectáreas de desierto devuelta a la vida, solo el crecimiento de la vegetación absorbería suficiente carbón atmosférico para llevarlo devuelta a los niveles preindustriales, mientras alimenta más gente a la vez! "No puedo pensar en casi nada que ofrece más esperanza para nuestro planeta, para nuestros niños para sus hijos y toda la humanidad," dijo Savory.[30]

Cualquier solución a largo plazo para los problemas del medio ambiente debe incluir humanos porque Dios creó humanos para "llenar la tierra y someterla. [31] Dios le dijo a nuestro primer padre, Adam, "...Llenen la tierra y sométanla. Ejerzan dominio sobre los peces del mar, sobre las aves del cielo y sobre todo ser viviente que se mueve sobre la tierra." [32]

Nótese ese poder dado a la humanidad es sobre animales, no sobre la temperatura o las estaciones de la Tierra. ¡El poder que Dios le dio a Adam es exactamente el poder que Allan Savory descubrió para poder restaurar las praderas!

¡La Biblia es verdadera! La Palabra de Dios es un patrón para salvar la Tierra y la gente en ella. Los niños no son los enemigos del medio ambiente. El pecado es. Pero la religión del Calentamiento Global está atemorizando a los niños y amedrentando a la gente para que no tengan más niños.

¿NO ES QUE EL CAPITALISMO ESTÁ DESTRUYENDO EL MEDIO AMBIENTE?

Para mejorar las cosas en la Tierra, necesitaremos más humanos, especialmente humanos que hacen cosas de acuerdo a las leyes de Dios. Dios ordenó a los humanos que tuvieran propiedad de bienes inmuebles, para administrar los recursos, para agregarles valor, y para comerciarlas voluntariamente. Esto nos lleva a uno de los principios más grandes de la conservación del medio ambiente. La única manera para salvar algo es comprándolo. Lo que sea que se compra, terminamos teniendo más de eso en la economía. Cada cristiano debe de estar alerta de ese principio porque Cristo nos salvó redimiéndonos o comprándonos con su vida valiosa y con sangre libre de pecado. No hay salvación sin que alguien pague. Si Dios fuera solamente a protegernos sin "comprarnos," no habría redención legal, ni propiedad legitima, ni justicia cumplida. Debido a la injusticia, habría menos cristianos, en vez de más.

Como una ilustración, los humanos compran y usan árboles para hacer casas, muebles y papel. El cortar arboles es un negocio grande en Suecia. Suecia tiene menos de 1% de las áreas forestales comerciales del mundo, y aun así provee 10% de la madera aserrada, de la pulpa y de papel comercializado en el mercado global. ¿Qué les ha pasado a sus boques?

Los bosques de Suecia se han más que duplicado en los últimos 100 años.. [33] Esto provino a través de la empresa privada. El gobierno puede tener un rol en ayudar a crecer los árboles, pero su rol primario debe de ser el de facilitar una actividad económica rentable, sin obstaculizarla, ni paralizarla.

El mundo entero tiene más arboles ahora que hace 35 años. [34] Si nuestros hijos creyeron la propaganda en las escuelas y los medios de comunicación, ellos asumirían que exactamente lo opuesto seria verdad. No lo es.

Los alarmistas del clima mantienen una percepción constante de crisis y un estado perpetuo de pánico emocional para que los fondos de investigación y los donativos fluyan entre ellos. Nuestra gente joven está siendo indoctrinada en miedo y desesperación para que puedan manipularlos para que voten por la agenda política de la izquierda por generaciones venideras.

Pero la realidad es que nuestro medio ambiente nunca ha estado mejor que desde Noah salió del Arca. Las muertes relacionadas con el clima han bajado significativamente. Ya no morimos por calor extremo o frio extremo como mucha gente lo hizo en siglos pasados. La población de osos polares también esta alta, no baja. La desforestación neta se ha virtualmente frenado, debido principalmente a la reforestación por ganancia alrededor del mundo. Cuando se pueden comprar árboles, se obtienen más árboles.

Alexander Hammond de Human Progress reportó, "Las regiones más ricas del muncho, como América del Norte y Europa, no solo están incrementando su área forestal, tienen más bosques que durante la era previa a la industrialización. El Reino Unido por ejemplo ha más que triplicado el área de sus bosques desde 1919. El reino Unido pronto alcanzará niveles iguales a esos registrados en el Libro de Domesday, casi hace unos mil años" [35]

Nuestros hijos deben de estar llenos de esperanza y optimismo acerca de su futuro, Sin embargo el Culto del Clima esta envenenando sus mentes. No solamente están mal guiados científicamente. Aún peor que eso, es una idolatría. Esta contaminando las mentes de nuestros hijos y es tóxico para la espiritualidad humana. Es una agenda antihumana porque es una religión anti-Dios.

EZEQUIEL 36:18 LBLA
18 "Por tanto, derramé mi furor sobre ellos por la SANGRE que habían DERRAMADO sobre la tierra y por haberla CONTAMINADO con sus ÍDOLOS."

Existe contaminación sobre la tierra. Ezequiel dice que los dos contaminadores más grandes son el asesinato (que incluyc aborto) y la idolatría. Ya que el Cambio de Clima es una religión verde falsa que sustituye "la madre tierra" por Dios el Padre es uno de los más grandes contaminantes sobre la tierra.

LA CRISIS DE LA ENERGÍA

En septiembre 2019, yo entreviste al escéptico del calentamiento global, Tony Heller. [36] El es un geólogo calificado, ingeniero eléctrico y científico en computadoras. El lector podrá objetar, "Pero él no es un científico del clima."

Tampoco es Al Gore (uno que abandonó la escuela de leyes), Leonardo Di Caprio (abandonó la secundaria, o Bill Nye (un presentador de ciencia quien tiene una licenciatura en ingeniería mecánica). Todos ellos son celebridades en el movimiento del Cambio Climático.

CIOCCOLANTI: "¿Cuáles son sus inquietudes más grandes por el medio ambiente?"

HELLER: "He estado involucrado en casusas del medio ambiente toda mi vida. Veo la energía verde como una gran amenaza para el medio ambiente. Existen tantas cosas incorrectas con la energía verde. Las soluciones con las que están saliendo son destructivas. Las granjas de viento son una gran amenaza para las águilas y otros animales rapaces. Toda la materia prima para minar que se usa para los paneles solares y baterías para carros eléctricos es horrible para el medio ambiente. Esos causan problemas gigantescos. No hay nada más que discutir en cuanto a eso."

CIOCCOLANTI: "Son responsables los humanos por el cambio del clima?

HELLER: "Nadie realmente entiende eso. Es increíblemente complejo. Nadie realmente entiende que es lo que conduce al clima. La gente que dice que ellos lo entienden, no están diciendo la verdad.

"Ellos no pueden explicar el calor y la sequía de la década de 1930. No saben lo que lo causó en la década de 1930. Si no pueden explicar el pasado, ciertamente no podrán predecir el futuro. Eso es un hecho muy devastador en mi punto de vista.

"La gente que reclama que el clima es controlado por

los gases de invernadero, no están diciendo la verdad, o ellos no saben de lo que están hablando. ¿Cuál es el mecanismo? Muy poca investigación seria ha sido otorgada a esto. Ellos solo decidieron que los gases de invernadero son su grial sagrado.

CIOCCOLANTI: "¿Que debemos hacer acerca del cambio de clima?"

HELLER: "Lo más importando es que la gente frene a la gente de mentir acerca de eso. Que dejen de usar a los niños como sus pones políticos. Que haya debates. Dos personas con puntos de vista opuesto pueden debatir. Pero por ahora, a uno de las partes no se le permite hablar. Algo nefario está pasando.

"Los alarmistas del Clima como ser Kathanrine Hayhoe, si ella cree que estoy equivocado, debería estar impaciente para debatirme. ¿Pero qué es lo que ella hace? Se esconde de mí. Nunca va a querer estar sobre el escenario para debatirme. ¿Por qué? La respuesta es muy simple. Ella perdería."

En su blog popular *realclimatescience.com*, Heller explica su enfoque hacia la ciencia del clima: "Yo uso el mismo conjunto de habilidades y técnicas para analizar los reclamos de la ciencia del clima que he usado en ciencia e ingeniería. Su computadora o la consola de juego trabajan, en parte debido a mis esfuerzos. Por contraste, la ciencia del clima no funciona porque está formada en gran parte por farsantes deshonestos e incompetentes..." [37]

EL CASO DE BRAZIL

Es por eso que el Presidente brasileño Jair Bolsonaro rechazó la oferta de "ayuda" de G-7 por $22 millones del presidente francés

Macron. El profesor en ley constitucional August Zimmermann, quien es un brasileño que vive en Australia envió una respuesta en su Facebook:

> "El Instituto Nacional de Investigación Espacial de Brasil (INPE) ha indicado que los incendios del bosque del Amazonas son una ocurrencia normal durante la estación seca y no han incrementado este año. De hecho, los incendios han disminuido en la región. Y todavía los gobiernos izquierdistas de la Unión Europea, los medios de comunicación en masa y los profesores con parcialidad han lanzado una campaña de desinformación feroz en contra del gobierno conservador de Brasil del presidente Jair Bolsonaro."
>
> "Una razón básica por esto es su interés económico en la región norte del país donde el Bosque Amazónico está ubicado. Es un banco de recursos naturales sin fin. Brasil tiene el porcentaje más grande de agua dulce en el mundo, minerales valiosos, petróleo, y más. La elitista Union Europea liderada por Macron de Francia (quien no puede prevenir los incendios en miles de iglesias a través de Francia) y Merkel de Alemania (Irlanda y Finlandia incluídos) están usando el ocultismo ecológico de adorar a Gaia [la diosa griega de la tierra] para comenzar una campaña de desinformación en contra de Brasil. Lo que últimamente buscan a hacer es dirigirse a destruir la soberanía nacional de Brasil..." [38]

El acusar los países en desarrollo de no ser capaces de manejar el medio ambiente e interferir con sus asuntos internos a través de "ayuda extranjera" es imperialismo por sigilo.

Como Brendon O'Neil, editor de *Spiked* (*Agresivo*), también indicó:

> "Existe un instinto neocolonialismo detrás de esa acusación. Es una calumnia utilizada por occidentales privilegiados quienes ya se han beneficiado de revoluciones industriales y décadas de modernización contra potencias económicas, quienes desean hacer lo mismo: Brasil, China, India. Lo peor es que posicionan esas naciones para intervención foránea. El G7 ya acordó enviar recursos para resolver los incendios del bosque, y algunos verdes del oeste están fantaseando acerca de tener fuerzas armadas, 'cascos verdes' que van alrededor del mundo a salvar la naturaleza de actividades destructivas de los habitantes del mundo en desarrollo. ¡Que noción de frontera imperialista tan fea! La arrogancia global del movimiento moderno del medio ambiente es capturada perfectamente en esta sugerencia que debemos tratar extranjeros como criminales simplemente porque desean lo que nosotros [en el oeste] ya tenemos."[39]

---

5 RAZONES POR LAS QUE LOS ECOLOGISTAS SON RADICALES ABSORTOS EN SÍ MISMOS... Y RACISTAS

Nótese que la "agenda verde" es más popular en países ricos que son históricamente los que más se han beneficiado de la cristiandad. Los países que son pobres y que están en desarrollo tienden a seguir la "agenda morena" para sacar a sus pobres urbanos de la pobreza. La agenda morena del medio ambiente es diferente de la agenda verde. Es menos idealista. Se enfoca en sus ciudadanos urbanos en el aquí y ahora. Las dos son agendas del medio ambiente, pero existen cinco diferencias.[40]

1. La agenda morena ve a 'los seres humanos [como] una parte integral e indivisible de la tierra,"[41] mientras que la agenda verde ve a los humanos como un problema mayor para el medio ambiente .
2. La primordial prioridad para la agenda morena es la salud humana; la suma prioridad de la agenda verde es la naturaleza o el medio ambiente.
3. . La agenda morena se dirige a llenar las necesidades básicas de los humanos, como el tener agua limpia, comida, vivienda, facilidades médicas, sanitación de infraestructura, manejo de desechos, y de una calidad superior de vida que ha sido posible por combustible de fósiles, desarrollo económico y un punto de vista cristiano del mundo que eleva el estatus de los humanos a ser la creación favorita de Dios; la agenda verde es anti-desarrollo, anticapitalista, y anticristiana.
4. La actitud de la agenda morena hacia la gente es de trabajar con ellos; la actitud de la agenda verde hacia la gente es de "educarla" y controlar su conducta.
5. La actitud de la agenda morena hacia el medio ambiente es hacerlo sirviente de las necesidades humanas y hacer más uso de ello en una manera eficiente; la actitud de la agenda verde hacia el medio ambiente es de proteger y usar menos de ello

Una vez visto esas cinco distinciones, se hace obvio que la agenda verde es elitista e imperialista. Solo occidentales que viven en un mundo post cristiano pueden costearse la agenda verde. Países que han tenido éxito económicamente, principalmente por su pasado cristiano, están ejerciendo control sobre el desarrollo de países pobres.

Si la Reforma Protestante en el Oeste hubiera coincidido con la era del interés ecológico y el punto de vista mundial que la naturaleza esta encima del hombre, ¡quién sabe si el oeste se habría desarrollado! Estaríamos atrapados en la Edad Oscura todavía. La agenda verde [o ecológica] es integralmente racista. Cuando lideres con una agenda morena tienen éxito, es hasta entonces que se darán el lujo de beber en sorbos una taza de café de Starbucks y de vender la política ecológica [como si fuera algo superior, cuando es muy inferior].

LA SOLUCIÓN MÁS PODEROSA

El presidente Trump y otros legisladores sabios considerarían como cuidar mejor la tierra que Dios creo, en una manera que incluye cuidar los humanos, quienes Dios hizo en Su imagen y semejanza. La calidad de nuestra vida humana, longevidad y prosperidad dependen de energía. ¿Cuál es la solución para tener la energía más limpia y más sostenible?

La respuesta más Poderosa.

Como todas las religiones falsas, la iglesia del cambio climático le dice bueno a lo malo y malo a lo bueno. El "satanás" de la iglesia del cambio climático es en realidad el salvador del medio ambiente: la energía nuclear. ¿Como puede ser esto posible?

El experto en política climática, Michael Schellenberger fue invitado a conversaciones de TED, donde sorprendió las audiencias con su data sobre energía ecológica. La energía verde esta declinando en producción alrededor del mundo occidental.

"La gente piensa que California es el líder en energía climática limpia, pero cuando miramos a los datos, lo que encontramos es en realidad que, California redujo las emisiones más despacio que el promedio nacional entre 2000 y 2015. ¿Y que hay con Alemania? Están haciendo mucho por la energía limpia, pero cuando vemos los datos, las emisiones de Alemania en realidad han estado subiendo desde 2009, y no hay realmente nadie que va a decir que van a cumplir su compromiso climático para 2020

"La razón no es difícil de entender. El viento solar provee energía de 10 a 20% del tiempo. Eso significa que cuando el sol no brilla y el viento no está soplando, se necesita energía para los hospitales, las casas, las ciudades, las fábricas, y mientras que últimamente se han hecho grandes avances con las baterías, la verdad es que nunca van a ser tan eficientes como la red eléctrica. Cada vez que se pone electricidad en una batería, y se extrae, se pierde como 20 a 40 por ciento de su energía." [42]

Siempre existe un costo escondido, ecológico y financiero. Los estados que desean usar energía verde almacenada en baterías deben de depender todavía con el respaldo de mucho combustible de fósiles, como el gas natural. Y la energía verde misma no es tan verde. Se necesita mucho combustible de fósiles para hacer paneles solares. El día que esos paneles caduquen, ¿qué se va a hacer con todo el material tóxico que se usó en los paneles solares? De lo que no se da cuenta la gente es que la energía ecológica más climáticamente amistosa es...

LA ENERGÍA NUCLEAR

Es el patito feo de todos los recursos de energía. La gente tiende a tener sentimientos negativos al respecto. Como dijo Schellenberger a la audiencia de las conversación de TED "El Panel Intergubernamental de las Naciones Unidas ha visto el contenido de carbón de todos los combustibles diferentes y el nuclear realmente sale bajo. Es en realidad más bajo aun que el solar. Y la energía nuclear provee obviamente mucho poder, 24 horas al día, siete días a la semana.."[43]

¿Qué tanta energía provee la energía nuclear? ¿Sabías que el nuevo Portaaviones clase US Ford pesa 100,000 toneladas cada uno, se mueven con energía nuclear y pueden viajar sin parar y sin necesidad de tener que llenar de combustible durante 25 años? La Naval de los Estados Unidos está reemplazando los portaviones de clase Nimitz desarrollados en 1975 con esa clase Ford nuevos.

Francia obtiene 93 por ciento de su electricidad de recursos de energía limpia, sobre todo hidroeléctrica y nuclear. El precio de su electricidad es como la mitad de la de Alemania. Los políticos alemanes están abandonando la energía limpia nuclear y los precios de electricidad se han ido por el cielo.[44]

EL MIEDO DE LA ENERGÍA NUCLEAR

¿Y que hay con el riesgo de un derretimiento nuclear, los peligros de sus desperdicios, y la amenaza de armas nucleares?

Comencemos con el riesgo a la salud humana. Progreso Ecológico cuantificó muertes en Europa causadas por contaminación del aire y accidentes que resultan de la producción de energía. Los combustibles que son clasificados desde el más peligroso hasta el menos peligroso son: el carbón, el petróleo, la biomasa, el gas natural y la nuclear.

Sí, la energía nuclear es la más segura.

Schellenberger dijo, "Es difícil de entender cómo hacer la energía nuclear más segura...Todo el mundo tiene miedo de los accidentes. Entonces miren los datos de los accidentes; Fukushima, Chernobyl; la Organización de la Salud Mundial encuentra que...que la vasta mayoría de daño es causado por el pánico de la gente, y tienen pánico porque tienen miedo. En otras palabras, el daño causado en realidad no es causado por las máquinas o por la radiación, es causado por nuestros pavores."[45]

¿Y que hay con el desperdicio radioactivo? Aquí existen dos hechos sorprendentes para la mayoría de la gente: Primero, las plantas nucleares no emiten gases de invernadero para nada. La segunda sorpresa para la mayoría de gente es el poco desperdicio nuclear que produce. Schellenberger lo ilustró de la siguiente manera: "si se toma todo el desperdicio nuclear que ha hecho Estados Unidos, se pone en un campo de '*football*,' y se apila, solo alcanzará 20 pies de alto. Y la gente dice que está envenenando gente o que está haciendo algo que no hace. Solo está allí asentado. Solo está siendo monitoreado; no hay mucho de eso."[46]

En contraste, no monitoreamos el combustible usado de otras fuentes de energía, y existe mucho mas de eso que el desperdicio nuclear.

Por último, ¿qué hay con las armas nucleares? De nuevo, Schellenberger tiene una respuesta: "Tal vez la cosa más sorprendente es que no podemos encontrar ningún ejemplo de países que tienen energía nuclear, y luego, 'Ah!' deciden hacer un arma. De hecho, funciona al revés. Lo que encontramos es que la única manera que conocemos como deshacernos de grandes números de armas nucleares es usando plutonio y las cabezas nucleares como combustible en nuestras plantas de energía nuclear, por lo tanto, si desean deshacerse de las armas nucleares, entonces vamos a necesitar más energía nuclear."[47]

A pesar de que la energía nuclear es la promesa de energía limpia, barata y abundante, los países del oeste como los Estados Unidos y Alemania están siendo afectados por las estafas de la energía ecológica como Solyndra, un proyecto solar en el que Obama derramó $535 millones del dinero de los contribuyentes solo para verlo cerrar y darnos nada de energía.

En vez de construir nuevos reactores nucleares para salvar el medio ambiente y darle a la gente una energía abundante y limpia que se merecen, nuestros políticos ecológicos están cerrando los existentes. Japón ha desconectado todas las plantas nucleares.

¿Qué es lo que están usando en vez? Los japoneses están reemplazándola con carbón, petróleo y gas natural, los culpables de los gases de invernadero ¡que son contra los que han estado los protestantes del cambio climático!

El Ecologista Michael Schellenberger llamó esta tendencia "crisis de energía limpia"[48] La transición amigable del medio ambiente es de cambiarse de combustible de materia densa a combustible de energía densa. La energía nuclear es el combustible más ecológico y de mayor densidad energética que hoy existe para uso humano.

Como proteger a los Estados Unidos de la iglesia de Cambio Climático

Nadie niega que el clima cambia y que los humanos no debemos contaminar nuestro planeta que compartimos. La pregunta que los líderes del mundo deben preguntarse es "¿Cómo podemos usar la energía para mejorar las vidas de la gente sin perjudicar el ambiente?" Y luego dejemos que la ciencia nos dirija.

La agenda ecológica es inherentemente anti-ciencia (los humanos no controlan las condiciones climatológicas de la tierra), religiosa, cultica, comunista, imperialista, racista, antihumana, y anticristo. La parte más perjudicial acerca de cualquier culto es su efecto adverso sobe los niños.

La gente joven son los más vulnerables, y el adoctrinamiento sin restricciones debe frenar en nuestras escuelas. Debe ser reconocido como un culto religioso. Es más, los terroristas climáticos deben de ser llevados a la justicia rápidamente.

El miedo irracional e histérico inculcado por los alarmistas del cambio climático es un perjuicio para la perspectiva social de los niños, futuro económico y su bienestar espiritual. El cambio climático es el frente espiritual del globalismo del oeste y ofrece a sus simpatizantes un sustituto idólatra al Creador, quien ama a todos los seres humanos y quien creo el medio ambiente para nosotros para que lo administremos y lo disfrutemos por la eternidad. No debe de haber miedo que la tierra nunca va a ser destruida. "Igual que la tierra, Dios construyó su templo para que dure para siempre."[49] "Una generación muere y otra generación viene: Pero la tierra permanece para siempre. [50]

CAPÍTULO 12

NO. 1 SALVEMOS A LOS NIÑOS: REFORMA DE EDUCACION Y ALFABETIZACIÓN BÍBLICA

EL PRIMER MANDAMIENTO

"No tendrás otros dioses delante de mí."
Exodo 20:3 (LBLA)

JESÚS REAFIRMA el Primer Mandamiento en una forma positiva, "El primero de todos los mandamientos es: "Escucha, oh Israel, el Señor es nuestro Dios, el Señor uno es. Amarás al Señor tu Dios con todo tu corazón, con toda tu alma y con toda tu fuerza.' Este es el primer mandamiento."[1]

En este pasaje, Jesús está citando directamente el "Shema," [2] la oración más importante en un servicio judío, que se encuentra en Deuteronomio 6:4-9. La primera parte de esta oración es familiar para nosotros:

DEUTERONOMIO 6:4-5 LBLA
4 Escucha, oh Israel, el Señor es nuestro Dios, el Señor uno es.
5 Amarás al Señor tu Dios con todo tu corazón, con toda tu alma y con toda tu fuerza.

Amar a Dios con nuestro espíritu, alma y cuerpo es el primer mandamiento; pronto regresare para explicar cómo podemos aplicar este principio a la política pública. Pero existe una segunda parte de la "Shema" que no es familiar para nosotros. Ya que sigue inmediatamente al primer mandamiento para amar a Dios, y forma parte de la oración, podemos con seguridad decir que explica una de dos, o como amar a Dios, o es la segunda parte más importante después de amar a Dios. ¿Cuál podrá ser? Escuchen cuidadosamente.

DEUTERONOMIO 6:6-9 LBLA
6 "Y estas palabras que yo te mando hoy, estarán sobre tu corazón;
7 y diligentemente las enseñarás a tus hijos, y hablarás de ellas cuando te sientes en tu casa y cuando andes por el camino, cuando te acuestes y cuando te levantes.
8 Y las atarás como una señal a tu mano, y serán por insignias[b] entre tus ojos.
9 Y las escribirás en los postes de tu casa y en tus puertas."

Si amar a Dios es la primera cosa que Dios desea que hagamos, entonces la segunda cosa es educar a nuestros hijos. La historia judía a través de la Diáspora muestra que los judíos valoraron altamente la educación por 2,000 años, y todavía lo hacen. De acuerdo con el "Shema", la educación debería de haber sido escrita en la Constitución de los Estados Unidos. Nosotros urgentemente necesitamos reformar la educación para salvar a los Estados Unidos, incluyendo educación sexual apropiada.

El Vicepresidente Mike Pence dijo el 23 de octubre 2019, "No es suficiente ganar la próxima elección. Tenemos que ganar la siguiente generación para tener libertad." Dios les dio a los padres el derecho y responsabilidad de educar a sus propios hijos. Quien quiera que enseñe a los niños de una nación controla el futuro de esa nación. La cesión de este derecho paterno otorgado por Dios al gobierno secular ha sido la principal causa del aumento de inmoralidad, la perdida de libertad, y la reducción de estándares intelectuales.

CONEXIÓN CÓSMICA

Recuerdo cuando Donald Trump, Robert Kiyosaki y Tony Robbins vinieron a Australia en agosto 2011. Los miembros de mi familia son promotores de inmobiliarios y bienes raíces al norte del estado de Nueva York, por lo que yo había sabido de Donald Trump desde que era niño. "*El Arte del Negocio*" ["*The Art of the Deal*"] fue un regalo que los Ciccolantis se dieron el uno al otro durante la Navidad de 1987. Sin embargo, yo no había visto *El Aprendiz* [*The Apprentince*] nunca, por lo que estaba más atraído a Robert Kiyosaki y Tony Robbins.

Los dos eran oradores públicos, como lo soy yo, entonces lo que deseaba era ver sus habilidades en el escenario. Yo vivo en Melbourne, por lo que tuve que volar a Sídney para verlos. Poco sabia yo que después desarrollaría una "conexión cósmica" con Trump. Terminé por producir algunos de los videos más virales acerca de Trump durante la elección de 2016 alcanzando audiencias de millones de televidentes de YouTube. Asimismo, paso cruzando caminos con el presidente por todo el mundo sin haberlo conocido todavía.

Cuando estaba guiando un tour Bíblico a Israel en 2017, Trump estaba allí al mismo tiempo visitando el Muro de los Lamentos en Jerusalén. Cuando estuve en una conferencia en Mar-a-Lago en 2018, Trump estuvo allí esa mañana, pero partió temprano para regresar a Washington, D C. Cuando estuve en Pensilvania a principios de 2019, Trump tenía un rally al mismo tiempo. Cuando estuve en Texas a finales de 2019, Trump tenia otro rally en Dallas al mismo tiempo. Podría haber ido a Dallas, pero tenia obligaciones ministeriales en San Antonio. Viviendo en Australia, no estoy en esos lugares muy frecuente, por lo que tuve la impresión inusual que doquiera El Señor me envió, el presidente iba a estar cerca.

También soy una persona que no es dada a soñar, pero El Señor me usa para interpretar sueños para otros. Pero una noche a principios de 2019 yo tuve un sueño en que el presidente caminó hacia mí. Noté que yo tenía puesta una camiseta blanca, la cual no se miraba muy respetable y me avergoncé por estar inadecuadamente vestido. En febrero 2020, yo publiqué mi primer video anunciando en YouTube que el libro *Negocios Pendientes de Trump* [*Tump's Unfinished Business*] estaba listo. Me di cuenta después que era la primera vez que yo grababa un video en una camiseta blanca. ¡La misma camiseta blanca como en mi sueño meses antes! Dios había predicho que el presidente me encontraría en una camiseta blanca.

En el primero de agosto 2019, yo tuve un sueño que Lara Trump estaba tratando de conseguir que yo viera al presidente Trump. No se si eso es simbólico o si se va a cumplir literalmente. Pero esto es a lo que yo me refiero cuando hablo de una conexión cósmica con Trump. Nunca soñé escribir un libro acerca de él o para él cuando volé a Sídney ese día en 2011.

Todos los 3 oradores fueron muy impresionantes. Tony Robbins no usaba palabras profanas en el escenario como lo hace ahora. Donald Trump reveló lo importante que es su cabello para él; el se quejó de habérsele olvidado su champú y envió a un ayudante a comprar un *Head and Shoulders*, un producto más bien típico para cualquier hombre. Aún entonces él aparentaba ser un hombre común, que casualmente tiene miles de millones de dólares.

Un tema claro y común de los tres oradores fue que nuestra educación no estaba preparando nuestros niños para su edad adulta, para la vida real, para cosas como abrir una cuenta de banco, obtener un préstamo, comenzar un negocio, comprar una casa, negociar un contrato, casarse, criar hijos y planificar para retirarse. Casi todo el mundo tiene que hacer todas esas cosas, sin embargo, casi todos pasan por lo menos doce años de escuela sin ni siquiera aprender una de esas habilidades esenciales de la vida.

Como lección fundamental, Robert Kyosaki dijo que a los niños hay que enseñarles la diferencia entre activos y pasivos. En nuestra iglesia en la escuela dominical para niños, enseñamos esta lección por lo menos una vez al año. ¿Por qué nuestras escuelas públicas no enseñan cualquiera de ésas?

¿QUÉ LES ESTAMOS ENSEÑANDO A NUESTROS NIÑOS?

Cuando nuestro hijo Austin estuvo en la escuela pública en el segundo grado, un niño en su clase se burló del presidente Trump y dijo enfrente de la clase, "El va a ir a Marte. Espero que se quede allí." La profesora en vez de enseñar respeto intervino "Si, Espero que no regrese." En realidad, lo que ella estaba deseándole es muerte en frente de niños de 8 años. ¿Por qué estamos financiando escuelas que enseñan cosas incorrectas acerca de civilidad y cívica?

Muchos maestros están lavándoles los cerebros a los estudiantes con el cambio climático y sus políticas, mientras que fallan de enseñar a nuestros niños inglés, matemáticas y carácter. (Después de ese año, transferimos a nuestros hijos a una escuela cristiana.)

Como resultado de esta degradación en educación, 36% de los milenios ven ahora comunismo favorable y a 70 % de milenios les gustaría votar socialista, de acuerdo con una encuesta en octubre 2019[3] El periodista comediante Greg Gutfeld comentó, "Tal vez sea culpa nuestra. En alguna parte a lo largo de la línea, quebramos nuestro compromiso de transferir la verdad de la historia a los terrícolas entrantes. No podemos culpar a la gente joven de olvidarse de cosas que nunca les enseñamos. Y a pesar de que el socialismo es una buena idea, no existe un curso en la universidad llamado 'Introducción a Buenas Ideas que Matan Millones.'...En la misma encuesta, 72% de todos los estadounidenses equivocadamente creen que el comunismo mató menos de 100 millones de gente en los últimos 100 años; es más. Mas de cien millones de gente asesinada por algo que mucha gente hoy lo ve como bueno."[4]

¿Cómo es que nuestros maestros están tan separados de la realidad? Los comunistas asesinan millones de sus propios ciudadanos. Los socialistas destruyen las economías, como las de Angola, Camboya, Cuba, Corea del Norte y Venezuela.

Los estudiantes no están escuchando en las escuelas que en Estados Unidos la tasa de empleos para negros e hispanos nunca ha sido mejor que bajo Trump.[5] De hecho, el promedio de la tasa de desempleo es la mas baja registrada en la historia de Estados Unidos.[6] Una guerra nuclear con Corea del Norte fue evitada porque Trump tuvo la voluntad de levantar el teléfono y reunirse con Kim Jong Un, algo que 11 presidentes previos estaban sin voluntad de hacer. Grupos de pedofilia han sido rotos y traficantes de humanos arrestados en cifras récord bajo Trump.[7] Yo creo que el crédito debe de ser dado solo a Trump, pero también a las oraciones de los cristianos a los que él acoge en la Casa Blanca.

Los estudiantes tampoco están escuchando los efectos positivos de la Cristiandad en la historia del mundo. Algunas de esas incluyen: avanzar el derecho a la vida, liderar la causa de la abolición de esclavitud en el mundo entero, acabar con la segregación racial en los Estados Unidos, promover la educación y derechos de la mujer y construir y mantener miles hospitales y escuelas en todo el mundo. Esto me lleva a preguntar, "¿Por qué las negativas del comunismo y las positivas de la cristiandad están ocultas en las salas de la educación?"

VIDA REAL CONTRA ACADEMIA

Mi padre con frecuencia me recordaba: los profesores viven en academias. Después de doce años de escuela, van a cuatro años de universidad, luego de nuevo a una carrera en la escuela. Los pedagogos pueden pasar toda una vida en las escuelas, entre gente que son más jóvenes y pocos son mas inteligentes que ellos. Muchos catedráticos de carrera tienen poca experiencia "práctica" de la vida.

La vida real incluye fracasos y éxitos. El mejor maestro de dinero es alguien quien ha perdido algo de dinero, ha hecho algunos ajustes, y luego ha triunfado en hacer dinero. El mejor maestro de actuar es alguien que ha sido rechazado de un rol, ha hecho algunas mejorías, luego ha sido aceptado como actor. El mejor profesor de ciencia es alguien cuyos experimentos fracasaron una y otra vez hasta que descubrió la solución y patento la invención. El mejor maestro de inglés es alguien que ha hecho un escrito vergonzoso sin valor para leerlo, antes de publicar un libro que vale la pena comprar. ¿Dónde podríamos encontrar toda esa gente con experiencias de vida real, se preguntarán?

La Biblia tiene la respuesta: "Hijos míos, ¡vengan y escúchenme! Yo les enseñaré cómo venerar al Señor." (Salmo 34:12). Fallamos en ver que existen gente maravillosa con experiencias de la vida por todos lados, ellos se llaman padres y madres. ¿Por qué limitar el envolvimiento entre los padres y niños a una vez al año en las escuelas?

INCREMENTO DE DIVERSIDAD DE PROFESORES

Nosotros debemos entregar a nuestros niños a lo mejor de lo mejor, padres con experiencia en fracasos y éxitos. La calificación en Salmo 34:12 es que los padres han aprendido a "venerar al Señor," lo que usualmente viene con edad y después de muchos fracasos. Esos padres tienen mucho que ofrecer. En vez, nuestra sociedad ha desarrollado una clase de gente sin experiencia quienes son los únicos permitidos para que se les llame "maestros" en la escuela.

No todos los profesores son inexpertos, por lo que no deseo ofender a aquellos en mi profesión, pero educadores deben comenzar por reconocer que los graduados de universidad cuya primera experiencia en la vida es dentro de la escuela no son los únicos "maestros" que existen. Si ellos son nuestros únicos profesores, entonces ya tenemos los resultados de la escuela, y muchos de nuestros profesores han fallado en preparar a los estudiantes para la vida real.

La Biblia asume que no hay una clase profesional de maestros para niños. Cada padre es un maestro. Jesús fue criado por Sus padres, y el resulto más que bien. El cambió al mundo.

¡Que lejos nos hemos extraviado del ideal Bíblico! Algunos padres, desalentados por el pobre resultado y la anti-moralidad de los oficiales de la escuela, han optado por enseñar en casa a sus hijos. Pero con el estilo de vida moderna, en el que los dos padres deben trabajar, no muchas familias pueden costear la escolarización en casa. Nos hemos extraviado tan lejos de la solución que no podemos regresar a ella a corto plazo. Pero cuando tenemos una visión, podemos comenzar a movernos hacia ella.

"Donde no hay visión, la gente perece," dijo el Rey Salomón[8]Yo propongo que los lideres de educación comiencen a pensar una lluvia de ideas para incentivar a los padres a ausentarse de su trabajo y que vayan a enseñar un día al mes o una semana al año, en vez de pagar una clase de maestros cuyas experiencias en la vida son limitadas por estar con gente joven.

Yo creo que existe un lugar para profesores de carrera. Ellos deben sobresalir en enseñar clases que requieren poca experiencia de vida, como aprender el abecedario, los números, y las escalas de música. Pero una vez que los estudiantes maduran, ellos deben de ser expuestos a todas las otras clases de profesores quienes tienen profundidad de experiencias reales del mundo, quienes tienen longevidad y éxito en sus campos respectivos.

Profesores profesionales podrán objetar, "Pero y ¿qué ocurre con los estándares académicos? ¿No sufrirán ellos si las escuelas traen profesores aficionados en el aula de clase?" Un currículo educacional superior relacionado con cada campo de conocimiento puede ser creado fácilmente por un equipo de gente que más ha sobresalido, gente que ha tenido éxito en su campo. ¡Qué se gaste una porción de los $60 millones de millones del presupuesto anual del Departamento de Educación para incentivar a gente con experiencia para compartir su conocimiento! Gente con logros únicos que sobresalen. ¡Encontrémoslos! ¡Nuestros niños merecen lo mejor!

El historiador **David Barton**, quien posee la colección privada más grande de documentos originales de la era de fundación, podría fácilmente mejorar el currículo de historia a través de todo Estados Unidos.

Robet Koysaki, quien ha vendido mas de 32 millones de libros en 51 países, podría ciertamente crear una clase de formación financiera para las escuelas.

Bill O'Reilly, quien tuvo el noticiero de cable mejor valorado por 16 años, "El Factor O'Reilly" [The O'Reilly Factor] podría escribir una clase de enseñanza de medios de comunicación con otros periodistas acreditados, quienes tienen un historial establecido de periodismo investigativo independiente.

Tucker Carlson es otro candidato. El ha trabajado con CNN, MSNBC, y con el canal de Fox News. El actualmente tiene el noticiero de televisión mejor clasificado en el país. En

2010, el cofundó uno de los noticieros en línea mejor clasificado, "The Daily Caller." ["La Llamada Diaria"]

John Stossel también viene a mi mente. El ha ganado 19 Premios Emmy y cinco premios del Club de Prensa Nacional.

MUSK: ¿ES MODELO EDUCACIONAL PARA IMITAR?

Elon Musk, el fundador de PayPal y CEO de Tesla Motors y Space X, tiene varias ideas acerca de cómo educar niños para que sean inventores y empresarios. El sacó sus cinco hijos de una escuela privada en California para que pudieran aprender sobre Inteligencia Artificial [AI], ética y como construir cosas, incluyendo globos meteorológicos, lanzadores de llama y robots de batalla [battle-bots].

El dijo que las "escuelas regulares," ya sean publicas o privadas, no están haciendo las cosas que deben hacer. Les enseñan a los niños lo que es un desarmador en vez de mostrarles un motor, que lo desarmen y luego los niños aprenden por ellos mismos la relevancia de las herramientas, "¡Por eso es que necesito desarmadores!" La filosofía de Elon Musk es "enséñenles el problema, no las herramientas,"[9]

"Los errores que veo que ocurren en la educación es que los profesores no les explican a los niños por qué se les enseña una materia," dijo Musk. "Como que los tiran en matemáticas. Bien, ¿por qué están aprendiendo matemáticas? ¿Cuál es el objetivo de eso? ¿Por qué me piden que resuelva esos problemas raros? El 'por qué' de cosas es extremadamente importante"[10] Los estudiantes necesitan aprender no solo una materia, sino qué hace esa clase relevante a la vida real.

El ser la 23ava persona mas acaudalada en el mundo, [11] Elon Musk tiene los recursos personales para tornar, lo que es por hecho, su escolarización en casa poco convencional en su propia academia privada. En 2014, Musk cofundó su escuela privada *Ad*

Astra (en latín que significa 'hacia las estrellas') donde no se ofrecen deportes ni música.

En contraste, cuando yo asistí a la graduación de nuestra hija Alexis del sexto grado de la escuela pública, el enfoque de la graduación fue acerca de deportes y ejecución musical, con homenaje simbólico al ambientalismo. Además de presentaciones de las últimas canciones en las listas pop y muchos niños que cantaron, escuché muy poco de lo relacionado a lo académico, habilidades para la vida, o cualquier cosa que haya preparado a los graduados para el mundo real. Yo creo que, porque existe poco sentido de propósito para la escolarización, los maestros y estudiantes de las escuelas públicas gravitan al ambientalismo para llenar el vacío. Los humanos no pueden existir sin un propósito, y el enfoque en entretenimiento y ambientalismo es un sustituto para saber para qué fuimos puestos en esta tierra

Es difícil de imaginarse que la manera poco convencional de educación de Musk seria aceptada en muchas "escuelas regulares." Pero los educadores deberían hacerse preguntas como: ¿Cuál es la señal de una escuela de éxito? ¿Es la escuela de Musk mejor que las escuelas tradicionales?

Musk dijo de su academia privada *Ad Astra*, "A los niños les fascina ir a la escuela. Yo creo que ésa es buena señal. Es decir, yo odiaba ir a la escuela cuando era niño, era una tortura...ellos en realidad creen que las vacaciones son muy largas. Como que desean regresar a la escuela." [12]

La reacción de los niños de Musk y otros estudiantes en su programa me dicen por lo menos dos cosas: 1) Eso confirma que padres como Musk tienen soluciones que ofrecer a niños que las escuelas tradicionales nunca han pensado y 2) Se debe aprovechar a padres como Musk para que reescriban nuestras clases en ciencia, ingeniería e iniciativa empresarial.

REFORMA VERAZ DE LOS LIBROS DE TEXTO

No todos los expertos podrán escribir copiosamente como David Barton. No tienen que hacerlo. Hagamos lo que O'Reilly y Kiyosaki hacen: ¡contratar a otra persona para que escriba por ellos y cree el producto final! ¡Por amor a nuestros niños usemos nuestros impuestos para contratar los mejores editores, los mejores ilustradores y publicadores para crear libros de texto de gran calidad!

El proceso se debe diseñar para que sea repetido cada tres años (ya que la secundaria es solamente cuatro años en Estados Unidos y seis en Australia), de esa manera nuevo conocimiento puede ser incorporado y correcciones pueden hacerse transparentemente.

Este proceso de corrección es en sí mismo, una educación para que los niños aprendan como los adultos comenten errores. Nadie lo sabe todo. Todos, incluyendo los expertos deben ser lo suficientemente humildes para reconocer sus errores. Y habrá muchos de ellos en esta vida.

POR QUÉ LA HONESTIDAD ES LA MEJOR POLÍTICA

Los libros de texto actuales hacen exactamente lo opuesto; ellos cubren muchos errores y fraudes (mentiras intencionales). La enseñanza de historia, economía y ciencia esta llena de eso. Por ejemplo, en ciencia vemos la ilustración, de un falso embrión, del biólogo alemán Ernst Haeckel, supuestamente para demostrar que todos los vertebrados comparten un ancestro en común. Esto condujo a muchas mentiras, como lo es la frase que los estudiantes de biología usaron para aprender, "La ontogenia recapitula la filogenia" [13] Las comparaciones del embrión todavía aparecen en los libros de texto de biología.

Los huesos del hombre de Piltdown encontrados en el sur de Inglaterra en 1912 fueron supuestamente prueba que existió en Inglaterra una especie transicional de mono hombre, haciendo un puente evolucionario entre los monos y el homo sapiens. Pero en

1953, cuarenta años después de su descubrimiento, el Dr. Kenneth Oakley expuso al Hombre de Piltdown como uno de los engaños paleo antropológicos más grandes.

El cráneo era de un hombre moderno y la mandíbula y los dientes de un orangután. Habían afilado los dientes para hacerlos ver humanos. Los huesos y dientes habían sido tratados químicamente para darles la apariencia de antiguos. Generaciones de estudiantes fueron indoctrinados durante 40 años que este fraude pasó sin ser detectado. Los científicos deseaban creerlo.

El libro de texto de la historia de Inglaterra acerca de las famosas "polillas salpicadas" ha sido expuesta como falsa. El biólogo Jerry Coyne de la Universidad de Chicago dijo que, cuando los evolucionistas supieron que esta historia tenía que ser desechada, a él le dio la misma sensación de cuando se dio cuenta que Santa Clos no era real. [14]

Se ha demostrado que el mitad pájaro-mitad dinosauro es falso; dos fósiles completamente distintos encolados juntos.[15]

El sitio web retractionwatch.com que mantiene el rastro de fraudes científicos modernos es muy demasiado común entre los investigadores científicos que compiten por un financiamiento limitado. Aun así, se les dice a los estudiantes que los científicos son objetivos, imparciales, incorruptibles por las fragilidades de otros humanos. A los estudiantes se les enseña a creer que, si los científicos están de acuerdo en algo, debe ser cierto.

Nuestros educadores no han sido lo suficientemente honestos con sus estudiantes. Los estudiantes con frecuencia creen algunas cosas que no son ciertas, desactualizada e inútil para sus vidas. El mundo de vista popular celebrado por estudiantes públicos es grandemente un producto de la propaganda del ala izquierda forzada en las mentes jóvenes. Mucho de eso es fraude que nunca se ha corregido. Esto es cierto en las áreas de la historia económica, pero tal vez en ninguna parte es más verdadero que en las nuevas materias de psicología y sexualidad.

LA RAÍZ DE VARIAS MENTIRAS SEXUALES

La educación sexual que las escuelas públicas ofrecen hoy debe su existencia al "primer sexólogo del mundo" **Alfred Kinsey** (1894-1956). Kinsey creció en un hogar metodista, con padres que el describió como cristianos devotos. Kinsey reaccionó a la manera estricta de su padre convirtiéndose en ateo y prometiendo destruir al cristianismo. Dos de los libros mas populares de Kinsey quebraron muchos tabús cristianos y contribuyeron intelectualmente a la Revolución Sexual de la década de los 60.

Los dos libros fueron "*Conducta Sexual en el Humano Masculino* [*Sexual Behavior in the Human Male*] (1948)" y "*Conducta Sexual en el Humano Femenino* [*Sexual Behavior in the Human Female*] (1953)," los dos financiados por la Universidad de Indiana y la Fundación Rockefeller. Juntos, a los dos libros se les refiere como "*Los Reportes Kinsey* [*The Kinsey Reports.*]"

Su primer libro hizo algunos comentarios escandalosos como el que 50% de hombres cometen adulterio, 69% de hombres visitan prostitutas, 37% de hombres tienen por lo menos un encuentro homosexual, y 95% de hombres regularmente disfrutan desviaciones sexuales. Esto era material escandaloso para leer en la década de 1940.

Se demostró después que la investigación de Kinsey era fraudulenta, que él mismo era un desviante sexual quien dormía con casi todo su personal, que su compañero de trabajo y principal "investigador" Rex King fue un criminal condenado por 800 cargos de niños violados, y todavía nunca hubo revisiones académicas. Por el contrario, Google y Wikipedia todavía promueven "Los Reportes Kinsey" como los libros científicos mas exitosos e influenciables del siglo XX. [16] ¿Fue esa ciencia real?

Kinsey cambio los resultados de su encuesta al seleccionar sujetos de prueba que eran prostitutas, criminales y desviantes sexuales, luego asevero que ellos eran representantes normales de la población estadounidense. ¡Resultó que 55% de los sujetos de prueba estaban en realidad en prisión!

No se recibió ninguna disculpa académica.

El genio matemático John Tuke, quien acuñó el término "bit" en 1947 (abreviado por 'binary information digit) [digito de información binaria] y el término "software [programa informático]" en 1958, dijo acerca de las estadísticas de Kinsey:

> "Una selección al azar de tres personas habría sido mejor que un grupo de 300 elegidos por el Sr. Kinsey."[17]

El crítico de cultura estadounidense Gershon Legman (1917-1999) describió a Kinsey como "un hombre en su camino a una conclusión sin tener en cuenta la evidencia." La intención no muy secreta de Kinsey fue de legalizar la homosexualidad, luego normalizar la pedofilia, y finalmente eliminar la sexualidad "represiva" heredada de la Cristiandad. Nuestros sistemas educacionales y legales han estado siguiendo el patrón de Alfred Kinsey durante los últimos 70 años.

A pesar de la evidencia de fraude que desacreditaría otros 'científicos,' existe una gran admiración hacia Kinsey entre intelectuales y académicos. Michael Kirby, un ex juez de la corte más alta de Australia tipificó como sienten los elitistas "El Dr. Alfred Kinsey es, en mi opinión, uno de los científicos mas grandes del siglo XX. El es seguramente uno de los mas grandes eruditos de la universidad de Indiana."[18] Pocos cristianos y conservadores comprenden de donde viene la agenda radical de ingeniería social y por que aparentemente se mueve tan rápido.

Estamos llegando a la etapa donde los pedófilos son llamados de manera eufemística "adultos atraídos a menores." Pronto, el citar la Biblia será tildado como "lenguaje de odio" porque contradice la intención de Kinsey para normalizar toda perversión sexual.

El currículo para el adoctrinamiento de género en los Estados

Unidos, Australia y Canadá, llamado "Escuelas Seguras" o "Relaciones Respetuosas," fueron desarrolladas por académicos que admiran a Alfred Kinsey: gente como Nicholas Jennings (nombrado el Czar de Escuelas Seguras por el Presidente Barack Obama), Benjamin Levin (director de Escuelas Seguras en Canadá, hoy en prisión por pornografía y por animar a una mujer a violar a su hijo), Gary Dowsett (profesor en la Universidad de LaTrobe y creadora de Escuelas Seguras, fue suspendida del programa por sus puntos de vista políticos extremos.) Roz Ward admitió que el programa de Escuelas Seguras no es un programa en contra del acoso entre los niños. Es "acerca de apoyar la diversidad de genero y sexo. No se trata de celebrar [toda clase] de diversidad. No se trata de detener ningún acoso."[19]

Si esos programas fueran acerca de la lucha contra el acoso, ellos lucharan por detener la persecución contra los cristianos primero y, ante todo. Los cristianos son la minoría más perseguida globalmente. En el oeste, acosar a cristianos comienza en nuestras escuelas públicas. Sé de varios estudiantes quienes han abandonado cursos en la universidad australiana porque sus profesores seculares estaban llenos de ira contra los cristianos en las salas de clase.

La discriminación contra cristianos continua en el área de trabajo. Durante el plebiscito australiano en 2017 (igual que el "referéndum" de los Estados Unidos) acerca del matrimonio del mismo sexo, los negocios australianos fuertemente promovieron el voto a favor del cambio de la definición de matrimonio. Ni siquiera un negocio vi promover un "no" para mantener el matrimonio tradicional. El mensaje fue claro en el lugar de trabajo: cualquiera que esté en contra del matrimonio del mismo sexo sufriría económicamente. Escuché de gente que publico sus puntos de vista cristianos en los medios de comunicación social y fueron despedidos. Claro, RH [Recursos Humanos] no diría que fueron despedidos por razones religiosas.

Ningún noticiero defendió a los cristianos. Ninguna investigación gubernamental fue hecha para proteger a los cristianos. El mensaje de los elitistas es "Esta bien acosar a aquellos cuyas opiniones no aprobamos."

LOS NUEVOS COMUNISTAS

Roz Ward admitió que la ideología que la condujo a su activismo en la educación es "solo el marxismo que provee la teoría y práctica para una auténtica liberación humana."[20] El filósofo alemán Karl Marx (1818-1883) escribió el *Manifesto Comunista* e inspiró el victimismo, odio y la intolerancia entre los pobres declarando que los empresarios quienes creaban trabajos eran en realidad sus opresores. La liberación vendría solo con la destrucción de los opresores: los dueños de tierra y negocios.

El Marxismo Económico ha fallado por doquiera que se ha probado: La Unión Soviética, Europa del Este, Angola, Camboya, Corea del Norte y mas reciente, Venezuela. Todas sus economías se derrumbaron. Todos se volvieron más pobres, excepto las autoridades centrales con conexiones políticas.

Una nueva raza de marxistas se ha levantado en su lugar, llamado "Marxistas Culturales." No son "comunistas rojos" como sus antecesores. Ellos son más como "comunistas rosados." Su nuevo credo es el obstruir de la sociedad la influencia cultural opresora que viene de los hombres, esposos, padres, líderes, pastores y policías, toda autoridad excepto los marxistas que estarían a cargo.

¿Como puede un líder que ama a su país proteger la gente joven del adoctrinamiento nocivo de Alfred Kinsey y Karl Marx? No censurándolos, sino enseñándolos junto a otros puntos de vista opuestos.

Debemos enseñar *Capital* [*Das Kapital*] (1867) de Karl Marx a la par de *La Riqueza de las Naciones* [*The Wealth of Nations*] (1776). Yo tuve que leer los dos libros cuando estudié economía en la universidad. *El Camino a la Servidumbre* [*The Road to Serfdom*] fue lectura obligatoria para completar el curso. Muchas clases de economía hoy en día hacen que los estudiantes estudien conceptos sin leer los clásicos. Los estudiantes saben como dibujar graficas de la elasticidad de precios, pero no saben cuánto cuesta el comunismo.

El dictador comunista Mao Zedong de China fue responsable por la muerte de 45 a 77 millones de sus propios ciudadanos.[21] El comunista y secretario general Joseph Stalin de la Unión Soviética fue responsable por las muertes de 20 millones de ciudadanos quienes murieron en los campos de trabajo forzado, hambrunas y ejecuciones. En total, un estimado de 110 millones de gente murieron entre 1900 y 1987 por un genocidio comunista, el asesinato intencionado de ciudadanos desarmados por agentes del gobierno en tiempo de paz.[22]

Y todavía muchos maestros de escuela engañan a sus estudiantes con la mentira que la "religión es la causa de todas las guerras." Los ateístas comunistas mataron mas gente en un espacio de 87 años que todas las religiones combinadas en los últimos 5,000 años.

La verdad es que no hay comparación: el comunismo secular que niega a Dios es la creencia más mortífera y satánica conocida por el hombre. Los estudiantes deben aprender este hecho antes de graduarse de la escuela.

UNA MEJOR EDUCACIÓN SEXUAL MAS ADECUADA

Una vez que nos damos cuenta de la agenda escondida en la revolución del sexo y la "educación sexual" introducida en nuestras clases, la cual busca normalizar la promiscuidad y pedofilia como lo soñó Alfred Kinsey, entonces podemos buscar una solución.

¿Existe una?

Yo propongo que existe una solución simple y obvia: **"una clase sobre el embarazo y la crianza de hijos."** Si enseñamos educación sexual, estamos preparando a la gente joven para tener relaciones sexuales. Si enseñamos preñez y crianza, estamos preparando a la gente joven para tener familias. ¿Cuál es nuestra meta?

Nuestra meta es de crear una educación práctica que gradúa a nuestra gente joven con habilidades para la vida. Nuestra meta es el fortalecer a las familias. Nuestra meta es de cambiar la marea en cuanto a la destrucción social.

Es un fracaso de la educación el enseñar algo que no se necesita enseñar, como tener relaciones sexuales. Mientras tanto, los maestros descuidan enseñar a la gente joven lo que pueden esperar cuando están embarazadas y van a tener un bebé. ¿Por qué hay tantos adultos ignorantes de las etapas de un embarazo, de los cambios que ocurren en el cuerpo de la mujer, los dolores de parto, el proceso de parto, y los cambios subsecuentes en el matrimonio después que el bebé ha nacido? La mayoría de la gente joven no han tenido una simple clase acerca de cómo cuidar un bebé. ¿Qué tan serios son los educadores acerca de las familias? ¿O es su única obsesión el sexo?

En Australia, se anima a parejas embarazadas a asistir a clases prenatales. Cuando mi esposa estaba embarazada, nosotros miramos y escuchamos el contenido que nuestros padres y profesores debieron enseñarnos cuando fuimos adolescentes. Me atrevo a decir que he descubierto una posible cura en contra del azote de la pornografía que envenena la mente de las personas.

¡Que los jóvenes vean lo que yo llamo "pornografía de embarazo"!

Puedo contarles de la reacción de los nuevos padres cuando nuestro facilitador de clase prenatal mostro un video de una mujer dando a luz: hombres adultos y grandes se retorcían en sus asientos mirando lo que ocurre con el cuerpo desnudo de una mujer durante la labor intensa de parto. Dos hombres jóvenes se salieron. ¡Iban a ser padres pronto! No hay nada sexy acerca de una mujer desnuda durante el parto. He estado allí tres veces.

Yo creo que la imagen de un parto es algo natural y ayuda a los hombres jóvenes a ser responsables, y no objetar a las mujeres. El sexo es sagrado y produce bebés.

Porque los maestros de las escuelas públicas creen que "ellos van a ver pornografía de todas maneras" y "ellos van a hacerlo de todas maneras," entonces mi propuesta debe de ser inofensiva al público. Es mucho más rentable mostrar a la gente joven "tener sexo conlleva a tener bebes" en vez de enseñarles lo que es la sodomía. Existe mucho mas valor educacional enseñar a la gente joven como conducirse durante un embarazo y como criar bien al bebé, en vez de enseñarles lo que el travestismo es.

Hoy "la educación sexual" no es educación. Reemplacémoslo con "una clase sobre el embarazo y la crianza de hijos." No solamente estaremos construyendo mejores familias, estaremos indirectamente frenando el apetito de la explotación de la pornografía. ¿Quién no desea acabar con la adicción a la pornografía? Solo un pervertido.

REFORMANDO LAS REFORMAS FALLIDAS

John Dewey (1859-1952) fue un reformador educacional muy influyente del siglo XX. El enseñó que la educación era muy larga y estructurada. El deseaba que los estudiantes aprendieran por experiencia y no por repetición. Esta educación "basada en experiencia" se opuso al tipo de aprendizaje de memoria de las "escuelas comunes" que **Horace Man** promovía.

Tal vez no existe alguien mas responsable de la adopción de "educación pública universal" en los Estados Unidos que Horace Mann (1796-1859). Mann era un abogado y político quien argumentaba que la educación pública universal era la manera de tornar a los niños rebeldes de los Estados Unidos en ciudadanos disciplinados. Él no tenía experiencia alguna en educación.

En 1837, Mann se convirtió en el primer secretario de la Junta de Educación de Massachusetts. Subsecuentemente fue a Europa a estudiar sus sistemas de educación pública. El deseaba que las escuelas públicas de los Estados Unidos emularan lo que él consideraba era el mejor sistema de su tiempo: el sistema educacional prusiano. Este se fundó en 1763 por Federico el Grande y para la década de 1830, tenía una buena reputación por su eficiencia en producir soldados, mineros, trabajadores de fábricas, burócratas y otros "buenos ciudadanos" competentes. Era educación del estado, por el estado y para el estado.

Las Reformas de Mann introdujeron a los estudiantes estadounidenses al concepto de recibir enseñanza en grupos por profesores profesionales entrenados en escuelas especiales (llamadas "escuelas normales" entonces, o universidades para entrenamiento de maestros hoy). Las primeras escuelas públicas se llamaban "escuelas comunes." Cada vez que escucho el adjetivo "común" usado para describir una escuela, currículo o proyecto del gobierno, pienso que es una abreviación de "comunista." Común es un eufemismo aceptable por la ideología "comunista" y "colectivista." Mann escribió en sus Discursos sobre Educación (1850) que las escuelas comunes existían para "ecualizar las condiciones de los hombres."[23] Los estudiantes en escuelas comunes no aprendieron a razonar independientemente. Fueron socializados para hacer fila y caminar en grupos, seguir campanas de tiempo y competir en equipos, no en deportes individuales. Este fue el criadero natural para el adoctrinamiento.

El hecho que las escuelas de hoy adoctrinan estudiantes no debe de ser sorpresa para nosotros. Estaban diseñadas para producir adultos que no piensan, sino que obedecen lo que se les dice. Los estudiantes eran instruidos por maestros que hacían lo mismo—enseñar lo que se les ha dicho. Así es como las escuelas públicas de los Estados Unidos se hicieron campamentos de adoctrinamiento que actualmente producen estudiantes muy adecuados para empleos burocráticos y restaurantes de comida rápida.

Las reformas de Dewey trataron de cambiar el sistema creado por Horace Mann y adoptado por la mayoría de los estados.

Dewey no creía que las cualificaciones más importantes de un buen maestro era el entrenamiento para pedagogos. De hecho, él dijo, "Muy frecuente me preguntan cómo es que algunos maestros quienes nunca han estudiado el arte de enseñar son siempre extraordinariamente buenos profesores."[24] Esto no fue sorpresa para él.

Previo a Mann, los padres y el clero eran responsables de la educación local para niños. No había escuela profesional para maestros. Y los mejores profesores, notó Dewey, eran aquellos que tenían curiosidad intelectual y amor por aprender. Los estudiantes se beneficiaron de ese espíritu más que de las "normas," de Mann o estándares pedagógicos. De 1919 a 1921, Dewey dio cerca de 200 discursos a audiencias chinas quienes lo elogiaron como el "Segundo Confucio."[25]

Nuestro Sistema de educación pública actual nunca se alejó exitosamente del modelo prusiano de adoctrinamiento por profesores con poca experiencia en el mundo no-académico. Necesita ser cambiado para que sea más práctico e imparta habilidades para la vida. Necesitamos incorporar la experiencia de los padres y otros lideres, incluyendo los religiosos. Esto promoverá respeto para los mayores y respeto para la religión. ¿Qué probabilidades existen para que los niños respeten los mayores y líderes de moral cuando sus escuelas públicas no los respetan y no les dan lugar para enseñar?

En facultades de Derecho en los Estados Unidos,[26] los académicos necesitan haber practicado la ley antes de convertirse en académicos. Esto es mucho mejor en vez de ser instruido por profesores que han sido entrenados por profesores. Si la mayoría de los estudiantes necesitan aprendizaje basado en experiencia, entonces algunos profesores necesitan cualificaciones basadas en experiencia. Este no es el caso en Australia. Aun a nivel de universidad, pocos académicos legales tienen alguna experiencia de la vida real como abogados. Serán magníficos profesores, o no. Nadie está evaluando los académicos por habilidades de la vida real, ni responsabilizarlos por el resultado de sus estudiantes.

Mas importante, la información enseñada en los libros de texto necesitan ser evaluados cada cuatro años. Y lo que se ha plantado que sea erróneo, corregirlo con transparencia (Sugiero una línea de tiempo de corrección en un adendum). Algunas cosas necesitan revisiones mayores ahora especialmente en educación sexual, educación de familia, elementos de ciencia, historia y economía. Formación financiera y de computadora necesitan ser elementos importantes en la educación secundaria. Pero la educación no esta completa sin una instrucción esencial más.

LA LITERACIDAD MÁS IMPORTANTE

Jesús dijo el Primer Mandamiento es, "...amar al Señor tu Dios con todo tu corazón, con toda tu alma, con toda tu mente, y con toda tu fortaleza." Si vamos a amar a Dios, entonces tenemos que conocerlo. La manera principal de conocer a alguien es a través de sus palabras.

Ya que tenemos una generación desconectada de su Padre Celestial y de los padres de la patria, debemos requerir que la Biblia y la Constitución sean leídos por todos los estudiantes que se gradúan de la secundaria. ¿Cómo pueden niños pasar por 12 años de educación y nunca haber leído la única pieza más importante de literatura en la civilización inglesa, en la civilización occidental y nunca haber leído la constitución de su propio país?

Debido al mandamiento de Dios para que nosotros lo amemos con todos nuestros corazones y mentes, la educación es un elemento muy importante que debe ser añadido dentro de la constitución de un país devoto. Sin embargo, los padres de la patria no hicieron eso. Ellos sutilmente incorporaron referencias bíblicas dentro de la Constitución de los Estados Unidos, La Declaración de Independencia y la Ley de los Derechos. Pero ignoraron la educación enormemente porque ellos asumieron que todos en el país eran cristianos. La única inquietud que tenían era que una denominación cristiana dominara sobre las otras denominaciones cristianas. Todas las denominaciones cristianas deberían competir libremente por los corazones y mentes del pueblo. Esa era su mentalidad hace más de 250 años.

Ellos nunca se imaginaron que un día los líderes de la nación se convertirían en iletrados bíblicos. Ellos nunca se imaginaron una gente dada enteramente a la internet, los medios de comunicación sociales y varias formas de entretenimiento. Ellos nunca imaginaron que la primera enmienda ["First Amendment"] que establece que "El Congreso no hará ninguna ley respecto a establecer una religión, o a prohibir su libre ejercicio," pudiera ser torcida para justificar excluir a cristianos y la Biblia de la plaza pública.

Yo traería la Biblia de regreso a las escuelas como la fuente primordial de ideas prestadas, no como un texto religioso. Es la fuente primordial de muchas metáforas en la poesía y literatura. Es la fuente primordial de leyes en nuestro sistema judicial. Ha inspirado movimientos históricos y avances científicos.

Los estudiantes deben de leer la Biblia misma como un texto primario, no solamente sus comentarios. La Constitución y la Ley de Derechos deberían también ser leídos en su totalidad antes de escuchar opiniones al respecto. La gente no conoce el valor de la Biblia o de la Constitución porque ellos nunca han tenido que leerlas por si mismos. No se les enseñó en la escuela.

El Dr. Benjamin Rush (1745 – 1813), un doctor en medicina, firmante de la Declaración de Independencia, fundador de la primera Sociedad Bíblica de los Estados Unidos, y Tesorero de la Fábrica de la Moneda de los Estados Unidos desde 1797 hasta 1813, escribió un mini folleto "*Una Defensa del Uso de la Biblia como Libro Escolar*" [*A Defense of the Use of the Bible as a School Book*] en 1791. El dio 12 razones por qué la Biblia debería ser enseñada en las escuelas, y no citó una escritura sino hasta el final. El habló secularmente y atrajo a los lectores con un razonamiento civil. Los cristianos pueden aprender a persuadir al público de esta manera. Resumo tres de sus premisas; ninguna de ellas fue religiosa:

1. La Biblia es el mejor libro. ¿Cómo se puede argumentar en contra de eso? Es el libro más leído, el más publicado, el más traducido, el más distribuido, y el más influyente en el mundo. El Dr. Rush escribió, "Que la Biblia contiene mas conocimiento necesario para el hombre en su estado actual que cualquier otro libro en el mundo."

2. El leer la Biblia misma es la mejor manera de entenderla. Este no es un argumento religioso; es un argumento literario; es un argumento lógico y filosófico. Si es el mejor libro, entonces la mejor manera de entenderla es leyéndola. Dr. Rush: "Que un mejor conocimiento de esta religión [Cristiandad] es para ser adquirido leyendo la Biblia que de cualquier otra manera."

3. El periodo de la niñez es el mejor tiempo de comenzar a aprender la Biblia. "Ese conocimiento es el más duradero, e instrucción religiosa es la más útil, cuando se imparte en los primeros años de la vida." El mejor tiempo para aprender la Biblia es cuando se es niño.

Tres argumentos simples y lógicos que funcionaron por mucho tiempo hasta que llego el activismo judicial y la corte difirió a un reporte psicológico en contra de la Biblia en 1963. El Juez Clark se refirió al testimonio de ese testigo experto, Dr. Solomon Grayzel, cuando dio la opinión de la corte en *Abington v. Schempp*: "...si porciones del Nuevo Testamento fueran leídos sin explicación podrían ser...psicológicamente dañinos para el niño..."[27]

Hoy esa clase de lenguaje podría ser llamado 'denigración religiosa,' pero en aquél entonces la corte aceptó eso. Si se trae la Biblia devuelta como libro de texto, no se implementará mas que si se implementara química como una búsqueda para toda la vida de todos los estudiantes al ofrecer una clase de química. Los estudiantes simplemente serán expuestos a la materia. Si se trae la

Biblia devuelta, no se establecería ninguna denominación como la religión del estado.

LOS BENEFICIOS DE ENSEÑAR LA BIBLIA A LOS NIÑOS

En una carta al Rev. Jeremy Belknap de Boston, publicada como "*Ensayos, Literarios, Morales y Filosóficos*" en 1798, el Dr. Rush hizo una promesa intrépida: que enseñar la Biblia en las escuelas podría "en el curso de dos generaciones, erradicar infidelidad entre nosotros y construir un gobierno civil limitado necesario en nuestro país." En otras palabras, ¡es la única manera de mantener un gobierno limitado!

Existen ejemplos históricos de naciones que enseñan la Biblia a sus niños. Cuando la nación judía obedeció el mandamiento de enseñar a los niños la Biblia, como está contenido en el "*Shema*" o Deuteronomio 6:4-9, se convirtió en el reino más glorioso del Medio Oriente. El Primer Templo estuvo como una maravilla arquitectural del mundo antiguo. Líderes extranjeros llegaban a escuchar la sabiduría de Salomón.

Este proceso de educación bíblica que conduce a un gran progreso se repitió varias veces. Como el Dr. Rush notó en "Una defensa del Uso de la Biblia como Libro Escolar," "Pero los beneficios de familiarizarse en general a una temprana edad con la Biblia no fueron restringidos a la nación judía; han aparecido en varios países en Europa desde la Reformación. La industria y hábitos de orden que distinguen varias de las naciones alemanas son derivados de su instrucción temprana en los principios cristianos por medio de la Biblia. En Escocia y partes de Nueva Inglaterra, donde la Biblia ha sido usada por mucho tiempo como libro escolar, los habitantes están entre los más iluminados en religiones y ciencia, los mas estrictos en morales y los más inteligentes en asuntos humanos de cualquier gente cuya historia ha venido a mi conocimiento sobre la faz del globo."

Esta es una manera larga y bella de decir que los alemanes

enseñaron a sus niños la Biblia, y es por eso que se hicieron tan listos, y terminaron produciendo lideres mundiales en invenciones y descubrimientos científicos.[28] Recuerden antes de la Cristiandad, los romanos usaban llamar a la gente germana "bárbaros." Después de la Reforma Protestante de 1517, la Biblia se le enseñó a los plebeyos en su propia lengua y todo cambió.

Desde entonces, Alemania sufrió ataques sobre su Cristiandad departe de los intelectuales, filósofos y psicólogos impíos. Los beneficios de una sociedad cristianizada permanecieron, pero la moral cristiana se erosionó. Una gente inmoral usó la tecnología alemana para comenzar la Segunda Guerra Mundial.

Los Padres Fundadores fueron la generación más grande de los Estados Unidos y fueron la gente más letrada en la Biblia. Como Alex Newman declaró, "Educación sin la Biblia ni Dios habría sido no solo inconcebible para esa gente, sino indignante, si no un oxímoron."[29] Sus escritos están infundidos con las Escrituras y un punto de vista cristiano. El segundo presidente John Adams dijo, "¡Supóngase que una nación en alguna región distante llevara la Biblia para ser su único libro de la ley, y cada miembro regulara su conducta por los preceptos allí exhibidos! Qué Utopía, qué paraíso, seria esa región."

EL TERCER GRAN DESPERTAR

2019 vio el surgimiento de alfabetización de la Biblia como un tópico educacional. En un año, seis leyes de instrucción Bíblica fueron introducidas en Florida, Indiana, Missouri, North Dakota, Virginia y Virginia del Oeste. Estas propuestas de los legisladores animan a las escuelas públicas a ofrecer clases electivas sobre el significado de la literatura e historia de la Biblia.[30]

"La Biblia es una parte íntegra de nuestra sociedad y merece un lugar en el aula de clase." Dijo el Republicano Representante de estado Aaron McWilliams de North Dakota, un copatrocinador de un proyecto de ley ["Bill"] que requiere que las escuelas públicas secundarias ofrezcan una electiva sobre estudios Biblicos.[31]

En 2018, tres proyectos de ley ["Bills"] sobre Instrucción Bíblica fueron considerados en Alabama, Iowa y Virginia del Oeste, pero no pasaron a ser ley.

En 2017, el Gobernador de Kentucky Matt Bevin firmó como ley un Proyecto de ley sobre estudios Bíblicos. "Que uno crea que [la Biblia es] la palabra de Dios o se crea que es ficción completa, no se puede negar el impacto que ha tenido sobre nuestra cultura," dijo un coautor del proyecto de ley ["Bill"], Republicano Representante del estado de Kentucky D.J. Johnson.[32]

¿POR QUÉ NO ENSEÑAMOS LA BIBLIA?

La ACLU [Sindicato de Libertades Civiles Estadounidenses] se opone que tales proyectos de ley educacionales que ellos critican harán borroso o cruzarán la línea entre la separación de iglesia y estado. El Gobernador de Kentucky Bevin defendió la nueva ley del estado, "La idea que no deseáramos esto que fuera una opción para la gente en la escuela, eso sería locura. No se por qué cada estado no aceptaría esto, por qué nosotros como nación no aceptaríamos ésto."[33]

Pero la presión política bien financiada funciona. A pesar de que se pasara la nueva ley en Kentucky, un Consejo de la Secundaria del Condado de Anderson [Anderson County High] votó en contra de ofrecer el curso de Enseñanza de la Biblia por inquietudes legales. En vez, ofrecerán un curso sobre las Religiones del Mundo. El director de la escuela Chris Glass dijo, "También estoy preocupado de la responsabilidad constitucional que va con un curso como ése. Yo asisto a la iglesia los domingos, pero al mismo tiempo entiendo que tengo límites constitucionales. La separación de iglesia y estado juegan un rol en lo que hacemos en la escuela."[34]

Esta es una mala interpretación de la Cláusula de Establecimiento de la Primera Enmienda ["Clause of the First Amendment"], que prohíbe al gobierno federal establecer una religión oficial. No prohíbe ciertamente a las escuelas públicas de enseñar la Biblia, que ha sido la norma en los Estados Unidos por doscientos años.

Kentucky es 76% cristianos, de los que 49% son Evangélicos Protestantes. La Biblia es importante para la mayoría de los residentes. ¿Por qué deberían silenciar sus voces la minoría anti religiosa?

La Corte Suprema consistentemente ha pronunciado que la religión puede ser enseñada en las escuelas públicas, sin embargo, muchos maestros tienen miedo debido a las presiones legales o sociales. Esta es una forma de persecución religiosa que necesita ser detenida con una clarificación de la Primera Enmienda o proyecto de ley Educacional que pudiera ser llamado "Ley de Protección del Patrimonio Cristiano" ["Christian Heritage Protection Act."]

¿Que pasa con los ateístas que creen que la "religión no debería ser enseñada en la escuela"? Tienen derecho a tener su propia opinión, y deben de ejercer su opinión eligiendo no tomar el curso de Alfabetización Bíblica. Por eso es una electiva.

Sin embargo, yo propongo que debe ser mandatorio para todos los estudiantes aprender acerca de la Biblia como parte de clases de la historia del Oeste y educación cívica. La importancia de la Biblia y el rol en la fundación de los Estados Unidos es un hecho histórico y debe ser protegido y promovido. La Biblia influyó en la escritura de la Declaración de Independencia y otros documentos fundadores. No sirve un propósito educacional, sino una ideología política, el borrar cristiandad de la memoria de los estudiantes, libros de texto y del currículo escolar.

Como tuiteé el 24 enero 2017, "la historia es la memoria de una cultura. Sin una historia verdadera, una cultura ha perdido su memoria e inevitablemente su mente."[35]

David Barton dijo, "El problema es que varias escuelas no

(ofrecen cursos de alfabetización de la Biblia) porque creen que no pueden hacerlo legalmente. Nosotros decimos, "Pues, sí, sí que pueden,"[36]

El Profesor John Gresham Machen del Seminario Teológico de Princeton fue citado en los debates del congreso del Senado en 1926, "Si no mantenemos libertad con respecto a la educación, de qué sirve tratar de mantenerla en cualquier otra esfera. Si se les da los niños a los burócratas, igual se les podría dar también todo lo demás."[37]

Alex Newman coautor de "Crímenes de los Educadores," documentó la historia de la educación de Estados Unidos, "El concepto moderno de 'separación de iglesia y estado' fue completamente ajeno a los fundadores puritanos, quienes colocaron las fundaciones para lo que sería eventualmente Los Estados Unidos de América. Para ellos, el estado era una institución divina ordenada por Dios encargada de cumplir los mandamientos de Dios, primordialmente castigar la maldad, como lo define Dios. Y es por eso que sintieron que era adecuado usar los dos iglesia y estado, instituciones inseparables en sus mentes, para educar los niños."[38]

Porque amar a Dios es el primer mandamiento citado por Moisés y Jesús, y este mandamiento inmediatamente es seguido por "enséñenle ...a sus niños," Yo creo que la última parte es ya sea una extensión del primer mandamiento, o el segundo mandamiento mas importante.

Entonces, si hubiera solo una ley con la que todos los cristianos pudiéramos estar de acuerdo, debemos presionar para que sea cambiada. Yo creo que sería el abolir la prohibición de la Biblia y consagrar la enseñanza Bíblica dentro de la Constitución. Sugeriría que todos los cristianos se unieran con esta política como algo en que todos acordamos, sin importar denominación, y como algo que tiene la capacidad de cambiar la nación.

Obedezcamos la sabiduría del Señor y enseñemos la Biblia a nuestros niños como el primer recurso de libro de texto en todas las escuelas. Eso es lo que todos los cristianos deben solicitar a sus legisladores. No estamos exigiendo una religión de estado. Estamos pidiendo que se termine la restricción de la Biblia

Líderes piadosos deben de presentar una enmienda constitucional para proteger la herencia cristiana, de la manera que Hungría lo hace. El primer ministro de Hungría Víctor Orban, dirigiéndose a la segunda Conferencia Internacional acerca de la Persecución Cristiana en Budapest en noviembre 2019, dijo, "Los húngaros creen que los valores cristianos guían a la paz y a la felicidad, y es por eso que nuestra Constitución declara que proteger la cristiandad es una obligación para el estado húngaro. Nos obliga a proteger comunidades cristianas alrededor del mundo que sufren persecución."[39]

Para respaldar las palabras con acción en 2017, el gobierno del primer ministro Orban elevó la "ayuda a los cristianos perseguidos" al nivel del ministerio del gobierno y organizó "Hungría Ayuda" para asistir a cristianos y comunidades cristianas que están sufriendo persecución. "El estar de pie por nuestros hermanos y hermanas perseguidos produce valentía entre nosotros y otros," dijo Orban.[40]

. Los Estados Unidos debe ahora mismo terminar la prohibición de la Biblia en lugares públicos. Los estadounidenses no deben de tolerar restricciones en contra que los niños lean la Biblia en las escuelas. Esto no solo cambiará a los Estados Unidos, también salvará a los Estados Unidos

CAPÍTULO 13
CONCLUSIÓN: TRES PASOS PARA LOS LECTORES

EN SU DISCURSO de La Unión del Estado en 2020 del Presidente Trump, él prometió a las familias de víctimas que han sido lesionadas o matadas por extranjeros ilegales, "No descansaremos hasta que ustedes tengan justicia...Le pido al Congreso que pasen la justicia por Ley de Víctimas de Ciudades Santuarios inmediatamente. ¡Los Estados Unidos de América debe ser un santuario para los estadounidenses que se rigen por la ley, no para criminales extranjeros!"[1]

Los problemas y victorias de Trump siempre estarán centrados en el tema de justicia. Esta es la época divina de Justicia de Dios. El libro que tienes en tus manos es una parte del movimiento global del despertar de los creyentes a la justicia divina. Dios comenzó el avivamiento de bendiciones personales hace unas décadas, pero ahora el tiempo ha llegado para salvación nacional. Talvez tú has sido atraído a este libre porque el Señor te está llamando para que seas parte de lo que Él está haciendo para aumentar justicia y paz sobre la Tierra.

La mayoría de la Iglesia esta dividida. A pesar de que la mayoría que van a la iglesia votan Republicano, una porción significante también vota Demócrata. Un porcentaje aún menor vota independiente. Sin embargo, no todos los cristianos votan, y de esos que sí votan, no todos son guiados por sus creencias o por objetivos claramente cristianos.

Nuestro mandato es de ser la institución moral para la nación, entonces nuestro mensaje no es decirle a la Iglesia como votar o apoyar a Donald Trump. Lo que estamos diciendo es: "Cree en la Biblia. Conozcas lo que la Biblia dice acerca de un buen gobierno y nuestra responsabilidad para asegurar la libertad en nuestra nación." Para ese fin, existen tres cosas que te invito a ti que hagas ahora mismo para avanzar este movimiento hacia el Tercer Gran Despertar:

1. ¿Darías tú 10 copias de este libro para cada líder que tú conozcas? No debe importar si son o no cristianos. Dale uno a cada profesor de historia y cívica. Dale uno a cada congresista, senador o pastor. Si puedes, dale uno a Kim Jong Un en Corea del Norte. Dale uno a Mike Pence y uno a la Familia Trump. Dale uno a Benjamin Netanyahu y Benn Gantz en Israel. Dale uno a Victor Orban de Hungria y uno a Adrzej Duda de Polonia. Dale uno a cada uno que es llamado a hacer diferencia en su círculo.

Cada reformador se convierte en enemigo de los políticos de carrera y del establecimiento corrupto. Por eso es que los reformadores necesitan un esquema. No tiene que ser complicado. Pero sí tiene que ser acerca de más de un asunto.

Muchos cristianos en los Estados Unidos han sido marcados como "votantes de un asunto," queriendo decir que ellos se enfocan en una simple causa. En particular han desanimado a la gente joven y a cristianos votantes a quienes les importa otros asuntos de justicia. Algunas crisis demandan que los cristianos se motiven para hacer un esfuerzo concentrado alrededor de una simple causa, como ser esclavitud, aborto o antisemitismo. Pero no creo que podamos ganar las elecciones futuras o corazones futuros siendo una iglesia que apoya solo un tema político. Cuando no podemos persuadir a alguien para que venga al lado de Dios en un tema, aunque nosotros estemos plenamente persuadidos que nosotros tenemos la razón y que ellos están equivocados (los provida obviamente se sienten de esta manera), no hay razón para rendirse: tenemos por lo menos otros 9 temas básicos. Es por eso que este libro contiene 10 reformas importantes que Dios ha puesto en Su propia agenda, cualquiera de las cuales puede ayudar a guiar a un reformador hacia la victoria.

¿Sabías que los demócratas estuvieron a cargo del Congreso virtualmente ininterrumpidamente de 1933 a 1995? (Eso explica varias cosas acerca del cambio sísmico hacia la izquierda en la cultura, escuela y política estadounidense.) La primera revocación llegó con Newt Gingrich y Dick Armey con el *Contrato con los Estados Unidos* ["*Contract with America*"] en 1994. Lo recuerdo bien. Los Republicanos llegaron con un plan claro para que todo el mundo pudiera entenderlo.

Ellos prometieron que, si la gente de los Estados Unidos los hacía la mayoría de partido en la Casa de Representantes, ellos llevarían al voto 8 reformas operacionales el primer día de Congreso, luego votarían en 10 reformas importantes de proyectos de leyes ["bills"] dentro de 100 días. Una reforma operacional era de "requerir que todas las leyes que aplican al resto del país también aplican al Congreso." Dos de esos proyectos de leyes de reformas de política eran "La Ley de Responsabilidad Personal," desanimando preñez ilegitima y adolescente, y "La Ley de Reforma Legal con Sentido Común," desanimando demandas legales frívolas por tales medios que "el perdedor paga" y limitando la cantidad de indemnización punitiva por responsabilidad del producto. Funcionó. Los Republicanos ganaron el Congreso devuelta por primera vez en 40 años. (Desafortunadamente, el presidente demócrata Bill Clinton veto varios de los proyectos de leyes que la gente deseaba y que el Congreso pasara.)

Es una formula simple: una reforma de anticorrupción siempre hace enemigos. Es por eso que los reformadores necesitan que oremos por ellos a diario y que se les obsequie este libro que les presenta un patrón moderno que está al día de un modelo antiguo para gobernar y erradicar la corrupción, o como dice el Presidente Trump, "Drenar el Pantano."

2. ¿Orarías tú por lo menos por diez minutos al día por un avivamiento de justicia Bíblica y por El Tercer Gran Despertar en Los Estados Unidos? De la manera que vaya Estados Unidos, así va el mundo libre. Así de importante es Estados Unidos. ¿Cómo le rogamos al Señor? El Libro de Salmos es una colección de oraciones inspiradas. Están llenas del tema de justos implorando justicia. Solo si tú eres justo puedes estar en el medio del fuego de justicia divina.

Asegúrate de ser justo en Cristo, caminando en amor y perdón para otros, entonces Dios puede usarte a ti como un agente de Su justicia.

> **SALMO 37:27 (NTV)**
> **Pues el Señor ama la justicia y nunca abandonará a los justos. Los mantendrá a salvo para siempre, pero los hijos de los perversos morirán.**

Si tú no estás seguro de como orar y te gustaría hacer una oración sencilla por el perdón de pecados y poner tu confianza en El Salvador, dí ésta en voz alta a Dios:

"Querido Dios, por favor perdona mis faltas y pecados. Me arrepiento por haberte ofendido y haber quebrado Tus Mandamientos. Gracias por enviar a Tu Hijo Jesús para redimirme, para morir en la Cruz para pagar por mis pecados, y para resucitarlo de entre los muertos. Jesús ha derrotado mis enemigos, la muerte, el infierno y el diablo. Así confío en Jesús para salvarme y darme vida eterna. Gracias por recibirme dentro de la Familia de Dios, en el nombre de Jesús te ruego, Amén."

Si te gustaría aprender más acerca del tópico de la justicia Bíblica, favor suscribirte a mis actualizaciones para recibir notificaciones de seguimiento de libros y materiales de enseñanza. Nosotros no vendemos tu información a terceras entidades, y no llenamos tu carpeta de entradas ["inbox"]. Solo noticias importantes: http://www.discover.org.au/subscribe

3. ¿Puedes tú ser anfitrión(a) y organizar una Gira de conferencias en tu nación? "Así que la fé *viene* del oír, y el oír, por la palabra de Cristo. [2] La gente necesita oír, no solo leer, "... agradó a Dios mediante la necedad de la predicación salvar a los que creen."[3] Nada se propaga mejor que difundir de boca en boca. Nada transforma más rápido los corazones de la gente y más efectivo que un evento en vivo. Tú puedes contactar a *Discover Ministries* para chequear disponibilidad de nuestro equipo para un evento de conferencia. Sobre los tópicos de temas comunes para activar interés en un evento a organizar están: "El Despertar de los Últimos Días," "Actualización Profética," y "Justicia Bíblica." Favor usar esta forma para indagar: www.discoverorg.au/invite.

Dios está buscando agentes de justicia. En este momento, Donald Trump y Mike Pence son los agentes de Dios. Quien quiera quien no estaba convencido antes de Trump, ahora deben estar convencido, por su provida, pro Cristo, y pro políticas cristianas. Cuando conocí a Steven Rogers, presidente de la Coalición Ganadora de Estados Unidos y un miembro de la *Junta Asesora de Campaña* del Presidente Trump de 2020, le pregunté si él tenía conocimiento personal de la fe cristiana del Presidente. Rogers fue uno de los operativos políticos quien habló con convicción de eso:

> "Una cosa que yo puedo confirmar es que él es un hombre de Dios. El absolutamente cree que El Señor lo ha guiado hacia donde él está. El sí ora. Yo lo se. Él está rodeado de muy buenos pastores cristianos. Franklin Graham es uno de ellos. Darrell Scott es otro.
>
> " He estado en la Casa Blanca donde lo he visto a él orar y acoger oración. Lo he visto yo mismo. Recuerdo hace un par de navidades, mi esposa y yo estábamos en la Casa Blanca y él y Melania salieron y se pararon atrás del podio y él dijo, 'Antes de hacer nada en esta Casa, vamos a orar.' El apuntó hacia el cielo y él dijo, 'Yo sé que existe un Dios arriba y no puedo hacer este trabajo sin Su ayuda."[4]

Los cristianos quienes juzgan al Presidente por su pasado, deben darle gracias a Dios que es un hombre cambiado, ¡Dios cree en redención! Pero un día, ambos líderes que están actualmente en la Casa Blanca se irán. La Iglesia todavía estará aquí. Nosotros debemos cumplir los 10 puntos de la agenda divina hasta que El Señor venga.

Cada una de las 10 profecías o principios que le hemos dado al Presidente Trump es su propia Clase Maestra sobre política ungida. Juntos forman el modelo bíblico de lo que un hombre justo haría cuando está en poder. Ya sea que él sea capaz de hacerlo o no dependerá de él y Dios. Tendrá que ponerse de rodillas y orar, y confiar en Dios que cada uno de esos principios sean implementados porque la multitud del infierno estarán trabajando contra él.

Las Buenas Nuevas es que la política va río abajo; la iglesia va río arriba. Nosotros somos llamados a liderar nuestra nación en arrepentimiento, oración, propagar la verdad, traer sanidad y administrar justicia. Es tiempo que prediquemos el Evangelio completo de rectitud y justicia y seguir la dirección del Espíritu Santo para traer sanidad y unidad a la nación. Los cristianos deben darse cuenta que no tendremos unidad hasta que un segmento sustancial de la iglesia esté de acuerdo con la Biblia. Nos hemos caído tanto.[5] Ahora tenemos apostasía en la Iglesia, que se ha convertido como Laodicea en Apocalipsis capítulo 3. A esa iglesia, proféticamente representando a algunos que van a la iglesia en esta última generación, Jesús dijo:

> **'Yo conozco tus obras, que ni eres frío ni caliente. ¡Ojalá fueras frío o caliente! 16 Así, puesto que eres tibio, y no frío ni caliente, te vomitaré de Mi boca."**[6]

Cualquiera que escucha estas palabras debe arrepentirse y orar para que líderes piadosos gobiernen. Existen denominaciones principales cuyos líderes de iglesia ya no creen en la inspiración e inerrancia de la Biblia. ¡El creer que Dios puede escribir un libro se está convirtiendo en un asunto de los últimos días!

No tenemos una agenda política para la Iglesia. Tenemos una agenda espiritual para la Iglesia. Una vez que la Iglesia entienda justicia en el contexto de cómo los Diez Mandamientos de Dios se aplican a nuestros tiempos modernos, entonces la Iglesia se dará cuenta de qué está pasando con la profecía del fin del tiempo.

Conocemos el future porque sabemos que Dios es justo. Mientras nos acerquemos a la consumación del plan de Dios, habrá un aumento de Su justicia sobre la Tierra.

> "**Porque nos ha nacido un niño, se nos ha dado un hijo y él tendrá el gobierno sobre su hombro. . . Su siempre creciente y pacífico reinado no acabará jamás**..."[7]

Profecía es predecir la justicia de Dios basada en la naturaleza de Dios de Amor y Equidad. Justicia es profecía.

INDICE

Este índice categoriza la gente y los temas por número de capitulo en vez de número de página. Los nombres de gente están escritos en negrita para facilitar la referencia.

D

NOTAS

PREFACIO

1. Isaias 9:6
2. Fecha de ratificación de la Constitución estadounidense. Aunque la Constitución fue firmada por los delegados de cada estado el 17 de septiembre de 1787. No se convirtió en el marco oficial del gobierno de los Estados Unidos hasta que Nuevo Hampshire se convirtió en el noveno, de los trece estados en ratificarla.

1. LA VERDAD ACERCA DE TRUMP

1. Moody, Chris, "Trump in '04: I probably identify more as Democract'," ["Trump en '04: 'Probablemente me identifico mas como democrata'."] CNN, 22 julio 2015, https://edition.cnn.com2-15/07/21/politics/donald-trump-election-democrat/index.html
2. Fecha de ratificación de la Constitución estadounidense. Aunque la Constitución fue firmada por los delegados de cada estado el 17 de septiembre de 1787. No se convirtió en el marco oficial del gobierno de los Estados Unidos hasta que Nuevo Hampshire se convirtió en el noveno, de los trece estados en ratificarla.
3. Romanos 13:4
4. Davis, Sean, "Intel Community Secretely Gutted Requirement Of First-Hand Whisteblower Knowledge," ["La comunidad de Intel secretamente retiró el requisito del conocimiento de denunciantes iniciales"], The Federalist, 27 Sep 2019 https://thefederalist.com/2019/09/27/intel-community-secretely-gutted-requirement-of-first-hand-whistleblower-knowledge
5. Barton, David, "Restraining Judicial Activism," ["Restringiendo Activismo Judicial"] Wallbuilder Press, 2003 (digital).
6. 6 Godwin's Law [La Ley de Godwin"], https://tvtropes.org/pmwiki/pmwikiphp/Main/GodwinsLaw

2. EL DESPERTAR DE LOS ESTADOS UNIDOS

1. Ferguson, Niall, "The World; Why America Outpaces Europe (Clue: The God Factor) ["El Mundo; Por que Estados Unidos Supera a Europa (Clave: El Factor de Dios"], The New York Times, 8 June 2003, https://www.nytimes.

com/2003/06/08/weekinreview/the-word-why-america-outpaces-europe-clue-the-god-factor.html

2. Ezekiel 38-39
3. Apocalipsis 16:16
4. Shear, Michael, "If G.O.P Loses Hold on Congress, Trump Warns, Democrats will Enact Change 'Quickly and Violently'," ["Si el Partido de Republicanos (G.O.P.= El Viejo Gran Partido) pierde el control del Congreso, advierte Trump, los demócratas promulgarán el cambio 'rápida y violentamente'"] The New York Times (28 Aug 2018), https://www.nytimes.com/2018/08/28/us/politics/trump-evangelical-pastors-election.html
5. La sabiduría de Salomón se ejemplificó en el juicio de dos madres que se peleaban por un hijo en 1a. Reyes 4:29-31 LBLA que dice, "**29** Dios dió a Salomón sabiduría, gran discernimiento y amplitud de corazón como la arena que está a la orilla del mar. **30** Y la sabiduría de Salomón sobrepasó la sabiduría de todos los hijos del oriente y toda la sabiduría de Egipto. **31** Porque era más sabio que todos los hombres..."
6. Uno de los títulos judíos del Mesías es el "Rompedor" (Fares) en Génesis 38:29 y Miqueas 2:13. El poder de romper o reinterpretar la Biblia es una de las características del Mesías en el pensamiento rabínico. Será capaz de aclararlo todo. Podrá incluso hacer limpio lo que era impuro. El rabino Shapira escribió en su libro "El cerdo kosher" que llegó a reconocer al Mesías a través de esas Escrituras judías. "La implicación de este versículo (Miqueas 2:13) es que el Mesías 'expandirá' e incluso desafiará al judaísmo normativo trayendo una renovación y comprensión real del Torá".
7. Barton, David, "Wisdom in the Constitution ['Sabiduría en la Constitución']," http://1.cbn.com/wisdom-in-the-constitution(12 April 2019).
8. 1 Kings 22:8 JBS "Y el rey de Israel respondió a Josafat: 'Aun *hay* un varón por el cual podríamos consultar al SEÑOR, Micaías, hijo de Imla; mas yo le aborrezco porque nunca me profetiza bien, sino solamente mal.' Y Josafat dijo: 'No hable el rey así.'" (Véase también Isaías 30:10, Jeremías 11:21, Amós 2:12, 7:13-16)
9. Ésta es una explicación simplificada de los fariseos, que se dividían en dos facciones principales durante la época de Jesús: la Escuela de Shamai y la Escuela de Hillel. Los seguidores de Shamai eran más estrictos en la aplicación de la Ley, mientras que los de Hillel eran más flexibles. Los discípulos más liberales de Hillel no gobernaron el judaísmo hasta después de la destrucción del Segundo Templo.
10. Isaias 33:22 NBLA (Porque el Señor es nuestro juez, El Señor es nuestro legislador, El Señor es nuestro rey; Él nos salvará.)
11. Vease los DVD de Steve Cioccolanti titulados "How Jews & Christians Interpret the Bible Differently, ["Como los Judíos y Cristianos Interpretan la Biblia de Diferente Manera"] available from ["disponible en"] www.discover.org.au/bookshop
12. Rohde, David, "An Exaggerated Trump Achievement Worthy of Applause" ["Un Logro Exagerado de Trump Digno de Aplauso"] (19 March 2019), The

New Yorker.

13. Proverbios 11:14, 15:22, 24:6
14. McDowell, Stephen, "Equal Justice Under God's Law: Building Nations with the Blueprint of God's Word," ["Justicia Equitativa Bajo la Ley de Dios: Edificando Naciones con el Diseño de la Palabra de Dios"] Providential Perspective Book, 2010 (digital).

3. NO. 10 ELECCIONES, MIGRACION Y LIMITES DE MANDATO

1. Smartmatic, Wikipedia, https://en.wikipedia.org/wiki/Smartmatic
2. Ver Volumen 1 de mis libros "El CODIGO DIVINO; Una Enciclopedia Profética de Números, Vol 1 & 2 para más información sobre las 7 Leyes de Noe. Esas Leyes NO son un reconocimiento de que el Sanedrín moderno tiene poder legal sobre los Gentiles. Son un testamento antiguo de las leyes de Dios operando mucho antes del tiempo de Moisés.
3. Barton and Garlow, "This Precarious Moment: Six Urgent Steps that will Save You, Your Family, and Our Country," ["Este Momento Precario: Seis Pasos Urgentes que lo Salvarán a Usted, Su Familia y Nuestro País"] Salam Books, 2018 (Digital)
4. McMaken, Ryan "Switzerland Bans Welfare Recipients From Obtaining Citizenship," ["Suiza prohíbe que los recipientes de Bienestar Social obtengan la nacionalidad."] The Mises Institute (11 Jan 2018), https://mises.org/poweermarket/switzerland-bans-welfare-recipients-obtaining-citizenship.
5. Ibidem.
6. "Divorce or death: right of foreign spouses and children to stay in Switzerland," ["Divorcio o Muerte: el derecho de cónyuges extranjeros e hijos de permanecer en Suiza"] https://222.ch.ch/en/right-to-reside-in-switerland-after-death-or-divorce/
7. Tuscher, Adrian, "Swiss immigration: new language requirements," ["Inmigración Suiza: nuevos requisitos de idioma"] KPMG (21 Feb 2019), https://home.kpmg/ch/en/blogs/home/posts/2019/02/swiss-immigration-language-requirements.html
8. In 2017, 2018 and 2019, "Overall Best Countries Ranking" ["En 2017, 2018 y 2019, "Clasificación general de los Mejores Países"] https://www.usnews.com/best-countries/overall-rankings
9. Smith, Michael W., "The Sacrifices Made by The Declaration Signers," ["Los Sacrificios Hechos por los Firmantes de la Declaración"] (4 July 2015) https://michaelwsmith.com/2015/07/04the-sacrifices-made-by-the-declara tion-signers/
10. En base a Números 35, Deuteronomio 4 y 19, Josué 20-21, estas eran ciudades levíticas donde los perpetradores de homicidios accidentales podían pedir asilo y encontrar refugio. Las seis ciudades de refugio mencionadas en la Biblia son: Golán, Ramot y Beser (al este del río Jordán); y Cedes, Siquem y

Hebrón (al oeste del río Jordán). Estas eran diferentes a las "ciudades santuario" estadounidenses, que son ciudades liberales que violan la ley federal al mantener fuera a ICE y proteger a los inmigrantes ilegales indocumentados.

11. Glockner, Andreas, "The irrational hungry judge effect revisited," ["El efecto irracional del juez hambiento revisado"] (Nov 2016), http://journal.sjdm.org/16/16823/jdm16823.html
12. https://www.youtube.com/watch?v=PYbjU--zIdk
13. How Much Does It Cost to Become Pesident?" ["¿Cuánto Cuesta Ser Presidente?"] Investopedia (25 June 2009), https://www.investopedia.com/insights/cost-of-becoming-president/
14. From $4.5 billion to $3.1 billion. Walsh, John, "Trump has fallen 138 spots on Forbe's wealthiest-Americans list," ["De $4.5 mil millones a $3.1 mil millones. Walsh, John, 'Trump ha bajado 138 puestos, en la lista de Forbes, de los estadounidenses más acaudalados,'"] Business Insider (28 Oct 2018), https://www.businessinsider.com.au/trump-forbes-wealthiest-people-in-the-us-list-2018-10
15. Carlson, Tucker, "How did Maxine Waters afford a $4.3M mansion?" ["Como se costeó Maxine Waters una mansión de $4.3 millones de dólares"] Fox News (5 July 2017), https://video.foxnews.com/v/5493622538001

4. NO. 9 DECLARACIÓN DE DERECHOS HUMANOS DIGITALES, LOS GIGANTES DE LA TECNOLOGIA Y NOTICIAS FALSAS

1. Rabbi Kanto, Mattis, "Codex Judaica : Chronological Index of Jewish History," ["Códice Judaico: Índice Cronológico de la Historia Judía"] Zichron Press, New York 2005.
2. CNN Transcript, CNN's Amanpour, "Mueller Speaks to Congress," ["Transcripción de CNN, Amanpour de CNN, 'Mueller le Habla al Congreso'"] 24 July 2019, http://edition.cnn.co/TRANSCRIPT/1907/24/ampr.02.html
3. "Watch: Rep. Debbie Lesko's full questioning of Robert Mueller/Mueller testimony," ["Mirar: El interrogatorio completo de Robert Mueller/testimonio de Mueller hecho por Rep. Debbie Lesko"] 24 July 2019, https://youtube/Y6CYXdspaBY
4. How many people did Lee Kuan Yew sue throughout his life? ["¿A cuánta gente demandó Lee Kuan Yew durante su vida?"] Quora, 2 May 2015, https://www.quora.com/How-many-people-did-Lee-Kua-Yew-sue-throughout-his-life
5. Husock, Howard, "Public broadcasting shouldn't get a handout from taxpayers anymore," ["La radiodifusión pública ya no debería recibir ni una limosna de los contribuyentes",] 17 Mar 2017, https://www.washingtonpost.com/posteverything/wp/2017/03/17/public-broadcasthas-outlived-its-mandate-time-to-justify-its-government-subsidy/

6. Ibidem.
7. Roberts, Michael, "Why we need lower barriers for relief from internet defamation," ["Por qué necesitamos barreras más bajas para aliviar la difamación en la Internet"] Googliath, 5 Dec 2018, https://www.googliath.org/we-need-lower-barriers-for-relief-from-internet-defamation/
8. Ibidem.
9. Ibidem.
10. Ibidem.
11. Santariano, Wakabayashi and Kang, "Trump acuses Google of Burying Conservative News in Search Results," ["Trump acusa a Google de enterrar las noticias conservadoras en los resultados de búsqueda"] New York times, 28 Aug 2018, https://www.nytimes.com/2018/08/28/business/media/google-trump-news-results.html
12. Zimmerman, Augusto, "Why is Facebook censoring a conference on Christianity and religious freedom?," ["¿Por qué Facebook censora una conferencia acerca de la Libertad Cristiana y religiosa?'] 9 April 2019, https://www.spectator.com.au/2019/04/why-is-facebook-censoring-a-conference-on-christianity-and-religious-freedom/
13. Cioccolanti, Steve, "Open Letter to President DONALD TRUMP: How to BREAK UP Google, Facebook, Twitter & Other Tech Giants," ["Carta Abierta para el Presidente DONALD TRUMP: Como disolver a Google, Facebook, Twitter y Otras Compañías Tecnológicas Gigantes."] News wars, 18 Sep 2018, https://newswars.com.au/google-break-up-facebook-social-media-bias-open-letter-president-trump-jeff-sessions-steve-cioccolanti/
14. Elliott, Larry, "Is it time to break up the tech giants such as Facebook?" ["¿Es hora ya de disolver las compañías tecnológicas gigantes, como ser Facebook?"] The Guardian, 25 Mar 2018, https://www.theguardian.com/business/2018/mar/25/is-it-time-to-break-up-the-tech-giants-such-as-facebook
15. Cioccolanti, Steve, "Open Letter to President DONALD TRUMP: How to BREAK UP Google, Facebook, Twitter & Other Tech Giants," ["Carta Abierta para el Presidente DONALD TRUMP: Como disolver a Google, Facebook, Twitter y Otras Compañías Tecnológicas Gigantes."] News wars, 18 Sep 2018, https://newswars.com.au/google-break-up-facebook-social-media-bias-open-letter-president-trump-jeff-sessions-steve-cioccolanti/
16. Google Spain SL v. Agencia Espanola de Protección dc Datos," Harvard Law Review, 10 Dec 2014, https://harvardlawreview.org/2014/12/google-spain--sl-v-agencia-espanola-de-proteccion-de-datos/
17. Heilweil, Rebecca, "How Close is an American Right-To-Be-Forgotten?" ["¿Qué tan Cerca esta un Derecho Estadounidense de ser olvidado?"] Forbes, 4 Mar 2018, https://www.forbes.com/sites/rebeccaheilweil1/2018/03/04/how-close-is-an-american-right-to-be-forgotten/#7718c076626e
18. Roberts, Michael, "Why Google Ranks Negative Content Higher by Private Investigator Michael Roberts of Rexxfield," ["¿Por qué Google clasifica alto el contenido negativo por el investigador privado Michael Roberts de Rexxfield?"] YouTube, 2 Mah 2012, https://www.youtube.com/watch?v=tMTCCT-NtBk

5. NO. 8 SOCIALISMO Y DRENAJE DEL PANTANO FINANCIERO

1. Young, Jamie, "The Strangest State Taxes Across America," ["Los Impuestos de Estado más Extraños a través de Los Estados Unidos de América."] https://www.gobankingrates.com/taxes/filing/weird-us-state-taxes/amp/
2. Deuteronomio 15:6
3. Ya que la Biblia permite que los creyentes presten, entonces asume que a la otra parte se le permite pedir prestado. El propósito y la capacidad de pago del prestatario son cuestiones importantes a considerar. Endeudarse para comprar bienes de lujo y pasivos suele ser un paso atrás; pedir prestado para invertir en un activo o negocio suele ser un paso adelante. La Biblia está en contra de prestar a un interés exorbitante y pedir prestado cuando no puede pagar a tiempo.
4. Cuánto antes se apruebe un proyecto de ley o enmienda de presupuesto que ha sido balanceado, mejor funciona. Los californianos votaron y aprobaron la Ley de Presupuesto Balanceado de California en 2004. Sin embargo, el gasto descontrolado había sido un problema durante años y el déficit seguía creciendo. A partir de 2015, los gobiernos estatales y locales debían $ 1,3 mil millones.
5. "Sen. John Cornyn says 49 states have a balanced budget amendment in their state constitutions," Politifact, ["El Senador John Cornyn dice que 49 estados tienen una enmienda de presupuesto balanceado en la constitución de sus estados."] 25 Dec 2010, https://www.politifact.com/texas/statements/2010/dec/25/john-cornyn/sen-johm-cornyn-says-49-states-have-balanced-budget/
6. Moore, Stephen, "Who Balanced the Budget?" ["¿Quién Balanceo el Presupuesto?"] Cato Institute, 7 Aug 1997, https://www.cato.org/publications/commentary/who-balanced-the-budget/
7. Collin, Dorothy, "Reagan Signs Bill to Balance Budget," ["Reagan firma la Ley para Balancear el Presupuesto,"] Chicago Tribune, 13 Dec 1985, https://www.chicagotribune.com/news/ct-xpm-1985-12-13-8503260303-story.html
8. Moore, Setephen, "Who Balanced the Budget?" ["¿Quién Balanceó el Presupuesto?"] Cato Institute, 7 Aug 1997. https://www.cato.org/publications/commentary/who-balanced-budget
9. Gregory, Andy, "More than a third of millennials approve of communism, YouGov poll indicates," ["Mas de un tercio de 'milenials' aprueban el comunismo, indica la encuenta de 'YouGov'"] The Independent, 8 Nov 2019, https://www.independent.co.uk/news/world/America/us-politics/communism-millennials-capitalism-socialis-bernie-sanders-cold-war-yougov-a9188116.html
10. Gstalter, Morgan, "7 in 10 millennials say they would vote for a socialist: poll," ["7 de 10 'milennials' dicen que votarían for un socialista: encuesta,"] The Hill, 28 Oct 2019, https://thehill.com/homenews/campaign/46784-70-percent-of-millennials-say-theyd-vote-for-a-socialist-poll

11. Algunos comentaristas discuten que el Jubileo estaba destinado únicamente a la tierra de Israel. En parte, tienen razón. Debido a la división de la tierra en 13 tribus distintas durante la época de Josué, fue más fácil rastrear la propiedad de la tierra y que la tierra volviera a su familia "original". Pero también están disipando el punto: Israel está destinado a servir como una nación modelo para el resto del mundo.
12. Crews, Clyde, "Trump Exceeds One-In, Two-Out Goals on Cutting Regulations, But It May Be Getting Tougher," ["Trump Excede Una de Dos Metas en la Reducción de las Regulaciones, pero Puede ser Cada Vez Más Difícil,"] Forbes, 23 Oct 2018, https://www.forbes.com/sites/waynecrews/spai/10/23/trump-exceeds-one-in-two-out-goals-on-cutting-regulations-but-it-may-be-getting-tougher//#5788946a3d40
13. Max Keizer es conocido por sus analogías financieras, pero esto no es del todo exacto. El Titánico tardó más de dos horas en hundirse, pero en realidad estaba condenado en el momento en que chocó contra el iceberg (témpano de hielo). El diseñador del barco, Thomas Andrews, estaba a bordo del barco y supo que ése era el caso una vez que se llenaron cinco compartimentos herméticos. Le dio la mala noticia al capitán Edward Smith y lo convenció de que comenzara a abandonar el barco de inmediato y enviara señales de socorro. Esto probablemente salvó cientos de vidas. Tanto Andrews como Smith murieron con el Titánico.
14. "The licensing system," ['El Sistema de Licenciatura,"] Australian National University, https://sll.cass.anu.edu.au/centres/andc/licensing-system
15. Ibidem.
16. Ibidem.
17. Davis, Miranda, "On deadline day for the USDA, few workers relocate to KC, " ["En la fecha de fin de plazo para USDA (Departamento de Agricultura de Los Estados unidos), unos de los empleados se reubicaron a KC,"] Kansas City Business journal, 1 Oct 2019, https://www.bizjournals.com/kansascity/news/2019/10/01, https://www.bizjournals.com/kansascity/news/2019/10/01/usda-relocation-kansas-city.html
18. Bouleanu, Anne, "US: A history of Chicago teacher strikes," ["Estados Unidos: Una historia de protestas de maestros en Chicago,"] Al Jazeera, 1 Nov 2019, https://www.aljazeera.co/news/2019/10/history-chicago-teacher-strikes-191031222231993.html
19. Katz, Eric, "Interior Department Delivers Hundreds of Relocation Notices to Employees," ["El Departamento del Interior Envía Cienes de Noticias de Reubicación a Empleados,"] Government Executive, 12 Nov 2019, Interior Department Delivers Hundreds of Relocation Notices to Employees.
20. 1 Crónicas 12:32
21. Deuterononomio 33:19
22. Durkee, Allison, "Trump is one step closer to the 'Space Force' of his dreams," ["Trump está a un paso Mas Cercano hacia la 'Fuerza Espacial' de sus Sueños,"]Vanity Fair, 30 Aug 2019, https://www.vanityfair.com/news/2019/08/trump-space-command-space-force

6. NO. 7 REFORMA DE LOS TRIBUNALES Y LA TIRANIA DE LA PSICOLOGIA

1. Strang, Stepen, "God, Trump and the 2020 Election," ["Dios, Trump y las Elecciones del 2020,"] Frontlines,
2. Dale, Daniel, "Fact check: Breaking down Adam Schiff's account of Trump's Ukraine call," ["Verificación de hechos: Desglosando el relato de Adam Schiff sobre la llamada de Trump a Ucrania,"] 27 Sep 2019, https://edition.cnn.com/2019/09/27/politics/fact-check-adam-schiff-trumps-ukraine-call/index.htms
3. Lucas 18:2
4. Nótese una distinción entre Estados Unidos y los países de la Mancomunidad británica. Un profesor de derecho en los países de Estados Unidos y la Mancomunidad británica. Un profesor de derecho en una facultad de derecho estadounidense es, por definición, un abogado o habrá sido abogado anteriormente, porque en las facultades de derecho de EE. UU., los académicos deben haber ejercido su carrera de abogados antes de convertirse en catedráticos. Este no es el caso en las facultades de derecho de Australia, por ejemplo, donde solo una minoría de catedráticos ha tenido alguna experiencia de la vida real como abogado.
5. Por ejemplo, el Sindicato de Libertades Civiles de Estados Unidos, [ACLU] a la izquierda, y la Sociedad Federalista en la Derecha.
6. "Writings of Thomas Jefferson Vol. XV," ["Los Escritos de Thomas Jefferson Volumen XV"] Andrew A. Lipscomb, editor, (to Wiliam Charles Jarvis, September 28, 1820). Thomas Jefferson Memorial Association Washington DC, 1904, p.277
7. McCarthy, Niall, "America's Most & Least Trusted Professions," ["Las Profesiones Mas y las Menos Confiables en Estados Unidos"], 11 Jan 2019, https://www.forbes.com/sites/niallmccarthy/2019/01/11/americas-most-least-trusted-professions-infographic/#6cc5bbaf7e94
8. Neil Gorsuch creció como católico y confirmado como católico, pero él ha estado asistiendo a una iglesia Episcopal—que es la versión estadounidense de la iglesia anglicana.
9. School District of Abington Township, Pennsylvania v. Schempp ["Distrito de Escuela del Pueblo de Abington, Pensilvania contra Schempp"] (No. 142), 17 Jun 1963, https://www.law.cornell.edu/supremecourt/text/374/203
10. En los casos criminales, el gobierno debe probar que los cargos de acusación van "más allá de toda duda razonable". En los casos civiles, el demandante debe probar su reclamo "mediante la supremacía de las pruebas" o con una probabilidad superior al 50 % de que los reclamos del demandante estén fundamentados. Al confiar en la opinión de un psicólogo, los jueces permiten que un testimonio cuestionable incline la balanza de la evidencia. Esta es la razón por la que escuchamos sobre delincuentes con pruebas abrumadoras en su contra que se salen con la suya después de que un psicólogo afirma que tiene una "enfermedad mental" (la llamada "declaración de demencia").

11. Dr. Szasz, Thomas, "The Myth of Mental Illness," ["El Mito de las Enfermedades Mentales,"] Harper, 1961 (Digital).
12. "APA GUIDELINES for Psychological Practice with Boys and Men," ["PAUTAS de la APA para la práctica psicológica con niños y hombres,"] APA, Aug 2018, https://www.apa.org/about/policy/boys-men-practice-guidelines.pdf
13. Dr. Szasz, Thomas, "The Myth of Mental Illness," ["El Mito de las Enfermedades Mentales,"] Harper, 1961 (Digital).
14. Dr. Szasz, Thomas, "The Myth of Mental Illness," ["El Mito de las Enfermedades Mentales,"] Harper, 1961 (Digital).
15. Political Abuse of Psychiatry in the Soviet Union, ["Abuso Político de la Psiquiatría en la Unión Soviética."] https://en/wikipedia.org/wiki political_abuse_of_psychiatry_in_Soviet_union
16. Dr. Peele, Stanton, "From God's Mouth to Biden's Ear – Addiction IS a disease, and it's against the law to say otherwise," ["De la Boca de Dios a la Oído de Biden – Addicción ES una enfermedad, y está en contra de la ley decir lo opuesto."] Psychology Today, 24 Aug 2008, https://www.psychologytoday.com/au/blog/addiction-in-society/2008/gpds-mouth-bidens-ear-addiction-is-disease-and-its-against-the-law
17. Dr. Szasz, Thomas, "The Myths of Mental Illness," ["El Mito de las Enfermedade Mentales,"] Harper, 1961 (Digital).
18. Waxmana, Olivia, "Why the 'Goldwater Rule' Keeps Psychiatrists From Diagnosing at a Distance," ["Por que la 'Regla de Goldwater' impide a los psiquiatras que diagnostiquen a distancia,"] TIME, 27 July 2017, https://time.com/4875093/donald-trump-goldwater-rule-history/
19. Bulman, May, "Donald Trump Has 'Dangerous Mental Illness', Say Psychiatry Experts at Yale Conference," ["Donald Trump Tiene una 'Enfermedad Mental Peligrosa', Dicen Psiquatras Expertos en la Conferencia de 'Yale'"] The Independent, 21 April 2017.
20. Molynewux, Stefan, "The Truth About Karl Marx," ["La Verdad Acerca de Karl Marx,"] YouTube, 11 Jan 2014 https://youtubeu/yA21CBJu2Gg, quoting historian Paul Johnson's book Intellectuals (1988).
21. Ibidem.
22. Azarian, Bobby, "A Complete Psychological Analysis of Trump's Support," ["Un Análisis Psicológico Completo del Apoyo de Trump,"] Psychology Today, 27 Dec 2019, https://www.psychologytoday.com/au/blog/mind-in-the-machine/201812/complete-psychological-aysis-trumps-support
23. Dr.Szasz, Thomas, "The Myth of Mental Illness," ["El Mito de la Enfermedades Mentales,"] Harper, 1961 (Digital).
24. Ganeva, Tana, "A Yale psychiatrist explains how Donald Trump's mental incapacity was exposed by Robert Mueller," ["Un psiquiatra de Yale explica como la incapacidad mental de Donald Trump fue expuesta por Robert Mueller,"] Salon, 7 May 2019, https://www.salon.com/2019/05/07/a-yale-psychiatrist-explains-how-donald-tump-mental-incapacity-was-exposed-by-robert-mueller_partner/
25. Ibidem.

26. Meagher, Liam, "Assessing the Role of the Family Consultants when Providing Evidence in Parenting Disputes," ["Evaluando el Rol de los Consultores de Familia cuando Proveen Evidencia en las Disputas de Crianza de los hijos,"] Macquarie Law Journal 85 [2012], http://www.austlii.edu.au/cgi-bin/sinodisp/au/journals/MqLawJ1/2012/5.html
27. Gálatas 5:20; Apocalipsis 9:21, 18-23, 21:8, 22:15
28. Hechos 25:11-12
29. "Roger Stone Found Guilty of Obstruction, False Statements, and Witness Tampering," ["Roger Stone Encontrado Culpable de Obstruccion, Testimonios Falsos y Manipulación de Testigos,"] USDOJ, 15 Nov 2019, https://www.justice.gov/usao-dc/pr/roger-stone-found-guilt-obstruction-false-statements-and-witness-tampering
30. Juan 18:31
31. Hechos 22:4-5 (NIV)
32. McDowell, Stephen, "Equal Justice Under God's Law: Building Nations with the Blueprint of God's Word." ["Justicia Equitativa Bajo La Ley de Dios: Edificando Naciones con el Patrón de la Palabra de Dios."] Providential Perspective Book, 2011 (digital).
33. Barton, David, "Restraining Judicial Activism," ["Restringiendo Activismo Judicial,"] Wallbuilder Press, 2003 (digital).

7. NO. 6 PROTECCIÓN PARA LOS NIÑOS & LA ABOLICIÓN DEL ABORTO

1. Técnicamente, no hay separación de iglesia y estado en la Constitución de los Estados Unidos. La frase se tomó prestada de la carta de Thomas Jefferson a Danbury, Connecticut, fechada el 7 de octubre de 1801. El Bautista de Danbury había expresado su preocupación por la protección de la religión contra la intrusión del gobierno. La respuesta de Jefferson fue la seguridad de que el gobierno no interferiría con la libertad religiosa para proteger al público de la religión.
2. Barnhart, Melissa, "7 states already allow abortion up to birth—not just New York," ["7 estados ya permiten el aborto hasta el Nacimiento—no solo Nueva York,"] The Christian Post, 30 Jan 2019, https://www.christianpost.com/news/7-states-already-allow-abortion-up-to-birth-ot-just-new-york.html
3. Ibidem.
4. Aludiendo el verso de la Biblia en Psalm 139:14, "¡Te alabo porque soy una creación admirable! ¡Tus obras son maravillosas, y esto lo sé muy bien!"
5. "Remarks by the President at the 47th Annual March for Life," ["Comentarios del Presidente en la 47 esima Marcha por la Vida,"] https://www.whitehouse.gov/briefings-statements/remarks-president-trump-47th-annual-march-life/
6. Este es el punto de vista libertario de Ron Paul, que está parcialmente de acuerdo con el punto de vista cristiano de que la vida es preciosa, la vida debe

protegerse y el aborto no es trivial. Sin embargo, la posición cristiana iría más allá al decir que la vida humana comienza en el momento de la fecundación, o sea, cuando el espermatozoide se une al óvulo, por lo que si no se puede evitar la fecundación, se debe proteger la vida. El "anticonceptivo del Plan B" puede o no prevenir la fertilización; impedirá la implantación de un óvulo fecundado en las paredes del útero. Un cristiano no querría usar un abortivo para abortar el óvulo fertilizado.

7. Paul, Ron, "Abortion and Liberty," ["Aborto y Libertad"] The Foundation for Rational Economics and Education, Texas 1983, pp 19-20.
8. Murphy, Sara, "Norma McCorvey, "Jane Roe" Of Roe v. Wade, Is Dead At 69," 19 Feb 2017, ["Norma McCorvey, 'Jane Roe' de Roe contra Wade, ha muerto a los 69 años", 19 de febrero de 2017."] https://www.refinery29.com/en-us/2017/02/141666/norma-mccorvey-roe-vs-wade-obituary
9. Cioccolanti, Steve, "12 Facts About Roe v. Wade & Norma McCorvey's Death," ["12 Hechos Acerca de Roe contra Wade Y la Muerte de Norma McCorvey"] Newswars, 15 March 2017, https://newswars.com.au/roe-v-wade-norma-mccorvey-abortion-drain-swamp-Trump/
10. Ibidem.
11. My interview of Allan Parker of The Justice Foundation, November 2019. ["Mi Entrevista con Allan Parker de la Fundación de Justicia, Noviembre 2019."]
12. https://rebeccakiesslíing.com/rebeccas-story/
13. https://juda4praise.com/Biography.htm
14. "Pregnant From Rape at 11, My Mother Rejected Abortion," ["Embarazada por Violencia a los 11, Mi Madre Rechazó Abortar"]Live Action, 4 Feb 2020, https://youtube/ZkVoT-hTmXs
15. Kiessling, Rebecca, "Conceived in Rape: Rebecca's Story," ["Concebida en violencia: La Historia de Rebeca,"] https://rebeccakiessling.com/rebeccas-story/
16. https://twitter.com/OmarHamada/status/1088136519146188800
17. Paul, Ron, "Abortion and Liberty," ["Aborto y Libertad,"] The Foundation for Rational Economics and Education, Texas, 1983, p22.
18. Strand, Paul, "250,000 People Just Asked the Supreme Court to Overturn Legalized Abortion," ["250,000 Individuos Acaban de Solicitar que la Corte Suprema Invierta el Aborto Legal"] CBN News, 1 Oct 2019, https://www1.cbn.com/cbnnews/us/2019/october/250-000-people-just-asked-the-supreme-court-to-overturn-legalized-abortion
19. Data from 2014-2018. "Gun Violence Archive," ["Archivo de Violencia por Arma de Fuego"] https://www.gunviolencearchive.org/past-tolls
20. " Abortion Statistics in the United States," ["Estadisticas de Aborto en Los Estados Unidos,"] Wikipedia, https://en/wikipedia.org/wiki/Abortion-statistics_in_the_United_States
21. "Mortality in the United States, 2016," ["Mortalidad en Los Estados Unitods, 2016"] CDC, Dec 2017, https://www.cdc.gov/nchs/productsdatabriefs/db293.htm

22. Data from 2010-2014. "Preventing Unsafe Abortion," ["Previniendo un Aborto Inseguro."] WHO, 26 June 2019, https://who.int/int/news-room/fact-sheets/detail/preventing-unsafe-abortion
23. Utter, Eric, "Abortion number-one cause of death globally?" ["El Aborto es la cause de muerte numero uno globalmente?"] American Thinker, 7 Sep 2019, https://www.americanthinker.com/blog/2019/09/abortion_number_one_cause_of_death_globally.htm
24. Ibidem.
25. Nussman, David, "US Supreme Court Lets Keynote Pro-Life Law Stand," ["La Corte Suprema de EE. UU. permite que se mantenga la ley Basica Pro-Vida,"] Church Militant, 9 Dec 2019, https://www.churchmilitant.com/news/article/us-supreme-court-kentucky-pro-life-law
26. "Woman Who Had Nine Abortions Sees Last Baby," ["Una Mujer que Habia Tenido Nueve Abortos Ve Su Ultimo Bebe,"] CBN News, 3 May 2017, https://1.cbn.com/cbnnews/us/2017/may/woman-who-had-nine-abortions-sees-last-baby-she-was-absolutely-hysterical
27. Terzo, Sarah, "Woman Laughs Ahead of Her 9th Abortion and Then Sees Her aborted Baby," ["Una Mujer se Rie Al Ir por su 9eno Aborto, Luego Ve su Bebe Abortado,"] LifeSiteNews, 3 May 2017, https://www.lifenews.com/2017/05/03 woman-laughs-ahead-of-her-9th-abortion-and-then-sees-her-aborted-baby/
28. Ibidem.
29. Ibidem.
30. "Dr. Levatino Destroys Abortion in 2 Minutes," ["Dr. Levatino Destruye el Aborto en 2 Minutos,"] YouTube, 3 Aug 2018, youtube/OZXQBhTszpU
31. Ibidem.
32. "Expert Tells Congress Unborn Babies Can Feel Pain Starting at 8 Weeks," ["Un Experto diserta ante el Congreso que Los Bebes aun no nacidos sienten Dolor Desde Las 8 Semanas,"] https://oneofus.eu/2013/05/expert-tells-congress-unborn-babies-can-feel-pain-starting-at-8-weeks/
33. My interview of Allan Parker, ["Mi Entrevista con Allan Parker,"] November 2019.
34. Dr. Coleman, Priscilla, The British Journal of Psychiatry, Aug 2011, Vol. 199 Issue 3, pp 180-186.
35. Campbell, Hank, "Are There Mental Health Effects Related to Abortion?" ["¿Existen Efectos de Salud Mental Relacionados con El Aborto?"] Science 2.0, 14 Oct 2011, https://www.science20.com/science_20.com/science_20/are_there_mental_health_effects_related_abortion-82205
36. "Amicus Brief of 2,624 Women Injured by Abortion," ["Resumen de Amicus de 2,624 Mujeres Perjudicadas por el Aborto,"] https://www.supremecourt.gov/DocketPDF/18/18-1323/127053/20191230152741647_39028%20pdf%20Parker%20br.pdf
37. Gonzalez contra Carhart, 18 April 2007, https://www.law.cornell.edu/supct/html/05-380.ZO.html
38. "Amicus Brief of 2,624 Women Injured by Abortion," ["Resumen de Amicus de 2,624 Mujeres Perjudicadas por el Aborto,"] https://www.supremecourt.

gov/DocketPDF/18/18-1323/127053/20191230152741647_39028% 20pdf%20Parker%20br.pdf

39. "4,660 Testimonies of Women Injured by Abortion," ["4,660 Testimonios de Mujeres Perjudicadas Por el Aborto,"] https://www.dropbox.com/sh/toi6es r58vwy2df/AAC8IVWfkKPITsozVKkI78yZa?dl=0
40. Ibidem.
41. See the "Amicus Curiae Brief of Melinda Thybault, Founder of the Moral Outcry Petitition." ["Informe de Amicus Curiae de Melinda Thiebault, Fundadora de 'Peticion de Protesta Moral'"] https://www.supremecourt.gov/DocketPDF/18/18-1323/127515/20200109115858693_18-132%2018-1460%20bsac%20Thybault%20al.pdf
42. http://safehaven.tv/states/
43. "Amicus Curiae Brief of Melinda Thybault, Founder of the Moral Outcry Petition," ["Informe de Amicus Curiae de Melinda Thiebault, Fundadora de 'Peticion de Protesta Moral'"] https://www.supremecourt.gov/DocketPDF/18/18-1323/127515/20200109115858693_18-1323%2018-1460% 20bsac%20MELINDA%20tHYBAULT%20et%20al...pdf
44. Ibidem.
45. Ibidem.
46. Starr, Penny, "Planned Parenthood President: Burying, cremating Aborted Babies 'Stigmatizes Abortion Care'," ["Presidente de Planificacion Familiar: Enterrar, Cremar Bebes Abortados 'estigmatiza el Cuidado del Aborto'/"] Breitbart, 29 May 2019, https://www.breitbart.co/politics/2019/05/29/planned-parenthood-president-burying-cremating-aborted-babies-stigmatizes-abortion-care/
47. "Remarks by the President at the 47th Annual March for Life," ["Comentarios del Presidente Durante la 47esima Marcha por la Vida,'] https://www.whitehouse.gov/briefings-statements/remarks-president-trump-47th -annual-march-life/

8. NO. 5 JUSTICIA FAMILIAR, DIVORCIO E IMPUGNACIONES

1. Efesios 6:2-3
2. Malaquias 4:6 Y El volverá los corazones de los padres a sus hijos y los corazones de los hijos hacia sus padres...

   Salmo 82:2 Dése justicia al débil y al huérfano...
3. 1 Timoteo 5:8
4. Nowell, Laurie, "Dad launches 'criminal chargest against ex-wife" ["Papá Lanza 'cargos criminals contra ex-esposa'"] The Herald Sun, 24 Jan 2010, https://www.heraldsun.com.au/news/dad-launches-criminal-charges-against-ex-wife/news-story/35587ab763908123b54da293
5. Big Boy TV, "Kanye West on 'Jesus is King', Being Canceled, Finding God + A Lot More," ["Kanye West acerca de 'Jesus es Rey', Siendo Cancelado,

Encontrando a Dios Mas Mucho Mas,"] 25 Oct 2019, https://www.youtube.com/watch?v=t568Nd7k_Yk

6. Tavana, Art, "Here is the Unpublished Playboy Interview with Candace Owens," ["Aquí esta la Entrevista de Playboy No Publicada con Candace Owens"] https://medium.com/@artintweets/here-is-the-unpublished-playboy-interview-with-candace-owens-bb61cb18afad. Owens is quoting Obama's Father's Day speech in a church in Chicago in June 2008, as fact-checked here: ["Owens esta citando el discurso del Dia del Padre que Obama dió en una iglesia en Chicago en Junio 2008."] https://www.politifact.com/truth-o-meter/statements/2008/jun/23/barack-obama/statistics-dont-lie-in-this-case/
7. Pelosi, Nancy, "Pelosi says Democrats have 'no choice' but to impeach Trump as she opens impeachment debate," ["Pelosi dice que los Demócratas 'no tienen alternativa' mas que impugnar a Trump cuando abre el debate de impugnación,"] 19 Dec 2019, https://www.theguardian.com/us-news/video/2019/dec/18/pelosi-says-democrats-have-no-choice-but-to-impeach-trump-as-she-opens-impeachment-debate-video
8. Barton, David, "Restraining Judicial Activism,"["Restringiendo el Activismo Judicial,"] Wallbuilder Press, 2003 (digital).
9. The Family Court of Australia Annual Report 2017/18, https://222.familycourt.gov.au/wps/wcm/connect/00154bb-53a2-4e5a-bcc5-32ad74bb4406/2940-FCoA_AnnualReport_2017-18_WEB.pdf
10. En Australia, el Tribunal de Familia escucha "las disputas de derecho de familia más complejas a nivel nacional e internacional." Las disputas familiares más simples están lejos de ser simples cuando se involucran abogados, sin embargo, se escuchan en el "Tribunal Federal de Circuito", quienes atienden más casos que el Tribunal de Familia.
11. PragerU Tweet on 19 Sep 2019 quoting Candace Owens.
12. Robertson, Josh & Davoren, Heidi, "Family court report writer guilty of professional misconduct lobbied government for less scrutiny," ["El autor del informe del tribunal de familia culpable de mala conducta profesional por presionar al gobierno para que se sometiera a un menor escrutinio"] ABC News, 18 Nov 2019, https://mobile.abc.net.au/news/2019-11-18/family-court-report-writer-guilty-of-professional-misconduct/11682902
13. Ibidem.
14. Nancy Pelosi's official website, 1 Oct 2018, https://pelosi.house.gov/news/pelosi-updates/i-believe-dr-christine-blasey-ford
15. En Estados Unidos, las leyes de matrimonio y divorcio se establecen estado por estado, por lo que no hay una fecha fija en la que el divorcio "sin culpa" entró en vigencia en Estados Unidos. California fue la primera en introducirlo en 1970 y el gobernador Ronald Reagan (un divorciado) lo convirtió en ley. La mayoría de los estados siguieron su ejemplo en la década de 1980.
16. Brohier, Christopher & Zimmermann, Augusto, "Avoiding Unnecessary Divorce and restoring Justice in Marital Separations," ["Evitando Divorcio y Restaurando Justicia en Separaciones Maritales,"] The Western Australian

Jurist, Vol 6, 2016, http://classic.austlii.edu.au/au/journalsWAJurist/2015/5,html
17. Ibidem.
18. Ibidem.
19. Por ejemplo, una de las partes puede haber hecho el pago inicial de una casa, la otra parte puede haber pagado hipotecas mensuales. Cada uno no tiene derecho a partir por la mitad a menos que las contribuciones fueran exactamente la mitad. Cada uno tiene derecho a lo que él o ella puso. La deuda de consumo personal de cada parte le pertenece a esa parte. Solo la deuda compartida debe ser pagada por ambas partes.
20. "The Rise in Dual Income Households," ["El incremento de los hogares de doble ingreso",] Pew Research Center, 18 June 2015, https://www.pewresearch.org/ft_dual-income-households-1960-2012-2/
21. "Australian Social Trends," ["La Tendencia Social Australiana,"] Australian Bureau of Statistics, 24 Sep 2009, http://www.abs.gov.au/AUSSTATS/abs@.nsf/Lookup/4102.0MainFeatures50Sep+2009
22. Dr. Baker, Amy, "How to Find a Parental Alienation Expert, Part 3," ["Cómo Encontrar a un Experto en Alienación Parental, parte 3"] Psychology Today. 10 Nov 2015, https://www.psychologytoday.com/au/blog/caught-between-parents/201511/how-find-parental-alienation-expert-part-3
23. Dr. Miller, Steve, "Why Courts Fail to Recognize Parental Alienation," ["¿Por qué las Cortes Fallan en Reconocer Alienación Parental?"] uploaded 17 Aug 2015, https://www.youtube.com/watch?v-5gRJh26Jho
24. Ibidem.
25. Alan, Alfred, "Psychologists as expert witnesses in courts and tribunals," ["Psicólogos como expertos testigos en cortes y tribunals,"] InPsych Vol 32, Aug 2010, http://www.psychology.org.au/publications/inpsyh/s010/august/allan/
26. Meagher, Liam, "Assesing the Role of Family Consultants when Providing Evidence in Parenting Disputes," ["Evaluación del papel de los consultores familiares cuando proporcionan evidencia en disputas de crianza de hijos"], Macquarie Law Journal 85 [2012], http://classic.austlii.edu.au/au/journals/MqLaw/5.html
27. Ibidem.
28. Berkovic, Nikola, "Appeal on judge's rape case decision," ["Apelación sobre la decisión de un juez en el caso de violación"], The Australian Business Review, 26 Dec 2019, https://www.theaustralian.com.au/business/legal-affairs/appeal-on-judges-rape-case-decision/news-story/387d0dac7cbb5af4f-c1d4b52b37b56f6
29. Ibidem.
30. Parkinson, Patrick; Cashmore, Judy; and Single, udi, "Post-Separation Conflict and the Use of Family violence Orders," ["Conflicto de Post-Separación y el Uso de las Órdenes de Violencia de la Familia"], Sydney Law Review, Vol 33:1, http://classic.austlii.edu.au/au/journals/SydLawRw/2011/1.pdf
31. Ibidem.

32. 1 Samuel 13:14
33. Lucas 16:2
34. "Nunes compares Ukraine call hysteria to Russia hoax" ["Nunez compara el histerismo de la Llamada de Ucrania con la farsa de Russia"], FoxNews, 26 Sep 2019, https://www.foxnews.com/transcript/nunes-compares-ukraine-call-hysteria-to-russia-hoax
35. Otros Impugnados fueron: 2 Presidentes (Andrew Johnson y Bill Clinton), 1 secretario de Gabinete, y 1 Senador de Los Estados Unidos.
36. "Writings of Thomas Jefferson Vol XV" ["Textos de Tomas Jefferson Vol XV"], Andrew A. Lipscomb, Editor, (to Wiliam Charles Jarvis, September 28, 1820), The Thomas Jefferson Memorial Association, Washington DC, 1904, p. 277.
37. Barton, David, "Restraining Judicial Activism" ["Restricción del Activismo Judicial"], Wallbuilder Press, 2003 (digital).
38. "Judge Scolded for Jailing Domestic Violence Victim" ["Juez Reprendido por Encarcelar a Victima de Violencia Doméstica"], The Daily Beast, 13 Apr 2017, https://www.thedailybeast.com/cheats/2016/09/01/judge-slammed-for-jailing-domestic-violence-victim.
39. Wead, Doug, "Inside Trump's White House: The Real Story of His Presidency" ["Dentro de la Casa Blanca de Trump: La Historia Real de Su Presidencia"], Center Street, 2019 (Digital).

9. NO. 4 CÓMO EVITAR UNA GUERRA CIVIL

1. "Religion in Early Virginia," [Religion en Virginia Temprana,"] https://www.history.org/almanack/life/religion/religionva.cfm
2. Habían algunos judíos, pero no musulmanes ni otros religiosos más que solo nativos.
3. Ver los libros de David Barton como ser *La Herencia de Dios en América, Documentos de Libertad, Claves para Un Buen Gobierno, Intento Original, Separación de Iglesia y Estado: Lo que Quisieron Decir los Fundadores, La Interrogante de la Masonería y los Padres Fundadores*, y *Las Mentiras de Jefferson*.
4. Find Cioccolanti's books on Amazon: ["Encuentre los libros de Cioccolanti en Amazon: "] http://amazon.com/author/newyorktimesbestseller
5. Weird Holidays in 2020" ["Festividades Extrañas en 2020"], http://www.holidayscalendar.com/categories/weird/
6. "Fourth of July—Independence Day" ["Cuatro de Julio—Dia de Independencia"], A&E Television Networks, https://www.history.com/topics/holidays/july-4th
7. "Proclamation of Thanksgiving," ["Proclamación de Acción de Gracias,"] Abraham Lincoln Online, http://www.abrahamlincolnonline,org/lincoln/speeches.thanks.htm
8. Giles, Thomas, "Columbus and Christianity: Did You Know?" ["Colón y Cristiandad: Sabías?"] Christianity Today, https://www.christianitytoday.

com/history/issues/issue-35/columbus-and-christianity-did-you-know.html

9. Las Seis doctrinas elementales de Cristo están listadas en orden en Hebreos 6:1-2. Esos son arrepentimiento de obras muertas, fe hacia Dios, bautismos, imponer manos, resurrección entre los muertos, y juicio eterno.
10. Daly, Jeffrey, "Call on God's Protection, Mr. President," ["Ruegue por la Protección de Dios, Sr. Presidente,"] Xulon Press, FKm 2917. Stories about previous National Days of Repentance may be found in this booklet.
11. Daly, Jeffrey, "Call on God's Protection, Mr. President," ," ["Ruegue por la Protección de Dios, Sr. Presidente,"] Xulon Press, FL, 2018, pp2-4.
12. Ver https://www.thoutco.com/the-quasi-war-americas-first-conflict-2361170 y tambien https://www.americanhistorycentral.com/entries/quasi-war/
13. Federer, William J., "America's God and Country Encyclopedia of Quotations" (digital). ["El Dios y País de Estados Unidos Enciclopedia de Citas"]
14. Ibidem.
15. Schlote, Tyrel, "God Has Responded to Past National Days of Prayer," ["Dios Ha Respondido en el pasado a Días de Oración Nacional,"] https://www.the-trumpet.com/16401-god-has-responded-to-past-national-days -of-prayer 16
16. Daly, Jeffrey, "Call on God's Protection, Mr. President," ["Ruegue por la Protección de Dios, Sr. Presidente"] Xulon Press, FL, 2018, pp 13-14
17. The seven (or nine) Biblical holidays are explained in my two-volume book, "The DIVINE CODE: A Prophetic Encyclopedia of Numbers, Vol. 1 & 2," available on Amazon.com ["Las siete (o nueve) festividades bíblicas se explican en mi libro de dos volumenes, 'EL CODIGO DIVINO: Una Enciclopedia Profética de Números, Volúmenes 1 y 2,'"]
18. Frost, Natasha, "For 11 years, the Soviet Union Had no Weekends," ["Por 11 años, La Unión Soviética no ha tenido Fines de Semana," History Channel 25 May 2018, https://www.history.com/news/soviet-union--stalin-weekend-labor-policy
19. "Usaré la palabra 'shabbat' cuando se refiere exclusivamente a la manera judía de guardar el Sabbat, y 'Sabbat' cuando se refiere a todos las otras festividades, incluyendo el Sabat Cristiano, que para algunos seria el domingo, porque fue el día en que Jesús resucito de entre los muertos."
20. Todas las siete festividades y sus significados están explicados en detalle en mis libros: "El CODIGO DIVINO: Una Enciclopedia Profética de Números, Volúmenes 1 y 2" disponible en Amazon: http://amazon.com//author/newyorktimesbestseller
21. La Biblia le dice al árbol que mató a Adán y Eva "El Árbol de Conocimiento de Bien y Mal," que simboliza la doctrina de bien y mal, en otras palabras, religión. Moralidad aparte de Dios es mortal y mató la relación entre hombre y Dios.
22. https://whatscookingamerica.net/History/IceCream/Sundae.htm
23. A day based on identity. "On Singles Awareness Day, single people gather to celebrate or to commiserate in their single status," according to Wikipedia: ["Un día basado en la identidad. 'En el Día de la Concientización sobre los Solteros, las personas solteras se reúnen para celebrar o compadecerse de su

condición de ser solteros."] https://en.wikipedia.org/wiki/Singles_Awareness_Day

24. 22 de enero fue proclamado por el Presidente Ronald Reagan en 1984 de ser "Dia de la Santidad Nacional por la Vida Humana." Redime el aniversario de Roe contra Wade, la decisión legal que comenzó una avalancha del aborto financiado con fondos públicos en Estados Unidos. Los presidentes George Bush, George W. Bush y Donald Trump continuaron reconociendo el día nacional durante cada año de sus presidencias. Los presidentes Bill Clinton y Barack Obama no lo hicieron.
25. Un día de concientización comercial que promueve una profesión secular relativamente nueva que no sería necesaria si nuestras familias se fortalecieran y nuestros cónyuges no estuvieran sujetos para tener al menos dos trabajos para pagar las facturas del hogar y la deuda del consumidor: https://familyday care.com.au/fdcweek
26. Éste es un feriado estatal en Victoria, Australia. No estoy abogando por tratar de anularlo, ya que los victorianos están acostumbrados a faltar al trabajo para participar en carreras de caballos, juegos de azar y exhibiciones de moda. Lo que estoy sugiriendo es, que no es más que un sustituto comercializado de un día festivo significativo.

10. NO. 3 LIBERTAD DE RELIGION Y COMUNISMO ROSADO

1. Marcos 15;29
2. Lucas 22:63-65
3. Lucas 23:39
4. Hechos 18:6
5. Apocalipsis 13:6
6. Blair, Leonardo, "Margaret Court, Tennis Legend-Turned-Pastor, to Boycott Qantas Airlines Over Gay Marriage Support" ["Margaret Court, La Leyenda de Tenis que se Convirtió en Pastora, boycotió a Qantas Airlines por su apoyo al Matrimonio de Homosexuales"], The Christian Post, 25 May 2017, https://www.chirstianpost.com/news/margaret-court-tennis-legend-pastor-to-boycott-qantas-airlines-over-gay-marriage-support.html
7. https://opendoors.org.au/persecuted-christians/abpit-persecution/
8. Mateo 10:34-39
9. Duffy, Conor, "Australian Students behind in math, reading and science, PISA EDUCATION STUDY SHOWS," ["'Estudiantes australianos atrasados en matemáticas, lectura y ciencias, PISA EDUCATION STUDY MUESTRA'",] abc News, 3 Dec 2019, https://www.abc.net.au/news2019-12-03/australia-education-results-maths-reading-science-getting-worse/11760880
10. La Primera Flota fueron los 11 barcos de convictos que fueron enviados desde Inglaterra a Australia. Llegaron a Botany Bay en enero de 1788 y se convir-

tieron en el primer asentamiento europeo de Australia. Tenga en cuenta que esto fue solo 5 años después de que terminara la Guerra de Independencia de Estados Unidos en 1783. Si Estados Unidos hubiera perdido esa guerra, los convictos habrían sido enviados a las Trece Colonias originales, pero después de la Independencia, Estados Unidos se negó a aceptar a los convictos de Gran Bretaña. La colonia penal fundó la ciudad de Sydney.

11. El acrónimo del partido en alemán es NSDAP—Partido Nacional Socialista de los Trabajadores Alemanes. Nunca se olvide que Adolfo Hitler fue un socialista devoto. Quería un socialismo nacional, mientras que Rusia quería un socialismo internacional. Después de la Segunda Guerra Mundial, las élites socialistas europeas gastaron millones en libros, conferencias, planes de estudio y otra propaganda para convencer al público de que Hitler no era un socialista, sino un "derechista". Si se comparan las políticas declaradas de Hitler con las de los socialistas modernos, son exactamente iguales, incluso en el mismo orden, menos la parte del nacionalismo. Los socialistas de hoy también son globalistas.
12. Seymour, Bryan, "'We don't shy away from that': Islamic group in Australia calls for ex-Muslims to be executed," ["Nosotros no nos ahuyamos de eso: Los grupos musulmanes en Australia piden que los que ex-musulmanes sean ejecutados,"] Yahoo News, 27 March 2017, https://au.news.yahoo.com/hizb-ut-tahrir-islamic-group-in-australia-calls-for-ex-muslims-to-be-executed-34811965.html
13. Lucas 19:13
14. Mateo 25:32-33
15. "Turn the Tide: Reclaiming Religious Freedom in Australia," ["Cambia la marea: Reclamando la libertad religiosa en Australia"], Barnabas Fund, March 2018, page 19, https://barnabasfund.or/sites/default/files/resources/campaigns/our-religious-freedom/turn-the-tide-booklet-au-pdf
16. Ibidem, pp 41-43
17. Vondracek, Christopher, "VA secretary rejects Obama religious expression rules," ["La secretaria de VA rechaza las reglas de expresión religiosa de Obama"] The Washington Times, 27 Aug 2019, https://www.washingtonti mes.com/news/2019secretary-rejects-obama-religious/
18. https://twitter.com/vp/status/1166825900588978176
19. Cantar de Cantares 2:15
20. Londoño, Ernesto and Casado, Leticia, "Brazil Under Bolsonaro Has Message for Teenagers: Save Sex for Marriage" ["Brasil bajo Bolsonaro tiene un mensaje para los adolescentes: Guarden el sexo para el matrimonio"], The New York Times, 26 Jan 2020, https://www.nytimes.com/2020/01/26/world/Americas/brazil-teen-pregnancy-Bolsonaro.html
21. https://en.wikipedia.org/wiki/List_of_proposed_amendments_to_the_United_States_Constitution
22. https://www.whitehouse.gov/briefings.statements/remarks-president-trump-united-nations-event-religious-freedom-new-york-ny/
23. "HHS secretary calls Trump 'the greatest protector of religious liberty who has ever sat in the Oval Office'," MSN News, 17 Jan 2020, https://www.msn.

com/en-us/news/politics/hhs-secretary-calls-trump-the-greatest-protector-of-religious-liberty-who-has-ever-sat-in-the-oval-office/vp-BBZ3Wnl

11. NO. 2 LA RELIGIÓN DEL CAMBIO CLIMATICO

1. Exodo 20:10
2. Sacks, Ethan, "Seven-month-old baby survives shot to chest in parents' murder-suicide pact blamed on global warming," ["Un bebé de siete meses sobrevive balazo en el pecho en un pacto de asesinato suicida de sus padres culpando al calentamiento global,"] Daily News, March 2010, https://www.dailynews.com/news/world/seven-month-old-baby-survives-shot-chest-parents-murder-suicide-pact-blamed-global-warming-article-1.176034
3. En aquél entonces el término preferido era "Calentamiento Global, hoy es "Cambio de Clima," después posiblemente será "Crisis de Clima." Use los términos intercambiablemente y con letras mayúsculas para reconocerlo mas que una superstición, sino que un culto religioso.
4. Read, Paul, "Arson, mischief and recklessness: 87 percent of fires are man-made," ["Incendios provocados, pillerías e imprudencia: el 87 por ciento de los incendios son provocados por el hombre", The Sydney Morning Herald, 18 Nov 2019, https://www.smh.com.au/national/arson-mischief -and-recklessness-87-per-cent-of-fires-are-man-made-20191117-p53bcl.html
5. https://www.dailytelegraph.com.au/newslocal/parramatta/tee-accused-of-lightning-fire-laughs-after-court-appearance/news-story/1f8e27db12131cc603a9436b61a715c6
6. https://twitter.com/Imamofpeace/status/1217136321686171 64
7. "Rahm Emanuel on the Opportunities of Crisis," ["Rahm Emanuel sobre Oportunidades de Crisis,"] The Wall Street Journal, 19 Nov 2008, https://www.youtube.com/watch?v=_mzcbXi1Tkk
8. Penn, Eavis & Glanz, "How PG&E Ignored Fire Risks in Favor of Profits," ["Como PG&E Ignoró los Riesgos de Incendio por Favorecer Ganancias,"] The New York Times, 18 March 2019, https://222.nytimes.com/interactive/2019/03/18/business/pge-california-wildfires.html
9. Zimmermann, Agusto, "Jihad by fire?" ["Yihad por fuego?"] Spectator Astralia, 29 Jan 2020, https://www.spectator.com.au/2020/01/jihad-by-fire/
10. Ibidem.
11. Ibidem.
12. Ningún Cristiano ha asaltado a nadie violentamente en el Nombre de Jesús en Australia. Aún si alguien fuera a hacerlo algún día, no estarían actuando consistentemente con las enseñanzas cristianas. Pero si un ateísta o musulmán comete un acto de terror, ellos pueden decir que es consistente con su religión. Si actúan de acuerdo a sus creencias, entonces sería un acto de terror de un ateísta o musulmán. Los cristianos no pueden cometer terror ya que no sería un acto cristiano.
13. Strauss, Benjamin, "What Does U.S. Look Like With 10 Feet of sea Level Rise?" ["Como se ven Los Estados Unidos con 10 pies de crecida del nivel del

mar?"] Climate Central, 13 May 2014, https://www.cimatecentral.org/news/us-with-10-feet-of-sea-level-rise-17428

14. "President launches US$400M airport runway project," ["Presidente lanza proyecto de pista de aterrizaje del aeropuerto por US$400 millones,"] Maldives Independent, 27 Feb 2017, https://maldivesindependent.com/business/president-launches-us400m-airport-runway-project-129040
15. Worrall, Eric, "Sea Level Rise? President Obama just Bought a Beachside Property," ["Crecida del Nivel del Mar? El Presidente Obama acaba de Comprar una Propiedad en a Playa,"] 24 Aug 2019, https://wattsupwiththat.com/2019/08/24/sea-level-rise-president-obama-just-bought-a-beachside-property/
16. CNN Transcripts, The Situation Room, 1 July 2017, http://edition.cnn.com/TRANSCRIPTS/1706/01/sitroom.02.html
17. Strossel, John, "The Paris Climate Fraud," ["El Fraude Climatico de Paris"], 19 March 2018, https://www.youtube.com/watch?v=cVkAsPizAbU
18. Ibdemi.
19. Sherwell, Phillip, "War of words over global warming as Nobel laureate resigns in protest," ["Guerra de palabras sobre el calentamiento global a la vez que el galardoneado con el premio Nobel renuncia en protesta", The Telegraph, 25 Sept 2011, https://www.telegraph.co.uk/news/earth/environment/climatechange/8786565/War-of-words-over=global-warming-as-Nobel-laureate-resigns-in-protest.html
20. Ibidem.
21. U.N. Official Admits Belief In Global Warming Is Religious," ["El Oficial de las Naciones Unidas admite que el Creer en el Calentamiento Global es Religioso,"] Investor's Business Daily, 26 Feb 2015, https://www.investors.com/politics/editorials/climate-chief-rajendra-pachauri-resigns-from-united-nation/
22. Fleming, Amy, "Would you give up having children to save the planet? Meet the couples who have," ["¿Dejaria de tener niños para salvar al planeta? Conozca las parejas que lo han hecho,"] The Guardian, https://www.theguardian.com/world/2018/jun/20/give-up-having-children-couples-save-planet-climate-crisis
23. "Children suffering 'eco-anxiety' over climate chnge," ["Niños sufren 'eco-ansiedad' debido al cambio climático'"] Stratits Times, 20 Seo 2019, https://www.nst.com.my/world/2019/09/522806/children-suffering-eco-anxiety-over-climate-change
24. Ibidem.
25. Ibidem.
26. President Trump's statement as quoted by Fox News, ["Declaración del Presidente Trump de la manera citada por Fox News'"] https://twitter.com/foxnews/status/999083926479167493?lang=en
27. Lillie, Ben, "Fighting the growing deserts, with livestock: Alan Savory at TED2013," ["Luchando contra el crecimiento de desiertos, con Ganado: Alan Savory en TED2013,"] TEDBlog, 27 Feb 2013, https://blog.ted.com/fighting-the-growing-deserts-with-livestock-allan-savory-at-ted2013/

28. Ibidem.
29. Ibidem.
30. Ibidem.
31. Genesis 1:28 NBLA
32. Genesis 1:28 NBLA
33. Gray, Alex, "Sweden's forests have doubled in size over the last 100 years," ["Los bosques de Suecia se han duplicado en tamaño durante los últimos 100 años,"] World Economic Forum, 13 Dec 2018, https://weforum.org/agenda/2018/12/swedens-forests-have-been-growing-for-100-years/
34. Wood, Johnny, "Earth has more trees than it did 35 years ago," ["La tierra tiene mas árboles que hace 35 años'"] World Economic Forum, 20 Aug 2018, https://www.weforum.org/agenda2018/08/planet-earth-has-more-trees-than-it-did-35-years-ago/
35. Hammond, Alexander, "No, We Are Not Running Out of Forests," ["No, no nos estamos quedando sin bosques,"] Human Progress, 24 May 2018, https://humanprogress.org/article.php?p=1295
36. Mi entrevista con Tony Heller el 13 de septiembre 2019
37. Heller, Tony, "Who is Tony Heller?" [¿Quién es Tony Heller?"], 3 April 2019, https://realiclimatescience.com/2019/04/who-is-tony-heller/
38. Prof. Zimmermann, Augusto, "BRAZIL WILL NEVER SURRENDER ITS SOVEREIGNTY OVER THE AMAZON TO THE GREEDY AND HEARTLESS GLOBALIST ELITES," ["BRAZIL NUNCA RENDIRÁ SU SOBERENÍA DEL AMAZONAS PARA LOS CODICIOSOS Y DESALMADOS ELITISTAS GLOBALISTAS"] 27 Aug 2019, https://www.facebook.com/augusto.zimmermann.9/posts/10217722393645126
39. O'Neill, Brendan, "The myth of ecocide," ["El mito del ecocidio,"] Spiked, 27 Aug 2019, https://www.spiked-online.com/2019/08/27/the-myth-of-ecocide/
40. Taken from South African Law Professor Dr. AA Du Plessis, "The 'brown' environmental agenda and the constitutional duties of local government in South Africa: A conceptual introduction," 2015, ["Tomado del Profesor de Leyes de Sud África Dr. AA Du Plessis, "La agenda del ambiente 'café; y los deberes constitucionales del gobierno local en Sud África: Una introducción conceptual,"]
41. Ibidem.
42. Taken from South African Law Professor Dr. AA Du Plessis, "The 'brown' environmental agenda and the constitutional duties of local government in South Africa: A conceptual introduction," 2015, ["Tomado del Profesor de Leyes de Sud África Dr. AA Du Plessis, "La agenda del ambiente 'café; y los deberes constitucionales del gobierno local en Sud África: Una introducción conceptual,"] http://www.scielo.org.za/scielo.php?script=sci_arttext&pid=S1727-37812015000500021
43. Ibidem.
44. Shellenberger, Michael, "Why I changed my mind about nuclear power," ["Por que cambié de opinión acerca del la energía nuclear"], TEDxBerlin, 17 Nov 2017, https://www.youtube.com/watch?v=ciStnd9Y2ak

45. Schellenberger, Michael, "How fear of nuclear is hurting the environment," ["La manera en que el miedo a la energía nuclear está dañando el medio ambiente"], TED Talks, June 2017, https://www.ted.com/talks/michael_shellenberger_how_fear_of_nuclear_power_is_hurting_the-environment?language=en
46. Ibidem.
47. Ibidem.
48. Ibidem.
49. Salmo 78:69
50. Eclesiastés 1:4

12. NO. 1 SALVEMOS A LOS NIÑOS: REFORMA DE EDUCACION Y ALFABETIZACIÓN BÍBLICA

1. Marcos 12:29-30
2. Shema is the first Hebrew word in Deuteronomy 6:4 "Hear." [Shema es la primera palabra en hebreo en Deuteronomio 6:4 "Oigan."]
3. "Fourth Annual Report on US Attitudes Toward Socialism, Communism, and Colletivism," ["Cuarto Reporte Annual sobre las Atitudes de Estados Unidos Hacia Socialismo, Comunismo, y Colectivismo,"] Victims of Communism, 28 Oct 2019, https://www.victimsofcommunism.org/2019-annual-poll
4. Gutfeld, Greg, "Gutfeld on Millennials favoring socialism and communism," ["Gutfeld acerca de los Milenials que favorecen el socialismo y comunismo,"] The Five, Fox News, 29 Oct 2019, https://video.foxnews.com/v/6098884840001#sp=show-clips
5. Fitzgerald, Maggai, "Black and Hispanic unemployment is at a record low," ["El desempleo de negros e hispanos está en un récord mínimo histórico."] CNBC, 4 Oct 2019, https://www.cnbc.com/2019/10/04/black-and-hispanic-unemployment-is-at-a-record-low.html
6. Klein, Philip, "Trump's average unemployment rate is the lowest in recorded history," ["La tasa promedio de desempleo de Trump es la mas baja registrada en la historia."] Washington Examiner, 10 Jan 2020, https://www.washingtonexaminer.com/opinion/trumps-average-unemployment-rate-is-the-lowest-in-recorded-history
7. Crokin, Liz, "Why the MSM is ignoring Trump's Sex Trafficking Busts," [" ¿Por qué los principales medios de comunicación están ignorando las redadas de tráfico sexual de Trump? Townhall, 25 Feb 2017, https://townhall.com/columnists/lizcrokin/2017/02/25/why-the-msm-is-ignoring-trumps-sex-trafficking-busts-n2290379
8. Proverbios 29:18
9. "Elon Musk Created Own Schools for His 5 Kids," ["Elon Musk Creó sus Propias Escuelas para sus 5 Hijos,"] You tube, 25 May 2015, https://www.youtube.com/watch?v=STtodpgn900

10. "Elon Musk Attacks The Education System, ["Elon Musk Ataca El Sistema de Educación,"] YouTube, 4 Aug 2017, https://www.youtube.co/watch?v=UVHPHNegJNc
11. According to Forbes, on 17 Dec 2019, https://www.forbes.com/profile/elon-musk/#750527557999
12. "Elon Musk Created Own Schools for His 5 Kids," ["Elon Musk Creo sus Propias Escuelas para sus 5 Hijos,"] YouTube,25 May 2015, https://www.youtube.com/watch?v=STtodpgn900
13. Cobb, Matthew, "How fudged embryo illustrations led to drawn-out lies," [" Cómo las ilustraciones de embriones falsificados llevaron a mentiras prolongadas,"] New Scientist, 14 Jan 2015, https://www.newscientist.com/article/mg22530041-200-how-gudged-embryo-illustrations-led-to-drawn-out-lies/
14. 14 Welland, Carl, "Goodbye, peppered moth," ["Adios, polilla moteada,"] Creation Ministries, June 1999, the-piltdown-man-fraud the-piltdown-man-fraud https://creation.com/goodbye-peppered-moths
15. White, A.J., "The Piltdown Man Fraud," ["El Fraude del Hombre de Piltdown"], Creation Ministries, 6 February 2006, https://creation.com/the-pilt down-man-fraud
16. https://en.wikipedia.org/wiki/Kinsey_Reports. Google promotes this misinformation on the top of its search and highlights it with a box, as the author observed on 17 Dec 2019. ["Google promueve esa información errónea en la parte superior de su búsqueda y la resalta en un recuadro, como observó el autor el 17 de diciembre de 2019."]
17. Leonhardt, David, "John Tukey, 85, Statistician; Coined the Word 'Software'," ["John Tukey, 85, Estadístico; Acuñó la palabra 'Software'"], The New York Times, 28 July 2000, https://www.nytimes.com/2000/07/28/us/john-tukey-85-statistician-coined-the-word-software.html
18. Kirby, Michael, "Sexuality and Global Forces: Dr. Alfred Kinsey and the Supreme Court of the United States," ["Sexualidad y Fuerzas Globales: Dr. Alfred Kinsey y La Corte Suprema de Estados Unidos,"] Indiana Journal of Global Legal Studies, Vol. 14, 2007, http://www.repository.law.indiana.edu/cgi/viewcontent.cgi?article=1361&context=ijgls
19. 'Safe Schools' is not about bullying, organizer admits! ["'Escuelas seguras' no se trata de intimidación, organizador admite!"], YouTube, 17 March 2016, https://www.youtube.com/watch?v=j5uNocBCw3Q
20. Donnelly, Kevin, "The real goal is banning faith," ["La meta verdadera es prohibir la fe"] The Catholic Weekly, 18 Oct 2018, https://www.catholicwee kly.com.au/evin-donnelly-the-real-goal-is-banning-faith
21. Johnson, Ian, "Who Killed More: Hitler, Stalin or Mao?," ["¿Quién Mató Más: Hitler, Stalin o Mao?."] NYRDaily, 5 Feb 2018, https://www.nybooks.com/daily/2018/02/05/who-killed-more-hitler-stalin-or-mao/
22. Mass killings under communist regimes, ["Matanza en masa bajo regímenes comunistas."] https://en.wikipedia.org/wiki/Mass_killings_under_communist_regimes
23. Mann, Horace, "Lectures on Education," ["Conferencias sobre Educacion,"] Ide & Dutton, 1855, pp 57-58

24. John Dewey, https://en.wikipedia.org/wiki/John_Dewey
25. "John Dewey," https://en.wikipedia.org/wiki.John_Dewey
26. "En América, un 'Juris Doctor (JD)' es un título de posgrado, o un segundo título después de una licenciatura. En la mayoría de los demás países, incluyendo a Europa y los países de la Mancomunidad británica como Australia, el 'Legum Bacclaureus (LLB)' es un título universitario o de licenciatura. El 'Mast of Laws'—'Mástil de Leyes (LLM)' se puede seguir después del LLB o JD.
27. School District of Abington Township, Pennsylvania v Schempp (No. 142), 17 June 1963, https://www.law.cornell.edu/supremecourt/text/374/203
28. "List of German Inventions and discoveries," ["Lista de Invenciones y Descubrimientos Alemanes"'] Wikipedia, https://en.wikipedia.org/wiki/: ost_of_German_inventions_and_discoveries
29. Newman, Alex, "How Horace Mann worked to Destroy Traditional Education—and America," ["Como Horace Mann trabajo para Destruir la Educación Tradicional—y Estados Unidos"'] 10 Oct 2019, https://www.theepochtimes.com/how-horace-mann-worked-to-destroy-traditional-eductin-and-america_3109589.html
30. Richards, Erin, "Bible classes in public schools? Why Christina lawmakers are pushing a wave of new bills," ["¿Clases de Biblia en escuelas públicas? Razón por la que legisladores cristianos están publicando una nueva onda de proyectos de ley."] USA Today, 23 Jan 2019, https://www.usatoday.com/story/news/education/2019/01/23/in-god-we-trust-bible-public-school-chris tian-lawmakers/2614567002/
31. Ibidem.
32. Siemaszko, Corky, "Kentucky Gives Blessing to Bible Classes in Public Schools," ["Kentucky Da su Bendición para Clases de Biblia en Escuelas Públicas"] NBC NEWS, 29 June 2017, https://www.nbcnews.com/news/us-news/Kentucky-gives-blessing-bible-classes-public-schools-n777721
33. Siemaszko, Corky, "Kentucky Gives Blessing to Bible Classes in Public Schools," ," ["Kentucky Da su Bendición para Clases de Biblia en Escuelas Públicas,"] NBC NEWS, 29 June 2017, https://www.nbcnews.com/news/us-news/Kentucky-gives-blessing-bible-classes-public-schools-n777721
34. Kobin, Billy, "Kentucky high school drops 'Bible Literacy' course over constitutional concerns," ["Escuela secundaria en Kentucky abandona el curso de "Alfabetismo Bíblico' por razones constitucionales,"] Kentucky Courier Journal, 9 Aug 2019, https://www.courier-journal.com/story/news/2019/08/09/kentucky-anderson-county-high-school-not-offer-bible-literacy-course-over-concerns/1952750001/
35. https://twitter.com/22610257/status/823748995658850304
36. Richards, Erin, "Bible classes in public schools? Why Christian lawmakers are pushing a wave of new bills," ["¿Clases de Biblia en escuelas públicas? Razón por la que legisladores cristianos están publicando una nueva onda de proyectos de ley."] USA Today, 23 Jan 2019, https://www.usatoday.com/story/news/education/2019/01/23/in-god-we-trust-bible-public-school-chris tian-lawmakers/2614567002/

37. Congressional Record, Proceedings and Debates, Vo LXVII, Part 2, 1926, ["Registros, Actas y Debates del Congreso, Volumen LXVII, parte 2, 1926"] https://books.google.com.au/books?id=sja3QfEf_DgC
38. Newman, Alex, "How Horace Mann Worked to Destroy Traditional Education—and America," ["Como Horace Mann trabajó para Destruir la Educación Tradicional—y Estados Unidos'"] 10 Oct 2019, https://www.theepochtimes.com/how-horace-mann-worked-to-destroy-traditional-educa tion-and-america_3109589.html
39. McLean, Dorothy, "Hungarian PM: Persecuted Christians will help us save Europe," ["Primer Ministro de Hungaria: Cristianos Perseguidos ayudarán a salvar a Europa,"] LifeSiteNews, 26 Nov 2019, Hungarian PM: Persecuted Christians will help us save Europe.
40. Ibidem.

13. CONCLUSIÓN: TRES PASOS PARA LOS LECTORES

1. https://time.com/5777857/state-of-the-union-transcript-2020/
2. Romanos 10:17
3. 1 Corintios 1:21
4. Mi entrevista con Steven Rogers en el Country Club 'Upper Montclair' de Nueva Jersey, el 16 de julio 2019. [My interview of Steven Rogers at Upper Montclair Country Club, New Jersey, on 16 July 2019].
5. 2 Tesalonicenses 2:3
6. Apocalipsis 3:15-16
7. Isaias 9:6-7 NBV

ESCRITOS TAMBIEN POR STEVE CIOCCOLANTI

Los Logros Pro Cristianos del Presidente Trump

(Solamente en inglés)

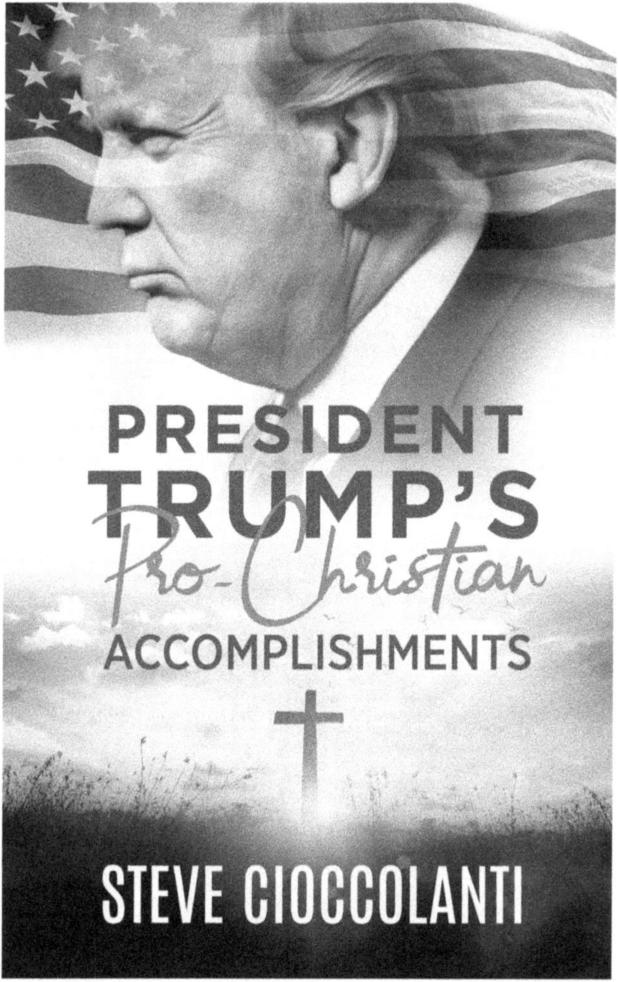

Amazon Paperback or Kindle Ebook.

El CODIGO DIVINO: Una Enciclopedia Profética de Números

[The DIVINE CODE: A Prophetic Encyclopedia of Numbers]

Volúmen 1 (Del número 1 al 25)

Volúmen 2 (Del número 26 al 1000)

---

30 Días para Un Nuevo Tú

Amazon Paperback or Kindle Ebook.

RECURSOS DE TRUMP

El Código del Sueño [The Dream Code] (4 DVD's)

(contiene "La Profecia de Trump")

Trump El Presidente de Dios de los Últimos Días (1 DVD)

Estos y muchos mas los puedes encontrar en: www.discover.org.au/shop

Curso de Justicia Bíblica (12 horas)

[Biblical Justice Course]

Puede obtener los 12 DVDs en: www.discover.org.au/shop

O en linea en: www.vimeo.com/stevecioccolanti/vod_pages

De Buda a Jesús [From Buddha to Jesus]

(Disponible en: chino, inglés, francés, indonesia, tai, etc. **Próximamente en español**.)

ACERCA DEL AUTOR STEVE CIOCCOLANTI

Autor mas vendido con éxitos número #1 en Amazon, Steve Cioccolanti, predijo la victoria de Donald Trump en las elecciones presidenciales del 2016. Sus libros El Código Divino: Una Enciclopedia Profética de Números, Volúmenes 1 & 2 revelan muchos códigos proféticos asociados con Donald Trump y eventos globales actuales de mucha importancia. Los dos volúmenes se convirtieron en éxitos de venta instantáneos en Amazon.

En "Los Negocios Pendientes de Trump," Cioccolanti ofrece a los lectores cristianos y lideres del mundo el plan de justicia de Dios en contra de la podredumbre espiritual y como hacer nuevamente de los Estados Unidos una nación piadosa. En este libro encontraras nuevas aplicaciones de los Diez Mandamientos de como romper con el monopolio de los gigantes de tecnología, como crear una declaración de derechos digitales, como reformar las leyes familiares, como proteger los derechos de los niños, como consagrar la verdadera igualdad de género, como educar nuestros jóvenes y como tratar de una manera sensible con el cambio climático.

Steve Cioccolanti es un prolífico maestro, pastor y un influencer en redes sociales. Sus videos en YouTube han sido visto por mas de 55 millones de personas. Él se ha convertido en una voz de mucha confianza entre lideres cristianos. Cioccolanti ha viajado a 50 naciones y conduce viajes bíblicos a Israel y el Medio Oriente.

Su ultimo libro, *Los Logros Pro Cristianos del Presidente Trump*, expone lo que los medios de comunicación tratan de esconder: la verdad de como Dios esta usando la administración de Trump en ser la mas pro cristiana, pro vida, pro familia y pro Israel de toda la historia. Este libro te ayudara a responder a las objeciones mas comunes de muchos cristianos con pruebas y con la Palabra de Dios.

Puedes ver los videos del Pastor Steve Cioccolanti en: www.-vimeo.com/stevecioccolanti/vod_pages. Él es el pastor de Discover Church en Florida, EE. UU. Puedes unirte a su red cristiana: https://discoverchurch.online/

Para invitar al Pastor Steve a tu evento, chequea su disponibilidad en: www.discover.org.au/invite

Sigue sus actualizaciones en las redes sociales

www.ingramcontent.com/pod-product-compliance
Lightning Source LLC
Chambersburg PA
CBHW020601270326
41927CB00005B/117

* 9 7 8 1 9 6 2 9 0 7 0 0 2 *